Zoé Oldenbourg

KATHARINA DIE GROSSE

Die Deutsche auf dem Zarenthron

WILHELM HEYNE VERLAG

MÜNCHEN

HEYNE SACHBUCH
19/353

Aus dem Französischen von
Ursula von Zedlitz

Titel der französischen Originalausgabe:
CATHERINE DE RUSSE
Erschienen 1966 bei Editions Gallimard, Paris

Dieser Titel erschien bereits in der Reihe Heyne Biographien
unter den Bandnummern 12/13 und 12/238.

9. Auflage
2. Auflage dieser Ausgabe

Ungekürzte Taschenbuchausgabe
im Wilhelm Heyne Verlag GmbH & Co. KG, München
Copyright © 1966 by Editions Gallimard, Paris
Copyright © der deutschen Ausgabe 1969 by
Verlag R. Piper & Co. KG, München
Printed in Germany 1996
Umschlagillustration: Archiv für Kunst und Geschichte, Berlin
Umschlaggestaltung: Atelier Adolf Bachmann, Reischach
Bibliographie, Stammtafel und Register: Dr. Joyce Schober
Satz: Layout & Grafik 1000, München
Druck und Bindung: Presse-Druck Augsburg

ISBN 3-453-08508-6

Inhalt

VORWORT 7

ERSTER TEIL
Kindheit.. 13
Wovon kleine Prinzessinnen träumen 19
Der König von Preußen 24
Das heilige Rußland 30
Peter der Große 33
Die Thronfolge Peters 38
Elisabeth 42
L'Enfant de Kiel 47
Elisabeth und ihr Neffe 52

ZWEITER TEIL
Die Reise 57
Sophie 59
Kindliche Zuneigung und Hofintrigen 70
Die Großfürstin Katharina 73
Die Reise nach Kiew 78
Die Katastrophe 82
Die Kaiserlichen Hoheiten 87
Die Hochzeit 90
Die Neuvermählten 96
Politik und Scherz 101

DRITTER TEIL
Rußland 108
Das Leben am Zarenhof 118
Die Mißgeschicke des Großfürstlichen Paares 125
Lehrjahre 131
Liebe und Staatsräson 141

Warten auf den Erben 152
Die Thronfolge ist gesichert 154
Paul Petrowitsch 155
Die ersten Schritte auf dem Wege zur Macht 159
Stanislaus Poniatowski 162
Ein ungewöhnliches Paar 166
Politik 169
Tage der Angst 175

Vierter Teil
Vor dem Richtstuhl der Kaiserin 177
Liebe und Verschwörung 189
Ein armseliger Kaiser 202
Der Staatsstreich 213
Der Kaisermord 218

Fünfter Teil
Die Frau, die regieren will 226
Die Getreuen 237
Der Verlassene 242
Der Häftling ohne Namen 246
Die Kaiserin 257
Das Volk 271

Sechster Teil
Das Privatleben der Kaiserin 286
Die Mutter und Großmutter 304
Die Herrscherin 309
Semiramis des Nordens 313
Die Kaiserin ist tot 318
Schlußbetrachtung 320

Anhang
Zeittafel 329
Neue Literatur 335
Personenregister 338
Stammbaum 342

Vorwort

Ihre Zeitgenossen – darunter auch Voltaire und Diderot – nannten sie »Stern des Nordens«, »Minerva«, »die bewundernswerte Autokratin, die Siegreiche, die Friedensstifterin, die Gesetzgeberin«; sie war die »Herrscherin aller Reußen: Mutter des Vaterlands, Mutter des Volks, Katharina die Weise«; sie war die Freundin der Aufklärer oder, bescheidener gesagt, »die aufgeklärte Despotin«. Sie war aber auch die »Messalina des Nordens«, »die dicke alte Cateau« der Pamphletisten der Revolution. Für die Geschichte ist sie die Große Katharina – eine der drei oder vier Frauen, die tatsächlich geherrscht haben, und zwar lange Zeit über ein großes Land, und die ein glorreiches Andenken an ihre Herrschaft hinterließen.

Darüber hinaus gehört sie zu den fast legendären Gestalten, die für Theater, Film und historische Romane unerschöpflichen Stoff bieten, wobei der Frage, wer sie wirklich waren, nicht allzuviel Gewicht beigemessen wird.

Katharina hat es nicht an Biographen gefehlt: objektive und unparteiische, fanatische Bewunderer und leidenschaftliche Gegner haben in den Zeugnissen, die sie und ihre Zeitgenossen hinterließen, eine Fülle von Material gefunden, denn nur wenige historische Persönlichkeiten sind noch zu ihren Lebzeiten so eingehend geschildert, beurteilt und beobachtet worden, und noch weniger haben so viele schriftliche Selbstzeugnisse hinterlassen. Wäre Katharina nicht Kaiserin gewesen, so wäre sie sicherlich Schriftstellerin geworden und hätte in der französischen Literaturgeschichte – denn sie schrieb ja fast nur französisch – unter den Brief- und Memoirenschreibern einen Ehrenplatz eingenommen. In ihren Briefen und Erinnerungen spricht sie vornehmlich von sich. Man könnte fast sagen, daß gerade die Fülle des Materials die Aufgabe des Biographen erschwert; die Gestalt Katharinas zeigt die widersprüchlichsten Züge, aber das dürfte bei jedem der Fall sein, der eine solche Dokumentation über sich geliefert hätte.

Aber paradoxerweise beruht das Bild, das die Geschichte (die populäre Geschichtsschreibung) von Katharina geprägt hat, weit mehr auf Verleumdungen oder offizieller Verherrlichung als auf objektiver Dokumentation.

Während des 19. Jahrhunderts wurde die Geschichte und insbesondere die Legende Katharinas von zwei entgegengesetzten Richtungen bestimmt. In Rußland wurde die große Herrscherin, Ahnherrin der regierenden Zaren, als »Genie« dargestellt: als ein Musterbeispiel aller oder fast aller Tugenden, als sensible, gütige, edelmütige, geistreiche Frau, die sich mit Leib und Seele dem »von ihr adoptierten« Land verschrieben hatte und kein anderes Lebensziel kannte als den Ruhm Rußlands. Und dieses Bild gilt in Rußland heute noch, nach mehr als vierzigjährigem sozialistischem System: Die dankbaren Russen vergessen nicht, daß Katharina eine »große« Herrscherin war, und zeigen eine manchmal fast bewundernde Nachsicht für ihre Fehler, Katharina ist, so deutsch sie auch sein mochte, ein Wahrzeichen nationalen Ruhms.

Allerdings waren sehr bald, sogar in Rußland, entgegengesetzte Stimmen zu hören; die liberalen Russen gingen nicht gerade sanft mit der Autokratin Katharina II. um. Aber vor allem im Westen wurde diese Kaiserin am schlimmsten geschmäht, zum Teil dank der intellektuellen Exil-Polen, deren Ranküne nur zu verständlich ist. Die Freundin der Aufklärer – die übrigens leidenschaftlich Partei gegen die Revolution von 1789 ergriff – wurde schon zu ihren Lebzeiten dem europäischen Publikum als eine schamlose, despotische, das heißt blutrünstige Person geschildert. Die Pamphlete, die in ganz Europa zirkulierten, galten dann nach ihrem Tod als authentische Zeugnisse. Und so hat sich das Bild eines Mannweibs, das alle Laster und Verbrechen auf sich geladen hat, der volkstümlichen Phantasie eingeprägt.

Im 20. Jahrhundert erfuhr man durch die Veröffentlichung ihrer Erinnerungen mehr über die Jugend Katharinas, und so entstand neben dem Bild der hochmütigen Despotin das einer jungen, unschuldigen Prinzessin, die einem unwürdigen Gatten ausgeliefert war, gequält, ohne ihr Zutun verdorben, fast gegen ihren Willen auf den Thron gehoben wurde oder (andere Version) durch Intrigen zur Macht gelangt ist. Bald Rührstück-, bald Komödiengestalt, als *Große Katharina* von G. B. Shaw oder als *Kleine Katharina* von Alfred Savoir scheint die Kaiserin von Rußland unter demselben Mißkredit zu leiden, unter dem Rußland im allgemeinen leidet, dieses unfaßbare und »barbarische« Rußland, das viele nicht ganz ernst nehmen können.

Inzwischen haben bedeutende Historiker ein differenzierteres, objektiveres und wahreres Bild Katharinas gezeichnet. Ich denke an die ausgezeichneten Werke von Henry Vallotton und von Ian Gray. (Dagegen wirkt die sehr interessante Biographie von Lavater-Sloman wie in der Tradition der russischen Historiker des 19. Jahrhunderts geschrieben, so blind ist die Bewunderung des Verfassers für seine Heldin.) Es scheint vermessen, eine weitere Biographie einer Frau zu schreiben, über die schon fast alles gesagt worden ist. Aber man hat niemals *alles* über einen Menschen gesagt, der eine interessante Persönlichkeit ist.

Mein Buch will nicht eine Gesamtdarstellung der Herrschaft Katharinas II. geben: jener langen und ruhmreichen Herrschaft mit ihren Kriegen, ihren sozialen Unruhen, ihren politischen und wirtschaftlichen Problemen, ihrem kulturellen Aufschwung. Es handelt sich für mich mehr um die Frau als um die Kaiserin, und insbesondere um das Reifen, die allmähliche Entwicklung zur künftigen Kaiserin.

Der wohl einmalige Fall, daß eine junge Frau aus eigenem Verdienst zur höchsten Macht gelangt oder zumindest durch ein Zusammentreffen besonderer Umstände, die sie glänzend für sich zu nutzen weiß (ist das übrigens nicht die Geschichte aller Diktatoren?) – die Geschichte der Machtergreifung Katharinas, steht im Mittelpunkt dieses Werks. Gewiß war Katharina eine geschickte Politikerin, eine Frau mit Verstand, eine Frau der Tat, aber im Lauf ihrer Herrschaft tat sie nichts anderes, als die politische und wirtschaftliche Evolution eines Landes zu lenken und zu fördern, das sich bereits in voller Entwicklung befand, und es wäre übertrieben, diese Evolution als ihr Verdienst anzusehen. Als eine mehr geschickte als geniale Herrscherin setzte Katharina lediglich das Werk Peters des Großen fort, das sie in gewissen Punkten auch vollendete; sie war, wie man sehen wird, mehr das willige Werkzeug einer führenden Schicht als eine Herrscherin, die sich von eigenen politischen Ideen leiten ließ. Aber sie war eine Frau; ein Mann in ihrer Lage und mit denselben Fähigkeiten hätte zweifellos weniger Aufmerksamkeit erregt, weniger Bewunderung und Haß hervorgerufen. Eine Frau wird anscheinend nicht mit denselben moralischen Kriterien beurteilt wie ein Mann; auch hat Katharina, trotz der Männlichkeit ihres Charakters, sich eher mit spezifisch weiblichen Mitteln durchzusetzen gewußt.

Ihre Persönlichkeit fesselt in dem Maß, wie sie ein Mensch war, der kämpfte und litt; und in ihrer Menschlichkeit habe ich versucht, sie zu beschreiben. Deshalb ist dieses Buch vor allem dem ersten Abschnitt ihres Lebens gewidmet – als sie noch kein geheiligtes Monstrum war.

Ihr selbst wird häufig das Wort überlassen mit den Vorbehalten, die in einem solchen Falle geboten sind. »Nichts dient einem in dem Maße, wie man sich selbst dient.« Auch wenn sie ein Muster an Aufrichtigkeit gewesen wäre, hätte sie sich in ihren Memoiren besser gemacht, als sie war. Natürlich ist es nicht ausgeschlossen, daß sie die Wahrheit zuweilen zu ihren Gunsten korrigiert hat.

Indessen darf man wohl ihre Memoiren in allem, was ihre eigene Person betrifft, weitgehend für wahrheitsgetreu halten. Man muß sich natürlich fragen, ob Katharina, die für die Nachwelt oder die Erbauung ihrer Enkel schrieb, nicht dazu neigte, ihre Fehler zu verschleiern (insbesondere ihre Liebesabenteuer) und nur diejenigen zuzugeben, die allen bekannt waren. Wir wissen, daß sie sich über gewisse politische Intrigen und über die Art, wie sie ihre finanziellen Schwierigkeiten löste, ausschwieg – die Briefe der französischen und englischen Gesandten verraten, was sie (vielleicht vorsätzlich) verbergen wollte. Aber es ist denkbar, daß Katharina, die irrsinnig verschwenderisch und unfähig war, sich für Geld zu interessieren, solche Einzelheiten ganz einfach vergessen hat. Kann sie nicht genausogut vergessen haben, ähnlich kompromittierende Amouren zu erwähnen? Möglich ist es; aber ein Brief von ihr an Potemkin bekräftigt das Zeugnis ihrer Memoiren; und es hat den Anschein, daß sie Potemkin gegenüber aufrichtig war und daß sie ihren Liebhaber nicht mit einer Nachwelt verwechselte, der sie ein idealisiertes Bild von sich hinterlassen mußte.

Und schließlich verrät der Ton der Memoiren das Vergnügen der Verfasserin an der Wiederentdeckung ihrer Jugend, den Wunsch, sich vor allem in ihren eigenen Augen zu rechtfertigen, was vermuten läßt, daß Katharina beim Schreiben wenig log, und auch dann nur über Dinge, die für sie unwichtig waren. Sie hat ihre Erinnerungen nicht veröffentlicht, sie hat sie nie beendet, man kennt nur das, was sie aufbewahrt hat – sie schrieb vor allem für sich selbst. Darum darf man ihr wohl im wesentlichen glauben, ohne in jedem Fall ihre Deutung der Tatsachen zu akzeptieren.

In dem langen, vieldeutigen Abenteuer, das mit Katharinas Thronbesteigung endete, sind drei wesentliche Faktoren zu berücksichtigen: zunächst die Lage Rußlands im 18. Jahrhundert, ferner die Persönlichkeit der Kaiserin Elisabeth und schließlich die Person Peters, des Gatten Katharinas.

Als Katharina den Thronerben heiratete, war Rußland bereits ein mächtiger, aber chaotischer Staat, noch von einer politischen und moralischen Umwandlung erschüttert, wie sie wenige Länder im Lauf ihrer Geschichte erlebt haben. Ein halbes Jahrhundert später, beim Tod derjenigen, die Katharina die Große genannt werden sollte, hatte dieses Land an innerer Einheit und an Prestige so gewonnen, daß es zum Rivalen der Großmächte Europas geworden war. Katharina war einer der Ausführenden, aber nicht der Urheber dieser Umwandlung. Die (zwanzigjährige) Herrschaft Elisabeths war für die Russen eine Epoche der Bewußtwerdung, des Erblühens eines mächtigen Nationalstolzes. Die seltsame Gestalt jener so verschiedenartig beurteilten Elisabeth drängt sich jedem auf, der den Charakter Katharinas II. verstehen will: sei es als Wohltäterin oder Rabenmutter, als Vorbild oder als Schreckbild. Elisabeth hat, ohne es zu wollen, den Charakter ihrer Nachfolgerin geformt.

Ich habe mich in dieser Studie über die Persönlichkeit Katharinas von Rußland bemüht, zu erfassen, worin diese Tragödie eines Machtkampfes bestand, der sich achtzehn Jahre lang zwischen drei sehr verschiedenartigen, geistig sehr ungleichen Wesen abspielte, die alle drei dem unabwendbaren Schicksal der Könige unterworfen waren: herrschen oder umkommen. Man darf nicht vergessen, daß die Herrschaft Katharinas nur durch die Unzulänglichkeit desjenigen ermöglicht wurde, der von Rechts wegen hätte regieren sollen. Die Persönlichkeit Peters, die Ursachen seines geistig-seelischen Verfalls, die Rolle, die Katharina dabei zu spielen vermochte, sind wichtige Faktoren für das Verständnis der Geschichte Katharinas.

Diese Geschichte war vor allem eine Hoftragödie, die sich in den Sälen, Gängen und Alkoven der kaiserlichen Paläste von Petersburg und Moskau abspielte. Die extravaganten und grausamen Sitten dieses Hofs möchte dieses Buch, das nur Charaktere zeichnen will, nicht in aller Breite schildern; es schien mir sinnlos, mich bei dem Pittoresken (oder Exotischen) des Hoflebens aufzuhalten, das es für die Zeitgenossen ja gar nicht besaß. Es genügt zu wissen, daß in jener Epoche das geistige und kulturelle Niveau der Russen weit unter dem des Westens lag. Das Ziel, sich dem Westen anzugleichen, bedeutete, einen Vorsprung von Jahrhunderten einzuholen; und hierin haben sich die Russen eigentlich recht gut bewährt. Man muß bedenken, daß am russischen Hof gerade wegen des Mangels an Tradition und Kultur sich das ewige Spiel von Ehrgeiz, Intrige, Haß und Eifersucht weit krasser darbot als an jedem anderen Hof und daß dort Furcht und Eitelkeit stärker als anderswo herrschten, aber nicht auf wesentlich andere Art. Und die junge Frau, die einmal Katharina II. werden sollte, entstammte selber diesem Hofadel und war von Kindheit an für dieses Spiel erzogen worden.

Erster Teil

Kindheit

Sie war weder Russin, noch hieß sie Katharina.
 Sie wurde am 2. Mai 1729 zu Stettin in Pommern geboren. Ihr Vater, Fürst Christian August von Anhalt-Zerbst, war einer jener Fürsten ohne Geld und Glanz, wie es sie im Deutschland des achtzehnten Jahrhunderts zu Hunderten gab. Unter den zahllosen deutschen Fürstenhäusern war das Haus Anhalt-Zerbst eins der mittellosesten und unbedeutendsten, und gar Christian August, der nach dem Ableben seines Vetters »regierender« Fürst wurde, erbte erst, als seine Tochter schon dreizehn Jahre alt war, und mußte noch dazu mit seinem älteren Bruder teilen. »Das Haus Anhalt«, erklärt die künftige Kaiserin in ihren Memoiren, »kannte kein Erstgeburtsrecht; sämtliche Prinzen von Anhalt der gleichen Linie sind Teilerben; sie haben so oft geteilt, daß zum Teilen fast nichts mehr übrig bleibt...« Das Haus Anhalt, das über die Stadt Zerbst »regierte«, hatte zwar – noblesse oblige – »Hofdamen« und »Kammerherren«, war aber ausgesprochen arm; und die Prinzessin (Mutter der Katharina) brachte es zwar noch zu »Festroben« und »Roben für Hoftrauer«, besaß aber nicht einmal genug Betttücher, wie man noch sehen wird.
 Sofia Auguste Friederike von Anhalt-Zerbst sagt von ihren Eltern: »Dem Anschein nach lebten sie durchaus harmonisch zusammen, obgleich ein großer Altersunterschied zwischen ihnen bestand und trotzdem sie sehr verschieden veranlagt waren. Mein Vater war beispielsweise sehr sparsam, meine Mutter dagegen sehr verschwenderisch und freigebig.« Was vermuten läßt (die Tochter vermeidet respektvoll das Wort), daß der Vater geizig war und seine Frau – vielleicht auch die Kinder – darunter litten.
 Bestimmt aber ähnelte Sophie mehr der Mutter, denn sie sollte sich als unerhört verschwenderisch und freigebig erweisen.
 Ein Fürst ohne Fürstentum, diente Christian August von Anhalt-Zerbst in der Armee des Königs von Preußen; er war Berufsoffizier,

wie das damals für den gesamten Adel üblich war, und besaß die soliden und etwas beschränkten Tugenden seines Standes und seiner Kaste: Pflichtgefühl, Ordnungssinn, Disziplin und Sparsamkeit; dazu eine unantastbare Rechtschaffenheit und einen sehr präzisen Verstand, der jeder Phantasie entbehrte, und eine strenge Frömmigkeit, mit der sich eine gewisse Neigung zum Mystizismus verband. Nachdem er zum Generalmajor und Kommandanten des achten Infanterieregiments avanciert war, verheiratete er sich – ein wenig spät; er ging bereits auf die Vierzig zu. Die Ehe wurde von der Familie arrangiert, die Zukünftigen kannten sich kaum. Die junge, vermögenslose Braut stammte aus einer sehr guten Familie: Sie war mit dem Herzogshaus Holstein verwandt, zu dem mehrere Linien gehörten; die ältere Linie durfte, dank ihrer Verwandtschaft mit dem schwedischen Königshaus, Anspruch auf den Thron von Schweden erheben. Johanna Elisabeth von Holstein-Gottorp, die Verlobte des Prinzen von Anhalt-Zerbst, gehörte zur jüngeren Linie.

Diese junge Prinzessin ohne Vermögen war am Hof ihres Onkels, des Herzogs von Braunschweig, aufgewachsen; Prinz Christian August war für sie keine besonders glänzende Partie, nur eine standesgemäße. Sie war sehr hübsch, was ihr kaum zum Glück gereichte. Sie war lebhaft, kokett, ehrgeizig – vielleicht ebenfalls nicht gerade ein Glück: in strenger Frömmigkeit erzogen, Sproß einer betont lutherischen Familie, die Bischöfe und Äbtissinnen aufzuweisen hatte, dürfte es ihr an Anstandsgefühl kaum gefehlt haben. Sie war fünfzehn, als sie heiratete; ihr Mann war siebenundzwanzig Jahre älter als sie.

(Um die ungewöhnlichen Fähigkeiten Katharinas II. zu erklären, haben spätere Geschichtsschreiber der jungen Johanna Elisabeth von Holstein-Gottorp, Fürstin von Anhalt-Zerbst, außereheliche Aventiuren zugeschrieben und die künftige Kaiserin mit »glanzvolleren« Vätern als dem ehrbaren Christian August bedacht: mit Friedrich II. von Preußen, damals Kronprinz und erst sechzehn Jahre alt, oder dem Grafen Iwan Betzki, der tatsächlich der Geliebte der Fürstin werden sollte, aber fünfzehn Jahre später . . . Es ist jedoch sehr wahrscheinlich, daß Johanna Elisabeth eine treue Gattin und eine liebende Mutter war. Ihre Ehe hat ihr allerdings wenig Glück gebracht.)

Sie war keine Emma Bovary. Bei ihrer überschäumenden Vitalität vermochte sie weder sich zu langweilen noch zu träumen. Zu einem bescheidenen Leben in dem düsteren Stettiner Schloß verurteilt (wo ihr Mann die Stellung eines Militär-Gouverneurs bekleidete), arbeitete Johanna Elisabeth hartnäckig daran, sich eine gesellschaftliche Position zu schaffen, die ihrem Ehrgeiz entsprach. Sie verstand es ausgezeichnet, ihre verwandtschaftlichen Beziehungen sowie die freundschaftlichen Beziehungen ihrer Familie zu gekrönten Häuptern auszunützen. Sie sorgte dafür, daß man sie nicht vergaß, sie fuhr jedes Jahr nach Berlin, um dem König von Preußen ihre Aufwartung zu machen, und speiste – arm, wie sie war, denn der Adel verlieh mehr Privilegien als Vermögen – gelegentlich an der Tafel der Königin und plauderte mit den Prinzen und Prinzessinnen. Das war sehr viel und sehr wenig: denn ungeachtet ihres Hochmuts besaß die junge Frau einen zu ausgeprägten Sinn für die Wirklichkeit, um nicht zu wissen, daß sie noch ein sehr unbedeutendes Persönchen war.

In den Augen dieser adelsstolzen jungen Frau waren gesellschaftliche Pflichten mindestens ebenso heilig wie Familienpflichten; aber schließlich, anderthalb Jahre nach ihrer Heirat, setzte die siebzehnjährige Johanna Elisabeth ihr erstes Kind in die Welt. Sie hatte sich leidenschaftlich einen Sohn gewünscht, aber nun war es ein Mädchen: Sofia Auguste Friederike. Da sie natürlich nicht voraussehen konnte, daß der Ruhm dieses Mädchens eines Tages den Ruhm all derer von Anhalt-Zerbst und sogar den Ruhm aller Holsteins von gestern, heute und morgen überstrahlen würde, war die junge Mutter bitter enttäuscht. Mütterliche Gefühle waren in jenen Zeiten bei den Damen des Adels nicht Mode: In der Obhut der Amme sah das Baby die Mutter nur, wenn es dieser gerade einfiel. Ein Jahr nach der ersten Niederkunft bekam die Prinzessin von Anhalt endlich den Sohn, den sie sich so sehnlich erträumt hatte; sie attachierte sich an dieses zweite Kind um so leidenschaftlicher, als es, im Gegensatz zu der verhältnismäßig robusten kleinen Sophie, von zarter Gesundheit war.

In späten Jahren sollte Sophie die Geschichte ihrer Kindheit und Jugend schreiben. Unsentimental, wie sie war, verweilte sie nicht lange bei den ersten Jahren ihres Lebens, und was sie davon berichtet, beweist, daß sie schon sehr früh eine recht egozentrische kleine Person war, aufgeweckt, eigensinnig und willensstark.

Ihre Kindheit war nicht glücklich; zumindest beklagt sie sich bitter über den Mangel an Zärtlichkeit von seiten ihrer Mutter: die typische Reaktion des ältesten Kindes, dem man die jüngeren vorzieht. Gewiß hat das ihren Charakter entscheidend beeinflußt: Ihr ganzes Leben lang sollte sie diese schreckliche und verzehrende Sucht nach Liebe manifestieren, die gleichsam unbewußte Suche nach der mütterlichen Zärtlichkeit, die sie als Kind entbehrt hatte.

Prinzenkinder – selbst wenn der Vater nicht reicher war als Christian von Anhalt-Zerbst – wuchsen mit Gouvernanten, Hauslehrer, Musik- oder Tanzlehrer auf, man erzog sie nach der Hofetikette, sobald sie imstande waren, eine Reverenz zu machen. Die kleinen Mädchen und die kleinen Jungen waren nach Art der Erwachsenen gekleidet, in Frack und Weste, dekolletierten Roben und geschnürten Taillen, und bei festlichen Anlässen mit gepudertem Haar. Johanna Elisabeth von Anhalt-Zerbst zwang ihre Tochter, den Rockschoß der Damen zu küssen, die sie in ihrem Salon empfing. Sophie, ein zartes, dunkelhaariges Püppchen im Reifrock, wurde von der Mutter auf Bälle und Empfänge geschleppt, es bewunderte Maskeraden und Feuerwerk und fiel schon sehr früh durch seinen Witz oder zumindest durch die Unbefangenheit seines kindlichen Geplauders auf. Als die Vierjährige einmal zu einem Rockschoß, den zu küssen ihr befohlen war – er gehörte keinem Geringeren als dem preußischen König Friedrich Wilhelm I. –, nicht hinaufreichen konnte, rief sie: »Der Rock ist zu kurz, ich komme nicht hin.« Der König erklärte: »Das Mädchen ist naseweis.« Die kleine Sophie galt als impertinent und hochmütig, und um ihr diese Eigenschaften abzugewöhnen, wurde sie häufig von der Mutter gedemütigt.

Von ihrer ersten Gouvernante, Madeleine Cardel, schrieb sie später, daß diese sie lehrte, sich ihren Eltern so zu zeigen »daß ich ihnen gefallen konnte und sie desgleichen« – »daher lernte ich schon früh, mich zu verstellen. Mein Vater, den ich seltener sah, hielt mich für einen Engel; meine Mutter kümmerte sich wenig um mich.« Auf die Vorliebe ihrer Mutter für den ältesten Sohn anspielend, sagt sie: »Ich war nur geduldet und wurde oft heftig zurechtgewiesen, keineswegs immer begründet.« Das ist die typische Reaktion eines eifersüchtigen Kindes; aber die Bitterkeit über das »Geduldetsein« prägte Sophies Charakter. Sie entwickelte einen leidenschaftlichen Egoismus und war stets begierig nach Liebe, begierig danach, sowohl geliebt wie bewundert zu werden.

Den Vater, der sie »für einen Engel hielt«, liebt sie zärtlich. Aber sie sieht ihn so selten! Er ist immer beschäftigt, und wenn er es einmal nicht ist, erlaubt ihm seine Fürsten- und Generalmajorswürde nicht, sich Familiengefühlen hinzugeben. Ihrer Mutter sollte

Sophie nie verzeihen, daß sie ihr die Brüder vorzog; 1734 bekam sie einen zweiten Bruder; an diesen sollte sie einmal, nach der endgültigen Trennung von ihrer Familie, mit sehnsüchtiger Zärtlichkeit zurückdenken; aber der ältere existiert für sie nicht: In ihren Memoiren erwähnt sie ihn kaum, und nur, um zu sagen, daß er mit zwölf Jahren an Scharlach starb und daß er, infolge eines Unfalls, seit frühester Kindheit hinkte; den Schmerz der Mutter tut sie mit drei Worten ab, ohne auch nur auf den Gedanken zu kommen, daß dieser Schmerz ja auch sie hätte angehen können.

Der Mensch, zu dem sie sich am meisten hingezogen fühlte – ohne jedoch die Mutter ersetzen zu können, denn die hochmütige kleine Prinzessin hätte einer Angestellten nie den ersten Platz in ihrem Herzen einräumen können –, war ihre zweite Gouvernante, Elisabeth oder Babette Cardel, Französin und Tochter eines nach Deutschland geflohenen Hugenotten. Sophie spricht immer nur in den höchsten Tönen von ihr: »Sie war ein Vorbild an Tugend und Weisheit; sie hatte eine große und schöne Seele, einen kultivierten Verstand, ein prächtiges Herz; sie war geduldig, sanft, heiter, gerecht, beständig und in der Tat jemand, von dem man sich wünschte, daß er bei allen Kindern zu finden wäre.« Von dieser Babette Cardel spricht später das zur Frau gereifte Mädchen mit tiefer Dankbarkeit und lobt sogar ihre gelegentliche Strenge: Im Alter, wenn sie an große Geister wie Voltaire und Grimm schrieb, liebte sie es, sich selbst als »die Schülerin von Mlle. Cardel« zu bezeichnen.

Durch Mlle. Cardel lernte Sophie nicht nur Französisch – damals die Sprache der guten Gesellschaft Europas –, sondern auch französische Literatur, insbesondere die Literatur des siebzehnten Jahrhunderts: Corneille, Racine, Moliere, La Fontaine, die sie nicht besonders geschätzt zu haben scheint. Zugleich hatte sie auch andere Lehrer: für Deutsch, Schreiben, Tanzen, Musik, und natürlich einen Pfarrer, der sie in Theologie und Religion unterrichtete, da ihr Vater lutherisch und sehr fromm war. Sophie war eine Musterschülerin: fleißig, gewissenhaft, mit einem ausgezeichneten Gedächtnis begabt sowie einer echten geistigen Neugier; das einzige Fach, in dem sie völlig versagte, war Musik: Sie hatte so wenig Ohr dafür, daß sie ihr Leben lang Musik nur als sinnlosen Lärm empfand.

Laut zeitgenössischen Zeugenaussagen war die junge Sophie ein lebhaftes, stürmisches Kind, ein verhinderter Junge. Sie hatte eine

Passion für Spiele und für die Vogeljagd. Ihre Eltern waren vernünftig genug, sie nicht unter dem Vorwand, daß sie eine Prinzessin sei, in den Hallen des Stettiner Schlosses einzusperren: Sie suchte sich Spielkameraden und spielte auf der Straße mit Kindern ihres Alters; sie war dabei stets die Anführerin und sehr geschickt im Organisieren und Dirigieren. Schon früh neigte sie zur Nachdenklichkeit, las mit Passion und stellte ihrer Umwelt gern peinliche Fragen: Warum wurden Titus, Mark Aurel und andere tugendsame Männer einmütig verdammt, nur weil sie die Offenbarung nicht gekannt hatten? Was war eigentlich das Ur-Chaos? Was bedeutete Beschneidung? Da sie übrigens in strenger Frömmigkeit erzogen wurde, wäre sie durch die Ausführungen ihres Religionslehrers, Pastor Dowe, der es fertiggebracht hatte, ihr die Furcht vor dem Jüngsten Gericht einzuflößen, beinahe melancholisch geworden: Das damals erst sieben- oder achtjährige Kind weinte darüber einen ganzen Herbst lang, »wenn der Tag sich neigte, auf einer Fensterbank«. Nachdem die Gouvernante dem Pastor davon berichtet hatte, sprach er Sophie nicht mehr vom Jüngsten Gericht; seitdem scheint sich das kleine Mädchen nicht mehr über die metaphysische Ordnung beunruhigt zu haben.

Die kleine Sophie war ein kräftiges Kind – im Vergleich zu den meisten Kindern von Fürsten, deren Ehen unter Blutsverwandten häufig Fälle von Degeneration zur Folge hatten; ihre beiden Brüder waren kränklich, die kleine Schwester starb im zarten Alter; sie selbst litt lange Zeit an skrofulösen Ekzemen, die so schlimm waren, daß man ihr in regelmäßigen Abständen das Haar abschnitt, weil es von Schorf durchsetzt war; mit sieben Jahren hatte sie eine Brustfellentzündung, anschließend setzte eine Rückgratverkrümmung ein, die sie zwang, vier Jahre lang, Tag und Nacht, ein Korsett zu tragen. Mit elf Jahren war dann ihr Rücken wieder gerade; und später, am Ende der Pubertät, erlangte sie, dank Sporttreiben und dem Leben in frischer Luft, eine außerordentliche Gesundheit.

Mithin war Sophie, bevor sie zehn wurde, trotz ihrer frühreifen Intelligenz für die Mutter eher eine Sorge und Belastung als Anlaß zum Stolz. Zu alledem hatte sie noch das Pech, ausgesprochen häßlich zu sein. Die Bilder jener Epoche stellen sie als wenig anziehend dar, und das, obwohl in der damaligen Zeit die Porträtmaler es nicht gerade darauf anlegten, ihre Modelle als Schreckgespenster darzustellen, schon gar nicht kleine Prinzessinnen . . . Für ein so eigenwilliges, geistig unabhängiges kleines Mädchen ist Häßlichkeit ein schweres Handikap; und vermutlich war es gerade das Bewußtsein ihrer Häßlichkeit, das die kleine Sophie zum Lernen und zu ausgedehnter Lektüre antrieb, um sich in Ermangelung von Schönheit Bildung zu erwerben, wie sie später schreiben sollte.

Wovon kleine Prinzessinnen träumen

Als Sophie fast zehn Jahre ist, beginnt sie jedoch ein wenig Mut zu schöpfen: »Die extreme Häßlichkeit, mit der die Natur mich bedacht hatte, verging...«, allerdings sehr langsam. Endlich war sie nicht mehr mißgestaltet, sondern groß und biegsam, sie hatte eine hohe Stirn, hübsche dunkelblaue Augen und war mit ihrer langen, geraden Nase und dem spitzen Kinn zumindest rassig, wenn auch nicht schön. In diesem Jahr, 1739, führten ihre Eltern sie auf ein Fest, das von einem Vetter ihrer Mutter, Adolph Friedrich von Holstein-Gottorp (dem späteren König von Schweden), gegeben wurde. Die Holstein-Gottorps gehörten in der Tat zu den erlauchtesten Fürstenhäusern Deutschlands, und die Prinzessin Johanna Elisabeth empfand ihre Ehe, wenngleich sie vermögenslos war, als nicht ganz ebenbürtig... Sie war eitel und mondän; die Intrigen der deutschen und europäischen Höfe, die offiziellen Empfänge und Details der Hofetikette spielten in ihrem Leben eine große Rolle, oder zumindest doch in ihren Gedanken. Sie betonte ständig, daß sie dem illustren Haus der Herzöge von Holstein angehörte. Es war in Kiel, anläßlich dieses Familienfestes, daß die kleine Sophie den jungen Karl Peter Ulrich von Holstein, Prätendent (oder mindestens einer der möglichen Anwärter) auf den schwedischen wie den russischen Thron, zum erstenmal sah.

Dieser Knabe war ein Jahr älter als sie; durch die Holsteins war er ihr Vetter dritten Grades. In ihren Erinnerungen beschreibt sie ihn »als wahrhaft schön, liebenswürdig, wohlerzogen... Dieses elfjährige Kind, dessen Vater vor kurzem gestorben war, galt geradezu als ein Wunder.« Nun, in Wirklichkeit war davon gar keine Rede. Peter Ulrich war klein, schwächlich, von zarter Gesundheit und alles andere als wohlerzogen. Schön? Immerhin nicht häßlicher als Sophie, wahrscheinlich weniger häßlich. Dieses schüchterne Waisenkind, das in der Einsamkeit und Langeweile seines Palastes verkümmerte, wo er keine andere Gesellschaft hatte als die tyrannischer und brutaler Hofmeister, war zweifellos entzückt, ein bißchen mit seiner gleichaltrigen Kusine plaudern zu dürfen. Trotz der schon militärischen Zucht, der man ihn unterwarf, war der kleine Prinz von lebhaftem Temperament, keineswegs dumm, aber kindlicher, als Alter und Lebensumstände es bedingt hätten. Die ernste Sophie fand ihn äußerst kindlich; aber sie hörte, wie ihre Mutter und ihre Tanten verhüllte Anspielungen auf eine mögliche Verbindung zwischen ihr und dem Knaben machten.

In einem Alter, da kleine Mädchen noch an Puppen denken, träumte Sophie – da sie eine Prinzessin war – bereits von ihrer Zukunft, das heißt von der Ehe, der einzig möglichen »Zukunft«. »Der Königinnentitel«, schreibt sie, »klang mir, so klein ich auch war, sehr süß in den Ohren. Von dieser Zeit an neckte mich meine Umgebung mit ihm [Peter Ulrich], und allmählich glaubte ich daran, daß ich für ihn bestimmt sei.« Das Wort »necken« scheint darauf hinzudeuten, daß zwischen Vetter und Kusine zumindest die Andeutung einer gegenseitigen Sympathie bestand, die von den Erwachsenen bemerkt worden war.

Sophie träumte von der Ehe, weil sie in der Umgebung ihrer Mutter und in ihrer entfernteren Familie edle, fromme und traurige Damen erlebt hatte, die aus Mangel an Vermögen oder an äußeren Reizen zu ewiger Ehelosigkeit verdammt waren; das Kind fürchtete, häßlich und arm (gemessen an seinem Stand) wie es war, nie einen Bewerber zu finden. In ihrem Milieu scherzte man nicht mit der Ahnentafel, und es war selbstverständlich, daß die Tochter des Fürsten von Anhalt-Zerbst entweder einen Prinzen heiraten oder alte Jungfer werden würde. Aber Sophie, deren Phantasie schon früh zu arbeiten begann, träumte dank ihrer Begegnung mit dem Erben der schwedischen (oder russischen) Krone von nichts Geringerem als dem Titel einer Königin. – Eines Tages, anläßlich der Heirat einer ihrer Kusinen, Prinzessin Augusta von Sachsen-Gotha, mit dem Prinzen von Wales, hörte sie, wie der Adjutant ihres Vaters zu Mlle. Cardel sagte: »Diese Prinzessin ist weit schlechter erzogen als unsere; schön ist sie auch nicht, und trotzdem wird sie einmal Königin von England; wer weiß, was aus unserer noch wird!« Königin – warum nicht, wenn man eine Kusine hat, die den Prinzen von Wales heiratet, und einen Vetter, der König werden kann?

In der Tat war Sophie nicht die einzige, die von diesem Vetter träumte, ihre Mutter war ihr dabei schon zuvorgekommen. Als geborene Intrigantin, die sich rasch vom Glanz der Titel blenden ließ, gehörte sie zu jenen Frauen, die sich berufen, ja beinah verpflichtet fühlen, die Großen dieser Welt zu umschmeicheln; als ihr Bruder zum Erzieher des kleinen Herzogs von Holstein ernannt wurde, machte sie ihm sofort einen Besuch, um das erlauchte Waisenkind, das zu so Hohem bestimmt war, in die Arme zu schließen; und als drei Jahre später die Tante mütterlicherseits desselben kleinen Herzogs unter dem Namen Elisabeth I. den Thron von Rußland bestieg, beeilte sie sich, sich der neuen Kaiserin in Erinnerung zu bringen – ebenso berechtigten sie ihre persönlichen Beziehungen zum russischen Hof, wie man noch sehen wird, zu großen Hoffnungen . . . Sophies Heirat, von der häufig behauptet wurde, daß sie als unerwartetes Glück wie aus heiterem Himmel ein unbedeutendes deutsches Fürstenhaus traf, war in Wirklichkeit von langer Hand durch die Prinzessin Anhalt-Zerbst geplant und vorbereitet worden. Ob sie damit Erfolg haben würde, stand freilich damals noch nicht fest; immerhin aber tat sie alles, was in ihrer Macht stand, dazu.

Die Bande des Hauses Holstein mit dem russischen Kaiserhaus waren eng genug, daß die Fürstin von Anhalt-Zerbst der Zarin, ohne aufdringlich zu erscheinen, ihre Aufwartung machen durfte: Die älteste Tochter Peters des Großen hatte den Herzog von Holstein geheiratet (sie war die Mutter des kleinen Peter Ulrich); ein Bruder Johanna Elisabeths, Karl August von Holstein-Gottorp, war mit der zweiten Tochter Peters des Großen, Elisabeth, verlobt gewesen; er war wenige Tage nach der Verlobung gestorben, aber Elisabeth hatte ihn nicht vergessen. Diese Elisabeth war durch einen ebenso raschen wie aufsehenerregenden Staatsstreich auf den Thron ihres Vaters gelangt, und Johanna Elisabeth, stolz darauf, beinahe Schwägerin einer Kaiserin geworden zu sein, schwor jetzt nur noch auf Rußland, Peter den Großen und Elisabeth I.

Von diesem Rußland, dem Rußland Peters des Großen, dem barbarischen Moskowien, das wie durch ein Wunder innerhalb weniger Jahre zu einer der Großmächte Europas aufgestiegen war, wurde häufig an den kleinen Fürstenhöfen Norddeutschlands gesprochen – den Nachbarn dieses noch ziemlich geheimnisvollen, aber vom Prestige einer großen Militärmacht umstrahlten Riesenreiches; ein sagenhaft reiches Land, hieß es, »barbarisch« oder »zivilisiert«, je nach der politischen Meinung des Sprechers, aber imponierend durch seine Größe und voll unerforschter Möglichkeiten. Unter der Herrschaft Peters des Großen (er starb 1725) und insbesondere unter seinen Nachfolgern hatten die Deutschen in Rußland ungewöhnliches Ansehen genossen, hatten es zu Riesenvermögen gebracht, waren dort Generäle, Minister, intime Berater – und wie intime! – der Zarinnen gewesen; noch dazu waren die beiden letzten Herrscherinnen, Anna Iwanowna, danach ihre Nichte, die Regentinmutter Anna Leopoldowna – deutsche Prinzessinnen gewesen. Es war daher für deutsche Fürsten selbstverständlich, dieses große Land, wenn nicht als Einflußzone, so doch immerhin als ein halb germanisiertes Land zu betrachten, und ebenso selbstverständlich, dort nach einer großen Karriere zu streben.

Allerdings brach gerade Elisabeth mit dieser Tradition: Ihr Staatsstreich war die Folge einer Welle von Fremdenfeindlichkeit, die erbarmungslos alle deutschen Würdenträger und Militärs, die guten wie die schlechten, zugunsten echter Russen hinwegfegte. Das hatte die Fürstin von Anhalt-Zerbst vielleicht nicht ganz begriffen: Sie glaubte, daß die in Ungnade gefallenen Deutschen zu Recht für irgendwelche Verbrechen bestraft worden seien; eine so edelmütige Kaiserin wie Elisabeth konnte sich nicht täuschen ... und jedenfalls, war nicht auch der Thronerbe Deutscher und sogar mit Johanna Elisabeth verwandt?

Aber sowohl die Krönung Elisabeths wie die Ernennung Peter Ulrich von Holstein zum russischen Thronfolger lösten, sagt Sophie, im Haus Anhalt-Zerbst lebhafte Freude aus. Der Knabe war seit jeher in den Familiendiskussionen die Partie, die man sich für Sophie erträumte. Gelegentlich sagte man, daß der Herzog sicherlich eine erlauchtere Braut aus einem einflußreicheren Haus wählen werde, aber »man erwog nie eine andere Partie«. »Insgeheim«, sollte Sophie einmal schreiben, »habe ich mich immer als seine Braut gesehen, und zwar deswegen, weil er von allen Partien, die für mich in Frage kamen, die beste war«.

Sophies Mutter ließ von einem Porträt ihrer Tochter eine Kopie anfertigen, um es General Korf anzuvertrauen, der es nach Rußland bringen sollte ... Derselbe Korf und noch ein anderer Herr am russischen Hof, namens Sievers, hatten bereits unter verschiedenen Vorwänden darum gebeten, die kleine Prinzessin zu sehen, und hatten schon jeder ein Porträt von ihr mitgenommen, um es der Kaiserin zu zeigen. Das kleine Mädchen verstand sehr wohl, worum es sich handelte, und trug den Kopf immer höher.

Kaiserin von Rußland! Gewiß war sie nicht die einzige, die für eine Ehe in Frage kam, deren Bild durch Botschafter und Höflinge nach Petersburg und Moskau gesandt wurde. Aber das wußte sie zweifellos nicht, sie war erst dreizehn Jahre alt, doch aus den vielsagenden Blicken, dem Geflüster, der Indiskretion der Erwachsenen sah sie nahezu mit Sicherheit eine große Zukunft für sich voraus. Angesteckt von der wahnsinnigen Eitelkeit ihrer Mutter ging in den Träumen des Kindes, das einst Katharina von Rußland werden sollte, die Saat des Ehrgeizes auf.

In diesem Traum von einer großen Heirat war von Liebe keine Rede: Den Knaben, dem sie sich bestimmt hatte, kannte sie kaum. Übrigens gehörten in der damaligen Zeit Liebe und Ehe nicht unbedingt zusammen, nicht einmal in den Träumen kleiner Mädchen. Sophie war damals schon sinnlich – ohne es zu wissen; sie wurde völlig unaufgeklärt erzogen. Nachts, gequält durch eine überschäumende Kraft, die sie sich nicht erklären konnte, setzte sie sich rittlings auf ihr Kopfkissen und »galoppierte bis zur Besinnungslosigkeit« in ihrem Bett auf und ab. Selbst im reifen Alter, als sie davon erzählte, begriff sie nicht, was die Ursache dieses Spiels war; ihre Sinnlichkeit war triebhaft und unbewußt, wie die von Kindern, die nicht träumen. Dennoch hatte sie ein sentimentales Erlebnis mit einem Onkel, der viel zu jung und viel zu hübsch war, ein merkwürdiger Onkel, der sie vielleicht ohne Skrupel verführt hätte, wäre sie in Liebesdingen nicht völlig unerfahren gewesen.

Sie selbst erzählt ausführlich von dieser Liebe und von den ersten, etwas verlegenen und dann deutlicheren Anträgen jenes Onkels Georg Ludwig, der sie schließlich um ihre Hand bittet. Das Mädchen antwortet darauf erstaunt: »Meine Eltern wären nicht damit einverstanden«, und willigt schließlich ein, »unter der Bedingung, daß mein Vater und meine Mutter nichts dagegen haben«. »Nach meiner Einwilligung wurde mein Onkel außerordentlich leidenschaftlich: Dauernd versuchte er, mich zu küssen, es gelang ihm auch einige Male, aber dennoch verlief alles ganz unschuldig.« Trotz der Seufzer, des Stöhnens und Ungestüms dieses ersten scheuen Liebhabers begriff der Backfisch nicht das Geringste. Vielleicht hätte Georg Ludwig sein Ziel erreicht und sogar seine Nichte geheiratet, hätte nicht ein Brief aus Berlin Sophie die Zärtlichkeiten ihres Onkels vergessen lassen und bei ihren Eltern alle anderen Sorgen zerstreut.

Der König von Preußen

Der Brief, der am 1. Januar 1744 eintraf, kam von Brümmer, Großmarschall am Hof des Herzogs von Holstein (dem derzeitigen Thronfolger von Rußland). Der Großmarschall ersuchte die Fürstin von Anhalt-Zerbst, sich so rasch wie möglich und in aller Heimlichkeit mit der »Prinzessin, ihrer ältesten Tochter«, nach Rußland zu begeben. Die Fürstin war nicht etwa so dumm, sich einzubilden – wie manche Historiker behaupten –, daß die Einladung vornehmlich ihr gelte und die Tochter Nebensache sei; was sie aber zu stören schien, war der Heimlichkeitscharakter der Einladung, die nicht wie ein offizieller Heiratsantrag aussah: Riskierte sie nicht, mit ihrer Tochter zum Gespött aller Höfe zu werden, falls die Heirat nicht stattfand? Vater und Mutter zögerten. Christian August wollte seine Tochter ungern so weit fortziehen lassen, in ein fremdes, gefährliches Land: war doch auf Befehl Elisabeths I. eine deutsche Prinzessin, Anna von Braunschweig-Wolfenbüttel, ihrer Regentenwürde verlustig gegangen und mit ihrer ganzen Familie in den Kerker geworfen worden. Konnte nicht auch Sophie ein ähnlicher Staatsstreich treffen? Im besten Fall würde die künftige Kaiserin von Rußland mit ihre Religion wechseln und sich zum griechisch-orthodoxen Glauben bekennen müssen; und für einen so gläubigen Lutheraner wie den Fürsten von Anhalt-Zerbst war bereits das ein ausreichender Grund, die geplante Heirat abzulehnen.

Auf Brümmers Schreiben folgte ein Brief des Königs von Preußen. Der König – der sich ebenfalls an die Fürstin und nicht an den Fürsten wandte – erklärte ihr klipp und klar, daß es sich durchaus um eine Heirat handele und sie im Interesse Preußens alles daran setzen müsse, daß die Prinzessin Sophie den Großfürsten von Rußland eheliche. Sophies Mutter könne durch den Einfluß, den sie auf die Kaiserin auszuüben vermöge, diese für eine pro-preußische Verbindung gewinnen.

Johanna Elisabeth war ausnahmsweise in ihrem Element: Ehren, Gunst, Intrigen, eine politische Rolle für sie; und wie glanzvoll war die Bühne, auf der sie alle Vorzüge, mit der die Natur sie bedacht hatte, ausspielen würde: ihre Schönheit, ihre Abkunft, ihren Geist, ihren Weltverstand, so viele Schätze, die bisher ungenutzt in einer grauen Provinzstadt begraben waren!

Sophie blieb die Erregung der Eltern nicht verborgen, die Geheimberatungen abhielten und sich nicht einig zu werden schienen, sie brannte vor Ungeduld, bemühte sich zu begreifen und ärgerte sich, daß ein solches Geheimnis um eine Sache gemacht wurde, die sie längst erraten hatte. »Nun gut, mein Fräulein, da du so klug bist«, sagte die Mutter, »brauchst du nur den Rest des Inhalts eines zwölf Seiten langen Briefes zu erraten.« Am Nachmittag brachte Sophie ihrer Mutter folgendes Billett:

»Augure de tout
Que Pierre III sera ton époux.
(Die Lösung heißt: daß Peter III.
dein Mann sein wird.«)

Dann begann sie mit Eifer für die eigene Sache, die Sache ihres jugendlichen Ehrgeizes, zu plädieren. »Sie sagte mir, daß es sehr riskant sei, angesichts der unsicheren Verhältnisse jenes Landes; ich erwiderte, daß der liebe Gott für Sicherheit sorgen werde, wenn das sein Wille sei; daß ich mich mutig genug fühle, mich den Gefahren auszusetzen, daß mein Herz mir sage, daß alles gut gehen werde. Sie konnte sich nicht enthalten, mir zu sagen: ›Aber mein Bruder Georg, was wird er dazu sagen?‹ (Es war das erste Mal, daß sie mir von ihm sprach.) Ich errötete und sagte ihr: ›Es kann ihm nur an meinem Glück gelegen sein.‹ Sie schwieg und sprach dann mit meinem Vater . . .« In ihrem kindlichen Hochmut bildete Sophie sich ein, daß sie mit ihren Reden die endgültige Entscheidung der Eltern bestimmt hätte – vielleicht hat sie recht, man hätte sie zu nichts gezwungen. Jedenfalls hatte in ihren Augen die Liebe des reizenden Onkels Georg mit Glück nichts mehr zu tun.

Zum ersten Mal in ihrem Leben hatte Sophie eine »Szene« mit ihrer geliebten Babette Cardel: Die Eltern hatten ihr streng verboten, mit wem auch immer, über das, was sich anbahnte, zu sprechen; nach außen hin handelte es sich lediglich um eine Reise nach Berlin. Babette, die erriet, daß ihre Schülerin ihr etwas Wichtiges verheimlichte, sah in diesem Schweigen einen Mangel an Liebe; zweifellos hatte sie damit recht. Später, sehr viel später, versuchte Sophie, sich in ihren eigenen Augen zu rechtfertigen, indem sie alle Zärtlichkeitsbeweise aufzählte, die sie ihrer Gouvernante bezeugt hatte: Während einer schweren Krankheit hatte sie sie täglich besucht, hatte ihr einmal Tee gemacht, hatte ihr Arzneien eingegeben... Mlle. Cardel selbst sei davon sehr »gerührt« gewesen. Wenn Sophie es abgelehnt hatte, ihr das Geheimnis der russischen Heirat zu enthüllen, so nur wegen ihrer Eltern. Wie dem auch sei, jedenfalls glaubte das »Vorbild an Tugend und Weisheit«, das das Kind vermutlich wie seine eigene Tochter liebte, etwas mehr Vertrauen erwarten zu dürfen, und war tief verletzt. Aber die Kleine hatte alles vergessen, alles, was sich nicht auf die glänzende Zukunft bezog, die man ihr in Aussicht stellte. Sie nahm zwar unter Tränen von Babette Abschied, aber ohne ihr die Wahrheit zu gestehen. Lehrerin und Schülerin sollten sich nie wiedersehen.

Der Fürst von Anhalt-Zerbst reiste zuerst mit Frau und Tochter nach Berlin, wo sie bei dem König von Preußen vorsprachen, der das Mädchen kennenlernen und der Mutter noch letzte Anweisungen geben wollte. Denn Friedrich II. beabsichtigte nicht mehr und nicht weniger, als die Prinzessin als Geheimagentin für Preußen einzusetzen; und diese sah als getreue Untertanin nichts Böses darin, im Gegenteil.

Der junge König – Friedrich war damals dreißig Jahre alt – war seinem Vater, dem »Soldatenkönig«, Friedrich Wilhelm I., auf den Thron gefolgt, von dem Sophie in ihren Memoiren sagt, daß er bei allen verhaßt war: »Die Leute auf der Straße umarmten und beglückwünschten sich zum Tode dieses Königs...« Ganz andere Gefühle dagegen flößte ihr Friedrich ein; intelligent, differenziert, kultiviert, nicht weniger energisch als sein Vater und nicht weniger für das Waffenhandwerk begabt, sollte er der große Baumeister eines geeinten Deutschland unter der Ägide des Königreichs Preußen werden; in der Politik ebenso geschickt wie in der Kriegskunst, wurde er von den deutschen Fürsten geehrt und bewundert, die sich eine Ehre daraus machten, unter seinem Befehl zu dienen. Die Fürstin und ihre Tochter teilten diese Bewunderung.

Damals befand sich Preußen, im Osten von Österreich und im Norden von Rußland bedroht, in einer schwierigen Lage; es war nur ein kleines, armes Reich, mit gefährlich unzusammenhängenden Gebieten, sein Ehrgeiz und seine wachsende Stärke beunruhigten seine mächtigen Nachbarn, und für Friedrich war es von höchster Wichtigkeit, Rußland nicht zum Feind zu haben. Elisabeth hatte seit ihrem Regierungsantritt eine antipreußische Politik betrieben, und man führte diese Haltung auf den Einfluß ihres Kanzlers und Außenministers Graf Bestuschew-Rjumin zurück. Die Wahl der Kaiserin, die seit langem eine Braut für ihren Neffen suchte, war dank der Intrigen der Gegenpartei des Kanzlers auf die Prinzessin Anhalt-Zerbst gefallen: Man wollte als künftige Gattin des Thronfolgers eine »neutrale« Persönlichkeit aus vornehmem, aber einflußlosem Haus, die von keiner Fraktion befürwortet wurde, aber Friedrich II. hatte so gut manövriert, daß die glückliche Auserwählte seine eigene Kandidatin war, und wenn er den Prinzessinnen allergrößte Diskretion empfahl, so tat er das zum Teil deshalb, um zu verhindern, daß seine Gegner sein Projekt vereitelten.

Eltern und Tochter wurden in Berlin sehr gut aufgenommen. Johanna Elisabeth scheint einige Hemmungen gehabt zu haben, ihre Tochter dem König vorzustellen (sicherlich fand sie sie zu häßlich); bei mehreren Gelegenheiten behauptete sie, das Kind sei krank, ein anderes Mal, das Kind habe keine Hofrobe – so daß der König der jungen Prinzessin das Kleid einer seiner Schwestern schicken mußte. Dann wurde Sophie ins Schloß geführt.

Anfänglich war das junge Mädchen, das noch nicht ganz vierzehn Jahre zählte, »schüchtern und verlegen«; und seine Verlegenheit steigerte sich noch, als es erfuhr, daß es an die Tafel des Königs geladen war, während ihre Mutter nur an der Tafel der Königin saß. Was mag sie wohl empfunden haben, als sie bei diesem zeremoniellen Diner an der Seite des Königs saß? Es war ihr erster Auftritt in der großen Welt; und es wurde, dank dem Takt und der Freundlichkeit Friedrichs, zu einem Triumph für den Hochmut des Kindes. Der junge König verstand es, ihre Gehemmtheit zu lösen, sprach ihr von »Oper, Theater, Poesie, Tanz und was weiß ich noch alles, nun, tausend Betrachtungen, die man einem vierzehnjährigen Mädchen gegenüber anstellen konnte!« Während sie nach und nach ihre Schüchternheit vergaß und sich zweifellos durch das Hofgewand und eine hübsche Frisur verschönt fühlte, vermochte Sophie geistvoll zu erwidern, sich natürlich und lebhaft zu geben, und, wie sie später voller Stolz erklärte, »die ganze Gesellschaft machte große Augen darüber, daß Seine Majestät sich mit einem Kind unterhielt«. Gipfel des Glücks: Der König erklärte, nachdem er sie gebeten hatte, eine Schale mit Süßigkeiten an einen der Gäste weiterzureichen, diesem: »*Recevez ce don de la main des Amours et des Grâces.*«

Ein solches Erlebnis mußte in einem ungeliebten und unbeachteten Mädchen Selbstvertrauen erwecken; das häßliche Entlein wurde vor den Augen des gesamten Hofes mit Liebesgöttinnen und Grazien verglichen! Friedrich meinte es durchaus ernst; das zarte Geschöpf mit den sprühenden Augen, mit den vor Erregung geröteten Wangen war mit seiner jugendlichen Frische gewiß bezaubernd.

Der König von Preußen war sicher, daß die künftige Kaiserin von Rußland diesen Abend nie vergessen würde.

Sophie sollte bald erfahren, daß dieses »Glück«, das sie so ersehnt hatte, ihr auch Kummer bereiten würde. Vielleicht mehr Kummer, als sie in ihrer kindlichen Unwissenheit geahnt hatte. Schon in Zerbst hatte sie von Mlle. Cardel Abschied genommen, ohne ihr auch nur zu sagen, daß sie sie für lange Zeit verlasse; in Stettin mußten Mutter und Tochter vom Vater Abschied nehmen, der von der Kaiserin von Rußland nicht eingeladen worden war (man befürchtete seinen Einfluß auf die Tochter, und vor allem seine religiösen Skrupel).

Die Fürstin von Anhalt-Zerbst begab sich offiziell unter einem Vorwand nach Rußland: Sie wollte der Kaiserin für die Güte danken, die diese ihrer Familie erwiesen hatte. Außerdem mußte sie mit möglichst wenig Gepäck und sehr geringem Gefolge reisen: ein »Kammerherr«, Herr von Laterf, eine Hofdame, Fräulein von Kayn, vier Kammerzofen, ein Kammerdiener, einige Lakaien und ein Koch – für damalige Zeiten war das ein fast armseliges Gefolge. Um nicht die Aufmerksamkeit der mächtigen Gegenpartei am russischen Hof zu erregen, mußte die Fürstin unter falschem Namen reisen und nannte sich »Gräfin von Reinbeck«.

Sophie weinte, als sie von ihrem Vater Abschied nahm. (Sie ahnte nicht, daß sie ihn nie wiedersehen würde.) Sicherlich gab es ihr auch einen Stich, als die Mauern des Stettiner Schlosses, in dem sie ihre Kindheit verbracht hatte, am Horizont verschwanden. Aber für Tränen war jetzt nicht die Zeit: Sie war ein Kind, war erregt über die Aussicht auf eine große Reise, auf ein neues und glänzendes Leben; sie sah weder die Gefahren noch die Enttäuschungen voraus, die sie womöglich erwarteten, am ehesten noch litt sie unter den Strapazen der Reise: sechs Wochen mit der Kutsche, dann mit dem Schlitten, auf schlechten Straßen und mitten im Winter. Am 15. Januar abgefahren, trafen die Prinzessinnen erst am 21. beziehungsweise 10. Februar in Moskau ein (da die russische Kirche sich nicht nach dem gregorianischen Kalender richtet, hinkten die russischen Daten elf Tage hinter denen des Westens her).

Der Übertritt zur orthodoxen Kirche, der den Vater quälte und die Mutter mehr oberflächlich, aber unaufhörlich beunruhigte, bedrängte Sophie nicht übermäßig. Johanna Elisabeth hatte ihr möglichstes getan, um in den Augen der Tochter die Bedeutung dieses Schritts zu bagatellisieren. Sophie war sicherlich fromm, aber auf rationale Weise, ohne mystischen Überschwang. Als gehorsame Tochter fügte sie sich widerspruchslos den Wünschen der Eltern. Trotz ihrer dreizehn Jahre und zehn Monate war sie weder rebellisch, romantisch noch töricht. Die Baronin von Prinzen, Hofdame ihrer Mutter, sagte später von ihr: »Ich habe sie aufwachsen sehen, ich habe ihren Unterricht und ihre Fortschritte miterlebt; ich selbst half ihr beim Einpacken vor der Reise nach Rußland . . . In ihrer Jugendzeit habe ich an ihr nur einen ernsten, berechnenden und kühlen Verstand bemerkt, weder brillant noch außergewöhnlich, aber ebensowenig war sie verworren, verstiegen oder leichtfertig. Kurz, meine Vorstellung von ihr war, daß sie eine Frau wie jede andere werden würde.«

Es scheint, daß Mutter und Tochter kaum einen Gedanken an den kränklichen kleinen Prinzen verschwendeten, der die eigentliche Ursache ihrer Reise war; sie waren zu sehr daran gewöhnt, dem Titel mehr Bedeutung als der Person beizumessen, und Peter Ulrich von Holstein – oder vielmehr der Großfürst Peter Fedorowitsch – war in der Tat nur ein Titel, er war so belanglos, daß Sophie in ihren Erinnerungen mit keiner Silbe zu erkennen gibt, sie hätte bei dem Gedanken an ihren zukünftigen Bräutigam das Geringste, sei es Freude oder Angst, empfunden; in ihren Briefen erwähnt die Mutter kein einziges Mal den kleinen Vetter und künftigen Schwiegersohn; es geht ausschließlich um das Glück ihrer Tochter, um den Glaubenswechsel der Tochter. Gewiß, man wußte bereits, daß der Großfürst nichts Großartiges war, daß seine zarte Gesundheit befürchten ließ, er werde kaum das Mannesalter erreichen, daß er als unwissend, launenhaft und ungebärdig galt; man sagte – denn nichts entging den Zuträgern, die im Solde der Botschaften standen –, daß der junge Großfürst sich in Rußland unglücklich fühle, daß er trotz des ihm aufgezwungenen Glaubenswechsels im Herzen lutherisch geblieben sei und für sein Adoptionsland nur Verachtung zeige . . . Und Sophie mußte vage an einen recht netten Knaben denken, den sie vor vier Jahren auf einem Familienfest getroffen hatte. Denn nicht er war es in Wirklichkeit, von dem sie seit vier Jahren träumte, nicht er, den sie zu ehelichen hoffte. Es war die Krone Rußlands, es war Rußland, das sagenhafte Reich der Moskowiter, das Kaiserreich Peters des Großen.

Wie dieses Land beschaffen war, das ahnte Sophie Auguste Friederike von Anhalt-Zerbst nicht; sie machte sich eine konventionelle und kitschige Vorstellung davon. Ihre Mutter zeigte ihr stolz das Porträt der schönen und liebenswerten Elisabeth, eingebettet in einen Rahmen von Brillanten (ein Geschenk, das die Herrscherin aller Reußen der Fürstin von Anhalt-Zerbst als Gegengabe für ein Bild ihrer verstorbenen Schwester Anna von Rußland, Herzogin von Holstein, geschickt hatte). Man lehrte das Kind von vornherein, diese herrliche Frau mit den üppigen Schultern und den großen blauen Augen zu bewundern und zu verehren – der klugen Sophie war das nur recht. Sie wollte gern glauben, daß Elisabeth in jeder Hinsicht ein Ausbund an Tugend sei, daß Rußland ein edles Land sei, groß und herrlich, und die griechisch-orthodoxe Religion eine sehr achtenswerte Religion, die sich kaum von der lutherischen unterscheide.

Später sollte sie schreiben: ». . . in keinem Land wie in Rußland versteht man es so gut, die Schwächen, Fehler und Lächerlichkeiten eines Ausländers zu bemerken. Ihm verzeiht man nichts, weil die Russen im Grunde alles Fremde ablehnen.« Gewiß, das europäisierte Rußland des achtzehnten Jahrhunderts ging nicht sanft mit Ausländern um; es war für diese nicht leicht, dort zu leben und noch schwerer, dieses Land zu verstehen. Das Kind, das der Ehrgeiz der Mutter und die Intrigen des Königs von Preußen in ein unerhört gefährliches Abenteuer gestürzt hatten, glitt im Schlitten auf verschneiten Straßen, die von Wäldern und unermeßlichen weißen Weiten gesäumt waren, müde und erschöpft von der endlosen Reise, dahin. Das Land war weit, die Reise so lang, daß dieses Petersburg und dieses Moskau, wo die Kaiserin wohnte, in der Ferne schließlich wie ein Traumbild wirkten, furchtbar und herrlich: Märchenstädte.

Das heilige Rußland

War das Rußland des achtzehnten Jahrhunderts eigentlich ein europäisches Land?

Das war es etwa im Sinne des modernen Japan oder der Vereinigten Staaten von Amerika, wiewohl keiner der beiden Vergleiche ganz zutrifft. Bis zum Ende ihres Lebens verwechselte Katharina die Bezeichnungen »russisch« und »skythisch«, ohne übrigens damit eine kritische Wertung zu verbinden. Die Russen waren keine Asiaten, sie waren es weder von ihrer Rasse, ihrer Kultur, noch gar ihrer Religion her. Aber bis zum Anfang des achtzehnten Jahrhunderts waren sie für den Westen fast ausnahmslos Fremde geblieben.

Rußland war sowohl der Sprache wie der Rasse nach slawisch; im Lauf der Jahrhunderte hatten zahlreiche Invasionen – kriegerischer oder friedlicher Natur – dem russischen Volk eine beachtliche Dosis mongolischen, griechischen und skandinavischen Bluts zugeführt. Tradition und Kultur hatte das Großfürstentum Rußland (der Name Rußland – Rus – kommt aus dem Skandinavischen) seit dem zehnten Jahrhundert von Byzanz bezogen, ohne daß es jemals, wie die Slawen des Balkans, in direkter oder indirekter Abhängigkeit vom Oströmischen Reich gestanden hätte. Bis zum dreizehnten Jahrhundert hatte Rußland als großes Durchgangs- und Handelsland ein feudales Herrschaftssystem gekannt, mit Kämpfen der verschiedensten Fürstentümer – Kiew, Wladimir, Susdal, Rjasan – um die Vorherrschaft und dem Aufblühen mächtiger autonomer Stadtrepubliken wie Nowgorod und Pschkow. Zu dieser Zeit schien sich die Entwicklung Rußlands kaum von der anderer mittelalterlicher Staaten zu unterscheiden, bis eine unerwartete Katastrophe über das Land hereinbrach: In wenigen Jahren wurden die stolzen und kriegerischen Feudalstaaten des »Großen Rußland« durch eine Mongoleninvasion hinweggefegt, und die Krieger Dschingis-Khans zogen sich, nachdem sie die Städte angezündet und Schrecken über das ganze Land getragen hatten, an die Wolga zurück, von wo aus sie dem besiegten Land schwere jährliche Tributzahlungen auferlegten, die das ohnehin bankrotte Land zum Weißbluten bringen sollten. Drei Jahrhunderte lang war Rußland von der westlichen Welt völlig abgeschnitten; und seine Nachbarn im Norden und Westen nutzten die Lage natürlich aus: Von den Polen, Schweden, Litauern und deutschen Ordensrittern mußte es fast ebensoviel erleiden wie von den Tataren, während es im Süden von Byzanz und den anderen slawischen Staaten durch die Errichtung eines tatarischen Reiches am Asowschen Meer abgeschnitten wurde.

Infolgedessen zog sich das russische Volk, von allen Seiten bedrängt und sozusagen in seiner nackten Existenz sowohl vom

Osten wie vom Westen bedroht, mit aller Heftigkeit ganz in sich zurück, klammerte sich leidenschaftlich an seine Tradition, seine Sprache, seine Vergangenheit und schöpfte Kraft aus einem übermäßigen Nationalstolz.

Unter dem »tatarischen Joch« vollzog sich die Entfaltung des Großfürstentums Moskowien; Moskau war weder die älteste noch die angesehenste der Städte Rußlands, aber gegen Ende des vierzehnten Jahrhunderts begann das kleine Moskowien, dank einiger Siege moskowitischer Fürsten über die Tataren, zu wachsen und seine Gebiete auf Kosten anderer Fürsten zu vermehren. Iwan III. (1462 – 1503) befreite Rußland vom Tatarenjoch, heiratete die von den byzantinischen Kaisern abstammende Sophie Palesiologa, und trat dadurch als Verteidiger der griechisch-orthodoxen Kirche und als Nachfolger des »Zweiten Rom« auf – so daß Rußland zum »Dritten Rom« wurde. Sein Enkel Iwan IV. (der Schreckliche) entriß den Tataren den Südosten des heutigen europäischen Rußland, legte sich den Titel »Zar« zu, abgeleitet von Caesar, und wurde der Urheber eines Gottesgnadenbegriffs, der den Zaren zum Stellvertreter Gottes auf Erden machte.

Ziele und Stolz der moskowitischen Fürsten waren, wie man sieht, unermeßlich und hatten beinahe messianischen Charakter; ihre tatsächliche Macht war nur mittelmäßig. Im Kampf gegen einen Feudalismus, der ihm seine Unabhängigkeit neidete, stürzte Iwan der Schreckliche das Land ins Unglück; und nach Erlöschen der alten Dynastie versank Rußland in die dunkelste und furchtbarste Anarchie; nach fünfzehnjähriger »Leidenszeit« brauchte es ein volles Jahrhundert, um sich wieder aufzurichten. Mit knapper Not der Besetzung durch die Polen entgangen, fand das moralisch und wirtschaftlich erschöpfte Moskowiterreich einen relativen Frieden während der Herrschaft des ersten Zaren der Romanow-Dynastie, Michael Feodorowitsch (1613 – 1645).

Michaels Sohn Alexis bemühte sich redlich um eine Neugestaltung des Landes; wie seine ruhmreichen Vorfahren, Iwan der Schreckliche und Boris Godunow, strebte Alexis Reformen an.

Noch im siebzehnten Jahrhundert lebte Rußland nach Normen, die bereits im Mittelalter als überholt gegolten hätten. Nicht nur im Vergleich mit den angrenzenden europäischen und asiatischen Mächten war es »zurück«; es war vielmehr völlig in Verfall geraten, in einen Zustand geistiger, moralischer und wirtschaftlicher Auflösung – Folgen unablässiger Kriege und Bürgerkriege und einer zunächst aufgezwungenen Isolierung, die aber schließlich eine freiwillige wurde; die Russen hatten allzusehr um den Bestand ihres Glaubens und ihrer Traditionen gekämpft, und jetzt waren es dieser Glaube und diese Traditionen, die stagnierten, weil sie zu eifersüchtig gehegt worden waren und nun dazu tendierten, jeden neuen Auftrieb zu lähmen. Wie sein Vater und seine Vorgänger erkannte Alexis dies und suchte nach Abhilfe. Er mußte im Ausland nach einer Lösung für die russischen Probleme suchen. Alles mußte neu geschaffen werden: die Armee, der Handel, die soziale und wirtschaftliche Struktur des Landes; und die neuen Formen waren nicht etwa in anderen griechisch-orthodoxen Ländern zu finden (da Byzanz nicht mehr existierte), und erst recht nicht im mohammedanischen Osten, sondern in jenem christlichen, aber ketzerischen und zutiefst fremden Westen, der sich in vollem technischem und wirtschaftlichem Aufstieg befand . . . Aber der Westen war den Russen ein Greuel, und erst recht jede Neuerung.

Als Peter, Alexis' jüngster Sohn, den Thron bestieg, war Rußland im Begriff, sich langsam und zaghaft zu »verwestlichen«, wobei jede in diesem Sinn angestrebte Reform im Volk und im Adel mehr oder weniger heftigen Protest auslöste. Die Kluft schien praktisch unüberbrückbar, und die »aufgeklärten« Bojaren, die so weit gingen, fremde Sprachen zu lernen und bei sich zu Hause europäische Kleidung zu tragen, wagten es nicht, solche skandalösen Bräuche in der Öffentlichkeit zu üben. Von dem Rußland des achtzehnten Jahrhunderts kann man nichts begreifen, wenn man nicht einen Blick auf das unerhörte Abenteuer wirft, das die Herrschaft Peters des Großen bedeutete.

Peter der Große

Den »fortschrittlichen« Bojaren gegenüber – wie etwa Artamon Matwejew, Lehrer seiner Mutter, oder Fürst W. Golizyn, Favorit der Regentin Sophie – hatte Peter etwas Merkwürdiges und Einzigartiges voraus: Er war kein *zivilisierter* Mensch. Da er den Vater schon früh verlor, erlebte er eine harte Kindheit; unter der Herrschaft seiner Halbschwester Sophie mußten er und seine Mutter oft um ihr Leben fürchten. Bei einer Revolte der (Sophie ergebenen) Leibgarde mußte der kleine Peter mit ansehen, wie der Bojare Matwejew von der Menge zerrissen und sein Onkel mütterlicherseits ermordet wurde; Sophie wollte herrschen, und zwar allein herrschen, und maßte sich im Namen ihrer Brüder die absolute Macht an: für Iwan, den Halbirren, und Peter, der noch ein Kind war. Sie selbst bezeichnete sich als »Autokratin«. Um den jungen Peter regierungsunfähig zu machen (denn der schwächliche Iwan war keine Gefahr für sie), wollte sie ihn in Unwissenheit verkümmern lassen und tat absichtlich nichts für seine Erziehung; der große Reformator und Erzieher Rußlands lernte nie korrekt Russisch schreiben (übrigens auch keine andere Sprache).

Der unruhige, feurige, wißbegierige Jüngling suchte sich in Ermanglung von Erziehern, die seinem hohen Rang entsprachen, seine Lehrmeister, wo er sie fand: buchstäblich auf der Straße. Beim langen Herumschweifen durch die Straßen des »Deutschen Viertels« entdeckte er seine Berufung. Nachdem er sich mit dem jungen »Alexaschka« Menschikow befreundet hatte (einem typischen Straßenjungen der Vororte Moskaus, der heiße Pasteten verkaufte), ging er, unerzogen wie er war, zunächst aus Neugier mit seinem Gefährten in die Läden und Häuser der ausländischen Händler; er wurde dort gut aufgenommen, schloß dauerhafte Freundschaften, fand dort Meister jener Künste, die ihn am meisten interessierten: Mathematik, Technik, Geographie, Astronomie, sogar Tischlerei und Schlosserei, denn für den jungen Peter war das »Deutsche Viertel« das Paradies, und er wollte alles lernen, was seine neuen Freunde konnten – sogar trinken und Pfeife rauchen.

Dieses Deutsche Viertel war mitten in Moskau eine kleine europäische Stadt: das Viertel, das den ausländischen Händlern, Technikern, Handwerkern und Arbeitern vorbehalten war, die übrigens nicht durchweg Deutsche waren (deutsch – *niemetz* – war der Name, mit dem die Russen alle Westeuropäer, ausgenommen die Polen, bezeichneten). Unter diesen Fremden befanden sich viele Engländer, Schotten, Holländer und Schweizer. Sie gingen kaum unter das Volk, und das Volk verachtete sie als »Ketzer«. Die blinde Vorliebe des jungen Zaren für diese bartlosen, kurzbefrackten Leute schockierte seine Mutter, die Bojaren, die Moskauer Bevölkerung. Aber Peter hatte seinen eigenen Kopf: Er dachte nicht daran, diese fragwürdigen und unerwünschten Beziehungen aufzugeben, und was seine Umwelt für die Gammelei eines unbeschäftigten Jungen hielt, sollte der Ursprung einer der merkwürdigsten Revolutionen werden, die die Geschichte kennt.

Die westliche Kultur fiel dort auf einen ungewöhnlich fruchtbaren Boden: Peter nahm alles leidenschaftlich, begeistert in sich auf, er wurde der Priester der neuen Religion. Mit der Vergangenheit mußte gebrochen werden; Rußland würde durch den Westen gerettet werden. Als Jünger des Schweizers Lefort und des Schotten Gordon, bescheiden gegenüber seinen Meistern, vor denen er sich als Barbar empfand, vergaß er erst recht nicht, daß er der Zar war, als seine von ihm verabscheute Halbschwester ihm dreist den Titel streitig machte; eines Tages, als er wähnte, seine Ermordung auf Befehl Sophies stehe unmittelbar bevor, marschierte Peter mit seinen Spießgesellen – Söhnen aus dem Adel und aus dem Volk, die er zu seinen Kriegsspielen mitriß – gegen Moskau. Das Volk sprach sich für den jungen Zaren und gegen die Regentin aus; und Peter ließ, nachdem er Sophie in ein Kloster verbannt hatte, seine Mutter an seiner Stelle regieren und begab sich auf eine große Studienreise in jenen gesegneten Westen, von dem er die Neugeburt seines Landes erhoffte.

Seine Bescheidenheit war so groß, daß er es ablehnte, als Zar zu reisen, sich unter dem Decknamen Peter Michailow als Diener Leforts ausgab und sich bei der Tafel hinter dessen Sessel stellte. Zwei Jahre lang arbeitete er als einfacher Arbeiter auf den Werften von Zaandam in Holland. Er mußte überall beim Nullpunkt anfangen. Peter vollbrachte das Wunder, in seinem verhältnismäßig kurzen Leben ein Projekt, das für fünf Generationen als zu umfangreich erschienen wäre, beinahe zu vollenden. Er reorganisierte die russische Armee nach westlichem Muster und schuf aus einem durch Mangel an Soldaten und Ausrüstung auf allen Fronten besiegten Moskowien eine Militärmacht, mit der Europa zu rechnen hatte; er schuf eine russische Flotte, setzte sich an der Ostsee fest, wodurch er Schweden schwächte, und baute die Stadt Sankt Petersburg an der Newa: eine Stadt, die er *europäisch* wollte – und die es, soweit es möglich war, von Anfang an auch war. Es gelang ihm, ganze Gruppen von Technikern, Handwerkern, von deutschen, holländischen und englischen Werkmeistern nach Rußland zu ziehen und sie dort anzusiedeln; er schuf Schulen, Fabriken, Werkstätten und legte überall selbst Hand an; Kriegsherr und Buchhalter, Gesetzgeber und Schreiner, der sich vor keiner Arbeit scheute – nicht einmal vor der des Henkers –, furchtbar und unermüdlich, widmete er sich seiner Aufgabe mit einer Selbstvergessenheit, einer Uneigennützigkeit, die nur wenige gekrönte Häupter bewiesen haben. Bis zu seinem Tod hatte Rußland – wie unvollkommen und unvollständig seine Reformen auch waren – endgültig mit der Vergangenheit gebrochen, hatte sich aus dem wirtschaftlichen und sozialen Sumpf, in dem es seit einem Jahrhundert steckte, herausgearbeitet und wandte sich jetzt Möglichkeiten zu, die noch unerforscht, aber vielversprechend waren.

Peter beherrschte – und beherrscht noch heute – die Geschichte Rußlands; er war eine jener überragenden Persönlichkeiten, die schon zu Lebzeiten in die Legende eingehen. Schon sein Wuchs war riesig, er maß über zwei Meter; eine Wachsstatue, die nach der Natur geschaffen wurde und noch heute existiert, zeigt ihn in seinem Sessel sitzend, im schlichten graublauen Gewand, ein seltsamer Mensch von übermäßiger Länge, mit schmalen Schultern, braunhaarig, blaß, mit vorgestrecktem Kinn, einem harten Mund und zierlichem schwarzem Schnurrbart, mit starren schwarzen Augen und einem leicht irren Blick. Die Wachsmaske – ein Abguß nach der Natur – und die prachtvollen Büsten des Bildhauers Rastrelli lassen die beängstigende Beweglichkeit dieses Antlitzes ahnen – Peter litt sein ganzes Leben lang an einem nervösen Tick, den man für eine Folge der Schreckensszenen hält, die er als Kind erlebte; selbst die Bronze verrät den wilden Blick, das Zucken der Nasenflügel, die fast schmerzliche Härte des Mundes. Als Revolutionär, Prophet, unerbittlicher Despot und dabei ständig auf das Wohl des Volkes bedacht, verdiente Peter allein durch seine Persönlichkeit und die Fülle der Reformen, die er unternahm, voll und ganz den Beinamen der Große. Jedoch war er auch, wie alle Reformatoren, ein großer Zerstörer.

Sein Fanatismus führte ihn zu den absurdesten Grausamkeiten; sein maßloser Glaube an die Zukunft verleitete ihn dazu, leichtfertig die Gegenwart zu opfern – weder Iwan der Schreckliche noch irgendein anderer Zar hat sich jemals einer so wahnsinnigen Verschwendung von Menschenleben schuldig gemacht; kein Herrscher hat jemals so leichten Herzens solche Opfer von seinem Volk gefordert. Kein Herrscher hat jemals in einem solchen Maß die Gesellschaft demoralisiert, in der er lebte.

Im Westen, bei den deutschen Fürstinnen, die ihn während seiner Reisen empfingen (er war so schüchtern, daß er sich beim Sprechen mit ihnen die Hände vor das Gesicht hielt), am Hofe Ludwigs XV. (wo er sich einfallen ließ, den kleinen König in die Arme zu nehmen und in die Luft zu heben, bevor er ihn auf beide Wangen küßte) wirkte er wie ein Wilder und vermittelte dort eine recht armselige Vorstellung von der russischen Erziehung im allgemeinen. Man darf jedoch nicht vergessen, daß sein eigenes Volk ihn noch wilder fand. Ohne die ehrlichen Kaufleute und Techniker, die seine Lehrmeister waren, schmähen zu wollen, darf man annehmen, daß sie nicht über die feinen Formen verfügten, die im Schloß Rambouillet Brauch waren – zudem war Peter eine viel zu ungestüme Natur, um sich auch nur an die Manieren eines Lefort anzupassen. Da er weder moskowitische Umgangsformen gelernt hatte (die er verachtete) noch westliche (da er trotz allem Moskowiter war), blieb er sein Leben lang so etwas wie ein Deklassierter; und selbst in seinem Wissen, seiner Lernbegier, bewahrte er den etwas pedantischen Dilettantismus des Autodidakten.

Er glaubte ehrlich, für den Fortschritt der Menschheit zu wirken, wenn er seine Bojaren dazu zwang, bartlos einherzuspazieren und in westlicher Tracht ihre Schenkel zu zeigen; und es bereitete ihm ein kindliches Vergnügen, den Widerspenstigen die Bärte und Gewänder mit einer großen Schere abzuschneiden. Die Bojaren – die Jugend und die Anpassungsfähigeren unter den Alten akzeptierten die Verwandlung, ohne deshalb zu »verwestlichen«. Diejenigen, die ehrlich für die neue Bewegung gewonnen waren, waren bestenfalls Imitationen von Peter, aber ohne sein Genie. Die Konvertierten folgten wohl oder übel der Bewegung, verloren allmählich jede Bindung mit ihrer Vergangenheit und häufig auch jede Selbstachtung. Der Hof Peters des Großen und seiner Nachfolger bot das Schauspiel entsetzlichster Sittenlosigkeit, einer beispiellosen Verwilderung; mit seiner Verwestlichung des russischen Adels hatte Peter, der selbst ein Deklassierter war, lediglich die Schaffung einer formlosen Zwittergesellschaft erreicht, welche Zeit brauchte, um diese fremde Zivilisation, die ihr so brutal aufgezwungen worden war, zu assimilieren. Das Volk selbst akzeptierte niemals diese Zivilisation und betrachtete den Zaren als einen »Deutschen« oder als den Antichrist.

Obwohl es ihm gelungen war, seinen Hof nach seiner neuen Façon zu gestalten und sich mit fähigen und ergebenen Mitarbeitern zu umgeben – die sowohl aus dem Adel wie aus dem Volk und der Fremdenkolonie gewählt worden waren –, dürfte auch Peter sich als fast ebenso entwurzelt gefühlt haben wie seine Bojaren. Der Beweis dafür ist seine rührende, unbeirrbare Liebe zu seinem Kindheitsgespielen Menschikow und seine merkwürdige Heirat mit einem Kind aus dem Volk, der Livländerin Martha. Sie war eine »Kriegsbeute«, die ihm von Menschikow abgetreten worden war, eine vulgäre und liederliche Person, deren große Vorzüge anscheinend allein in der gelassenen Gutmütigkeit bestanden, mit der sie die Launen ihres unmöglichen Gatten ertrug. Peters Privatleben rechtfertigte die Anschuldigungen der Russen, die ihn den Antichrist nannten: Nach seinen anstrengenden Leistungen entspannte er sich mit zügellosen Orgien, ungeheuren Trinkgelagen, und eine seiner Lieblingsbeschäftigungen (noch die harmloseste) bestand darin, etwaige trinkunlustige Bojaren zu zwingen, einen Riesenpokal Wein auf einen Zug zu leeren – eine Prozedur, nach der der Betreffende (oder die Betreffende) besinnungslos umfiel und die die Hofleute fürchteten wie die Pest.

Peter verstand es, unter seinem Stab und seiner Armee eine fast fanatische Ergebenheit zu bewirken und bei seinem Volk, wenn auch nicht Liebe, so doch Bewunderung auszulösen; was er aber versäumte – vielleicht nicht einmal aus eigenem Verschulden –, war etwas, das seine vordringliche Aufgabe hätte sein müssen: die Heranbildung seines Nachfolgers.

Die Thronfolge Peters

Bei seinem Tod – er war erst zweiundfünfzig Jahre alt – hatte Peter noch keinen Nachfolger ernannt (obwohl er in einem Dekret bestimmt hatte, daß die Wahl des Nachfolgers dem Zaren obliege). Zweifellos hätte er, wie Alexander, gern erklärt: »Die Wahl falle auf den Würdigsten.« Niemand war für würdig befunden worden, das Erbe anzutreten, und die Wahl unter den möglichen Kandidaten bereitete große Verlegenheit. Peters einziger Sohn, den das ganze Land als den natürlichen Thronfolger betrachtet hatte, lebte nicht mehr.

Der Zarewitsch Alexis, welcher der Ehe Peters mit der adligen Moskowiterin Eudoxia Lopuchina entstammte, hatte sich frühzeitig den Reformen seines Vaters widersetzt und war Seele und Werkzeug der reaktionären Partei geworden. Das Volk und der Adel liebten ihn. Für Peter war er mehr als ein gefährlicher Rivale: Alexis' bloße Existenz gefährdete die Zukunft des Werks, das er geschaffen hatte; er zögerte nicht, ließ seinen Sohn wegen Gefährdung der Staatssicherheit anklagen und zum Tode verurteilen – aber selbst er konnte sich nicht den Skandal leisten, den die öffentliche Hinrichtung eines Thronfolgers ausgelöst hätte: Alexis wurde im Gefängnis ermordet.

Dieser hinterließ einen Sohn – bei dem Tod Peters war dieses Kind erst acht Jahre alt. Von seiner zweiten Frau hatte Peter nur Töchter; sein älterer Bruder (Iwan V., der Halbidiot) war gestorben und hatte zwei Töchter hinterlassen, die mit deutschen Fürsten verheiratet waren; blieb noch Peters Gattin Martha, umgetauft in Katharina, die er nach der Geburt seiner Kinder geheiratet und feierlich zur Kaiserin hatte krönen lassen – Peter hatte seinerzeit in einer Anwandlung von Dankbarkeit für seine Gefährtin ein Testament zu ihren Gunsten gemacht; auf seinem Totenbett hatte er das Testament nicht bestätigt. Aber Katharina war die ehemalige Mätresse des Günstlings Menschikow, dem nach dem Zaren mächtigsten Mann im Reich. Also bestieg die kaiserliche Witwe den Thron und gab die Zügel der Regierung an Menschikow ab.

Menschikow aber, der zu Lebzeiten Peters die Wünsche und Pläne seines Freundes vorzüglich ausgeführt hatte, war unfähig, allein zu regieren – und die ungebildete, sinnliche und träge Katharina war ganz gewiß nicht geeignet, ihn zu unterstützen. Infolgedessen begann nach Peters Tod eine Art von ausgedehntem Interregnum, in dessen Verlauf die Herrscher, die durch Zufall und Intrige gewählt worden waren und von mehr oder weniger unfähigen Günstlingen beherrscht wurden, die Staatsgeschäfte schleifen ließen und den Thronschatz verpulverten; und das »neue« Rußland, das begreiflicherweise nicht zu den so brutal zerstörten Traditionen seiner Vergangenheit zurückzufinden vermochte, gewöhnte sich, so gut es eben konnte, an den dünnen westlichen Firnis, den Peter ihm aufgezwungen hatte. Der Adel, die Kader der Armee, die hohen Beamten, die ausländischen und einheimischen Techniker, die geringe Zahl der Intellektuellen, die damals in Rußland lebten, hatten mit der »deutschen« Kleidung bereits etwas von der Lebens- und Denkungsart des Westens angenommen – allerdings in einer noch primitiven Form. Die Geistlichkeit, die Kaufleute, die Handwerker und kleinen Leute blieben bei ihren alten Trachten und Bräuchen. An den Schulen und ausländischen Universitäten wuchsen neue Menschen heran, dem Volk fehlte es weder an Lebenskraft noch an Anpassungsfähigkeit; und trotz des Fehlens einer kontinuierlichen Regierung begann das Werk Peters des Großen Früchte zu tragen. Rußland war neuen Möglichkeiten aufgeschlossen, seine Verwandlung in eine westliche Macht schien nicht mehr ein Sakrileg zu sein, und die neue Hauptstadt – Sankt Petersburg – wurde innerhalb der Grenzen Europas der Mittelpunkt eines eleganten und glänzenden Lebens, einer intensiven diplomatischen Tätigkeit und eine große Industrie- und Handelsstadt; und trotz des unbestreitbaren Elends hinter der glänzenden Fassade, trotz der Unbildung und den rauhen Sitten der »großen« Gesellschaft war es bereits eine europäische Stadt.

Das russische Herrschaftssystem – seit Peters Regierung autokratischer als je zuvor – barg naturgemäß eine ungeheure Gefahr: Im Prinzip lag sämtliche Macht in der Hand des Herrschers. Peter hatte alle Organe des Staates, die irgendeine politische Rolle spielen konnten – die »Duma« der Bojaren, die Provinzverwaltungen –, dermaßen geschwächt, daß es zu seinen Lebzeiten praktisch kein anderes Gesetz gab als das, was dem Zaren beliebte: Peter erließ die Gesetze und verstand es, ihnen Achtung zu verschaffen. Nun aber wurde Rußland seit fünfzehn Jahren von Herrschern regiert, die weder den Willen dazu, noch politische Ideen oder auch nur gesunden Menschenverstand besaßen: zuerst von Katharina I., die sich von dem ehrgeizigen Menschikow leiten ließ, der es allein darauf abgesehen zu haben schien, seine persönliche Macht zu vergrößern. Katharina überlebte ihren Mann nur um zwei Jahre, und den Thron bestieg Peter, der zehnjährige Sohn des Zarewitsch Alexis. Der kleine Peter II., anfangs das Werkzeug Menschikows, wurde zum Spielball der Gegenpartei und ließ seinen allzu mächtigen Minister nach Sibirien verbannen; nach vierjähriger Regierungszeit starb der kleine Zar, und der Kronrat beschloß, eine Person auf den Thron zu setzen, die bereit war, sich der Vormundschaft des Adels zu fügen: Anna, die zweite Tochter des regierungsunfähigen Zaren Iwan V., Witwe des Herzogs von Kurland. Anna versprach alles und hielt sich nicht an ihre Versprechungen: Sie herrschte allein, oder wurde vielmehr von ihrem Günstling Biron (Bühren) beherrscht, der einem kurländischen Adelsgeschlecht entstammte. Besagter Biron war zehn Jahre lang der Alleinherrscher Rußlands, und dieser habsüchtige und anmaßende Abenteurer hatte nur seine eigenen Interessen und die Bereicherung seiner eigenen Familie im Sinn; er herrschte durch Schrecken. Sein Name erlangte sprichwörtliche Bedeutung, und der »Bironismus« galt als eines der schlimmsten Übel, die je ein Land befallen konnten.

Bei dem Tode der Anna Iwanowna wollte er im Namen des neuen Zaren, Iwans VI., einem zwei Monate alten Kind, regieren.

Aber die Mutter des Kindes, die Regentin Anna Leopoldowna, Nichte der Zarin Anna, entledigte sich ihres lästigen Ministers; Biron und seine Familie traten nun ihrerseits den Weg in die Verbannung an, und sie waren nicht die letzten: Zwei Jahre später erlitten die Regentin und ihr Gemahl dasselbe Schicksal, desgleichen die Minister, die der jungen Frau geholfen hatten, Biron zu verjagen.

Diesmal handelte es sich nicht mehr um eine Palastrevolution, sondern um einen Umsturz der bisherigen Machtverhältnisse und um eine Neuorientierung der russischen Politik: Die Person, die durch den Staatsstreich vom Dezember 1741 auf den Thron gehoben wurde, war die Kandidatin einer ausgesprochen nationalistischen Partei, und was immer man auch über die näheren Umstände, unter denen sie an die Macht gelangte, sagen mag: Es war der Wille des russischen Volkes, der sie gewählt und emporgetragen hatte. Diesmal hatte sich der »Wille des Volkes« recht brutal und primitiv manifestiert, und zwar durch den Aufstand der Kaiserlichen Garde-Regimenter, die in Petersburg stationiert waren. Der Staatsstreich vollzog sich derart glatt, daß ausländische Beobachter sagen durften: »In Rußland kann man mit ein paar Talern und einigen Fässern Wodka alles machen« – sogar einen neuen Kaiser. Aber gerade die Leichtigkeit, mit der der Aufstand gelang, und die Stabilität der neuen Regierung beweisen, daß es sich um etwas ganz anderes handelte als um einige Fässer Wodka. Nicht eine Hand rührte sich zur Verteidigung der ungeschickten und glücklosen Anna Leopoldowna und des legitimen Zaren, Iwans VI.; Elisabeth, die zweite Tochter Peters des Großen, bestieg den Thron ihres Vaters unter dem Beifall eines Volkes, das die Tyrannei Birons und anderer »Deutscher« aus tiefster Seele satt hatte.

Kaum auf den Thron gekommen, beeilte sich Elisabeth, ihre Anhänger dadurch zu entlohnen, daß sie alle Minister und hohen Beamten deutscher Abstammung, die sich unter Annas Herrschaft in die Macht geteilt hatten, anklagen und verurteilen ließ, sogar den Grafen Ostermann, der einer der fähigsten und treuesten Mitarbeiter Peters des Großen gewesen war. Sie wohnte die Hälfte der Zeit in Moskau – der *russischen* Hauptstadt –, besetzte alle führenden Stellen mit waschechten Russen, kurzum, sie führte eine ostentativ russische und sogar fremdenfeindliche Politik ein, weil sie, zweifellos nicht zu Unrecht, fand, daß Rußland sich genügend verwestlicht habe und nicht mehr von Ausländern regiert werden müsse. Darüber hinaus proklamierte Elisabeth sich als die Erbin der Ideen ihres Vaters, die sein Werk weiterführte, und sicherlich hat sie damit gerechnet, daß dieser Kult Peters des Großen ihre Beliebtheit beim Volk begründen werde – die übrigens eine echte und dauerhafte war.

Elisabeth

Diese schöne Frau von zweiunddreißig Jahren schien gar nicht für den Thron geschaffen: Sie war von Natur so träge und ängstlichen Gemüts, daß ihre Anhänger – die Offiziere des Preobraschenski-Garderegiments, der französische Botschafter Marquis de La Chétardie, der Arzt Lestocq – sie zwingen mußten, sich an die Spitze ihrer Verschwörung zu stellen. Sie tat es lediglich aus Angst davor, von der mißtrauischen Regentin in ein Kloster gesperrt zu werden; sie hatte keinerlei politische Erfahrung und, was noch ungewöhnlicher war, weder Sinn noch Talent für Intrigen.

Obwohl sie fließend Französisch, Deutsch und Italienisch sprach, war sie außerordentlich ungebildet – Peter der Große, der ganz Rußland umzog, scheint sich für die Erziehung seiner eigenen Kinder kaum interessiert zu haben. War Peter selbst in vieler Beziehung ein Bauer geblieben und war es seiner Frau, der ehemaligen Wäscherin, trotz Perlen, Brokat und Hermelin nie gelungen, die angeborene Vulgarität loszuwerden, die sie auf allen Porträts wie eine verkleidete Bäuerin wirken läßt, so vermochte Elisabeth immerhin sich dank ihrer Schönheit, ihrer Stattlichkeit und ihres Charmes bei offiziellen Anlässen und Hofbällen ihres Ranges würdig zu erweisen. Aber sie war unglaublich unerzogen und – dem traurigen Beispiel ihrer Eltern nacheifernd – von einer Leichtfertigkeit, die nahezu an Sittenlosigkeit grenzte.

Von frühester Jugend an (nachdem sich eine Heirat durch den Tod des Bräutigams zerschlug) hatte sie sich mit grandioser Unbekümmertheit in die für eine Prinzessin degradierendsten Abenteuer eingelassen und sich ihre Liebhaber unter Kutschern, Lakaien, Kirchensängern und anderen Personen niederer Herkunft gesucht; dabei fehlte es weder am Hof noch in der Stadt an jungen Männern. Die Vorliebe, die Elisabeth für Männer aus dem Volke besaß, erklärt sich aus der Herkunft ihrer Mutter und in dem Wunsch, sich gemein zu machen, um sich für die Demütigungen zu rächen, die sie unter den

Nachfolgern ihres Vaters zu erleiden hatte; beiseite geschoben, unablässig verdächtigt und bespitzelt hatte Elisabeth sechzehn Jahre lang ihren Groll in sich hineingefressen, ihrer Vergangenheit als verhätschelte kleine Prinzessin nachgetrauert und – anscheinend vor allem – über Geldmangel geklagt. (Katharina läßt uns in ihren Memoiren diese nachträgliche Bitterkeit der Kaiserin lebhaft nachfühlen, die bei jeder passenden und unpassenden Gelegenheit an die Zeiten dachte, da sie genötigt war, zu rechnen und Schulden zu vermeiden.) Jedenfalls kompensierte Elisabeth ihre relative Armut und ihre unsichere Stellung mit einem äußerst freien Lebenswandel. Ihre Feinde beschuldigten sie, ihren kleinen Neffen, Peter II., der in der Tat in sie verliebt war, verdorben und die Offiziere der Garde, die sie auf den Thron heben sollten, aus Geldmangel mit ihrem Körper bezahlt zu haben. Da sie nicht viel Stolz besaß, aber gesellig und von toller Ausgelassenheit war, verlieh ihr Betragen solchen Gerüchten eine gewisse Wahrscheinlichkeit.

Aber zur Zeit des Staatsstreiches lebte sie seit einigen Jahren mit dem schönen Alexis Rasumowski zusammen, einem ukrainischen Bauern, der wegen seiner herrlichen Stimme zum Vorsänger in der Privatkapelle der Prinzessin avanciert war – Elisabeth ernannte ihn zu ihrem Kammerherrn und verlieh ihm, als sie Kaiserin wurde, nicht nur den Grafentitel, sondern überschüttete ihn mit allen erdenklichen Ehren, obwohl der gute Junge sich niemals um eine offizielle Stellung bemüht hatte. Die andauernden Gerüchte von einer heimlichen Ehe Elisabeths geben Anlaß zu der Vermutung, daß eine solche Heirat tatsächlich stattgefunden hat.

Ihren zahllosen Extravaganzen fügte Elisabeth auch die Rolle übertriebener Frömmigkeit hinzu, und zwar im allerrussischsten Sinne: Sie besuchte die Messen so regelmäßig, wie ihr recht regelloses Leben es erlaubte, hielt die Fastentage ein, verehrte die Ikonen und Reliquien; mit einem Wort, dem russischen Volk, insbesondere dem moskowitischen, erschien sie fast wie eine Reinkarnation der früheren Zarinnen, deren Frömmigkeit das Wichtigste gewesen war.

Vom Volk geliebt – zumindest vom Volk Moskaus und Petersburgs, dem einzigen, das damals zählte –, von den Soldaten verehrt, für die sie die Erinnerung an Peter den Großen verkörperte (wie auch immer die Gefühle des Volks hinsichtlich des wunderbaren und schrecklichen Reformators waren, seine Beliebtheit bei der Armee war enorm), kam Elisabeth durch eine echte Volksbegeisterung an die Macht, um die sie sich nie bemüht hatte.

Einmal auf dem väterlichen Thron, in Purpur gekleidet, mit der Kaiserkrone auf dem Haupt, tat die Herrscherin wider Willen ihr Bestes, um ihre Rolle zu erfüllen. Sie glaubte ehrlich an ihre göttliche Mission und an deren unantastbare Rechte; sie *regierte* wahrhaftig und mit mehr Vernunft, als man von ihr erwartet hatte. Zunächst – bereits das war dem Volk ein Grund zur Befriedigung – vermischte sie die Affären des Staates nicht mit ihren Bettgeschichten, und ihre Günstlinge blieben »Herrscher der Nacht« (ein Beiname Rasumowskis); die Leitung der Regierung übernahm ein erfahrener Politiker, ein rüder, intriganter, wenig einnehmender, aber im übrigen äußerst fähiger Mann: Graf Bestuschew-Rjumin, der das Vertrauen der Kaiserin fast sechzehn Jahre lang genoß. Elisabeth hielt und verteidigte ihn gegen alle Stürme – das heißt, trotz der zahllosen Intrigen ausländischer Botschafter; übrigens gerade diese sind es, die uns von der lebenslustigen Kaiserin die schmählichsten Bilder hinterlassen haben: nämlich daß der Marquis de La Chétardie nur deshalb Elisabeths Geliebter geworden sei, um sie für die politischen Interessen Ludwigs XV. einzusetzen. Daß Friedrich II. alles menschenmögliche getan habe, um die gesamte Umgebung der Kaiserin zu kaufen. Weil Elisabeth, die – privat und öffentlich – geleisteten Dienste La Chétardies sehr rasch vergaß und weil sie ihr Leben lang einen unverhüllten Haß gegen Friedrich II. an den Tag legte, galt sie in den Augen der französischen und preußischen Diplomaten als eine törichte und leicht zu beeinflussende Person – während für diese ja ihr Hauptfehler darin bestand, daß sie sich nicht von ihnen beeinflussen ließ.

In ihren Memoiren lobt Katharina – die keineswegs immer freundlich von Elisabeth spricht – die »große Klugheit« der Kaiserin, die, ihrer Meinung nach, durch eine schlechte Erziehung und ihren ausschweifenden Lebenswandel beeinträchtigt worden war; was wohl ein ziemlich zutreffendes Urteil sein dürfte. Katharina lebte fast die ganze Regierungszeit Elisabeths hindurch in Rußland; achtzehn Jahre lang war sie von dieser Frau abhängig, mußte ihre Stimmungen und Launen ertragen, mit Zittern und Zagen, gelegentlich auch intrigierend und triumphierend, und führte im Grunde das gleiche Sklavendasein wie die letzte Dienerin am Hof; zwanzig Jahre später entsinnt sie sich voller Stolz dieser oder jener Antwort, dieser oder jener Demarche, die ihr wieder etwas von der kaiserlichen Gunst zurückgewonnen hatte . . . Bevor Katharina auf den Thron gelangte, der ihr von Kindheit an als höchstes Ziel vorgeschwebt hatte, mußte sie die harte und gefährliche Schule des Hoflebens absolvieren.

Als Sophie von Anhalt-Zerbst in Rußland eintraf, herrschte Elisabeth bereits seit zweieinhalb Jahren. Die kleine Prinzessin und ihre Mutter hatten eine etwas idyllische Vorstellung von dieser schönen Kaiserin, Freundin der Familie, die durch den Volkswillen und ihren eigenen Mut an die Macht gekommen war – eine Vorstellung, die die Prinzessin von Anhalt-Zerbst zehn Jahre später, von Elisabeth bitterlich enttäuscht, in süßen Schmeicheleien heuchlerisch wieder aufleben läßt, um wieder in Gnade zu kommen.

Elisabeth war tatsächlich schön; ihr einziger Makel – und angeblich verbot sie, daß man ihn auf ihren Porträts wiedergab – war ihre kurze, etwas dicke Nase, die sie von der Mutter geerbt hatte. Aber alle Bilder von ihr zeigen ausnahmslos ihre herrlichen blauen klaren Augen, ihren schmalen kleinen Mund, eine wundervolle Stirn, eine königliche Haltung; und die Bilder vermögen zweifellos nichts von dem physischen Reiz zu vermitteln, den dieses imponierende Wesen ausstrahlte, das bei aller Fülligkeit unerhört anmutig war; sie war eine unermüdliche Tänzerin, eine Reiterin, die ein Männerkostüm mit solcher Eleganz zu tragen verstand, daß sie mit über fünfundvierzig, durch ihre Schönheit noch immer ihre junge und ehrgeizige Rivalin, die Großfürstin Katharina, bezauberte.

Elisabeth war so kokett, daß sie niemals ein Kleid zum zweitenmal trug (allerdings verbrachte sie einen großen Teil ihrer Zeit im Schlafrock), und häufig zog sie sich dreimal am Tag um. Mag auch die Zahl von fünfzehntausend Kleidern, die ihre Feinde zitieren, übertrieben sein, so hat sie sicherlich doch Tausende besessen. Sie bedeckte sich buchstäblich mit Schmuck und Edelsteinen; sie trug Ketten mit riesigen Smaragden, Rubinen oder Saphiren – je nach der Farbe des Kleides. Um noch schöner zu wirken, färbte sie sich die ursprünglich blonden Haare, Wimpern und Augenbrauen schwarz, weil sie vermutlich glaubte, daß nach der russischen Volkssitte die »Schönste von allen« rabenschwarzes Haar haben müsse. Da sie mit der Klugheit ihres Vaters nicht konkurrieren konnte, wollte sie wenigstens die schönste Frau ihres Kaiserreichs sein: Man konnte ihr keine größere Beleidigung zufügen, als ihre Schönheit anzuzweifeln. (Man ging sogar so weit, ihre Gehässigkeit gegen die Gräfinnen Lopuchin und Bestuschew, die in ein fragwürdiges Komplott zu Gunsten Iwans IV. verwickelt waren, damit zu erklären, daß diese, übrigens betagten, Damen zu behaupten gewagt hatten, sie seien weit schöner als die Kaiserin.)

Mithin war Elisabeth von einer maßlosen, hysterischen Eitelkeit besessen; ferner hatte sie eine ebenso maßlose Vorliebe für Feste, Bälle und alle Anlässe, bei denen sie in der Öffentlichkeit glänzen konnte; wie ihr Vater seinen Hof dazu zwingen wollte, deutsche Kleidung zu tragen und fremde Getränke zu trinken, zwang Elisabeth – selbst die alten, gichtgeplagten Herren – dazu, stundenlang Menuette und Quadrillen zu tanzen; in dieser Kunst war sie Meisterin und machte gern die Leute lächerlich, um selbst um so mehr zu strahlen.

Als sie um den Ausgang der Verschwörung zitterte, die man ihr aufgezwungen hatte, und bei welcher sie alles riskierte, hatte sie vor der Ikone des heiligen Nikolaus geschworen, daß sie, falls sie jemals auf den Thron käme, die Todesstrafe abschaffen würde. Sie hielt Wort – da sie übrigens von Natur aus sentimental und sogar auf ihre Art gut war. Nachdem sie die »Großen« des abgeschafften Regimes – die deutschen Berater der beiden Annas – zum Tode verurteilt hatte, überantwortete sie sie der raffinierten Folter einer vorgetäuschten Hinrichtung (Graf Ostermann sah sogar, wie der Henker das Beil über seinem Haupt schwang), um ihnen dann das Leben zu schenken und die Todesstrafe in lebenslängliche Verbannung umzuwandeln. Aber in der oben erwähnten peinlichen Angelegenheit der Gräfinnen Lopuchin und Bestuschew ließ sie diese nicht so leichten Kaufs davonkommen: Da sie zwar nicht der Verschwörung, aber immerhin rebellischer Anschläge überführt waren, wurden den Unglücklichen in aller Öffentlichkeit die Zungen herausgeschnitten, nachdem sie zuvor ausgepeitscht worden waren. Und die Familie der Braunschweig-Wolfenbüttel, die Exregentin Anna, ihr Mann, ihre Kinder, wurde nach zwei Jahren streng überwachter Freiheit von einem Exil ins andere, von einem Gefängnis ins andere gebracht; der kleine Prinz Iwan wurde als Sechsjähriger seinen Eltern fortgenommen und in Einzelhaft gesteckt, eine Strafe, zu der bisher noch kein Mensch in Rußland verurteilt worden war. Im übrigen fand während der Herrschaft Elisabeths kein einziges Todesurteil statt; selbst wenn gewisse körperliche Züchtigungen und Haftstrafen einem mehr oder weniger raschen Tod gleichkamen, konnte Elisabeth sich guten Glaubens für eine barmherzige Herrscherin halten.

Sie distanzierte sich keineswegs von den Regierungsgeschäften, auch wenn das die ausländischen Diplomaten, die über ihre Langsamkeit und ihre Nachlässigkeit verzweifelt waren, behaupteten; da sie aber außerordentlich träge war, kümmerte sie sich nur darum, wenn es ihr gerade paßte, zufällig zwischen zwei Orgien, zwischen zwei Leberanfällen – denn sie trank sehr viel –, zwischen zwei Bällen, während sie im allgemeinen ihre Minister regieren ließ. Indessen wußte man sehr genau, daß es nur eines Worts der Kaiserin bedurfte, um den regierenden Minister in die Eiswüste zu schicken, wo die Menschikow, Biron, Münnich, Ostermann und andere gestürzte Machthaber vegetierten, die das russische Volk mit dem Schimpfnamen »wremenschtschiki« – die »Ehemaligen« – belegte.

Als die Fürstin Johanna Elisabeth mit der (geheimen) Absicht nach Petersburg kam, den allmächtigen Bestuschew zu stürzen, hatte sie erwartet, eine sanfte, verständnisvolle und leicht beeinflußbare Kaiserin vorzufinden, und mußte am eigenen Leibe entdecken, daß sich hinter der Nonchalance Elisabeths eine der schwierigsten Personen verbarg, weil sie so unberechenbar, so halsstarrig, so mißtrauisch und so autoritär, mit einem Wort, nach zweijähriger Regierung der Inbegriff der Despotin war.

L'Enfant de Kiel

Elisabeth herrschte. Aber die Frage der Thronfolge war damit nicht gelöst: Peter der Große hatte kein Glück mit seinen Nachfahren, und im Volke hieß es, das sei die Rache des Zarewitsch Alexis und die gerechte Strafe für den verbrecherischen Vater. Als Sproß einer ziemlich degenerierten Familie – Peters ältester Bruder, Feodor, war körperlich so schwächlich, daß man ihn schon in der Kindheit zu einem frühen Tod verurteilt wußte; der zweite, Iwan, war schwachsinnig – schien Peter seinen Nachfahren nur die Degeneriertheit eines alten Geschlechts und seine eigene geistige Anomalität vererbt zu haben; Alexis war gesundheitlich sehr zart und krankhaft nervös, die Söhne der Katharina blieben nicht am Leben, die Töchter – wie das häufig vorkommt – waren kräftiger, aber Anna, die älteste, starb mit zwanzig Jahren an der Schwindsucht, und Elisabeth, die als einzige die Vitalität ihres Vaters geerbt hatte, war bestimmt nicht normal – denn eine schlechte Erziehung allein genügt nicht, um die Seltsamkeiten ihres Charakters zu erklären.

Die Dynastie der Romanows war im Aussterben: Der schwachsinnige Iwan hatte zwei Töchter gehabt, von denen die jüngere, Anna Iwanowna, kinderlos gestorben war; die ältere, Katharina, war die Mutter jener Anna Leopoldowna, die Elisabeth in die Verbannung geschickt hatte. Anna hatte immerhin den traurigen Vorzug, kinderreich zu sein; in ihrem Gefängnis kam sie Jahr für Jahr nieder und starb nach fünf Jahren im Kindbett. Aber die Existenz der Abkömmlinge des rivalisierenden Familienzweiges war für Elisabeth mehr eine Quelle der Verlegenheit.

Sie selbst war nicht verheiratet. In ihrer Jugend war sie mit dem Prinzen Karl August von Holstein-Gottorp verlobt gewesen – dem Bruder der Fürstin von Anhalt-Zerbst; aber dieser schöne junge Mann wurde fast unmittelbar vor der Hochzeit von den Blattern dahingerafft. Elisabeth hatte ihn geliebt. Sie betrauerte ihn jedoch nicht lange, sondern tröstete sich mit weniger fürstlichen Amouren. Unter der Herrschaft ihrer Kusine Anna Iwanowna gelang es ihr nicht, sich zu verheiraten; nachdem sie erfolglos unzähligen illustren und weniger illustren Bewerbern proponiert worden war, fand sich das schönste Mädchen von Rußland freudig mit ihrer Ehelosigkeit ab, und als Kaiserin dachte sie nicht mehr daran, sich einen offiziellen Herrn und Gebieter zuzulegen – ohne sich deshalb nach dem Vorbild ihrer illustren englischen Namensgefährtin den Titel »jungfräuliche Herrscherin« anzumaßen. Als Unverheiratete konnte sie keine Nachfahren haben, obwohl böse Zungen ihr acht Kinder aus ihrer Verbindung mit Rasumowski nachsagen.

Der einzige mögliche Thronfolger war demnach der einzige Sohn Annas, der ältesten Tochter Peters des Großen, die den Herzog von Holstein-Gottorp, Karl Friedrich, geheiratet hatte. Elisabeth hatte ihre Schwester zärtlich geliebt; es war ihr nur recht, den Neffen, der Mutter und Vater verloren hatte, zu adoptieren; aber das Kind war kränklich und in Deutschland aufgewachsen; dazu hatte es theoretisch mehr Anspruch auf den Thron als Elisabeth selbst und konnte leicht zum Werkzeug einer Gegenpartei werden.

Er war der Enkel – der einzige Enkel – Peters des Großen. Damit verkörperte er in den Augen der Öffentlichkeit die dynastische Legitimität, die das einzige Band zwischen der Macht und dem Volk darstellte. Elisabeth wußte sehr wohl, was die Macht der Abstammung, der geringste Schein von Legitimität bedeutete; sie mußte das in ihrer ganzen Regierungszeit immerwährend bedenken und übertrug diese Furcht auf ihre Thronfolgerin und Rivalin,

Katharina II. Die Macht des dynastischen Rechts war in der Tat so groß, daß sie die Toten aus den Gräbern auferstehen lassen konnte.

Der kleine Karl Peter Ulrich von Schleswig-Holstein war das Enkelkind Peters des Großen und Sohn des Herzogs von Holstein; von seinem Vater erbte er den Anspruch auf den schwedischen, von seiner Mutter auf den russischen Thron. Aber die Verbindung des alten und edlen Bluts der deutschen Fürsten mit dem weniger alten und weniger edlen, aber ebenso erlauchten Blut der Romanows und dem Bauernblut Katharinas I. wirkte sich wenig glücklich aus: Peter Ulrich war ein schwächliches Kind, das von frühester Kindheit an an Fieberanfällen, Krämpfen und Ohnmachten litt; er war äußerst nervös und anfällig und scheint wenig begabt zum Lernen gewesen zu sein (wahrscheinlich war daran vor allem seine schlechte Gesundheit schuld).

Seine Mutter hatte er nicht gekannt: Sie starb, als er drei Monate zählte. Er wurde im zarten Alter seinen Pflegerinnen entrissen und jener strengen Zucht unterworfen, die Fürsten – insbesondere deutsche Fürsten – bei ihren Söhnen für richtig hielten: intensives, gewaltsames Lernen, strikte Disziplin, Zwang zu einer strengen, fast militärischen Etikette. Zu allem Überfluß verlangte die Anwartschaft auf den russischen Thron, daß er in der russischen Sprache und der griechisch-orthodoxen Religion unterrichtet wurde, die das Kind, lange bevor es zum Thronfolger proklamiert wurde, verabscheute.

»L'enfant de Kiel«, wie man ihn am Hof der Kaiserin Anna bezeichnete, war eine Bedrohung des regierenden Hauses Rußlands, und Anna wiederholte häufig, voll Überdruß, in ihrem unmöglichen Russisch: »Und der kleine Teufel in Holstein lebt immer noch!« Er lebte, vielmehr flackerte die kleine Lebensflamme noch schwach in dem schwächlichen Körper, der einer ihm kaum erträglichen Zucht unterworfen war.

Karl Friedrich von Holstein scheint sich nicht besonders um seinen Sohn gekümmert zu haben. Wie die Mehrzahl der adeligen Häuser jener Epoche, überließ er ihn Lehrern, Ärzten und Dienstboten. Bis zu seinem siebenten Lebensjahr war er in der Obhut französischer Gouvernanten; aber obwohl er perfekt Französisch sprach, hat er immer die deutsche Sprache vorgezogen. Nach seinem siebenten Lebensjahr wurde mit ernsthaftem Lernen und militärischer Zucht begonnen: Seine Lehrer waren Offiziere der väterlichen Garde, die ihn in den Unterrichtspausen militärisch ausbildeten – mit Miniaturwaffen. Mit acht Jahren avancierte Peter Ulrich bereits zum Unteroffizier.

Dieses Spiel mißfiel ihm keineswegs: Es war ihm weit lieber als die Sprachstunden in Latein, Schwedisch oder Russisch. Wenn sein Vater ein Manöver auf dem Schloßplatz organisierte – das tat er sehr gern –, riß der kleine Peter vor Lehrern und Büchern aus und rannte voller Begeisterung ans Fenster. Man mußte die dicken Vorhänge am unteren Teil der Fenster zusammenstecken, damit der kleine Prinz sich ruhig verhielt. Jahre später gestand er seinem Lehrer Stehlin, was »der schönste Tag seines Lebens« gewesen sei: Herzog Karl Friedrich gab einen großen Empfang zu seinem Geburtstag und der kleine Prinz führte in Gefreitenuniform die Garde in den Saal. Er schielte begehrlich nach den köstlichen Gerichten auf der Tafel; sein Vater, der Herzog, beobachtete ihn lächelnd; dann, nachdem zum zweitenmal serviert worden war, enthob er den kleinen Gefreiten seines Postens, der so stoisch seine Tantalusqualen ausgehalten hatte, ernannte ihn feierlich zum Leutnant und erlaubte ihm, an der Seite der Gäste Platz zu nehmen. Woraufhin das Kind unfähig war, auch nur einen Bissen hinunterzuschlingen, weil es dermaßen ergriffen und beglückt war.

Als Soldatenkind, mit der Liebe zum Waffenhandwerk im Blut, hätte sich der Knabe zweifellos mit diesen grimmigen Freuden begnügt, überglücklich über die Möglichkeit, täglich an den Manövern teilnehmen und auf weitere Rangerhöhungen hoffen zu dürfen, aber leider war er nicht kräftig genug, um einen tüchtigen Soldaten abzugeben; und sein Vater, ein kultivierter Mann, der fließend Lateinisch sprach, verlangte von ihm mehr als bloße militärische Zucht. Peter Ulrich hatte einen Horror vor Latein, wie auch vor jedem anderen Fach, mit Ausnahme der Musik, für die er begabt war, in der ihn aber kein Mensch unterrichtete.

Noch dazu starb der Vater, der, wenn er auch nicht auf ihn einging und strenge Anforderungen stellte, immerhin sein Vater war, schon 1739, als Peter Ulrich erst elf Jahre zählte. Sein Onkel und Erzieher, Prinz Adolf Friedrich von Holstein-Gottorp, hatte zuviel andere Sorgen: Er überließ den kleinen Prinzen der Aufsicht des Oberhofmarschalls des herzoglichen Hofs – Brümmer. Damit begann für das Kind das klassische Martyrium des Waisenkindes, das wehrlos den Erwachsenen ausgeliefert ist – die es aus unerfindlichen Gründen zu ihrem Sündenbock machen. M. Millet, der Französischlehrer des jungen Herzogs, sagte von Brümmer, er sei besser geeignet, Pferde zuzureiten, als sich mit Prinzenerziehung zu befassen. Brümmer war in der Tat ein ungewöhnlich grobschlächtiger Mensch, dessen jäher Aufstieg am holsteinischen Hof ein Rätsel bleibt; ausländische Diplomaten (wie immer, böse Zungen) haben sogar unterstellt, daß Brümmer einstmals der Liebhaber der Herzogin Anna gewesen sei und infolgedessen der tatsächliche Vater des kleinen Herzogs, ein Gerücht, das jeder Grundlage entbehrt, und zudem war Brümmers Verhalten gegenüber seinem Zögling alles andere als väterlich.

Man fragt sich, aus welchem Grund dieser Mensch eine solche Freude daran hatte, dermaßen grausam gegen ein Kind vorzugehen, das, wenn es am Leben bleiben sollte, eines Tages König von Schweden oder Kaiser von Rußland werden konnte; in seinem eigenen Interesse hätte er mehr Sanftmut üben müssen. Die Erklärung für sein brutales Verhalten ist zweifellos im »Pferdedresseur« zu suchen.

Wenn er glaubte, daß schlechte Behandlung den Charakter des Kindes stählen und härten würde, so erreichte er damit das Gegenteil: Peter war seelisch und körperlich ein so schwaches Geschöpf, daß Brümmers System ihn nur noch mehr schwächte und aus ihm ein in die Enge getriebenes kleines Tier machte, unsicher, mißtrauisch und namenlos furchtsam.

Wenn der Prinz seine Lektion nicht gelernt hatte, was häufig vorkam, erschien Brümmer zur Essenszeit im herzoglichen Speisesaal und drohte seinem Zögling die schlimmsten Züchtigungen an, sobald das Mahl vorbei sei; das entsetzte Kind vermochte kaum zu essen und stand gallespeiend vom Tisch auf. Im übrigen vereinfachten seine Lehrer die Sache häufig dadurch, daß sie ihm, als besondere Art der Bestrafung, den ganzen Tag nichts zu essen gaben. Schlimmer noch: Das ausgehungerte Kind mußte zusehen, wie seine Höflinge vor seinen Augen speisten, während es selbst an der Tür stand, mit einer Eselsfigur um den Hals, und einer Rute in der Hand ... (und das geschah, als es fast vierzehn Jahre alt war). Um ihn anzuregen, besser zu lernen – er war entschieden unbegabt –, zwang man ihn, stundenlang auf getrockneten Erbsen zu knien, so daß (laut den Aussagen Stehlins) »seine Knie rot wurden und anschwollen«.

Peter Ulrich lebte eingeschlossen in seinem Schloß und durfte nicht mit Kindern seines Alters spielen; seine einzigen Gefährten waren die Töchter der Frau von Brockdorff, Brümmers Mätresse, einer zänkischen und ordinären Person, von der die Stimmung am Hof des Herzogs von Holstein abhing. Noch dazu sah er die jungen Frauenzimmer nur, um mit ihnen Quadrille zu tanzen; und er tanzte nicht gern. Er sagte mit ironischem Schmollen: »Bestimmt will man nur einen Quadrille-Meister aus mir machen, und sonst brauche ich nichts zu können.« Tatsächlich, während er schlecht und recht Quadrille tanzen lernte, wehrte sich sein Intellekt immer mehr gegen andere Wissenschaften, die man ihm durch Demütigungen und Peitschenhiebe einzubleuen versuchte. Und noch dazu ließ ihn Frau von Brockdorff gelegentlich, nur aus einer Laune heraus, ohne jeden Grund, ja ohne den Vorwand schlechter Lateinnoten, verprügeln.

Eines schönen Tages verließ Peter Ulrich das Schloß in Kiel, das für ihn kaum mehr als ein Gefängnis gewesen war, und sein Heimatland Holstein, dessen Herrscher theoretisch er war. Er wurde mit vierzehn Jahren in Begleitung seines Erziehers und Peinigers, dem Oberhofmarschall Brümmer, nach Petersburg gebracht: Elisabeth, seine Tante mütterlicherseits, bezeugte den Wunsch, an ihm Mutterstelle zu vertreten und ihn zum Erben des Russischen Reiches einzusetzen.

Elisabeth und ihr Neffe

Begeisterungsfähig und sentimental, wie sie war, begehrte Elisabeth nichts mehr, als den einzigen Sohn ihrer Schwester wie ihr leibliches Kind zu lieben. Sie hatte ihn niemals gesehen und war, als sie ihn sah, bitter enttäuscht, denn Geduld war nicht ihre Stärke, und das Kind war nicht leicht zu lieben (indessen sollte sie später einen eklatanten Beweis für die Aufrichtigkeit ihrer Zuneigung für Peter geben).

Er war nicht ansehnlich: klein, mager, linkisch, schüchtern. Es hat nicht den Anschein, daß seine Tante sein Vertrauen gewonnen oder er ihr jemals die geringste Zuneigung bewiesen hätte. Entsetzlich entwurzelt und zudem immer noch unter der eisernen Knute Brümmers, sah er in der Kaiserin nur noch einen weiteren Tyrannen von unberechenbaren Reaktionen und um so mehr zu fürchten, als sie mächtiger war als die anderen.

Elisabeth, obgleich alles andere als ein Blaustrumpf, war bestürzt über die Unwissenheit des Kindes und bemühte sich, dieser abzuhelfen, indem sie ihm neue Lehrmeister gab, die seinem Charakter besser entsprachen: Der Sachse Stehlin, ein liebenswürdiger Amateur, den Elisabeth selber als »Possenreißer« behandelte, unternahm es, den jungen Prinzen nach Methoden zu unterrichten, die selbst heutzutage äußerst vernünftig erscheinen: Er lehrte ihn Naturwissenschaft bei der Jagd, Geschichte an Hand antiker Münzensammlungen, Mathematik und Technik an Hand von selbstangefertigten Modellen. Aber Peter war, ungeachtet seiner körperlichen Kleinheit, kein Kind mehr. Die vorangegangenen Unterrichtsmethoden hatten bei ihm schon so viel Unheil angerichtet, daß er nicht mehr imstande war, sehr viel durch Stehlins Unterricht zu profitieren (obwohl er sich stets eine Vorliebe für die Herstellung von Modellen bewahrte). Außerdem zwang Elisabeth, die eine leidenschaftliche Tänzerin war, ihn zu fortgesetztem Unterricht in Menuett und Quadrille, und wenn der Tanzmeister und der Geiger sich in den Gemächern des jungen Herzogs einfanden, mußte er seine übrigen Aufgaben beiseite schieben. Er hatte eine leidenschaftliche Liebe zur Musik, und seine größte Freude war für ihn das Geigenspiel, da er aber keinerlei Unterricht erhielt, lernte er nie korrekt spielen und war darauf angewiesen, ohne jede Anleitung zu üben, zu improvisieren oder seine Lieblingsmelodien ohne Begleitung wiederzugeben.

Seine Gesundheit war dermaßen labil, daß es unmöglich war, ihm eine kontinuierliche Anstrengung zuzumuten; im Laufe des Herbstes 1743 schwebte er zwischen Leben und Tod. Stehlin schrieb am 12. Oktober: »Er ist auf das äußerste geschwächt und hat an allem, was ihm während der Krankheit Freude machte, die Lust verloren, selbst an der Musik. Als man eines Samstags nach dem Abendessen im Vorzimmer seiner Hoheit musizierte und der Kastrat seine Lieblingsweise sang, sagte er mit kaum vernehmlicher Stimme: ›Wann hören sie endlich auf zu singen?‹ ... Der Großfürst lag mit erloschenen Augen da und röchelte nur noch schwach. Ihre Majestät, die sofort benachrichtigt wurde, eilte herbei. Sie war in Tränen aufgelöst, und man hatte Mühe, sie zu bewegen, sich vom Bett des Großfürsten loszureißen ...«

Das seelische Gleichgewicht des Kindes, das bereits durch die dauernden Krankheiten erschüttert war, wurde weiterhin durch die heftigen Szenen gefährdet, denen es seitens des schrecklichen Brümmer ausgesetzt wurde; und der gleiche Stehlin berichtet weiter, daß Brümmer so weit ging, sich mit erhobener Faust auf den jungen Herzog zu stürzen. Peter lief ans Fenster, um die Grenadiere der Garde zu Hilfe zu rufen, floh dann in sein Schlafzimmer, kehrte mit einem Säbel bewaffnet zurück und rief Brümmer zu: »Diese Unverschämtheit wird Ihre letzte sein: Sobald Sie es wagen, gegen mich die Hand zu erheben, werde ich Sie mit diesem Säbel durchbohren!«

Und der preußische Diplomat Petzold berichtet in seinen Briefen, daß der Großfürst seinen Erzieher dermaßen haßte, daß er bereits in Kiel geschworen habe, »ihm eine Kugel durch den Kopf zu jagen«. Und dennoch behielt Brümmer das Vertrauen der Kaiserin in einem solchen Grad, daß der junge Peter sich sagen mußte, mit dem Wechsel von Land und Lehrmeistern wenig gewonnen zu haben.

Im Gegenteil. War er in Kiel schon tief unglücklich gewesen, so fühlte er sich in Rußland noch weit unglücklicher, da zu jenen in sich gekehrten Naturen gehörte, die vor jedem Wechsel zurückschrecken. Und außerdem hatte er Heimweh.

Was Elisabeth ihrem Neffen ganz besonders verübelte, war die offene Feindseligkeit des Jungen gegen alles Russische: Er lernte niemals korrekt Russisch sprechen; für die griechisch-orthodoxe Religion, in der man ihn seit seiner Ankunft in Rußland unterwies, hatte er nur Widerwillen und Verachtung übrig. Nach längeren taktvollen und höflichen Beschwörungen seitens des sehr freisinnigen Hofkaplans Simon Thodorski wurde Karl Peter Ulrich unter dem Namen Peter Fedorowitsch im Dezember 1742 feierlich in die griechisch-orthodoxe Kirche aufgenommen. »Aus Gesprächen des Großfürsten, die er mit der ihm eigenen Lebhaftigkeit führt«, schreibt Petzold am 15. Dezember, »darf man schließen, daß er kein Glaubensfanatiker sein wird; selbst am Tag, an dem er einwilligte, der griechischen Kirche beizutreten, sagte er in Gegenwart von Botta und Mardefeldt (den Botschaftern von Österreich und Preußen) von den Pfaffen, daß man ihnen vieles verspricht, was man nicht halten kann . . .«. Der gleiche Petzold schreibt: »Dem jungen Herzog sind die russische Sprache und die griechische Religion bis heute noch so gut wie fremd, aber der letzteren wie überhaupt allen Sitten des Landes bezeugt er bei jeder Gelegenheit eine solche Verachtung, daß er immer unbeliebter wird . . .« (12. Oktober 1742).

Ein trauriger Anfang für einen zukünftigen Herrscher.

So hatte Elisabeth also eine Familie entthront, die wegen ihrer deutschen Abstammung beim Volk verhaßt war, um einen Erben beschert zu bekommen, der mindestens so deutsch war wie die Braunschweig-Mecklenburg, noch dazu so kränklich, daß man sich fragen mußte, ob er jemals das Mannesalter erreichen werde; und darüber hinaus denkbar unglücklich veranlagt: halsstarrig, mißtrauisch, heftig und furchtsam, zugleich ebenso unfähig, Zuneigung einzuflößen, wie sie zu empfinden. Bereits in den ersten Monaten mußte Elisabeth sich sagen, daß dieses Kind ein lebendes Unglück sei. Da es ihr Neffe und nächster Verwandter war, blieb ihr nichts anderes übrig, als ihn, so wie er war, zu akzeptieren und darauf zu hoffen, daß mit den Jahren und vielleicht durch den Einfluß einer klug gewählten Gattin der Charakter des jungen Fürsten sich nach und nach verbessere.

Anfang 1744 gab Elisabeth endlich ihre Wahl der künftigen Großfürstin bekannt: Die ausländischen Botschafter – insbesondere Petzold – erwähnen und erklären diese Wahl mit der Tatsache, daß die Prinzessin von Anhalt-Zerbst keinem mächtigen Hause angehöre und deshalb keine Gefahr bestehe, daß sie im Interesse ihrer Familie eine politische Rolle anstreben werde. Indessen war, wie man gesehen hat, die Wahl dennoch von einer politischen Intrige gelenkt worden.

Die Kaiserin hatte für ihren Neffen eine der Töchter Ludwigs XV. erträumt. Aber der kleine degenerierte Herzog, Erbe eines höchst unsicheren Throns, der im besten Fall dazu berufen war, über ein Barbarenreich zu herrschen, war für eine Tochter des Königs von Frankreich keine angemessene Partie. Der König von Preußen, Friedrich II., an den die Gegenpartei des Kanzlers Bestuschews herangetreten war, wollte seine Schwester einem so wenig beinedenswerten Schicksal nicht aussetzen. Bestuschew schlug seinerseits Elisabeth die Tochter Augusts III. vor, des Kurfürsten von Sachsen, derzeitigem König von Polen und Freund des Hauses Österreich. Als Gegner der Politik des Kanzlers gab Friedrich II. durch seine Mittelsmänner am russischen Hof Elisabeth zu bedenken, daß es weiser sei, eine Kandidatin zu wählen, die bei keiner Partei engagiert sei, d. h. einen »Outsider«.

So kam die Wahl der Sophie von Anhalt-Zerbst aus recht zweifelhaften Motiven zustande: Ihre Anhänger spekulierten auf das liebevolle Andenken, das Elisabeth ihrem Verlobten, dem Onkel der kleinen Prinzessin, bewahrte, und auf die politische Unbedeutendheit des Hauses Anhalt-Zerbst, während Friedrich II. ernsthaft daran dachte, seine eigene Kreatur auf den russischen Thron zu setzen. Jedoch wurde trotz des ausdrücklichen Willens der Kaiserin befürchtet, der allmächtige Kanzler könne die ganze Angelegenheit am Ende als einen hinter seinem Rücken ausgearbeiteten und gegen ihn persönlich gerichteten Schlag auffassen; deshalb waren die beiden Prinzessinnen, Mutter und Tochter, genötigt, in einer kleinen Equipage, unter falschem Namen und zumindest demütigenden Umständen zu reisen.

Elisabeth ließ sich ohne weiteres für dieses Verfahren gewinnen: Vermutlich hielt sie die kleine Sophie für eine Person ohne große Beziehungen, die man, sollte sie nicht gefallen, mit einem Trostpreis nach Zerbst zurückschicken konnte, ohne internationale Komplikationen befürchten zu müssen. Kurzum, sie wollte eine Großfürstin, die ihre Kreatur wäre, d. h. ganz von ihr abhängig. Es ist anzunehmen, daß sie keine Ahnung von den geheimen Absichten des Königs von Preußen hatte; sie ahnte nicht, daß Sophies Mutter sich, wenn auch nicht als seine Kreatur, so doch Friedrich immerhin verpflichtet fühlte.

Zweiter Teil

Die Reise

In ihren Memoiren erwähnt Sophie nicht ohne Bitterkeit, daß ihre Mutter mit dem wenigen Geld, das sie für ihre Toiletten hatte, sich selbst zwar neu ausstaffierte, aber für die Tochter kein einziges Kleid kaufte und Sophie nicht einmal eigene Bettücher besaß. Die Prinzessinnen verließen Deutschland im Januar 1744 unter dem Namen »Gräfinnen Rheinbeck«, und als solche überschritten sie die russische Grenze.

Der nordische Winter, viel strenger als der deutsche, überraschte die Reisenden; die Füße der kleinen Sophie waren dermaßen erstarrt und geschwollen, daß man sie zur nächtlichen Rast aus dem Schlitten tragen mußte – eine Unbill, welche die Mutter kaum bemerkt zu haben scheint, es sei denn, sie wollte sie absichtlich nicht wahrhaben. Denn während Katharina sich noch nach dreißig Jahren an ihre geschwollenen Füße erinnert, interessiert sich die Fürstin Johanna Elisabeth nicht für solche Einzelheiten und scheint vor allem bestrebt zu sein, ihren Schritt in den Augen der Familie zu rechtfertigen: Denn Mutter, Schwester und Tanten fanden, daß sie sich in ein höchst zweifelhaftes Abenteuer einlasse und dabei den Ruf und das Glück ihres Kindes aufs Spiel setze.

Wenn die junge Frau, die selbst etwas verstiegen war, in ihren ersten Briefen ihren hochgeborenen Verwandten noch begreiflich zu machen sucht, daß ihre Tochter niemals gezwungen sein würde, gegen ihren Willen dem lutherischen Glauben abzuschwören, so ändert sich der Ton, sobald die Prinzessinnen in Riga eintreffen (am 25. Januar bzw. 6. Februar); kaum hat ihr Schlitten die Dwina-Brücke überquert und russischen Boden erreicht, werden sie mit Kanonensalven begrüßt, und der Kammerherr und Oheim der Kaiserin, Simon Kirillowitsch Naryschkin, ehemaliger Botschafter in London, empfängt die Reisenden und stellt ihnen eine Wohnung im Stadtpalais zur Verfügung sowie einen so ungeheuren Stab von Dienstboten für ihren Rigaer Aufenthalt und den Rest der Reise, daß die arme deutsche Fürstin buchstäblich berauscht ist: Sie spricht künftig nur noch von der Pracht der

Empfänge und der Ehren, die man ihr erweist, von dem glänzenden Aufwand, von der Schönheit der Gardeuniformen und von der Zahl des Personals, das man für sie aufbietet.

Weit mehr als ihre Tochter ist sie das geblendete Aschenbrödel, das sich von dem unerwarteten Glanz und der Größe, zu der sie emporgestiegen ist, beeindrucken läßt. »Unter den Schlitten befindet sich einer, den Ihre Kaiserliche Majestät selber benutzt. Er ist scharlachfarben, mit silbernen Beschlägen, innen mit Marderpelz ausgelegt; die Kissen sind mit Seide bezogen, die Decken sind aus dem gleichen Stoff...« Sie zählt die Dienerschaft auf: »Ich weiß nicht, wie viele Köche, Küchenjungen... ein Konditor, ein Kaffeekoch, acht Lakaien, zwei Gardegrenadiere, zwei Kürschner... ich weiß nicht, wie viele Schlitten und Stallknechte...« Sie schreibt an ihren Mann in ihrem merkwürdigen Deutsch, das mit französischen Ausdrücken gespickt ist: Daß *alles mit viehler Grandeur und Honneur zugegangen* ist und daß sie sich *bey allen Fracas so mich environiert,* wie in einem Traum fühlt.

Immerhin fügt sie hinzu (denn sie schreibt ja an einen Vater, der sich um seine Tochter sorgt): »Unsere Tochter ist wohlauf und so tapfer, daß ich nur so staune.«

In beschleunigten Etappen trifft sie am 3./14. Februar in Petersburg ein, und im Winterpalast erlebt sie Wunder über Wunder und hält sich schon fast für eine Herrscherin. »Als ich in meinen Gemäuern angekommen war, wurden mir tausend Leute vorgestellt. Meine Zunge war vor Kälte ganz trocken... Ich speise allein mit den Damen und Herren, die mir Ihre Majestät zugeteilt hat; ich werde wie eine Königin bedient.« Sie klagt bereits über die Unzahl der Höflinge, die ihr Ehren bezeugen. »Ich bin völlig erschöpft, wenn ich mich endlich zurückziehen kann, aber ich muß zum Ruhme Rußlands gestehen, daß es höchst geistvolle Menschen sind. Ich treffe ehemalige Generäle Peters des Großen. Ich kann mich nicht satt hören an den Geschichten, die sie von ihm, den sie ihren Schöpfer nennen, erzählen...«

Sie ist schön, sie ist jung – erst zweiunddreißig Jahre alt –, sie spricht mit großer Verve, sie kennt jeden Hofklatsch, weiß von jeder Intrige, sie gibt zu verstehen (und man läßt sie auch in dem Glauben), daß sie berufen ist, eine bedeutende politische Rolle zu spielen; die ausländischen Botschafter – La Chétardie insbesondere, gewohnt, sein Glück bei den Frauen als diplomatisches Geschick zu bewerten – machen ihr den Hof. Sie triumphiert und ist zugleich von nervöser Ungeduld erfüllt, da sie weiß, daß nichts entschieden ist, bevor sie die Kaiserin für sich gewonnen hat.

Den Intrigen böswilliger Menschen zum Trotz (sie wittert überall Intrigen, wahrscheinlich mit Recht) beschließt sie, in aller Eile nach Moskau zu fahren, sogar nachts zu reisen, um vor dem Geburtstag des Großfürsten in der alten Hauptstadt einzutreffen. Sie denkt kaum an das häßliche Entlein, ihr Töchterchen, von dem sie indessen an Friedrich II. schreibt: »Meine Tochter erträgt das ermüdende Leben großartig: Wie ein junger Soldat, der die Gefahr, weil er sie nicht kennt, verachtet, entzückt sie sich am Glanz ihrer Umgebung.« Und an ihren Mann: »Figchen southeniert die fatige besser als ich.« Kurzum, für ihre Tochter kennt sie nur die eine Sorge: daß man sie nicht für gesundheitlich schwächlich hält, daß nur keine Krankheit ihren Feinden den Vorwand gebe, die Kaiserin ungünstig zu beeinflussen. Ja, Sophie und der Bräutigam, den man ihr vorschlägt, sind nur untergeordnete Figuren in dem Stück, in dem sie die erste Rolle spielt und die Kaiserin – die es zu bezwingen gilt, die sie aber bewundert – die zweite. Als sie von einem Spaziergang durch die Stadt Sankt Petersburg berichtet, bei dem ihr die Hofleute den Weg zeigen, den Elisabeth – um ihren Staatsstreich durchzuführen – von der Preobraschenski-Kaserne bis zum Winterpalast zurücklegen mußte, bemerkt sie erstaunlicherweise: »Es ist nicht zu fassen, daß Ihre Majestät einen so langen Marsch aushalten konnte und daß sie nicht verraten wurde.« Der Staatsstreich lag drei Jahre zurück. Als Sophie die berühmte Strecke abging, dürfte sie sich ebenfalls Gedanken über die Unbeständigkeit der kaiserlichen Macht gemacht haben und über die Mittel, sie zu erobern ... In ihren Memoiren erzählt sie, wie in der Nähe von Riga ihre Fahrzeuge einen anderen Zug von Kaleschen mit verhängten Fenstern kreuzten, der von Soldaten begleitet wurde: Es war die ehemalige regierende Familie von Braunschweig-Wolfenbüttel, die von ihrem überwachten Wohnsitz aus einer unbekannten Bestimmung und einer grausameren Haft entgegengeführt wurde.

Sophie

In ihren Memoiren über diesen Lebensabschnitt läßt sich Katharina-Sophie nicht näher über ihre Gefühle und persönlichen Eindrücke aus – sie erwähnt nur einige rein anekdotische Einzelheiten: den

Schlitten, der nachts auf dem Weg zwischen Petersburg und Moskau umstürzte; ihre eiskalten Füße; den Schlitten, auf den sie kaum hinaufgelangte, weil das Trittbrett so hoch war; die Frisur, zu der ihr die russischen Damen rieten – ein perfider Rat, weil diese Frisur der Kaiserin mißfiel –; sie vergißt nicht, die Begegnung mit dem Schlitten zu erwähnen, der die glücklose Anna Leopoldowna ins Exil brachte – falls die Furcht vor einem ähnlichen Schicksal sie in diesem Augenblick streifte, so spricht sie nicht davon.

Auf dem Gipfel höchster Ehren angelangt, scheint sie sich später nur noch an ihren wachsenden Ehrgeiz und an ihren hartnäckigen Wunsch zu erinnern, um jeden Preis zu herrschen. Wenn es sich um Hofintrigen handelt, wird sie sehr viel weitschweifiger – wie ihre Mutter hat sie einen angeborenen Sinn für Intrigen. Jedoch zählte sie in den ersten Monaten ihres langen und schwierigen Aufstiegs, so berechnend und ehrgeizig wie sie war, erst vierzehn Jahre.

Sicherlich ertrug sie die Anstrengungen der Reise weit weniger leicht, als ihre Mutter behauptet. Sie litt vor allem unter dem Mangel an Fürsorglichkeit seitens der Mutter. Anscheinend war sie sehr viel weniger als die Mutter von dem Glanz der Herrlichkeiten geblendet, die man vor ihr ausbreitete. (Johanna Elisabeth schreibt in einem Brief: »Wir sind wie Königinnen untergebracht, meine Tochter und ich. Die Livreen der Dienerschaft starren von seidenen Tressen und silbernen Litzen. Wenn wir ausgehen, begleitet uns ein prachtvolles Gefolge. Was ihm einen besonderen Glanz verleiht, ist die hiesige Sitte, daß alle Lakaien beritten sind.«) Sophie, das nachdenkliche und lerneifrige Kind, dürfte sich kaum von Seidentressen und Silberlitzen, von berittenen Lakaien haben imponieren lassen. Aber gegen Ende Januar – zwei Wochen vor der Ankunft in Petersburg – schrieb sie aus Königsberg an ihren Vater:
»Monseigneur,

ich habe mit Verehrung und unbeschreiblicher Freude den Brief erhalten, in welchem Eure Hoheit mir die Ehre machen, sich nach meinem Befinden zu erkundigen . . . Ich bitte, Euch versichern zu dürfen, daß diese Ermahnungen und Ratschläge auf ewig in meinem Herzen eingegraben sein werden, wie auch der Samen unserer heiligen Religion in meiner Seele, und ich bitte Gott, ihr alle Kraft zu verleihen, die sie brauchen wird, um die Versuchungen zu bestehen, denen ich entgegengehe. Er wird den Gebeten Eurer Hoheit und der lieben Mama jene Gnade gewähren, auf die meine Jugend und Ohnmacht ohne solchen beglückenden Beistand sonst kaum zu hoffen wagen dürften. Ihm gebe ich mit anheim und hoffe auf den Trost, mich dessen würdig zu erweisen; wie auch darauf, stets gute Nachrichten vom lieben Papa zu erhalten, und bleibe mein Leben lang voll unwandelbarer Hochachtung, Monseigneur, Euer Hoheit untertänigste und treue Tochter und Dienerin

Sophie A. F. P. d'A.-Z.
(Augusta Friederike Prinzessin von Anhalt-Zerbst)
Königsberg in Preußen, den 29. Januar 1744.«

Man ersieht, daß die damaligen Fürsten ihre Kinder nicht leichtfertig erzogen und an den kleinen deutschen Fürstenhöfen selbst im engsten Familienkreis kein vertraulicher Ton gestattet war. Kaum daß Sophie zwischen mehreren »Hoheit« und »Monseigneur« das Wörtchen »lieber Papa« in ihren Brief einzuflechten wagte.

Dieser Brief, vermutlich von der Mutter gelesen und korrigiert, beweist dennoch eine gewisse Aufrichtigkeit: Das junge Mädchen, das in der lutherischen Religion aufgewachsen war, dürfte, ihrem Glauben abschwören zu sollen, zumindest in jenem Augenblick als eine sträfliche Versuchung empfunden haben. Diese Frage quälte nicht nur Christian August von Anhalt-Zerbst, sondern auch seine Familie und die seiner Frau.

Bevor er seine Einwilligung zu dem russischen Abenteuer gab, hatte der Prinz von Anhalt-Zerbst lange nachgedacht, und wenn er auch seine Einwilligung dazu gegeben hatte, so stellte er doch weiterhin das Seelenheil seiner Tochter über die Hoffnung auf eine glänzende Heirat. Als er sich von Sophie verabschiedete, hatte er seiner Frau zum Andenken einen Brief übergeben, *pro memoria*, in welchem er für seine Tochter Richtlinien über ihr künftiges Verhalten niedergelegt hatte. Und es sind diese väterlichen Ermahnungen, von denen Sophie verspricht, daß sie »auf ewig in meinem Herzen eingegraben sein werden«.

Der Vater beginnt mit der Frage, ob es ihr nicht möglich sei, »wie zum Beispiel die Prinzessin von Braunschweig (Gattin des Zarewitsch Alexis), bei ihrem Glauben zu bleiben oder wenigstens am *Bauernglauben* festzuhalten«, zwei unerfüllbare Forderungen, denn die Herrscherin von Rußland konnte nichts anderes als orthodox sein, und der sogenannte Bauernglaube (die Befolgung der allgemeinen Regeln der christlichen Religion, ohne spezielle Riten) war für sie praktisch undurchführbar.

»Unter keinen Umständen«, schreibt Fürst Christian, »würde ich raten, meiner Tochter einen fremden Glauben aufzuzwingen, dessen Irrtümer sie selbst erkennen würde. Da jeder Mensch aus seinem Glauben lebt, hängt ihre Entscheidung von ihren eigenen Gebeten zu Gott, ihren eigenen Bemühungen, Gedanken und ihrem Willen ab... und es ist besser, auf die Macht zu verzichten, als gegen sein Gewissen zu handeln.« So verlangte er auch, daß seine Tochter stets »eine lutherische Bibel, ein lutherisches Gebetbuch und andere solche Schriften mit sich führe und daß sie den Herrgott anrufe, damit Er sie bis zu ihrem Tode in diesem Glauben erhalte«.

Diese Instruktionen, begleitet von praktischen Ratschlägen hinsichtlich ihres Verhaltens gegenüber der Kaiserin, dem Großfürsten, dem Hof usw., bedeuteten für die junge Sophie, zumindest anfänglich, eine Art von Moralkodex, dem sie sich anzupassen suchte. Sie war reif genug, um zu wissen, wer von ihren Eltern sie inniger liebte und mehr um ihre wahren Interessen besorgt war. Sie liebte ihren Vater. Nach ihrer Abreise von Stettin hatte die Fürstin von Anhalt-Zerbst an Friedrich II. geschrieben: »Diese Trennung hat sie außerordentlich bewegt. Kraft ihrer großen Jugend hat sie diese Erschütterung zu überwinden vermocht, die man in einem solchen Alter nur als Rührung bezeichnen kann...« Sophies Kummer ging vielleicht tiefer, als ihn die Mutter beurteilte, die den König von Preußen über die gute Stimmung ihrer Tochter beruhigen wollte.

An jenem fremden und üppigen Hof – und von welcher sichtbarlichen und herausfordernden Üppigkeit! – mußte das Kind sich um so entwurzelter fühlen, als seine Mutter sich völlig in den Mittelpunkt stellte, sich von den russischen Höflingen bewundern ließ und sich fast niemand um die Tochter kümmerte, die auch von der Mutter, berauscht von ihren gesellschaftlichen Erfolgen, unbeachtet blieb. Wie Katharina später schreibt, hielt sie sich damals für »total häßlich«. Ihr Stolz muß sehr gelitten, sie muß Angst davor gehabt haben, sich zu zeigen (um so mehr, weil sie nichts zum Anziehen hatte), muß sich gefragt haben, ob sie nicht wegen ihres reizlosen Gesichts von der Kaiserin und vom Großfürsten abgewiesen werden würde. Gewiß schien in Berlin Friedrich II. von ihrer Anmut und ihrem Geist bezaubert; aber sie wußte sehr wohl, daß Friedrich ihre Heirat mit dem Großfürsten wünschte, während es in Petersburg und Moskau eine Menge Leute gab, die dagegen waren.

Mutter und Tochter trafen am 20. Februar in Moskau ein. Sophie konnte den Glanz und das Elend der alten Metropole betrachten, »das aus weißem Stein erbaute Moskau«, worauf die Russen so sehr stolz waren, obwohl der weiß angestrichene Kreml nur aus Ziegelsteinen bestand. Weiße Holzpaläste, deren Anstrich Steine imitierte, neben baufälligem Gemäuer, das von wackligen Zäunen umgeben war, breite Landstraßen, von schmutzigem Schnee bedeckt; Männer und Frauen in orientalischem Aufzug neben Herren in gepuderter Perücke zu Pferd oder in der Kutsche; hundert Kirchen mit vergoldeten Kuppeln und Scharen zerlumpter Bettler; ein vereister Fluß, auf dem elegante kleine Schlitten fuhren und zerlumpte Straßenkinder schlitterten... Die Prinzessinnen mußten mit ihrem Gefolge die ganze Stadt durchqueren, ehe sie zum Palast der Kaiserin gelangten. In Moskau angekommen, sah Sophie der Begegnung mit der Kaiserin Elisabeth bangen Herzens entgegen.

Während die Mutter diese Begegnung mit ein paar kurzen Sätzen abtut und lediglich betont, daß die Kaiserin sich in das Nebenzimmer zurückgezogen habe, um die Tränen zu verbergen, die die Ähnlichkeit Johanna Elisabeths mit ihrem Bruder, dem verstorbenen Bräutigam der Kaiserin, hervorrief, hinterläßt Sophie uns ein sehr lebendiges Bild von ihr. Sie ist sofort von ihrer Schönheit beeindruckt. Sie notiert ihre stolze Anmut, die Lässigkeit ihrer Bewegungen, »obwohl sie einen ziemlichen Bauch hat«; sie notiert auch die Einzelheiten ihrer Frisur: die schwarze Feder, die ihr über die linke Schläfe fällt; das Feuer der Goldstickereien und Diamanten. Elisabeth war buchstäblich mit Edelsteinen bedeckt, zumindest bis zur Taille; ihr üppiger weißer Busen, ihre üppigen Schultern, das alles steckte in einer edelsteinfunkelnden Fassung, und die schweren Kolliers trugen das Ihre noch dazu bei.

Elisabeth besaß die echt fürstliche Liebenswürdigkeit, die den Menschen die Schüchternheit nimmt; wenn sie wollte, konnte sie bewundernswert taktvoll sein. Die Prinzessinnen von Anhalt-Zerbst gewann sie mit ihrer Huld und noch mehr mit den Tränen, die sie um den Jugendgeliebten vergoß. Was aber die Hauptperson und das eigentliche Ziel ihrer Reise anbetrifft, nämlich den Großfürsten, könnte man zumindest sagen, daß er weder auf die Mutter noch auf die Tochter einen nachhaltigen Eindruck machte.

Die Mutter erwähnt ihn nur kurz; die Tochter ist in ihren Memoiren immerhin etwas beredsamer: Sie schildert ihren jungen Vetter als einen Knaben, der entzückt war – endlich – jemand zu finden, mit dem er reden konnte. Peters Freude dürfte ehrlich gewesen sein; und obwohl man ihm häufig Verstellung vorwarf, scheint er ein unwahrscheinlich aufgeschlossenes Geschöpf gewesen zu sein, von dem seine Frau später schrieb, daß er nichts für sich behalten konnte.

Dennoch verstand es der schwierige Knabe von der ersten Begegnung an, das Herz seiner jungen Kusine gegen sich einzunehmen – ein kleines, kluges und vernünftiges Herz, das sicherlich von vornherein keine allzu großen Ansprüche stellte, aber immerhin das Herz einer Vierzehnjährigen. Als er Sophie seine Freude über das Zusammentreffen mit einer gleichaltrigen Verwandten ausgesprochen, hatte er nichts Eiligeres zu tun, als ihr zu erzählen, daß er bereits in eine andere verliebt sei. Er liebe, sagte er, ein Fräulein Lopuchin, deren Mutter kürzlich in »Ungnade« gefallen (ob er wohl ahnte, auf welch gräßliche Weise?) und nach Sibirien verbannt worden sei. Seine Wahl war für ihn bezeichnend: Peter, der sich als unterdrückt empfand, war voll Mitgefühl für das unterdrückte Mädchen. Im Verein mit diesem für Sophie peinlichen Geständnis erklärte der Knabe jedoch, daß er durchaus bereit sei, Sophie zu heiraten »um seiner Tante zu gefallen«. »Ich hörte ihm errötend zu«, schreibt Sophie, »und war froh, zumindest sein Vertrauen gewonnen zu haben...« Denn schließlich hatte ihr Vater ihr ja in seinen letzten Anweisungen empfohlen, den Großfürsten als ihren Gebieter, Vater und Herrscher« zu betrachten und mit »Sanftmut und Zärtlichkeit« um seine Liebe zu werben.

Es ist anzunehmen, daß sie damals kaum an Liebe dachte, obwohl sie das kleine Liebesabenteuer mit ihrem Onkel bereits ein bißchen aufgeklärt haben dürfte. »Das Kind«, das man ihr vorsetzte und das sie um jeden Preis heiraten mußte, wenn sie Kaiserin werden wollte, sah sie noch nicht als Geliebten an, sondern nur als Kameraden; aber sie dürfte sich sicherlich gesagt haben, daß es nie einen anderen Mann in ihrem Leben geben werde und sie sich an diesen anpassen müsse.

Indessen war sie intelligent genug, um zu erkennen, daß es nicht dem Großfürsten, sondern der Kaiserin zu gefallen galt. Fürstenheiraten sind Sache der Eltern, Minister und anderer Mächtiger. Und sie wollte unter allen Umständen diese Heirat durchsetzen.

Vom ersten Tage an, während die Mutter sich an ihren mondänen Triumphen berauschte, vertiefte sie sich mit dem löblichen Eifer einer braven Schülerin in das Studium der russischen Sprache und der griechischen Religion. Man weiß nicht, inwieweit sie Gott um Kraft bat, »sich gegen die Versuchungen zu wehren«, denen sie ausgesetzt war. Man weiß nicht, wie wichtig ihrer Seele »die heilige lutherische Religion« war, die niemals aufzugeben sie noch vor kurzem geschworen hatte. Sie hegte sicherlich Skrupel. Aber als geistlichen Führer gab man ihr einen Mann, der ausdrücklich dazu ausgewählt war, um die legitimen Gewissensnöte einer jungen Protestantin zu beschwichtigen.

Simon Thodorski (der auch den Großfürsten, wenn auch erfolglos, unterwiesen hatte) war kein starrer und fanatischer Orthodoxer, sondern ein höfischer Geistlicher, der sich unter den deutschen Herrschern durch seine große Toleranz gegenüber der lutherischen Religion ausgezeichnet hatte; er hatte lange in Deutschland gelebt und an den theologischen Debatten teilgenommen, welche die pietistische Lehre den kritisch-historischen Theorien des Mathematikers Christian Wolff entgegenstellte. Der freisinnige Simon Thodorski gehörte zu jenen »fortschrittlichen« Geistlichen, die es im achtzehnten Jahrhundert viel gegeben hat und vertrat selbstverständlich in keiner Weise den wahren Geist der orthodoxen Kirche, die leidenschaftlich konservativ war.

Da er perfekt Deutsch sprach, in den feinsten Unterschieden der verschiedenen christlichen Glaubensbekenntnisse bewandert, ein guter Unterhalter und ausgezeichneter Redner war, hörte Sophie ihm gern zu. Sie hielt ihn für eine der heiligsten Gestalten der orthodoxen Kirche. Angenehm überrascht von den Reden eines so nachsichtigen Predigers, schrieb das junge Mädchen sofort ihrem Vater, daß zwischen den beiden Konfessionen kein grundsätzlicher Unterschied bestehe; daß zwar »die Formen des Gottesdienstes sehr andere sind, sich aber die Kirche wegen der Roheit des Volkes dazu genötigt sieht . . .« – »Ich glaube nicht, daß ich überstürzt handele, schon weil ich nach den Grundartikeln unseres Glaubens getreulich die Richtlinien Eurer Hoheit konsultiert habe. . .« Worauf Fürst Christian (auf deutsch) antwortet: »Du darfst dir diese Überlegungen nicht leicht machen, du mußt dich ernsthaft prüfen, um zu wissen, ob die Gefühle, die dich bewegen, tatsächlich deine Seele erfüllen, ob sie nicht womöglich, ohne daß du es weißt, durch die Güte der Kaiserin und anderer hochgestellter Persönlichkeiten des Hofes in dir wachgerufen wurden. Wir Menschenwesen sehen infolge unserer großen Schwachheit meist nur das Nächstliegende; der Erlöser aber kennt das Herz und seine geheimsten Beweggründe, und diese sind in seiner unwandelbaren Gerechtigkeit das Richtmaß seiner Gunst ...«

Selbstverständlich bestand eine große Kluft zwischen der Einstellung des ernsten und frommen Vaters und der eines vierzehnjährigen Mädchens, das viel mehr mit seiner irdischen Zukunft beschäftigt war als mit seinem Seelenheil – aber Sophie war bestimmt keine Heuchlerin. Intelligent und sensibel, wie sie war, hatte sie sich ehrlich von der subtilen Kasuistik Thodorskis einwickeln lassen und eine Religion entdeckt, »die über den Religionen steht« und die bereits an den Deismus Rousseaus grenzt; sie war nur zu glücklich, festzustellen, daß der beste Vertreter dieser griechischen Kirche, die sie so rückständig wähnte, weitherzig, tolerant, und darin ihrem eigenen Vater überlegen war (sie sollte später mit einiger Bitterkeit vom lutherischen Fanatismus sprechen).

Überdies wurde Sophie von der Mutter zur Entscheidung angespornt (die befürchtete, daß der Einfluß des Vaters sich als Hindernis gegen den Religionsübertritt und damit gegen die Heirat auswirken würde). Ehrlich gesagt, dürfte sie von den »Formen des Gottesdienstes«, die wegen der »Rohheit des Volkes« notwendig waren, einigermaßen abgestoßen gewesen sein, die aber weder die Kaiserin noch der Hof als Überrest barbarischen Aberglaubens zu betrachten schienen ... Die endlosen Gottesdienste mit ihrem orientalischen Prunk, der selbst den der katholischen weit übertraf, der Reichtum der Kirchen mit ihren vergoldeten Ikonostasen, ihren mit Gold und Edelsteinen überladenen Ikonen, die blauen Wolken des Weihrauchs, der Donner der Chöre, die Gewänder der Bischöfe aus mit Tausenden von kleinen Perlen besetztem Brokat, die monotonen Litaneien, die endlosen Kniefälle, das gesamte, langsame, komplizierte und wahrhaft mittelalterliche Zeremoniell dieser Kirche, die man ihr der lutherischen als so verwandt vorstellte – das mochte vielleicht an den lebhaften Schönheitssinn der jungen Sophie appellieren, aber wenn der Glaube ihrer Kindheit jemals eine Spur von Aufrichtigkeit enthielt, so dürften dieser damals die Schwingen gelähmt worden sein.

Sophie hatte sich mit Eifer an das Studium der russischen Sprache gemacht. Ihr Russisch-Lehrer, Adodurow, konnte die Intelligenz und den Fleiß seiner Schülerin nur loben. Dieser Eifer wurde Sophie beinah zum Unglück – ja, er hätte ihr um ein Haar das Leben gekostet. Um besser vorwärts zu kommen, stand das Kind nachts auf, setzte sich im Nachthemd und mit bloßen Füßen vor seine Hefte und Bücher und erkältete sich. Die Mutter, entsetzt bei dem Gedanken, daß man ihre Tochter für zart und anfällig halten könnte, befahl ihr, ihre Beschwerden zu verbergen; infolgedessen wuchs sich die vernachlässigte Erkältung zu einer schweren Lungenentzündung aus. Sophie wurde von einem solchen Fieber gepackt, daß sie stundenlang bewußtlos lag; die Ärzte wollten sie zur Ader lassen, Johanna Elisabeth wollte davon nichts hören; sie behauptete, daß zu reichliche Aderlässe ihren Bruder (den Exverlobten Elisabeths) getötet hätten. Die Kaiserin, die ihren Ärzten vertraute, ließ schließlich die Mutter aus dem Krankenzimmer entfernen und pflegte das junge Mädchen eigenhändig.

Sophie erwachte aus ihrer Bewußtlosigkeit in den Armen der Kaiserin. Anscheinend hat sie, trotz allem, was sie später unter Elisabeth zu leiden hatte, stets Dankbarkeit für diese große Frau bewahrt, die sowohl hart wie sanft war und sich in jenem Augenblick mütterlicher als die eigene Mutter erwiesen hatte.

Die junge Kranke schwebte einige Tage lang zwischen Leben und Tod. Die Ursache ihrer Krankheit war sowohl am Hof wie in der Stadt bekannt, und die Befürworter der Heirat vermittelten der Öffentlichkeit ein rührendes Bild der kleinen Prinzessin, die so sehr an Rußland hing, daß sie ihre Nächte damit zubrachte, Russisch zu lernen. Sophie setzte ihre ganze Zukunft auf diese Karte, und mit durchschlagendem Erfolg: Vom ersten Monat ihres Aufenthalts in Rußland an war sie – soweit das möglich war – bereits beliebt.

Während ihrer Krankheit – als man das Schlimmste befürchtete – hatte die Fürstin von Anhalt-Zerbst davon gesprochen, für ihre Tochter einen lutherischen Pastor kommen zu lassen. Die halb bewußtlose Sophie erklärte, daß sie keinen brauche, daß sie lieber mit Simon Thodorski sprechen wolle. Was die Kaiserin und den gesamten Hof entzückte. In ihren Memoiren stellt Katharina dieses Moment seltsamerweise als eine Manifestation ihres eigenen Machiavellismus dar: ein Glück, scheint sie zu sagen, daß ich diese Geistesgegenwart bewiesen habe. Was hat meine Mutter sich eigentlich gedacht? Ein lutherischer Pastor hätte einen denkbar schlechten Eindruck gemacht! Man muß annehmen, daß die harten

Jahre am Hof Elisabeths in Katharinas Gemüt jeden Gedanken an ein spontanes Gefühl erstickt haben und daß sie sich schlechter macht, als sie ist. Warum sollte sie denn den Beistand eines unbekannten lutherischen Pastors gewünscht haben, da sie doch mit solchem Vergnügen den Predigten Thodorskis zuhörte?

Ungeachtet ihrer Krankheit und der namenlosen Angst, wegen schlechter Gesundheit nach Zerbst zurückgeschickt zu werden, verlor Sophie nicht den Kopf und fuhr fort, die Rolle der kleinen Musterprinzessin zu spielen. Ihre Schwäche ausnutzend, lag sie oft mit geschlossenen Augen da und tat, als ob sie schliefe, um die Gespräche der Damen, die bei ihr wachen mußten, zu belauschen (am russischen Hof wurde, zu ihrem Glück, mehr Französisch als Russisch gesprochen). Ihre Mutter durfte ihr Zimmer nicht mehr betreten – worüber Sophie keineswegs unglücklich ist, im Gegenteil. Aber als Revanche erzählt sie mit unverhohlener Bitterkeit, daß ihre Mutter, kaum war die Krise vorüber, ihr durch ihre Kammerfrauen einen gewissen blauen, mit silbernen Blumen durchwirkten Stoff abverlangte, ein Geschenk ihres Onkels, einen Stoff, den das junge Mädchen nur ungern hergab, indem sie sagt, sie hätte ihn lieber behalten, denn ihr Onkel habe ihn ihr ausdrücklich geschenkt, weil er wußte, wie innig sie sich ihn wünschte ... Das Vorgehen der Mutter machte einen miserablen Eindruck, und Elisabeth hatte nichts Eiligeres zu tun, als ihrer zukünftigen Nichte mehrere Längen blauer, mit silbernen Blumen durchwirkter Seide zu schenken, die schöner war als die ihr abgenommene.

Während dieser Zeit triumphierten Bestuschew und die Anhänger der sächsischen Heirat und schrieben bereits an den Kurfürsten von Sachsen, um das Terrain zu sondieren; und Friedrich II. dachte schon an eine neue Kandidatin, die Tochter des Herzogs von Darmstadt (weshalb Brümmer bereits einen Brief aufsetzte, für den Fall, daß die Prinzessin von Anhalt starb). Elisabeth erklärte übrigens dazu, daß »niemand etwas dabei gewinnen werde, und wenn sie das Unglück haben sollte, ein so bezauberndes Kind zu verlieren, sie beim Teufel schwöre, daß sie niemals die Prinzessin von Sachsen nähme«. Man sieht, daß Sophie, was die Kaiserin anbelangt, das sich gesteckte Ziel voll erreicht hatte.

Endlich siegte Sophies robuste Natur über die Krankheit und vielleicht auch über die Ärzte; vor Freude darüber schenkte Elisabeth dem jungen Mädchen eine mit Brillanten besäte Tabatiere und der Mutter einen Ring, der nach Angaben Johanna Elisabeths

»wenigstens 1000 Taler gekostet hat. Anderthalb Monate nach ihrer Ankunft in Moskau durfte die kleine »Verlobte« des Großfürsten endlich ausgehen und sich in der Öffentlichkeit zeigen. »Endlich«, schrieb sie, »am 21. April 1744, meinem Geburtstag, mit dem mein sechzehntes Lebensjahr begann, war ich nach meiner schrecklichen Krankheit zum ersten Mal in der Lage, mich in der Öffentlichkeit zu zeigen. Mein Anblick dürfte die Welt nicht sehr erbaut haben: Ich war zum Skelett abgemagert, mein Gesicht, meine Züge waren lang und schmal geworden; das Haar hing mir um den Kopf, und ich war totenblaß. Ich fand mich erschreckend häßlich und erkannte mich kaum wieder. Die Kaiserin schickte mir ein Töpfchen Rouge und befahl mir, es aufzulegen.«

Anfang Mai schrieb Sophie an ihren Vater:
»Monseigneur, ich nehme mir die Freiheit, Eurer Hoheit zu schreiben und Eure Einwilligung für die Absichten Ihrer Kaiserlichen Hoheit hinsichtlich meiner Person zu erbitten. Ich darf versichern, daß Euer Wille stets der meine sein wird und niemand mich wird bewegen können, es an schuldigem Pflichtgefühl mangeln zu lassen . . . Da ich zwischen der griechischen und der lutherischen Religion fast keinen Unterschied finde, habe ich mich (in Anbetracht der schönen Unterweisungen Eurer Hoheit) entschlossen, zu dem neuen Glauben überzutreten und Sie, sobald das geschieht, davon in Kenntnis zu setzen. Ich darf mir schmeicheln, daß Eure Hoheit zufrieden sein werden, und bleibe mein Leben lang mit tiefer Verehrung, Monseigneur, Euer Hoheit sehr gehorsame und sehr ergebene Tochter und Dienerin.

Sophie A. F. v. A.-Z.

Zerbst den 14. (3.) Mai 1744.

P.S. Ich bitte Euer Hoheit ergebenst, meinem Onkel meine Verehrung auszusprechen und ihm zu sagen, daß ich mit der nächsten Post schreiben werde, da meine Hand noch zu schwach ist, um es bereits heute zu tun.«

Die Hand war zu schwach, und das Gemüt vielleicht etwas verwirrt, da das Mädchen ihren Brief mit Zerbst datierte, der Stadt, in der sie schon seit sechs Monaten nicht mehr lebte, aber nach der sie sich vielleicht insgeheim sehnte. »Ich habe mich entschlossen, überzutreten . . .«, und man spürt darin ihre Verlegenheit, ihre Angst, dem Vater weh zu tun, und vielleicht – vielleicht – ihre

Sehnsucht nach jenem lutherischen Glauben, an den sie sich zu klammern versucht, indem sie sich einredet, daß »fast kein Unterschied« bestehe. Sie wußte sehr wohl, daß sie in den Augen ihrer Familie eine Renegatin sein würde; und wie würde die neue Familie sein?

Kindliche Zuneigung und Hofintrigen

Nach der aufopfernden Pflege des kranken Kindes kehrte Elisabeth zu ihren alten Lebensgewohnheiten zurück: Bällen, Empfängen oder Wallfahrten; Sophie hatte zu ihrem engeren Kreis keinen Zutritt. Dagegen begann der Großfürst Peter in seiner jungen Kusine einen Hort des Friedens, die Seelenfreundin zu sehen, die ihm sein Leben lang gefehlt hatte. Sophie beklagt sich ein wenig, daß mit dem Anbruch des Frühlings »die Aufmerksamkeiten des Großfürsten für uns schwanden« (er zog es vor, sich in der Umgegend von Moskau zu ergehen und zu jagen), aber sie fügt hinzu, daß er »gelegentlich mit uns dinierte und soupierte und seine kindlichen Vertraulichkeiten mir gegenüber fortsetzte . . .« Und später gesteht sie, daß »der Großfürst mit mir tatsächlich weit offenherziger war als mit jedem anderen Menschen . . .«

In der Tat scheint es, daß Peter anfangs zwar nicht verliebt – in Katharina war er niemals verliebt –, aber seiner Verlobten aufrichtig und herzlich zugetan war. Katharina hat die Aufrichtigkeit seiner Zuneigung später geleugnet; und dennoch lügt zweifellos auch ihre Mutter nicht, wenn sie ihrem Mann schreibt: »Ich hätte nie gedacht, daß der Großfürst, der deine Einwilligung zu der Heirat nie bezweifelte, von deinem Brief dermaßen gerührt sein würde. Wenn alle Schwüre deines zukünftigen Schwiegersohns in Erfüllung gingen, wärest du sicherlich der glücklichste aller Männer . . .« Als Peter erfuhr, daß der Fürst von Anhalt-Zerbst in die Heirat seiner Tochter einwilligte, wurde er vor Freude fast verrückt; er machte Luftsprünge wie ein Kind, bedeckte den Brief mit Küssen und las ihn aller Welt bei jeder Gelegenheit vor.

»Ich wußte wohl, daß er ohne Bedauern auf mich verzichtet hätte; er war mir, angesichts seiner Veranlagung, ziemlich gleichgültig, nicht aber die russische Krone.« Diese Worte schrieb mehr als dreißig Jahre nach den geschilderten Ereignissen eine Frau, die der ganzen Welt und sich selbst beweisen wollte, daß ihr Gatte nicht das Geringste für sie empfunden habe und sie deshalb berechtigt sei, ihn nicht zu lieben. Dennoch hat zwischen den kindlichen Verlobten eine Zuneigung bestanden; und zweifellos war Peter derjenige, der mehr empfand.

Elisabeth hatte sich nach dem Kloster Troitza begeben, und der Großfürst war ihr mit den beiden Prinzessinnen dorthin gefolgt. Dort fand zwischen der Kaiserin und der Mutter Sophies eine äußerst peinliche Szene statt, eine Szene, deren Ursprung in den Intrigen des Marquis de la Chétardie bestand, dem gegenüber Johanna Elisabeth allzu offen geredet hatte.

Während die jungen Verlobten an jenem Tage mit baumelnden Beinen lachend und miteinander scherzend in einer Fensternische saßen, erschien Lestocq, der Arzt und Ratgeber der Kaiserin, und herrschte das Mädchen an: »Sie können Ihre Koffer packen; Sie werden sofort in Ihre Heimat zurückkehren.« Über diese unglaubliche Unverschämtheit gegenüber der Braut des Großfürsten waren die Kinder ganz bestürzt, und der Knabe sagte: »Aber wenn auch Ihre Mutter schuldig ist, so sind Sie es doch nicht.« Sophie erwiderte, es sei ihre Pflicht, der Mutter überallhin zu folgen. Und an dieser Stelle schreibt sie: »Ich wußte wohl, daß er ohne Bedauern auf mich verzichtet hätte . . .« Ob das stimmt? Der junge Fürst betrachtete sie bereits als seine einzige Freundin an dem ihm feindlich gesinnten Hof. Aber zweifellos hat er bei dieser Gelegenheit nicht die gebührende Entrüstung gezeigt. Die stolze und empfindliche Sophie faßte seine Schüchternheit als Kälte auf; und auch Peter konnte glauben, daß Sophie »ohne Bedauern auf ihn verzichtet hätte«.

Die beiden Verlobten verharrten noch immer in zitternder Bestürzung, als Elisabeth aus dem kaiserlichen Gemach heraustrat, gefolgt von der Fürstin von Zerbst, »die rotgeweinte Augen und tränennasse Wangen« hatte. Die jungen Leute sprangen eilig, wie auf einer Missetat ertappt, von ihrem Fensterbrett herunter, auf dem sie »gehockt« hatten, und auf diese kindliche Geste hin muß die Kaiserin lächeln, sie küßt sie alle beide und gibt damit zu verstehen, daß sie nicht der Tochter die Sünden der Mutter anlastet.

Aber die Sache war ernst gewesen. Elisabeth hatte die Geheimkorrespondenz La Chétardies gelesen (beurlaubter Botschafter, der aber noch im Besitz der Beglaubigungsschreiben seiner Regierung war), eine Korrespondenz, in welcher sich der sorglose Marquis in der respektlosesten Weise über die Kaiserin äußerte und die Fürstin von Anhalt-Zerbst kompromittierte – immerhin seine Geliebte – und zu verstehen gab, daß sie im Dienst des Königs von Preußen stehe. La Chétardie wurde ausgewiesen. Die Fürstin bekam eine der donnernden Strafpredigten, für die Elisabeth bekannt war (im Zorn vermochte sie nie ihre Zunge zu zügeln). Und Sophie durfte annehmen, daß die Unvorsichtigkeit ihrer Mutter die Früchte aller ihrer Anstrengungen zunichte machen würde.

Das Heiratsprojekt wurde zwar nicht aufgegeben, aber die Kaiserin zeigte der Prinzessin von Zerbst die kalte Schulter, und der junge Großfürst drängte immer heftiger, da er zweifellos fürchtete, daß eine Laune seiner Tante ihm seine kleine Vertraute und Spielgefährtin entreißen würde – denn er war noch immer entsetzlich kindlich, und die vernünftige Sophie, was immer ihre guten Absichten gewesen sein mögen, vermochte sich anscheinend nicht dazu durchzuringen, ihn ernst zu nehmen.

Am Moskauer Hof begannen Gerüchte über eine sächsische Heirat zu kursieren – jedenfalls konnten die beiden Verlobten jeden Augenblick eine Trennung befürchten und hatten sich, um das Schicksal herauszufordern, ein Spiel ausgedacht, das darin bestand, in der Öffentlichkeit folgenden Trinkspruch auszubringen: »Gott gebe, daß das, was wir wünschen, bald eintrete« (was sie »wünschten«, war natürlich ihre Heirat). Eines Tages bei Tisch proponierte der sächsische Botschafter Baron Herzdorf, der die unschuldige List des Großfürsten durchschaut hatte und ihm eine Freude machen wollte, »einen russischen Trinkspruch« auszubringen (er dachte an den berühmten Satz »Gott gebe ...«). Peter erwiderte darauf mit noch unschuldigerer Bosheit: »Wenn Sie den wahren Sinn dieses Trinkspruchs kennten, würden Sie eher sagen: Gott gebe, *daß das, was wir nicht wünschen,* bald eintrete« – damit auf die geheimen Wünsche des sächsischen Hofs anspielend.

Aber Elisabeth war trotz allem weniger wankelmütig, als ihre Gegner ihr nachsagten: Nachdem sie einmal die Heirat ihres Neffen mit der Prinzessin von Zerbst beschlossen hatte, dachte sie nicht daran, diesen Beschluß zu widerrufen; und obwohl sie mit der Mutter sehr unzufrieden war, bewies sie der Tochter auch weiterhin ihre Gunst – dem »bezaubernden Kind«, dessen Tod sie so sehr gefürchtet hatte. Sophie hatte es verstanden, ihr orthodoxes Herz durch den guten Willen zu rühren, mit dem sie sich auf ihren »Glaubensübertritt« vorbereitete. Im übrigen ging Sophie in ihrer Achtung vor der Kaiserin bis zur Liebedienerei: Schließlich hatte sie dem Marquis de La Chétardie, der ihr zu ihrer Frisur gratulierte, erklärt, »daß sie, um der Kaiserin zu gefallen, jede Frisur tragen werde, die der Kaiserin gefalle«. Ihr wäre es, im Gegensatz zu ihrer Mutter, niemals eingefallen, im kleinen Kreis über Ihre Majestät zu lästern. Sie wußte genau, daß die Wände Ohren hatten. Und außerdem empfand sie für Elisabeth eine aufrichtige Verehrung. Zu jener Zeit hatte Elisabeth für ihre künftige Nichte mehr übrig als für ihren Neffen und erwartete sich von dieser Perle von Prinzessin einen großen Einfluß auf den künftigen Peter III.

Dieser Einfluß war schon so offensichtlich, daß der gestrenge Brümmer es bereits für nützlich fand, das junge Mädchen zu bitten, ihm bei »der Korrektur oder Verbesserung seines Großfürsten zu helfen«. Mit Recht erwiderte Sophie darauf, daß das nicht ihres Amtes sei und daß sie keine Lust habe, sich »verhaßt zu machen«, indem sie den Knaben mit Vorhaltungen quäle. Immerhin hatte sie es verstanden, sich die Zuneigung ihres Verlobten gerade durch ihre außerordentliche Nachsicht für seine Launen und die Geduld, mit der sie seinen vertraulichen Mitteilungen zuhörte, die sie selber »kindisch« fand, zu erwerben.

Sie war vielleicht der einzige Mensch, der je wirklich den Versuch unternahm, das Vertrauen und die Freundschaft des jungen Fürsten zu gewinnen. Und vielleicht war ihr guter Wille nicht immer, nicht ausschließlich, zweckbedingt.

Die Großfürstin Katharina

Die Kaiserin setzte das Datum für die offizielle Verlobung fest: den 29. Juni, Tag der Heiligen Peter und Paul. Am Vorabend mußte die junge Prinzessin der lutherischen Religion abschwören und zur orthodoxen Kirche übertreten.

Sie selbst schrieb später darüber: »Ich las auf Russisch, das ich nur nicht verstand, mit untadeliger Aussprache (was man bezweifeln darf, da ihre Aussprache zeitlebens sehr deutsch gefärbt war) fünfzig Quartbogen vor, wonach ich das Glaubensbekenntnis auswendig aufsagte.« Was zur Genüge beweist, daß sie die Sache als ein Pensum oder vielmehr eine »Vorstellung« auffaßte, die sie mit Erfolg bewältigt hatte. Von persönlichen Gefühlen ist nicht die Rede. Aber ihre Mutter deutet, allerdings vorsichtig, an, daß ihre

Tochter im Augenblick des entscheidenden Schritts von einer gewissen Unruhe erfaßt wurde ...

»An jenem Tag (dem Vorabend der Zeremonie), da sie sich ununterbrochen mit religiösen Gedanken beschäftigte und sich in Meditationen und Gebete versenkte, erschien sie mir *etwas bewegt*. Ich beobachtete sie aus solcher Nähe, daß mir kein Seufzer, keine Träne entging. Ich befragte sie, und sie versicherte mir, was ich sehr wohl sah, daß sie nur durch eine echte Versenkung in die Mysterien der Religion aufgewühlt sei. Sie schlief die ganze Nacht ausgezeichnet, ein Beweis für ihre Seelenruhe.« Das verschlossene Kind wollte der Mutter nicht gestehen, welchen Kummer die Abschwörung ihres Glaubens in ihr auslöste. Mit ihrem Vater wäre sie gewiß weit aufrichtiger gewesen. Jedenfalls belasteten diese paar heimlich vergossenen Tränen, die sie auf eine seelische Überreiztheit zurückführte, weder das Gewissen der Mutter besonders, noch beeinträchtigten sie den Entschluß der Tochter. Ob es nun an der Seelenruhe lag oder an der Erschöpfung durch das dreitägige Fasten – Sophie schlief gut und wurde am nächsten Morgen, nachdem sie gebeichtet hatte, »im Négligé« in das Zimmer Elisabeths geführt, die es sich nicht nehmen ließ, die künftige Braut ihres Neffen eigenhändig zu schmücken.

Die Fürstin von Anhalt-Zerbst macht sich ein Vergnügen daraus, diese Zeremonie zu beschreiben, und betont das scharlachrote Gewand, dessen Nähte kunstvoll mit silbernen Tressen besetzt waren und das dem der Kaiserin sehr ähnelte. »Sophie trug keinerlei Kopfschmuck, nur ein weißes Band im ungepuderten Haar; ihr einziger Schmuck waren die schweren Edelsteinanhänger und die Brosche, die Ihre Kaiserliche Majestät ihr während der Krankheit geschenkt hatte; sie war etwas blaß; diese lichte Aufmachung betonte die natürliche Weiße der Haut; ich muß gestehen, daß sie mir schön vorkam.« Der letzte Satz wirkt durchaus aufrichtig: Johanna Elisabeth hatte ihre Tochter stets häßlich gefunden; jetzt aber, da sie im Begriff ist, zu hohen Ehren aufzusteigen, kann sie nicht umhin, ihr Urteil zu revidieren. Schön war Sophie vermutlich nicht, aber sie war schmalgliedrig, rassig und rührte durch die Anmut der Jugend. Ein mageres, dunkelhaariges Kind mit hellem Teint und blauen Augen.

Die Aufnahme des jungen Mädchens in den Schoß der griechischen Kirche brachte ihr die Anerkennung des Hofes ein: Sie stand aufrecht und voller Würde da, sagte ihre gutgelernte Lektion so sicher auf, daß die Kaiserin – die sowieso leicht weinte – und mit ihr der gesamte Hof Tränen der Rührung vergossen. Alle Damen des Hofs hatten um die Ehre, »Taufpatin« bei der Konvertitin zu spielen, gewetteifert, und Elisabeth hatte, um bei ihnen keinen Neid aufkommen zu lassen, alle damit zufriedengestellt, daß sie eine ehrwürdige achtzigjährige Nonne zur Taufpatin wählte »die bei den Nationalisten im Geruch der Heiligkeit steht«, schrieb die Fürstin von Zerbst, womit sie erreichte, daß jeder nahe Verwandte als Pate ausgeschaltet blieb.

Die Zeremonie war offenbar keine *Taufe*, da der orthodoxe Glaube offiziell nur *eine* Taufe anerkennt, mag sie auch ketzerisch sein. Es war eine Art Firmung: »Man salbt Stirnmitte, Augen, Nacken, Halsmitte und die Handflächen mit Öl und wischt es, gleich danach, mit Watte ab ... «

Die Damen des Hofes (und sogar die Herren) vergossen also Tränen; die junge Konvertitin hütete sich, es ihnen gleichzutun, um nicht unglücklich oder erschöpft zu wirken: »Für mich galt es, mich gut zu halten, um dafür gelobt zu werden.« An jenem Tag erhielt Sophie Auguste Friederike von Anhalt-Zerbst – anstelle ihrer drei Vornamen – den Vornamen *Katharina,* dem der äußerst russische Vatersname *Alexejewna* angefügt wurde (der allzu deutsche Zuname »Christianowna« hätte nach dem traurigen Andenken, das Anna »Leopoldowna« hinterlassen hatte, einen zu schlechten Eindruck gemacht). Sophie war zwar ein in Rußland sehr gebräuchlicher Name; aber Elisabeth wollte davon nichts wissen, denn so hatte ihre Tante geheißen – die Zarin Sophie, jene böse Rivalin des jungen Peter des Großen (»... ein Name, den ich verabscheute, wegen der Verschwörung der Schwester Peters des Großen, die den gleichen Namen trug.«) Aber in der Geschichte wiederholen sich ununterbrochen dieselben Situationen, mit leichten Abweichungen, und die Namensänderung sollte diese Sophie nicht daran hindern, jene andere Sophie an dem Enkel Peters des Großen zu rächen.

Die Geschenke regnen auf die fügsame Konvertitin nur so herab. Schon am Ausgang der Kirche schenkt ihr die Kaiserin »eine Brillantbrosche und ein Halsband im Wert von hundertfünfzigtausend Rubel«. Sie ist so erschöpft, daß sie nicht imstande ist, an der Tafel zu erscheinen. Am nächsten Vormittag – dem Tag der offiziellen Verlobung – bringt man Sophie (nein, von nun an für alle Zeiten Katharina) ein »mit Brillanten besetztes Bild der Kaiserin sowie eines des Großfürsten von gleichem Wert«. Was die Fürstin von Anhalt-Zerbst über die anschließenden Tage zu berichten weiß, beschränkt sich ausschließlich auf die Aufzählung von Schmuckstücken, von denen eines immer kostbarer und wertvoller als das andere ist, auf die Beschreibung von feierlichen Festzügen, Details der Hofetikette und Anspielungen auf Machenschaften diverser »Intriganten«.

Zur gleichen Zeit schreibt Johanna Elisabeth ihrem Mann (dessen Fehlen unter den Umständen einigermaßen schockierend, aber immerhin noch erklärlich ist: Es handelt sich ja nur um die Verlobung, und man weiß, wie sehr der Fürst an seinem lutherischen Glauben hängt): »Es ist uns wirklich schmerzlich, unsere Tochter so weit weg von uns zu wissen . . . selbst wenn sie dadurch eines der größten Vermögen der Erde bekommt. Wir können uns mit dem Gedanken daran trösten, daß wir sie einem Volk lassen, das sie bereits liebt, und am Busen der besten und liebenswürdigsten aller Mütter.«

Für die Verlobungszeremonie schmückte sich Elisabeth mit der Kaiserkrone und dem Kaisermantel und schritt aus dem Kreml unter einem Thronhimmel aus massivem Silber, der von acht Generalmajoren getragen wurde, gefolgt vom Großfürsten und seiner Braut. Der Festzug stieg die berühmte Kremltreppe hinab und überquerte den Platz, um sich »zu Fuß« in die Kathedrale zu begeben (anders wäre es kaum gegangen, da die Kathedrale gegenüberstand), während die Garderegimenter zu beiden Seiten des Platzes Spalier bildeten. In der Mitte der reich ausgestatteten Kirche mit ihren schweren Pilastern und über und über mit Fresken bemalten Mauern, stand ein samtbedecktes Podium, und als das junge Paar sich dort aufgestellt hatte, wurde es durch den Erzbischof von Nowgorod, Monseigneur Ambrosius, verlobt, und die Kaiserin hieß die beiden die Ringe tauschen, die nach Ansicht Johanna Elisabeths »fünfzigtausend Taler gekostet haben dürften«.

Das Volk ist begeistert. Kanonenschüsse verkünden den guten Moskauern die gute Nachricht. Im Palast des Kremls gibt es Schwierigkeiten und Komplikationen: Da die Fürstin von Zerbst nicht zur kaiserlichen Tafel zugelassen war, wo nur Elisabeth mit ihrem Neffen und der (bereits zur Großfürstin ernannten) Katharina speisen sollten, und auch nicht mit den anderen Damen des Hofes speisen wollte, wurde ihr ein besonderes Gemach eingeräumt, das ein Glasfenster zum Saal hatte, wo sie »in einer Art

Inkognito« dinierte. Man muß zugeben, daß Elisabeth sich außerordentlich ritterlich einer Frau gegenüber zeigte, die sie schon damals verachtete: Bei dem Zeremoniell hatte sie den Kniefall der anderen mit den Worten abgewehrt: »Wir sind gleichermaßen beteiligt, unsere Wünsche sind die gleichen.« »Die Feier dauerte vier Stunden, während der man sich keine Sekunde setzen durfte ... Ich mußte mich so oft vorneigen, um das Heer der Damen zu umarmen, daß mir der Rücken weh tat, und von all den Handküssen, die ich von ihnen empfing, wies meine rechte Hand einen guldengroßen roten Fleck auf ...« (Erinnerungen der Fürstin von Zerbst).

Auch die beiden Verlobten waren völlig erschöpft; aber dennoch gab es am Abend den Ball »zu Füßen des Throns, auf einem Teppich, auf welchem an Damen nur die Kaiserin, meine Mutter, ich und die Prinzessin von Hessen tanzen durften; und an Herren nur der Großfürst, die Botschafter von England, Holstein, Dänemark, und der Prinz von Hessen ... In der Hitze und dem Gedränge«, schreibt Katharina, »ist man fast erstickt, da der Saal so gebaut war, daß eine riesige Säule in der Mitte, die das Gewölbe stützte, ein Viertel des Raums einnahm.«

»Von meiner Verlobung bis zu unserer Abreise [Elisabeth machte mit ihrem Hof eine Wallfahrt nach Kiew] ist kein Tag vergangen, an dem ich von der Kaiserin nicht Geschenke bekommen hätte, von denen die geringsten zehn- bis fünfzehntausend Rubel wert waren, entweder Schmuck, Silber oder Stoffe usw., alles, was man sich überhaupt nur vorstellen kann. Ja, sie beweist mir immer wieder ihre Liebe.« Vor ihrer Verlobung hatte die kleine Prinzessin beinah einen Nervenzusammenbruch wegen der Haltung ihrer deutschen Familie, die diese Heirat ablehnte und Sophie eine schauerliche Zukunft prophezeite; jetzt konnte sie über ihre Ängste lächeln, denn alles war eitel Sonnenschein. Die Gunst der Kaiserin, Geschenke, Taschengeld – dreißigtausend Rubel, von denen sie sofort einen Teil ihrem Vater schickte, damit er ihren kranken jungen Bruder pflegen lassen könne; wachsende Zuneigung des Großfürsten für sie – und wenn dieser Großfürst auch nicht gerade der junge Mann war, den sie sich erträumt hatte, war er doch schließlich ein sehr akzeptabler Prinz, den sie nach ihrem Geschmack wohl noch formen konnte, denn er war ja noch ein Kind.

Damit ihre Nichte sich nicht langweile – und auch damit sie besser Russisch lerne – gibt ihr Elisabeth einen eigenen Hof: Kammerherrn, Hofdamen und Hoffräulein, Kämmerer usw., alle sehr jung und sehr heiter; sogar so jung, daß die Fürstin von Zerbst diesen »Hof« für ihren Geschmack als zu lärmend und kindisch bezeichnet. Sophie Katharina und der Großfürst haben offenbar keinerlei Anlaß, sich darüber zu beklagen. Der Großfürst hat nun ebenfalls seinen Hof, und wenn sie verheiratet sind, werden sie ihren eigenen Hof haben, der offiziell »der junge Hof« heißen wird – gegenüber dem alten, dem Hof der Kaiserin.

Die Spiele der beiden Verlobten sind noch immer kindliche Spiele. Sie verbringen Stunden mit Lachen und »Tollen« – sogar noch ein Jahr später amüsiert Katharina sich königlich mit ihren »Hoffräulein«, als sie mit ihnen Versteck spielt oder auf dem Deckel des Cembalos, der abmontiert und als Schlitten benutzt wird, zu Tal fährt... Für den Großfürsten ist Katharina, seine treue Spielgefährtin, die sicherste Zuflucht gegen die Strenge seiner »Pädagogen«: Er weiß sehr wohl, daß sein Attachement an seine Braut der Kaiserin nur gefallen kann.

Immer mehr löst Katharina sich von ihrer Mutter (die sehr verärgert darüber ist, daß ihre Tochter bei offiziellen Empfängen den Vortritt hat. – »In ihrer neuen Position«, schreibt sie, »benimmt sich meine Tochter sehr intelligent: Sie errötet jedesmal, wenn sie vor mir passieren muß.«) Sie schließt sich enger – oder versucht es wenigstens – an ihren kleinen Vetter, den Großfürsten, an. Ihre Mutter schafft sich einen Freundeskreis, der weder der Kaiserin noch dem übrigen Hof gefällt; und ihre Beziehung zu dem Kammerherren Betzki, Schwager des Prinzen von Hessen, löst bald einen Skandal aus – »während dieser bei ihr im Zimmer war«, schreibt Katharina, »haben der Großfürst und ich im Vorzimmer herumgetobt... und es mit Beschlag belegt...; wir waren alle beide von kindischer Ausgelassenheit.«

Die Reise nach Kiew
Mißverständnisse innerhalb und außerhalb
der Familie

Elisabeth reiste mit großem Gepränge nach Kiew, der heiligsten und ältesten Stadt des Russischen Reiches. Sie reiste mit ihrem gesamten Hof, dem Großfürsten, seiner Braut und deren eigenem

Hof, einer Schar von Dienern, einem endlosen Zug von Karossen und Fahrzeugen, der sich über einen Kilometer erstreckte, kurz, einem wahrhaft kaiserlichen Gefolge. An jeder Station warteten achthundert Pferde.

Auf der Reise hatte der Großfürst, seine Bräutigamsrechte wahrnehmend, beschlossen, in der Karosse der Prinzessinnen mitzufahren. Er war nicht davon abzubringen. Zum Ärger von Katharinas Mutter luden die jungen Leute noch andere Gefährten in ihre Karosse ein, die ebenso jung und närrisch wie sie selbst waren und auf der ganzen Fahrt von morgens bis abends lachten und spielten. Von da an begann Katharina zu leiden, denn es zeigte sich klar, daß ihre Mutter und ihr Bräutigam sich niemals vertragen würden. Bei der Rast in Koseletz, als Peter neugierig die Schmuckkassette der Prinzessinnen durchwühlen wollte und diese ihn deshalb anfuhr, blieb der Knabe – »weil er fortwährend herumsprang, um mich zum Lachen zu bringen«, sagt Katharina, aus Ungeschicklichkeit am Deckel der Kassette hängen, deren Inhalt zu Boden fiel. Die Folge ist eine wütende Szene, die Katharina dadurch zu dämpfen versucht, daß sie der Mutter erklärt, der Großfürst habe es nicht absichtlich getan; als sie ihrerseits gescholten wird, fängt das junge Mädchen zu weinen an, woraufhin Peter seine Braut verteidigt und seine künftige Schwiegermutter mit Zornesworten überschüttet, so daß diese ihn wie ein schlecht erzogenes Kind behandelt... Von diesem Tage an war der Bruch komplett. Katharina, die unentwegt zwischen beiden hin- und hergerissen war und außerdem anscheinend mehr Sympathie für den Großfürsten, der sie verteidigte, empfand als für die Mutter, die sie unaufhörlich schalt, war sehr unglücklich.

Sie wurde jedoch von ihren inneren Nöten durch das herrliche Schauspiel, das ihr Kiew bot, abgelenkt – »am Ufer des Borysthenes«, wie sie sagt, das heißt des Dnjepr. »Von der anderen Seite [des Flusses] aus gesehen, bot Kiew einen wunderbaren Anblick.« Sie war zweifellos davon mehr überwältigt als der trockene Satz verrät, wie sie auch überwältigt war von der Feierlichkeit der Prozessionen und der religiösen Zeremonie, die im Petscherskaja-Kloster begangen wurde. »In meinem ganzen Leben hat mich nie etwas dermaßen beeindruckt wie die Pracht dieser Kirche, deren Heiligenbilder sämtlich mit Gold, Silber und Edelsteinen übersät sind.« Sie sagt allerdings nicht, ob sie vor dieser Pracht irgendeine fromme Stimmung verspürt habe.

Die Kaiserin wurde von dem Magistrat der alten Stadt mit allem barocken und ausgefallenen Pomp der Epoche empfangen, mit lebenden Bildern historischer und allegorischer Natur: Ein als Greis verkleideter junger Student mit Krone und Szepter nähert sich Elisabeth auf einem antiken Wagen, der von geflügelten Pferden gezogen wird, und erklärt, er sei Ky, der legendäre Gründer der Stadt, der aus den Elysischen Gefilden herabgestiegen sei, um seine »Erbin« zu begrüßen... Aber lebende Bilder und Feuerwerk sind ein ärmliches Schauspiel, gemessen an der Pracht und der Feierlichkeit der Prozessionen und religiösen Zeremonien, wie man sie in der heiligsten aller russischen Städte erblickte, zu einer Zeit, da die Kirche ungeheuer, ja schändlich reich war und das Volk unendlich fromm.

Dort bekam Katharina zum ersten Mal Einblick in das russische Volk, Einblick in ein Rußland, das etwas anderes war als das Leben am Hof. Sie sah Tausende von Männern und Frauen aller Gesellschaftsklassen; Scharen von Pilgern – in keinem Land war die Pilgerschaft so verbreitet wie in Rußland, so nah am ausgesprochenen Vagabundentum; weißbärtige Asketen, mit Eisenketten beladen; Mönche in tiefschwarzen Kutten; Bauern, armselig oder im Festgewand, und die Festtagsgewänder der Bauern waren damals ebenso verschiedenartig wie malerisch; Bürger und Kaufleute in langem Kaftan, die mit ihren großen Bärten und Schaftstiefeln wie Erscheinungen aus dem ältesten Rußland wirkten; Frauen im Schmuck mittelalterlichen Kopfputzes und Bäuerinnen im Kopftuch und mit ihrem Bündel auf dem Rücken; und die zahllosen Bettler, die elende, endlose Masse der Bettler, die psalmsingend die Hand aufhielten. Von ihrer gepolsterten Karosse aus sah die kleine Prinzessin das alles, vermutlich mitleidig und voller Neugier, während ihre Gefährten – die Mutter und der Großfürst – nicht das mindeste Interesse dafür hatten: die eine, weil sie zu sehr mit ihren eigenen Angelegenheiten beschäftigt war, der andere voll Verachtung für das barbarische Land, in dem er zu leben verdammt war.

Nach Moskau zurückgekehrt, macht Katharina weitere Fortschritte in ihrer Rolle als Großfürstin. »Meine Verehrung und Dankbarkeit für die Kaiserin waren unermeßlich, ich betrachtete sie als eine Gottheit, die ohne Fehl war; sie sagte mir, sie liebe mich beinahe mehr als den Großfürsten. Sie freute sich, wenn man gut von mir sprach, aber ich war im Umgang mit ihr sehr schüchtern; der Großfürst liebte mich leidenschaftlich und alles trug dazu bei, mich auf eine glückliche Zukunft hoffen zu lassen.«

Aber ach! Mitten in den Freuden des Moskauer Hofs bekam sie eine kalte Dusche: Eines Tages, während einer Vorstellung, hatte die Kaiserin nichts Besseres zu tun, als ihren Berater Lestocq in die Loge der Großfürstin zu schicken, um ihr sagen zu lassen, daß sie viel zu viele Schulden mache ... »Als sie [Elisabeth] noch Prinzessin war, hatte sie kaum mehr Geld zur Verfügung als Ihr und mußte damit ein ganzes Haus unterhalten und sich davor hüten, Schulden zu machen, weil sie wußte, daß niemand für sie aufkommen würde.« Die arme Katharina hat Tränen in den Augen; sie fällt aus allen Wolken – sie, die sich für den Liebling der Kaiserin hielt und sich autorisiert glaubte, beliebig viel Geld auszugeben, und ihre Hofdamen, ihre Mutter, ja sogar den Großfürsten mit Geschenken überschüttete! Sie war von Natur aus sehr großzügig, und nichts machte ihr mehr Freude als zu schenken. Gipfel der Demütigung: der Großfürst, der große Angst vor seiner Tante hat, gibt Lestocq recht und wirft seiner Braut seinerseits Verschwendungssucht vor – er, der vor allen anderen unaufhörlich Geschenke verlangte!

Sie, die allmächtige Kaiserin und Frau von fünfzig Jahren, rechtfertigt sich, so gut sie kann, für ihre tollen Ausgaben als junges Mädchen: Sie war *arm* nach Rußland gekommen, bettelarm, mit nur drei, vier Kleidern, einem Dutzend Hemden, nicht einmal mit eigener Bettwäsche, sie benutzte die der Mutter ... Sie war genötigt, mit schönen Geschenken die schlechte Laune der Mutter zu beschwichtigen, die Freundschaft der Hofdamen zu erkaufen und das Vertrauen des Großfürsten zu gewinnen. Nie sollte sie jene Beleidigung vergessen, den Vorwurf, der ihr in so demütigender Form erteilt wurde von einer Frau, die sich ebenso geschickt darauf verstand, Menschen zu verletzen, wie sie zu bezaubern.

Hinzu kommt, daß ihre Mutter immer trauriger und unzufriedener wird, weil ihre Feinde mit Erfolg bemüht sind, sie bei der Kaiserin in Ungnade zu bringen. Der Großfürst, der aufrichtig an ihr hängt, erkrankt an den Masern. »Während der Krankheit wuchs zwar sein Körper beträchtlich, aber geistig war er immer noch sehr kindisch« – entschieden zu kindisch. Seine Lieblingsbeschäftigung besteht darin, seine Kammerdiener, Lakaien, Höflinge, kurz das ganze Haus, in ein Regiment zu verwandeln, einschließlich Katharina, die ebenfalls einen »militärischen Grad« bekommt. Je älter er wird, um so aufsässiger benimmt er sich gegen seine Erzieher (was man verstehen kann). Er ist sechzehn Jahre alt und will sich nicht mehr befehlen lassen. Katharina, seine einzige Vertraute, fügt sich all seinen Einfällen und widerspricht ihm nie, aus Angst, ihm zu mißfallen.

Ob diese extreme Sanftmut Dankbarkeit oder Verachtung, möglicherweise beides, in Peter erweckte, bleibt unbekannt. Vielleicht glaubte er, daß sie ihn wirklich liebte – vielleicht liebte auch er sie wirklich. Noch lange sollten sie füreinander eine beinahe unbewußte Zuneigung haben, wie zwei Sträflinge, die an dieselbe Kette geschmiedet sind.

Die Kathastrophe

Gegen Ende Dezember 1745, auf einer Reise von Moskau nach Petersburg, bei der Rast in Khotilowo, wurde der Großfürst, als er sich im Zimmer seiner Braut befand, von einer Ohnmacht befallen. Alsbald zeigte sich hohes Fieber. Am anderen Tag verbot Brümmer den Prinzessinnen den Zutritt zum Krankenzimmer: Der kleine Großfürst wies alle Anzeichen der Pocken auf. Aus Angst, daß sie und ihre Tochter sich anstecken könnten, beschloß die Fürstin, die Reise fortzusetzen; Katharina, der es keineswegs an Mut gebrach, wollte in der Nähe ihres Verlobten bleiben, sie weinte, flehte, mußte jedoch der Mutter gehorchen; die beiden Frauen reisten ab und ließen den jungen Mann in der Obhut seiner Erzieher und der beiden Hofdamen zurück.

Elisabeth, die man sogleich benachrichtigt hatte, begab sich in aller Eile nach Khotilowo – die Prinzessinnen begegneten ihrem Schlitten mitten in der Nacht; die Kaiserin erkundigte sich nach dem Kranken und setzte dann ihre Reise ohne Aufenthalt fort. Solange die Krankheit dauerte, verharrte sie am Lager des Neffen und lief unaufhörlich Gefahr, selber die Pocken zu bekommen und dadurch, wenn nicht ihr Leben, so doch zumindest ihre kostbare Schönheit einzubüßen. Diese Tat echter Liebe und selbstverständlichen Pflichtgefühls sagt weit mehr über Elisabeth als aller Hof- und Botschaftsklatsch zusammen.

Katharina war, wie man glauben darf, entsetzlich besorgt, besorgt um einen ziemlich unausstehlichen Jungen, an den sie sich aber bereits attachiert hatte, besorgt um ihre Zukunft: Wenn der Großfürst starb, war die Chance, Kaiserin zu werden, auf immer dahin. Sie schrieb an Elisabeth Briefe (in russischer Sprache) voller

Sorge um Peter, in denen sie sich nach seinem Zustand erkundigte. In Wirklichkeit waren die Briefe von ihrem Russischlehrer Adodurow verfaßt, sie brauchte sie nur abzuschreiben – was nicht etwa ein Zeichen von Unaufrichtigkeit war, sondern von übertriebenem Eifer. Jedoch hütete sie sich, der Kaiserin das zu gestehen.

In ihren Memoiren schreibt Katharina kein Wort von ihrer Besorgnis, was zur Annahme verführt, daß sie nicht besonders gelitten habe: Sie spricht vor allem von den Auseinandersetzungen mit ihrer Mutter wegen ihrer jeweiligen Gemächer, von ihrer Begegnung mit dem Grafen Gyllenborg und den weisen Ratschlägen, die dieser ihr gab (später mehr darüber). Hoch zufrieden mit sich, »der fünfzehnjährigen Philosophin«, als welche sie sich bei dieser Gelegenheit bezeichnet, macht sie nicht den Eindruck einer schwer besorgten Braut.

Und dennoch war für Peter, wenn nicht für Katharina, die Krankheit ein entsetzliches Unglück, ein Unglück, das vielleicht für alle Zeiten ihre sowieso sehr geringen Chancen einer gegenseitigen Liebe zerstörte und Peter jede Hoffnung auf ein glückliches Leben raubte.

Peter war niemals schön gewesen. Ein Bild aus der Zeit vor seiner Krankheit (die Skizze für ein offizielles Porträt, die sich im Historischen Museum von Moskau befindet) zeigt ein zwar leicht degeneriertes, aber eher feingeschnittenes Jünglingsantlitz; knochig, mager, hohlwangig, mit breiten Backenknochen und spitzem Kinn; große blaue Augen mit schweren Lidern, von schmachtendem Ausdruck, mit einem leisen, eher sanften Lächeln, von dem man nicht weiß, ob es töricht oder ganz einfach schüchtern ist. Mit seinem frischen Teint und den schönen Augen konnte der etwas fade Jüngling durchaus gefallen – oder zumindest nicht mißfallen. Nun aber, nach den Pocken, war nichts mehr von der zarten Frische übrig, die immerhin zu rühren vermochte und für die Katharina vielleicht empfänglich gewesen war. Das ganze Gesicht des unglücklichen jungen Mannes war in einer Weise von Narben zerklüftet und verzerrt, daß es bis zur Unkenntlichkeit entstellt war.

Katharina sah ihn zum ersten Mal nach seiner Erkrankung in Petersburg wieder, »in einem großen Saal«, wohin Elisabeth ihn geführt hatte, »zwischen vier und fünf Uhr abends, bei fast völliger Dunkelheit.« Sie sagt, daß Peter noch erheblich gewachsen, sein Gesicht jedoch »unkenntlich« gewesen sei. Da man ihm den Kopf geschoren hatte, trug er eine riesige Perücke, die ihn noch zusätzlich entstellte. Der arme Junge näherte sich seiner Braut und fragte sie, ob sie ihn noch erkenne. Sie war nicht imstande, ihren Schrecken, ihren unwillkürlichen Abscheu zu verbergen. »Er sah einfach entsetzlich aus.«

Gehörte Sophie von Anhalt-Zerbst zu den Mädchen, für die ein Prinz immer mehr oder weniger schön ist? Jedenfalls scheint sie bei dem Gedanken, einen häßlichen Menschen zu heiraten, mehr Selbstmitleid gezeigt zu haben als Mitleid für ihren entstellten Freund. Elisabeth, die den Schmerz des jungen Mädchens nachempfand, überhäufte sie mit Aufmerksamkeiten, tat alles menschenmögliche, um ihr Freude zu machen, erwies ihr sogar die Ehre, am Geburtstag des Großfürsten, dem 10. Februar, allein mit ihr »auf dem Thron« zu dinieren (der arme Peter war noch nicht in der Lage, in der Öffentlichkeit zu erscheinen); sie machte ihr Komplimente zu den berühmten russischen Briefen, ließ sie Russisch sprechen und lobte ihre Aussprache, lobte ihre Schönheit: Kurz, sie tat alles, um sie zu trösten, vielleicht aus Furcht, daß die kleine Prinzessin, von unüberwindlichem Widerwillen gegen ihren Zukünftigen erfaßt, womöglich ihre Eltern bitten könnte, ihre Einwilligung zu widerrufen . . . Katharina dachte zweifellos nicht daran. Sie war bereits zu sehr durch das Hofleben verwöhnt, um nicht das Wohlwollen der Kaiserin über ihre persönlichen Leiden oder Freuden zu stellen. Das Diner zu zweit »beglückte sie sehr«, weil »alle Welt sie dazu beglückwünschte«.

Und der Großfürst? Katharina sagt, daß ihre Mutter und sie ihn häufig sahen, weil ihre Gemächer benachbart waren, daß er aber – wie sie unwillig feststellt – ihr eher auszuweichen schien und nach Vorwänden suchte, um für sich, »in seinem kindischen Milieu«, zu bleiben. Katharina war doch noch sehr jung – oder sehr hart –, denn man kann sehr wohl die Seelenqual eines jungen Menschen verstehen, der erkennt, daß er in den Augen seiner Braut ein Scheusal geworden ist.

Das achtzehnte Jahrhundert kannte noch nicht den Ausdruck »Minderwertigkeitskomplex«, ein Ausdruck, der vielleicht nicht viel erklärt: Was spielt es für eine Rolle, auf welche Weise einem bereits verwundeten Tier der Garaus gemacht wird? Peter war von Kindheit an ein schwaches und unbegabtes Wesen. Durch die Laune dynamischer Gesetze dazu verdammt, eine Krone zu tragen, um die er sich niemals beworben hatte, hat dieser Junge, der so gar nicht zum Herrschen geeignet war, das vernichtende Urteil der Geschichte nicht verdient: Die meisten Historiker haben ihn als ein Ungeheuer dargestellt, als Sadisten, Idioten und Rohling; er war nichts von alledem. Ungeheuerlich war allein das Mißverhältnis zwischen seinen Fähigkeiten und der Rolle, die er zu spielen bestimmt war.

Es besteht wohl kein Zweifel, daß die Pocken, die sehr bald nach den spät eingetretenen und kaum überwundenen Masern auftraten, seinen schon anfälligen Organismus total zerrütteten; er war mitten in der Entwicklung: Nach den Masern wie nach den Pocken konstatierte man, daß er »sehr gewachsen« war. Ja, in wenigen Monaten war aus dem Jungen, der zu klein für sein Alter gewesen war, ein hochgewachsener junger Mann geworden, der mit seiner hohen, schmalen Erscheinung an seinen Ahnherrn Peter den Großen erinnerte. Dieses anomale und überstürzte Wachstum, das mit erschöpfenden Krankheiten zusammenfiel, dürfte sicherlich das geringe seelische Gleichgewicht, das er noch besaß, zerstört haben. Der Schwächezustand, der auf die Krankheit folgte, und das Bewußtsein seiner abstoßenden Häßlichkeit hatten den jungen Fürsten endgültig in die Welt seiner Kindheit zurückverschlagen – die ewige Zuflucht der Schwachen –, in die Welt des Traums, wo Holzsoldaten die echten Soldaten ersetzen ...

Von diesem Augenblick an, da er sich keine Illusionen mehr über Katharinas Gefühle für ihn machte oder sich für seine Häßlichkeit vielleicht selbst verantwortlich fühlte, zog er die Gesellschaft seiner Lakaien der Gesellschaft seiner Verlobten vor. Eine widerliche Gesellschaft: Katharina spricht voller Groll von diesen »alten Kammerdienern, Günstlingen des Großfürsten«: vulgäre Geschöpfe, die ihn auf ihre Weise berieten, wie ein Ehemann seine Frau behandeln müsse, ihn lehrten, daß der Mann der Herr zu sein habe, die Frau bedingungslos kuschen müsse, usw. Nach den Aussagen Stehlins führten diese seltsamen Lehrmeister – Romberg war ein ehemaliger schwedischer Dragoner – vor dem Großfürsten die obszönsten Reden, und der Junge, der sich auf dem Höhepunkt der Pubertät befand, hörte ihnen gierig zu. Elisabeth erfuhr davon – zweifellos durch Peter selbst, der nichts für sich behielt und leichtsinnig jedem alles, was er hörte, weitererzählte – und verbot den Dienern, das Gemüt des Kindes auf diese Weise zu verderben; es ist anzunehmen, daß die Diener nicht gehorchten, weil sie genau wußten, daß ihre Gespräche dem Großfürsten nicht mißfielen.

Übrigens bemühte sich Katharina nach Kräften, das Vertrauen ihres Bräutigams zurückzugewinnen, und er machte sie auch weiterhin zu seiner Vertrauten: Sie war ja trotz allem das einzige Wesen, das ihm wahrhaft nahestand, und wie Katharina (fast ohne zu erkennen, wie ergreifend ihre Aussage ist) sagt: »Ich beschloß, mir sein Vertrauen zu erhalten, damit er wenigstens an mir einen Menschen hatte, dem er sich rückhaltlos und *ohne böse Folgen* mitteilen durfte.« Seitdem er in Rußland war, wußte sich Peter – ein schrecklicher Schwätzer – ständig von Spionen umgeben und zitterte unaufhörlich davor, daß seine Reden, sei es Brümmer, sei es der Kaiserin, sei es diesem oder jenem Botschafter oder Minister, zugetragen würden, denn er war weniger naiv, als man dachte; diese Angst machte ihn nicht vorsichtig, aber sie machte ihn besorgt. Die Furcht, die Elisabeth ihm einflößte, war berechtigter, als sich Katharina während der ersten Monate vorzustellen vermochte: bald sollte sie das am eigenen Leibe erfahren.

Aber während Katharina, klug und einfühlsam wie sie war, »es darauf anlegte, die Freundschaft derjenigen zu gewinnen, die sie auch nur im Verdacht hatte, ihr nicht gewogen zu sein«, schien Peter eine völlig entgegengesetzte Richtung einzuschlagen und gefiel sich darin, alle Welt zu reizen und zu schockieren. Während Katharina bestrebt war, sich russisch, orthodox und antipreußisch zu geben, und alles nur mögliche tat und die Kaiserin sogar ihre Frisur bestimmen ließ, zog sich Peter immer mehr auf sich und sein Heimweh nach seiner deutschen und lutherischen Kindheit zurück, so daß er mit der Zeit deutscher als die Deutschen wurde.

Das Leben, zu dem man ihn zwang, war allerdings alles andere als angenehm, und er hatte allen Grund, sich dagegen aufzulehnen. Aber der Enkel Peters des Großen hatte vom Großvater nur den Eigensinn und die Neigung zu fixen Ideen geerbt, ohne die geringste Fähigkeit, seine Wünsche mit den Realitäten des Lebens in Einklang zu bringen.

Katharina aber schien das bißchen Liebe, das sie für ihren Verlobten empfunden hatte, verloren zu haben und entschuldigt das damit, daß Peter sich von ihr abgewandt habe. Ihre Freundschaft für ihn wurde immer vernunftbedingter und berechnender: Peter, der zweifellos weniger dumm war, als sie glaubte, muß es unwillkürlich gemerkt haben. Und von jenem Winter an wuchs die Kluft zwischen ihnen unaufhörlich.

Elisabeth, die sich immer mehr um die Zukunft der Dynastie sorgte, hatte sich in den Kopf gesetzt, die Hochzeit sobald wie möglich zu feiern, damit das Reich einen neuen Erben bekomme. Peter aber war mit sechzehn Jahren, trotz – oder wegen – seines zu raschen Wachstums durchaus noch unterentwickelt und physisch nicht reif für die Ehe. Die Ärzte versuchten, das der Kaiserin beizubringen, aber sie tat, als verstünde sie nicht. Außerdem wollte sie die Fürstin von Anhalt-Zerbst loswerden, die man nicht gut nach Deutschland zurückschicken konnte, solange die Tochter noch nicht verheiratet war. Der Hochzeitstag wurde auf den 21. August 1745 festgesetzt, anderthalb Jahre nach der Ankunft der jungen Prinzessin in Rußland.

Die Kaiserlichen Hoheiten

Katharina galt als ein Mädchen von frühreifer Intelligenz. Graf Gyllenborg, den sie seinerzeit in Hamburg kennengelernt und in Petersburg, während der Krankheit des Großfürsten, wiedergetroffen hatte, hatte eine hohe Meinung von ihren geistigen Fähigkeiten; wie schon in Hamburg, wo »er sich unaufhörlich bemühte, ihre Seele durch alle edlen Gefühle und die höchsten Grundsätze, die man jungen Menschen einflößen konnte«, zu bilden, versuchte dieser große Mann auch in Petersburg, die junge Prinzessin von den weltlichen Eitelkeiten, in denen sie sich zu verlieren drohte, abzubringen und ihren Sinn auf ernste Lektüre hinzulenken und sie zu innerer Einkehr zu bewegen. In jener Epoche brauchte Katharina, deren Chancen der Thronbesteigung gefährdet waren, mehr denn je einen moralischen Halt und etwas *Philosophie*. Sie las (oder versuchte es zumindest) die »Lebensbeschreibungen berühmter Männer« von Plutarch und die »Betrachtungen über die Ursachen der Größe der Römer und ihres Verfalls« von Montesquieu; wenn sie auch nicht reif genug war, um diese Werke zu verstehen, gab sie sich immerhin wirkliche Mühe, nachzudenken und selbständig denken zu lernen.

Um Gyllenborg zu beweisen, daß sie keine oberflächliche kleine Person sei, entwarf sie schriftlich ein Porträt von sich in einem Aufsatz, den sie »Bildnis einer fünfzehnjährigen Philosophin« betitelte. Diese Schrift ist nicht erhalten geblieben: Katharina sagt darüber, sie habe sie 1758 mit anderen Akten verbrannt, als sie eine Durchsuchung ihrer Gemächer aus einem für sie äußerst peinlichen Anlaß befürchten mußte. Ehe sie das Manuskript den Flammen übergab, las sie es noch einmal durch und erklärt: »Ich war erstaunt über den Grad an Selbsterkenntnis, den es enthielt.« Sie hatte immer einen sehr klaren Blick gehabt und war sich bei aller Selbstzufriedenheit ihrer Fehler genau bewußt, die in einem starken, überlegten und zähen Egoismus gipfelten.

Graf Gyllenborg schickte ihr das Manuskript mit einem zwölf Seiten langen Begleitschreiben zurück, in dem er ihr Ratschläge erteilte, die er für geeignet hielt, ein junges Mäddlen seelisch zu fördern und zu festigen. Katharina, die dringend einen Führer und Ratgeber brauchte, nahm sich vor, seine Ratschläge wörtlich zu befolgen, aber ob ihr das gelang, bleibt dahingestellt. Das Leben am Petersburger Hof war kaum ein Milieu für Philosophen, geschweige denn für einen, der erst fünfzehn Jahre zählte.

Charakterlich blieb sie noch sehr kindlich: Beim Blindekuhspiel mit ihren jugendlichen Hofdamen veranstaltete sie einen Höllenlärm. Sich bereits die Rolle der »Hausherrin« anmaßend, amüsierte sie sich damit, ihren Gespielinnen »Ämter« zu übertragen – der einen die Aufsicht über den Schmuck, der anderen die Aufsicht über die Seidenbänder, und so weiter. Die quasi »Oberhofmeisterin« dieses Miniaturhofs machte dem Treiben des Mädchens, das die Erwachsene spielen wollte, schleunigst ein Ende, und die kleinen Kammerdamen mußten zum Kummer Katharinas von ihren Ämtern zurücktreten. Die Zucht der gestrengen und langweiligen Mademoiselle Schenk empfand Katharina als eine Beschneidung ihrer Freiheit, die in dem Kind eine heimliche Empörung gegen die Autorität der Erwachsenen auslöste.

Sie war so unschuldig, daß sie noch am Vorabend ihrer Hochzeit den Unterschied zwischen Mann und Frau nicht ahnte. Ihre jungen Ehrendamen waren, obgleich sie inmitten eines höchst ausschweifenden Hofes lebten, genauso unerfahren wie sie: Vor dem Einschlafen zerbrachen sich die Mädchen den Kopf darüber, worin wohl der Unterschied bestehen könne. Und es war Katharina, die Mutigste, die ihren Gespielinnen versprach, sich durch ihre Mutter eine entsprechende Aufklärung zu verschaffen, um sie an die anderen weiterzugeben. Große Enttäuschung: Die Fürstin von Anhalt-Zerbst weigerte sich, auf die Frage zu antworten, und schalt ihre Tochter wegen ihrer taktlosen Neugier.

Peter allerdings war gewiß nicht so unwissend; seine Kammerdiener dürften das Ihre getan haben, um ihn aufzuklären. Aber er war nichts anderes als ein großes Kind, und sogar für sein Alter sexuell noch sehr zurück; so wie Kinder obszöne Geschichten anhören und wiederholen, ohne sie zu verstehen, dürfte Peter sich in das Bett seiner Braut gelegt haben, ohne zu wissen, was von ihm erwartet wurde. Dennoch besaß Peter einen Sinn für weibliche Schönheit: Katharina erzählt, daß er mit elf Jahren, anläßlich des Besuches der Prinzessinnen von Anhalt-Zerbst in Kiel, ihrer Mutter, »die damals noch sehr schön war«, den Hof gemacht habe und dieser Sinn für hübsche Frauen, der völlig unschuldig und kindlich war, veranlaßte die naive Elisabeth zu glauben, daß ihr Neffe bereits ein Mann sei.

Was waren, am Vorabend der Hochzeit, die Gefühle des Großfürsten für seine Braut? Katharina beklagt sich bitterlich, daß er ihr wenig zugetan gewesen sei: Einmal ließ Peter ihr durch einen Diener wegen eines provisorischen Zimmerwechsels sagen, daß er zu weit entfernt wohne, um sie häufig sehen zu können. Sie versichert, daß nur »ihre Eigenliebe und ihre Eitelkeit« darunter litten und sie darüber so verletzt war, daß sie heimlich Tränen vergoß. Die Selbstverständlichkeit, mit der sie über ihre Eigenliebe spricht, läßt vermuten, daß andere Gefühle gar nicht in Frage kamen – was Peters Haltung rechtfertigt. Wie es so häufig bei schwachen Naturen, die Zärtlichkeit entbehrt haben, der Fall ist, wollte Peter zweifellos bedingungslos geliebt werden, ohne den geringsten Versuch zu machen, liebenswert zu erscheinen, ja er wollte aus purer Lust sogar manchmal ekelhaft sein, um diese Liebe, die er als sein Anrecht betrachtete, unaufhörlich bewiesen zu sehen...

Katharina war keine Griseldis, das kann man wahrlich nicht behaupten. Andererseits kann man auch dem Großfürsten kaum einen Vorwurf machen, der zu gescheit war, um nicht zu erkennen, daß nicht seine Person, sondern sein Rang begehrt wurde.

Ebenso könnte man sagen, daß die Vorwürfe, die Peter seiner Braut machte, durchaus nicht immer der Grundlage entbehrten. Ein Beispiel: Während der Fastenzeit hatte der Großfürst seinen Hofzwerg zu Katharina entsandt, um sich nach ihrem Befinden zu erkundigen, und der Hofzwerg hatte das junge Mädchen und ihre Gefährtinnen im Gebet vorgefunden, »die mit großer Genauigkeit die Fastenvorschriften nach unseren Riten ausführten« – der Zwerg berichtete das dem Großfürsten, der »alles andere als fromm war« und sich darüber empörte und daraufhin Katharina Vorwürfe über ihre übertriebene Frömmigkeit machte; da er sehr genau wußte, daß hinter dieser Frömmigkeit ein gutes Teil bewußter oder unbewußter Heuchelei und Liebedienerei gegenüber Elisabeth steckte, scheint seine Gereiztheit durchaus berechtigt. Da er selbst außerstande war sich anzupassen, vermochte Peter sein Leben lang in der Anpassungsfähigkeit der anderen immer nur Opportunismus zu sehen.

Die Zukunft sollte beweisen, daß der »Opportunismus« Katharinas in einem schlichten Selbsterhaltungstrieb wurzelte. Weder sie noch Peter konnten das Schicksal der Regentin Anna Leopoldowna, einer Deutschen, wie sie beide, vergessen. Der kleine Zar Iwan VI. lebte noch immer, und Elisabeth hielt ihn sich, zwar nicht als eventuellen Erben, in Reserve, aber als eine ständige Drohung gegen Peter. Ja, das Kind, dessen Geburt die Kaiserin so heiß ersehnte, war für seine zukünftigen Eltern bereits ein möglicher Anlaß der Ungnade, das heißt zur Verbannung. Die Brautleute mögen sich das nicht im einzelnen klargemacht haben, aber sie besaßen genügend Intuition, um es zu ahnen. Vor allem Peter, der das Land haßte, in dem er durch den Willen seiner Tante zu leben verurteilt war: Berichtet doch Katharina, daß der Großfürst ihr immer wieder erzählte, daß dieses Land verflucht sei, daß er niemals darin leben könne, daß er bestimmt darin umkommen werde ... Und er hatte recht.

Inzwischen bereitete sich der Petersburger Hof mit fieberhafter Aufregung, mit Bällen, Intrigen, Diskussionen über Etikettefragen und unsinnigen Ausgaben auf die erste kaiserliche Hochzeit vor, die Rußland erlebte.

Die Hochzeit

In der Tat bemerkte man einige Wochen vor den Feierlichkeiten, daß das Ereignis sozusagen ohne Beispiel in der Geschichte Rußlands war: Das junge russische Kaiserhaus hatte bisher noch keine echte Fürstenhochzeit erlebt; und Elisabeth wollte der Heirat ihres Neffen den Charakter eines wirklichen Volksfestes geben. Diesen Hof, dem Peter der Große die Sitten seiner Leibgarde oder bestenfalls heraufgekommener Kleinbürger aufgezwungen hatte, die sich unter der Regierung seiner Nachfolger in keiner Weise verfeinert hatten, wollte Elisabeth dem Hof von Versailles angleichen. Sie war zwar noch weit von ihrem Ziel entfernt, aber ihre Bewunderung für die französische Kultur – die übrigens ganz Europa teilte – war aufrichtig; es gebrach ihr weder an Geschmack noch an Intelligenz, und sie bemühte sich nach Kräften, diese Lücke im Werk ihres Vaters zu schließen: Die Elite der russischen Gesellschaft mußte zivilisiert und verfeinert werden oder zumindest so scheinen. Seit ihrer Thronbesteigung hatte sie begonnen, französische Lehrer, Künstler, Musiker und Handwerker nach Petersburg zu ziehen.

Infolgedessen schrieb sie nach Versailles und erbat sich genaue Angaben über die kürzlich stattgefundene Heirat des Dauphin, sie schrieb an den Dresdner Hof, um sich über die Hochzeitsfeierlichkeiten Augusts III. von Sachsen zu informieren. Die Abgesandten der Kaiserin kehrten beladen mit ausführlichen Beschreibungen und umfangreichen Kisten voller Zeichnungen und Skizzen nach Petersburg zurück; für die Heirat des russischen Thronerben sollten die neuesten Regeln der Etikette, die erlesensten Formen westlicher Höfe angewendet werden, wenn möglich noch prunkvoller, denn trotz der katastrophalen Finanzlage war es Elisabeth noch stets gelungen, das nötige Geld aufzutreiben, wenn sie glänzen wollte.

Die Fürstin von Anhalt-Zerbst, die der Hochzeit beiwohnte – gedemütigt und verbittert, denn die letzten Monate waren für sie ein wahrer Alptraum gewesen –, tröstet sich damit, für ihre Familie in Deutschland den Glanz des Festes zu beschreiben. Als Frau interessierte sie sich ganz besonders für die Einzelheiten der Toilette ihrer Tochter; Elisabeth hatte es sich nicht nehmen lassen, sie eigenhändig zu schmücken; sie selbst setzte ihr die kleine Kaiserkrone aufs Haupt. »Sie [Katharina] war ungepudert, ihr Kleid, oder besser gesagt, ihre Robe, bestand aus dem glänzendsten Silberbrokat, den ich je gesehen habe, und war bis zur Höhe des Überrocks mit Flitter bestickt.« Dieses Hochzeitsgewand existiert noch immer und befindet sich im Kreml-Museum. Der »Glanz des Silberbrokats« ist sehr nachgedunkelt; der Rock ist weit wie die Röcke der Velasquezschen Infantinnen, das kurzärmelige über und über mit Silberfäden bestickte Oberteil ist für eine lächerlich winzige Taille geschneidert, und das Kleid ist klein: Katharina sollte noch wachsen. An den Schultern ist ein großes Spitzencape befestigt, das in eine lange Schleppe ausläuft. »Die schöne Aufmachung, der herrliche Schmuck, mit dem sie behängt war, verliehen ihr, wenn ich so sagen darf, einen großen Reiz. Man hatte ihr auch etwas Wangenrot aufgelegt. Ihr Teint war nie so schön wie zur Zeit. Ihr dunkles, glänzendes Haar betont ihre Jugend und verleiht ihrem brünetten Typ die Zartheit der Blondine.« Ferner sagt sie, daß Elisabeth genau das gleiche Kleid getragen habe, »aber aus braunem Seidenrips«, während der Großfürst »genauso angezogen war wie seine Braut« (was Farbe und Muster der Stickerei anbetrifft), »die Knöpfe, der Degen und die ganze Garnierung funkelten vor Brillanten«.

So werden die jungen Brautleute, gleichermaßen in Weiß und Silber gekleidet und mit Schmuck besät, unter großem Pomp in die Kasankathedrale geführt; und bei der Beschreibung der Zeremonienmeister, der Kammerherren, der Karossen, der Lakaien, die jedem Höfling voranschritten und folgten, wirbelt einem der Kopf – denn Johanna Elisabeth hat ein gutes Gedächtnis und scherzt nicht in Dingen der Etikette, sie vergißt weder die Zahl noch die Livree der Lakaien, die jedem Höfling zugeteilt waren. Dazu kamen noch vierundachtzig Karossen. Die Brautleute (was der orthodoxen Sitte zu widersprechen scheint) fahren gemeinsam mit in der Kutsche der Kaiserin, da die Mutter der Braut nicht zugelassen ist. Und die Fürstin von Anhalt-Zerbst erwähnt nun nicht mehr die Schönheit der Kutschen – sie hat deren zur Genüge gesehen –, der Kutschen mit den riesigen Rädern, von oben bis unten vergoldet und von sechs weißen Pferden gezogen; Kutschen, auf denen das Gold sich buchstäblich »wölbt« und deren Seiten und Türen mit mythologischen Szenen bemalt sind.

Die Petersburger Bevölkerung – zumindest diejenigen, die imstande waren, durch die Scharen der Garderegimenter hindurch den Zug zu sehen – dürfte sich beim Anblick von so viel zur Schau gestelltem Gold, Perlen und Edelsteinen gesagt haben, daß die Zarin und ihr Hof tatsächlich einer anderen Welt angehörten, zu welcher der gewöhnliche Sterbliche keinen Zutritt hatte. Und man beklatschte, wie es sich gehört, und nicht ohne Rührung, das kleine Fürstenpaar, zwei halbe Kinder noch, zart und bewegt in ihren Gewändern, die von Silber und Diamanten funkelten.

Am Vorabend der Hochzeit war das junge Mädchen bedrückt und ängstlich gewesen; die Mutter war gekommen, um ihr Mut zuzusprechen, ihr von ihren künftigen Pflichten zu reden, sie hatten gemeinsam geweint und sich »sehr zärtlich« getrennt, sagt Katharina; nach Monaten der Mißverständnisse, gegenseitiger Gleichgültigkeit, beinah Feindseligkeit, wurden Mutter und Tochter wieder Freunde und Verbündete – am Vorabend einer Trennung, die womöglich endgültig war. Die Fürstin von Anhalt-Zerbst, die sich sowohl durch ihre Intrigen für Preußen wie durch ihre Liaison mit dem Grafen Betzki kompromittiert hatte, entging einer schimpflichen Ausweisung nur durch den hohen Rang ihrer Tochter.

Für die junge Gattin war die Hochzeitsfeierlichkeit nur eine einzige lange Mühsal, und das so gepriesene Gewand »wog entsetzlich schwer«. Sonderbarer Zwischenfall: Während dem Gebet, das dem Segen vorausgeht, erkühnte sich eine der Hofdamen, die Gräfin Tschernitschew, ganz leise zum Großfürsten zu sagen, daß er auf keinen Fall den Kopf wenden dürfe, während er vor dem Priester stehe, denn derjenige der Vermählten, der zuerst den Kopf wende, werde als erster sterben. Der junge Mann erwiderte entrüstet: »Hören Sie mit solchem Unsinn auf!« und erzählte die Geschichte sofort Katharina. Diese scheint darin nur einen weiteren Beweis der Taktlosigkeit ihres Gatten gesehen zu haben, der es riskierte, sie mit der Gräfin Tschernitschew zu verfeinden; jene Taktlosigkeit entsprang vielleicht einem richtigen Gefühl.

Auf die kirchliche Zeremonie folgt das Festmahl, auf das Festmahl der Ball; nach einer halben Stunde des Tanzens beschließt die bereits ungeduldige Kaiserin, die Vermählten in ihr Schlafgemach zu führen.

Nach der herrschenden Sitte geht es hierbei sehr diskret zu: Die Fürstin von Anhalt-Zerbst berichtet, daß nur die Zeremonienmeister, der Oberhofmeister, der Großmarschall und Oberkämmerer vom Hof des Großfürsten Elisabeth vorausschreiten und ihr nur die Jungvermählten, die sich an der Hand halten, die Fürstin-Mutter, die Oberhofmeisterin, die Ehrendamen, die Ehrenjungfrauen und andere »frelen«, wie sie sich ausdrückt, folgen . . .

Die Männer verlassen das Brautgemach, sobald alle Damen eingetreten sind.

Man entkleidet die Braut. »Ihre Kaiserliche Hoheit nahm ihr die Krone ab; das Amt, ihr das Hemd anzuziehen, überließ ich der Prinzessin von Hessen (die arme in Ungnade gefallene Mutter hatte sicherlich nicht einmal das Recht auf diese Ehre), die Oberhofmeisterin reichte ihr den Schlafrock.« Übrigens bemerkt sie etwas erstaunt: »Abgesehen von dieser Zeremonie waren wesentlich weniger bei dem Déshabiller der Jungvermählten anwesend als bei uns; kein Mann wagt mehr einzutreten, sobald der junge Gatte sich zurückgezogen hat, um sich für die Nacht umzukleiden; man tanzt keine *guirlande,* es wird kein Strumpfband vergeben.« In dieser Beziehung waren die russischen Sitten zurückhaltender und diskreter als die des Westens.

Die Fürstin verliert sich in bewundernden Beschreibungen der Privatgemächer der Jungvermählten. »Das Schlafzimmer ist mit rosenrotem Samt ausgeschlagen, das Bett ist mit Pilastern und erhaben gearbeiteten silbernen Girlanden geschmückt . . .« usw. Vielleicht will sie sich einreden, daß ihre Tochter bei diesem Abenteuer doch nicht ganz die Verlierende ist, ein solcher Luxus kann immerhin teilweise diese Ehe rechtfertigen, die ihre Familie ablehnt – sie macht sich gewiß keine Illusionen über ihren Schwiegersohn und über das zukünftige Glück der Tochter, noch – insbesondere – über die Vorteile, die die Heirat ihr persönlich gebracht hat. Die Höhe der Demütigung: Der Vater der Braut ist nicht einmal zur Hochzeit eingeladen worden, und die Fürstin mußte die Beleidigung schlucken, an der sie zum Teil selber schuld war.

In ihrer Verblendung hatte sie ihrem Mann eine Lüge nach der anderen geschrieben, ihm zu verstehen gegeben, daß man ihn einladen werde, daß man im Begriff sei, ihn einzuladen, daß man ihm den Andreas-Orden verleihen wolle; da dies nicht möglich sei, weil er bereits den Schwarzen Adlerorden vom König von Preußen besitze, bekäme sein Sohn einen Orden – Versprechen, die vielleicht nur in ihrer Phantasie existierten. Da die Kaiserin mit der Frau überworfen war, hatte sie es einfach abgelehnt, deren Mann zu empfangen; schließlich ließ man Christian August mitteilen, daß man ihn aus Rücksicht auf die öffentliche Meinung in Rußland nicht einzuladen wage, da diese »deutsche Fürsten« verabscheue – obwohl die Fürsten von Hessen, Holstein usw. in aller Ruhe am Hofe wohnten. Kurzum, Katharina wurde, trotz der Silberspitzen, der Diamanten, der »kleinen kaiserlichen Krone«, wie ein armes Mädchen behandelt, das man kauft, damit es dem Sohn des Hauses Erben schenke.

Die junge Braut wurde mit ihren Ängsten allein gelassen, in der samtenen Pracht ihres rosenroten Himmelbetts; sie behauptet, über zwei Stunden so dagelegen zu sein und sich gefragt zu haben: »Soll ich aufstehen? Soll ich liegenbleiben?« Der Bräutigam, der so wenig Eile hatte – und vielleicht ebenso eingeschüchtert war wie sie –, wartete auf sein Souper. Schließlich kam er zu ihr. Über die Hochzeitsnacht sagt Katharina nichts, abgesehen von Peters Betrachtung: »Die Domestiken wird es amüsieren, uns zusammen im Bett zu sehen.« Dachte er dabei an die Schwänke seiner Kammerdiener? Eins ist gewiß und wird in Katharinas späterem Bericht nachdrücklich betont, daß er weder Absicht noch Lust hatte, seine ehelichen Pflichten zu erfüllen, und daß er in ihr immer nur eine Spielgefährtin sah. Und die unschuldige Katharina war darüber vermutlich einigermaßen erleichtert.

War die Ehe auch nicht vollzogen worden, so folgten doch rauschende Feste darauf, kostbare Geschenke an die Braut, Bälle, Maskenfeste, Schauspiele usw. Am 30. August, dem Feiertag des heiligen Alexander Newski, zwei Tage nach der Hochzeit, begibt sich Elisabeth mit dem gesamten Hof nach dem Kloster, das diesem Nationalheros geweiht ist – Heiliger, Fürst und Krieger. Hierher läßt die Kaiserin, nachdem Salven der Kanonen, das Te Deum und eine »dreifache Salve« der Schiffskanonen erklungen sind, aus ihrem Museum das kleine Schiff bringen, das einst ihr Vater, der berühmte »Vater der russischen Flotte«, eigenhändig gebaut hatte. Heute soll, zum Andenken an den Heiligen und an Peter den Großen, diese schlichte hölzerne und baufällige Schaluppe im Mittelpunkt des Festes stehen: Elisabeth will damit betonen, daß sie vor allem die Stammesfolge Peters des Großen sichern will und daß die Heirat ihres Neffen ein Ereignis von nationalem Ausmaß ist.

In ihrer Marineoffiziersuniform steigt die Kaiserin unter dem Donner der Kanonen persönlich in die Schaluppe hinab, um das dort aufgestellte Bild ihres Vaters zu küssen. Dann fährt die nicht mehr wasserdichte Schaluppe, von einer Art Kriegsboot getragen, zu der Festung Peter und Paul, vier Galeeren fahren ihr voraus, unter Trommelwirbeln und Trompetenklang. Elisabeth folgt stehend in ihrer Schaluppe, die die kaiserliche Flagge trägt, dem historischen Boot, und ihr gesamter Hof defiliert seinerseits zu den Klängen der Musik in den jeweiligen Schaluppen und Barken . . . Petersburg, das Venedig des Nordens, mit seinen Kanälen und Gondeln, bietet sich für solche Wasserfeste an. Dieses war unerhört glanzvoll und feierlich, weil es zugleich etwas von einer Pilgerfahrt hatte. Die Kanonen der Admiralität und der Festung schossen Salven ab, die Schiffe des Hofes antworteten mit Trompetengeschmetter; auf dem riesigen Fluß, der entlang der flachen Ufer mit

Palästen aus Stein und hellfarbigem Holz gesäumt ist, fährt die bescheidene, wurmstichige Barke im Triumph dahin, und Elisabeth folgt ihr ehrfürchtig, als Erbin und erste Dienerin des großen Baumeisters.

Für die Jungvermählten jedoch war es kaum ein Vergnügen. Die endlosen Quadrillen langweilten sie um so mehr, als sie, nach dem Urteil der Fünfzehnjährigen, mit »hinkenden, gichtkranken oder hinfälligen« Leuten tanzen mußten, als den einzigen, die zum Tanz mit solch hohen Würdenträgern zugelassen waren. Außerdem stellt Katharina fest, daß ihre neue Hofmeisterin ein wahrer Zerberus ist, der ihrem Gefolge verbietet, »leise« mit ihr zu sprechen, und sie ganz isoliert. Im Augenblick unterhält sie sich nur gern mit ihrer Mutter. Und die Mutter ist im Begriff abzureisen. Bei dem Großfürsten, sagt sie, »gab es nur Kindereien«, er spielte mit seiner Dienerschar Soldaten – während Katharina nicht mehr mit ihrem Gefolge »tollen« durfte: ein Bedauern, das beweist, daß auch sie noch ein Kind war.

Die Neuvermählten

Sophie von Anhalt-Zerbst hatte wohl weder einen guten Charakter noch ein gutes Herz: Denn ein von Natur aus liebenswerter Mensch spricht nicht von seinen unaufhörlichen Bemühungen, sich bei aller Welt beliebt zu machen; ein Mensch von echter Herzensgüte denkt rückblickend nicht ausschließlich an die Unannehmlichkeiten, die ihm seine Angehörigen bereitet haben. So beklagt sich Sophie in dem ersten Teil ihrer Memoiren unaufhörlich über ihre Mutter (die tatsächlich egoistisch und verstiegen war) und betont vor allem die eigene Sanftmut, Geduld, töchterliche Ergebenheit usw. Die Mißstimmungen ihrer Mutter sind für Katharina ein fortgesetztes Ärgernis; dennoch hatte die Mutter für ihre Mißstimmungen gute Gründe, und das junge Mädchen erkannte sie sogar an.

Die Fürstin Johanna Elisabeth, zu jung als Mutter einer erwachsenen Tochter, zu brillant als Gattin eines reifen und strengen Gatten, hatte sich von ihrer Reise nach Rußland ein Aktionsfeld für ihren Charme und ihre Intelligenz versprochen. Und nach einem zwanzigmonatigen Aufenthalt in Rußland schied sie gedemütigt, entehrt, bar aller Illusionen und konnte sich nicht einmal damit trösten, das Glück ihrer Tochter gesichert zu haben. Sie war gewiß keine so schlechte Mutter, wie Katharina und ihre Historiker behaupten.

Wenn Katharina ihre Mutter zwar nicht anklagt, aber nie das geringste Mitleid für sie zeigt, so betont sie doch, daß ihre einzige Freude in den Wochen vor der Trennung, die Gespräche mit ihrer Mutter waren. Sie war unglücklich und dachte mit dem natürlichen Egoismus der Kinder sehr viel mehr an ihren eigenen Kummer als an den der Mutter. Die Hochzeitsnacht – oder vielmehr die Enthüllung der ehelichen Pflichten, eine etwas brutale Enthüllung, da die Fürstin von Anhalt-Zerbst bis zum letzten Tag gewartet hatte, die Tochter über ihre künftigen Pflichten aufzuklären –, hat sie dem ahnungslosen Mädchen einen zu starken Schock versetzt? Oder war es die Gewißheit, einem Ungeliebten auf immer anzugehören, oder die Veränderung, die in ihr Leben getreten war: die allzu strenge Überwachung, der Kummer darüber, nicht mehr nach Belieben »tollen« zu dürfen? Sie war so traurig, daß sie sich wie ein krankes Kind an die Mutter klammerte.

Sie waren soviel wie möglich zusammen, tauschten Vertraulichkeiten und Erinnerungen aus. Johanna Elisabeth bereitete sich auf ihre Abreise vor. Sie hatte von der Kaiserin 60 000 Rubel erhalten, um ihre Schulden zu bezahlen; nachdem diese Summe ausgegeben war, blieben ihr noch immer 70 000 Rubel Schulden, weiteres Ärgernis für Katharina, die der Mutter versprach, die Schuld zu regeln. Und die Fürstin von Anhalt-Zerbst reiste ab, trotz allem »überhäuft mit Geschenken«, denn Elisabeth hielt darauf, den Schein zu wahren. Vor ihrer Abreise erlangte die Fürstin eine Audienz bei der Kaiserin und bat sie auf Knien, ihr allen Ärger, den sie ihr verursacht haben könnte, zu verzeihen. Die rachsüchtige Elisabeth verzieh nicht, sondern erklärte, daß alles sehr viel besser gelaufen wäre, wenn die Fürstin von Anfang an sich so bescheiden benommen hätte.

Katharina weinte sehr. Um die Qual des Abschiednehmens zu vermeiden, war die Fürstin in aller Frühe aus Zarskoje-Selo abgereist, ohne der Tochter Adieu zu sagen. Sie sollten sich nicht wiedersehen; und Katharina scheint die Mutter erst gefunden – oder entdeckt – zu haben, als sie im Begriff war, sie zu verlieren. Um den Schmerz der jungen Frau zu lindern, gestattete Elisabeth ihr, »das Ankleidezimmer der Kaiserin zu besuchen, das heißt, sich, wenn es ihr gefiel, gegen Mittag oder abends zwischen fünf und sechs Uhr mit ihren Hoffräulein dort aufzuhalten – ein lächerlicher Trost; um so mehr, als Elisabeth nur selten dort zu sehen war. Das war aber, bemerkt Katharina resigniert, »eine gewisse Gunst«. Außerdem war sie nicht von Dauer.

So ist Katharina mit fünfzehn Jahren völlig allein, ohne Stütze, ohne Freunde, sogar ohne jene Mutter, die sie so erbittert hatte und die sie trotz allem liebte, an einem fremden Hof, in einem fremden Land, und ist gezwungen, jede Nacht das Bett mit einem Knaben zu teilen, den sie entschieden immer weniger liebt.

Sie selbst teilt uns ihre Gedanken mit, die sie in den allerersten Tagen ihrer Ehe bewegten. »Ich sagte mir: Wenn du diesen Menschen liebst, wirst du das unglücklichste Geschöpf auf Erden sein, weil du, so wie du veranlagt bist, nach Gegenseitigkeit verlangst; dieser Mensch beachtet dich quasi gar nicht, er spricht mit dir schier nur von Puppen und erweist jeder anderen Frau mehr Aufmerksamkeit als dir; du bist zu stolz, um darüber zu klagen, also beherrsche deine Zärtlichkeit gegenüber diesem Herrn: Denken Sie an sich, Madame.« Eins also steht fest: Die junge Gattin verbietet sich in Zukunft, Zärtlichkeit für ihren Mann zu empfinden, aus Angst, dadurch zu leiden. Eine vernünftige Einstellung: Peter hätte sie zweifellos entsetzlich leiden lassen, wenn sie ihn geliebt hätte, da er zu jenen anspruchsvollen und egoistischen Naturen gehörte, für welche Liebe vor allem in der Sucht besteht, andere zu quälen.

Wenn sie ihm, statt einer mehr oder weniger eigennützigen und berechneten Freundschaft eine echte Zuneigung entgegengebracht, wenn sie vermocht hätte, zuerst an ihn und erst in zweiter Linie an sich selbst zu denken, hätte sie damit vielleicht nur erreicht, sich an ihn zu verlieren? Um dieses Herz aufzutauen, das seit frühester Kindheit mißhandelt war, hätte mütterliche Opferbereitschaft nicht genügt.

Katharinas Haupteinwände gegen ihren Gatten scheinen sich zu widersprechen: Er »spricht nur von Puppen« und er »erweist jeder anderen Frau mehr Aufmerksamkeit als mir«. Was waren das für Aufmerksamkeiten, mit denen Peter andere Frauen überhäufte? Sieben Jahre nach ihrer Hochzeit war Katharina noch unberührt und Peter desgleichen. Katharina, die in diesen Dingen äußerst ahnungslos war, sah in dem Treiben eines Knaben, der in den Augen anderer als Mann gelten möchte, unaufhörlich Verrat an ihrer Person. Sie waren alle beide so jung, daß sie von einem Mißverständnis ins andere gerieten und einander immer aufs neue verletzten; die gekränkte Katharina reagierte auf den Augenflirt ihres Mannes mit dieser oder jener Hofdame mit gespielter, verächtlicher Gleichgültigkeit; Peter hielt diese für echt und täuschte einen Zynismus vor, der nicht in seiner Natur lag.

Aber eins geht klar sowohl aus den Zeugnissen Katharinas wie aus denen der am Hof lebenden ausländischen Diplomaten hervor: daß seit der Heirat des Großfürsten und der Abreise der Fürstin von Anhalt-Zerbst Elisabeth ihre Haltung gegenüber ihrem Neffen und ihrer Nichte seltsam geändert hatte. Nachdem mit der Heirat des Großfürsten die Dynastie (wie sie glaubte) gesichert war, begann die Kaiserin in dem jungen Paar Störenfriede, Rivalen der Macht zu sehen, die es baldigst zu zügeln galt und vor allem daran zu hindern, gefährlich zu werden.

Katharina beklagt sich bitterlich über die Kränkungen, die sie und Peter in den ersten Jahren ihrer Ehe zu erleiden hatten; sie attachiert sich an ihre erste Kammerzofe, Marie Jukow – das junge Mädchen wird aus dem Hofdienst entlassen. Man entläßt ihren ersten Kammerherrn, Sachar Tschernyschew, um ihn in diplomatischer Mission nach Regensburg zu schicken: Man hat Angst, daß sich der junge Mann in die Großfürstin töricht verlieben könnte usw. Sie realisiert, daß sie nicht alleiniger Angriffspunkt ist und daß sämtliche Personen des »jungen Hofs«, die das Unglück hatten, ihr zu gefallen, aus nichtigen Gründen in Ungnade fielen und vom Hof verbannt wurden. Das junge Paar bemühte sich, von dem Privileg, das ihm die Etikette zuerkannte – nämlich einen eigenen Hof zu haben –, zu profitieren, ihn ein bißchen fröhlich zu gestalten und Leute anzuziehen, die sie amüsierten. Elisabeth fürchtete, daß der junge Hof zu einem Herd von Komplotten werden könnte; dabei kam weder Peter und Katharina noch ihren unbeschwerten jungen Freunden etwas Derartiges in den Sinn.

Peter und Katharina amüsierten sich, jeder auf seine Weise: Katharina im Tanz und im Geplauder mit ihren Hoffräulein und den jungen Männern ihres Hofs, wobei sie nicht versäumte, der Kaiserin, um dieser zu gefallen, eine Ehrerbietung zu bezeugen, die den Großfürsten aufbrachte. Peter veranstaltete verhältnismäßig kindliche Spiele, wie beispielsweise ein Marionetten-Theater: ». . . dieses Puppenspiel war wohl das Geistloseste, das man sich vorstellen kann«, sagt Katharina – aber das war noch gar nichts; der Bohrer, den er dazu benützte, Löcher in die Planken seines Theaters zu bohren, brachte den Großfürsten auf den Gedanken, Löcher in die verschlossene Tür zu bohren, die den Zuschauerraum vom privaten Eßzimmer der Kaiserin trennte: Auf diese Weise konnte er seine Tante beim Diner mit dem Hofjägermeister Rasumowski – dieser im Brokatschlafrock – und einem Dutzend intimer Freunde beobachten. Peter findet seinen Einfall dermaßen komisch, daß er seine sämtlichen Freunde zum Zugucken einlädt und sogar Katharina und ihre Mädchen herbeiruft. Die entsetzte Katharina lehnt es ab, sich an dem Spiel zu beteiligen und weist ihren Mann auf seine Unvorsichtigkeit hin: Er hatte mindestens zwanzig Personen in sein Geheimnis eingeweiht!

In der Tat ließen die Folgen dieses albernen Streichs nicht lange auf sich warten: Elisabeth war fürchterlich wütend auf ihren Neffen und sagte, »sie könne ihn fortan nur als einen Undankbaren betrachten; auch ihr Vater, Peter der Erste, habe einen undankbaren Sohn besessen und ihn zur Strafe enterbt; sie selbst habe schon zur Zeit der Kaiserin Anna dieser stets die Achtung erwiesen, die einem gekrönten und gesalbten Haupt gebührt, und Anna habe kurzen Prozeß gemacht und jeden in den Kerker werfen lassen, der es an Achtung fehlen ließ . . .« Dann, den Vorfall auf das ihm gebührende Maß einschränkend, fügte sie hinzu, »er sei nur ein kleiner Junge, dem sie schon noch Lebensart beibringen werde«. Als Peter seinerseits in Wut geriet, »sagte ihm seine Tante beleidigende und schockierende Dinge, die ihm sowohl Verachtung wie Zorn bewiesen.« Katharina, das kluge Kind, wohnte dem Auftritt bestürzt und den Tränen nahe bei; nicht ohne gewisse Befriedigung fügt sie hinzu, daß sie selbst nicht gescholten, sondern im Gegenteil dafür belobt wurde, an den Vergehen des Großfürsten nicht teilgenommen zu haben.

Als Elisabeth gegangen war, sahen sich die beiden, er bestürzt und sie entsetzt, an. Peter sagte: »Sie wußte nicht, was sie sagte, sie benahm sich wie eine Furie.« Katharina: »Sie war ungeheuer zornig.« Das Gespenst des Zarewitsch Alexis (wußten sie, wie er umgekommen war?) und die Erwähnung des Kerkers zwangen die jungen Leute, ihre Lage zu überdenken. Es scheint, Peter hatte sich bisher noch keine besonderen Sorgen über die Drohungen seiner Tante gemacht. Aber nach und nach, als er sah, wie man ihn mied, begann er immer mißtrauischer und ängstlicher zu werden.

Katharina aber zog sich, trotz ihres lobenswerten und aufrichtigen Wunsches, der Kaiserin zu gefallen, den Zorn für ein Vergehen zu, für das sie nichts konnte: Sie teilte zwar das Schlafgemach mit dem Großfürsten, aber neun Monate später zeigten sich nicht die geringsten Anzeichen einer Schwangerschaft. Elisabeth begriff schließlich, daß die Ehe nicht einmal vollzogen worden war, sie nahm Katharina ins Gebet und warf ihr vor, daß sie dem Großfürsten nicht genügend zu gefallen wisse. »Sie sagte ... daß ich schuld wäre, daß unsere Ehe noch nicht vollzogen sei (was doch – fügt sie recht naiv hinzu – niemals an der Frau liegen kann).« Welche Mittel auch immer einer Frau in einer solchen Lage zur Verfügung stehen mögen: Katharina konnte ja gar keine verführerische Gattin sein, unwissend und schüchtern wie sie war und mit ihrem Vorsatz, sich ihrem Mann nicht auszuliefern. Zudem hat Peter sie auch noch häßlich gefunden: Sie behauptet jedenfalls, daß er häufig (oft in ihrer Gegenwart) die Schönheit anderer Frauen gepriesen habe, mit denen er sie – selbstverständlich zu ihrem Nachteil – verglich. Oder tat er das lediglich, um sie wütend zu machen?

Politik und Scherz

Als Elisabeth der Großfürstin eine furchtbare Szene machte – Katharina glaubte, sie würde im nächsten Augenblick tätlich werden, führte jene noch andere Beschwerden gegen ihre Nichte ins Treffen als deren unfreiwillige Unfruchtbarkeit. Sie beschuldigte sie, Spionage für den König von Preußen zu treiben.

Im Februar 1744, in dem großen Schlitten, der sie von Petersburg nach Moskau brachte, hatten die Prinzessinnen von Anhalt-Zerbst, die weder die Kaiserin noch ihren Hof kannten, Gelegenheit gehabt, ein Dokument einzusehen, das Herr Scryver, Gesandtschaftssekretär in Berlin, für sie verfaßt hatte. Dieses Schriftstück, sagt Katharina, war »wahrhaft interessant«, weil es die Prinzessinnen über die wichtigsten Personen des russischen Hofs informierte sowie über die Rangordnung der verschiedenen Günstlinge. Unnütz zu sagen, daß der Legationssekretär die Leute und Tatsachen von einem Standpunkt aus beurteilte, der im Sinne des Königs von Preußen war, und daß er für Mutter und Tochter ein ganzes Aktionsprogramm ausarbeitete.

So hatte Sophie erfahren, daß der russische Hof in zwei Parteien gespalten war: die Partei Bestuschews, des Kanzlers, der »für den österreichischen und den sächsischen Hof sowie für England war«. Die andere Partei, die vom Marquis de La Chétardie, dem Hof von

Holstein und Lestocq, dem Vertrauensmann der Kaiserin, vertreten wurde, »war für Frankreich, dessen Schützling Schweden und den König von Preußen«. Alle diese *Ausländer,* vermerkt Katharina (die erst Jahre später Gelegenheit hat, die Partei zu wechseln), befürworten – als künftigen Kanzler – den Grafen Michael Woronzow, einen der führenden Männer des Komplotts, das Elisabeth auf den Thron gebracht hatte, zu denen auch Lestocq und La Chétardie gehörten. Das Ziel der zweiten Partei war, Bestuschew zu stürzen. Der Haß Friedrichs II. und La Chétardies auf den Kanzler ließ sich natürlich nicht mit ihrem Interesse an dem Wohl Rußlands motivieren. Also machte sich die Fürstin von Anhalt-Zerbst bei ihrer Ankunft in einem Land, dessen Herrscherin die Tochter werden sollte, mit schöner Unbefangenheit zum Agenten einer fremden Macht, die Elisabeth als feindliche Macht betrachtete.

Anfangs machten sich Mutter und Tochter, als gute Deutsche, die Unverfrorenheit des Verfahrens überhaupt nicht klar: Sie schuldeten dem König von Preußen Dankbarkeit und Respekt, sie fühlten sich verpflichtet, seinen Interessen zu dienen, und Rußland konnte zweifellos nur gewinnen, wenn es zum Alliierten Preußens wurde. Der Kanzler war ihnen als Feind dargestellt worden, sogar als ihr persönlicher Feind, als ein in jeder Beziehung hassenswerter Mensch, der durch seine Intrigen das Vertrauen der allzu beeinflußbaren Kaiserin errungen hatte. Die deutschen Diplomaten bewiesen in ihren Briefen einen offenen Abscheu für den Kanzler und erklärten, daß Elisabeth sich die allgemeine Verachtung zuziehe, weil sie sich von einem solchen Schurken gängeln lasse. Friedrich II. erklärt, Bestuschew sei so bestechlich, daß er sogar die Kaiserin verkaufen würde, wenn man ihm einen guten Preis böte – ein Vorwurf, der nicht am Platze scheint: Der Kanzler steckte ewig in Schulden, und Friedrich wäre der erste gewesen, ihm die Schulden gern zu bezahlen.

Katharina konnte nicht umhin, die Vorurteile ihrer Umgebung zu teilen; Bestuschew war für sie lange Zeit das rote Tuch, die Ursache all ihres Unglücks. Aber weil sie zu jung und zu vorsichtig war, hatte sie sich nie an den Intrigen gegen den Kanzler beteiligt. Ihre Mutter, von de La Chétardie ins Vertrauen gezogen, der sich – und dem man – viel mehr Gewicht beimaß, als er in Wirklichkeit besaß, hatte sich zu Demarchen und Anschlägen hinreißen lassen, die Bestuschew überhaupt nicht, ihr selbst aber außerordentlich schadeten.

Nachdem die Fürstin entlassen worden war, war ihre Tochter, Gattin des Thronerben und Kaiserliche Hoheit, theoretisch die erste Persönlichkeit des Reiches nach der Kaiserin und dem Großfürsten. Elisabeth war ihr anfangs ehrlich zugetan, nach einigen Monaten aber erkannte sie, daß die Kleine nicht so aufrichtig war, wie sie schien. Sie hegte den Verdacht, daß Katharina die Ideen der Mutter teile. Der Verdacht hätte durchaus begründet sein können: Johanna Elisabeth hatte tatsächlich versucht, die Tochter in politische Intrigen zu verwickeln, und Prinz Adolph Friedrich von Holstein-Gottorp (älterer Bruder der Fürstin von Anhalt-Zerbst) hatte seiner Nichte einen Kode für Geheim-Korrespondenz geschickt, um ihr die Möglichkeit zu geben, vertrauliche Nachrichten hinauszuschicken – selbstverständlich zugunsten des Königs von Preußen. Katharina weigerte sich sowohl aus Vorsicht wie aus angeborener Aufrichtigkeit, den Kode zu benutzen; die Lehren ihres Vaters, ihre eigenen Grundsätze, ihre persönlichen Gefühle bewogen sie, sich Elisabeth gegenüber peinlich loyal zu verhalten. Außerdem wußte sie, daß Bestuschews Kanzlei sehr geschickt darin war, chiffrierte Briefe zu entschlüsseln . . . Aber nachdem die Kaiserin einmal Verdacht geschöpft hatte, machte sie nicht auf halbem Wege halt: Zweifellos von Bestuschew persönlich angetrieben, beschuldigte sie ihre Nichte offen, sie »an den König von Preußen verraten zu haben«.

Katharina beschreibt uns den Auftritt und stellt dabei (traurig) fest, daß es während ihres zweijährigen Aufenthalts in Rußland *das erste Mal* gewesen sei, daß die Kaiserin mit ihr »vertraulich und ohne Zeugen« gesprochen habe. Und so überschüttete diese kaiserliche Tante, die von der Fürstin von Zerbst am Vorabend der Hochzeit ihrem Gatten gegenüber als »die beste und liebenswerteste aller Mütter« bezeichnet wurde, die junge Großfürstin mit den grausamsten Vorwürfen; sie beschuldigte sie, mit der Mutter unter einer Decke zu stecken, sie sagte, »sie kenne ihre Falschheit und Hinterlistigkeiten, sie wisse alles«. Zudem prasseln die Vorwürfe der weiblich unbeherrschten und aufgebrachten Elisabeth völlig konfus auf sie herab, sie behauptet, Katharina interessiere sich nur für die »Kammerdiener« des Großfürsten, »daß sie mich fast gegen meinen Willen verheiratet habe, daß sie genau wisse, ich liebte einen anderen, ja tausend Gräßlichkeiten, von denen ich die Hälfte nicht mehr weiß«.

Das arme, erschreckte Mädchen zerfließt in Tränen und weicht zur Tür zurück. »Ich sah den Augenblick kommen, wo sie mich schlagen würde ... ich wußte, daß sie im Zorn gelegentlich ihre Hofdamen, ihre Umgebung, sogar ihre Kavaliere schlug.« Elisabeth war eine große, schwere und imposante Frau und Katharina ein zartes Mädchen von fünfzehn Jahren.

Von diesem Tage an zwang die Kaiserin, auf den Rat Bestuschews, der Großfürstin ein neues Personal auf, zwecks strenger Überwachung, und neue Regeln, nach welchen sie künftig ihr Verhalten zu richten hatte. Diese Regeln, von Bestuschew verfaßt, sollten äußerlich die gegenseitige Zuneigung der jungen Ehegatten fördern, dienten in Wirklichkeit aber dazu, das junge Paar politisch ungefährlich zu machen.

Die Großfürstin wird ausdrücklich der Überwachung einer »adligen Dame« unterstellt, die sorgfältig »nach Kräften und unausgesetzt über die eheliche Treue der beiden Kaiserlichen Hoheiten zu wachen hat« – (diese Dame ist Maria Semenowna Tschoglokow, geborene Hendrikow, Kusine und Favoritin der Kaiserin; sie und ihr Gatte gelten als treue Diener Bestuschews). Hingegen erlebt der Großfürst, daß seine »Pädagogen« und Tyrannen Brümmer und Bergholz – preußischer Sympathien verdächtig – nach Holstein zurückgeschickt werden, worüber sich zu beklagen der junge Mann der letzte gewesen wäre, hätten die beiden Deutschen ihm vor ihrer Abreise nicht das traurige Schicksal ausgemalt, das ihm bevorstehe, sobald er den Schergen Bestuschews ausgeliefert wäre. Als Hofmeister – Überwacher – wird ihm Fürst Basil Repnin zugeteilt, ein übrigens sehr achtbarer, kultivierter und wohlerzogener Mann, der jedoch seinen Posten leider sehr bald verlor.

Katharina aber sah sich voll Schrecken der Aufsicht eines neuen Zerberus unterstellt, weit mächtiger, als es Fräulein Schenk und Fräulein Kruse gewesen waren, über die sie sich früher so oft beklagt hatte.

Die Pflichten der Großfürstin wurden folgendermaßen präzisiert: »Ihre Kaiserliche Hoheit ist erkoren worden, die würdige Gattin unseres lieben Neffen, S. K. H. des Großfürsten und Erben des Kaiserreichs zu sein, und dieselbe (nämlich Katharina) als jetzige Kaiserliche Hoheit *ist ausschließlich zu folgendem Zweck erzogen worden:* daß Ihre Kaiserliche Hoheit durch ihr Betragen, ihren Geist und ihre Tugenden in seiner Kaiserlichen Hoheit (dem Großfürsten) eine aufrichtige Liebe erwecke, sein Herz erwärme, so daß auf diese Weise der so sehnlich erwünschte Erbe des Reiches und ein Sproß unseres Hohen Hauses produziert werde...« In der Tat hatten diese Ratschläge vor allem den Zweck, den Stolz der jungen Frau zu beugen. Die anderen Punkte der »Unterweisung« sollten Katharina daran hindern, den Höflingen, Pagen und Kammerdienern zu viel Vertraulichkeit zu erweisen und sich in irgendeiner Weise in *politische Angelegenheiten* einzumischen und wem auch immer, unter welchem Vorwand auch immer, Briefe zu schreiben, ohne daß diese vom außenpolitischen Rat zensiert wurden; nicht einmal an ihren Vater und ihre Mutter durfte sie künftig Briefe richten, die nicht nach einem Modell kopiert waren, das ihr von der Kanzlei geliefert wurde, ohne die Erlaubnis, ein einziges Wort hinzuzufügen. Peter wurde nach demselben System überwacht.

Katharina haßte und fürchtete Bestuschew; von ihm schrieb sie: »Er wurde unendlich mehr gefürchtet als geliebt, er war außerordentlich intrigant, mißtrauisch, beharrlich und unerschrocken in seinen Grundsätzen, sehr tyrannisch, ein unerbittlicher Feind, aber treu gegenüber seinen Freunden, die er nur aufgab, wenn sie sich von ihm abwandten, übrigens im Umgang sehr schwierig und oft kleinlich.« Als sie diese Zeilen schrieb, war der Kanzler bereits tot; aber schon geraume Zeit vor seinem Tod war er nicht mehr ihr Feind.

In diesem Urteil zeigt sie Gerechtigkeit sowohl für den Feind wie den Freund. In den ersten Jahren ihres Aufenthalts in Rußland hatte Katharina viel unter den Verfolgungen dieses Menschen zu leiden, der ihr persönlich nicht übelwollte, aber in ihr einen möglichen Gegner seiner Politik sah. Denn im Gegensatz zu den meisten Höflingen, zu Peter, zu Katharina, zu den häufig ehrgeizigen oder persönlich interessierten Ministern, war Bestuschew-Rjumin ein Staatsmann mit politischen Ideen.

Seine große Idee, die er »das System Peters des Großen« nannte und die Elisabeth teilte, war, das Bündnis mit dem Haus Österreich und England zu festigen, um die Macht der Türkei, des Erbfeinds Rußlands, zu brechen und um die Expansion Preußens und der skandinavischen Länder, der Rivalen Rußlands im Norden und Westen, zu bremsen. Katharina konnte nicht umhin, der großen Persönlichkeit des Kanzlers Tribut zu zollen: »Bestuschew hatte zahlreiche Feinde, aber sie zitterten alle vor ihm. Seine Stellung und sein Charakter gaben ihm eine Überlegenheit über alle Vorzimmer-Politiker.«

Inzwischen versuchte der Kanzler mit allen Mitteln, die Großfürstin und den Großfürsten zu diskreditieren, und seine Spione trugen ihm beflissen jede Tat, jedes Wort des jungen Paares zu. Peter war, wie man wußte, offen preußenfreundlich, antirussisch, antiorthodox, und da Bestuschew über ihn Bescheid wußte, mußte er die Thronfolge eines solchen Herrschers fürchten (womit er nicht allein stand). Er hoffte, daß das künftige Kind des Großfürsten, nach besseren Grundsätzen erzogen, anstelle des Vaters zum Thronfolger ernannt werden könnte. Was die kleine Deutsche, die Großfürstin, anbetraf, so zweifelte der Kanzler nicht, daß sie im Grunde ihres Herzens die Ideen ihrer Mutter und ihres Gatten teile. Er kannte sie noch nicht.

Katharina hatte nicht die Absicht, sich auf irgendeine Weise zu kompromittieren. Aber sie war jung, heiter, sie liebte Geselligkeit und begeisterte sich noch nicht für Politik, sie war vor allem wütend darüber, daß man ihr nicht erlaubte, sich zu amüsieren. Ihren Mann zu lieben war so schwierig, und ihre Zerstreuungen waren so unschuldig! Der Großfürst, sagt sie, besaß unter seinen »Domestiken« drei junge Leute niederen Adels – zwei Brüder und einen Vetter, die Tschernyschews. Sie waren reizend und lustig, und der Großfürst liebte sie sehr. Ausnahmsweise teilte Katharina den Geschmack ihres Gatten: Das junge Paar freundete sich mit diesen drei jungen Leuten an. Der älteste Tschernyschew, André, gefiel Peter und Katharina besonders gut, der Großfürstin machte er auf die harmloseste Weise den Hof.

Noch während ihrer Verlobungszeit, da er Peter zweifellos allzu zurückhaltend dem jungen Mädchen gegenüber fand, sagte er lachend zu ihm: »Sie ist nicht meine Braut, sondern Ihre.« Peter fand das sehr komisch, und seitdem wurde André Tschernyschew als »Bräutigam Katharinas« bezeichnet. Nach der Hochzeit fanden die Großfürstin und der junge Offizier es geziemender, einander die Namen *Matuschka* (Mama) und *Synok* (mein Sohn) zu geben. Es war eine leicht amouröse Freundschaft, aber völlig harmlos, jedoch der Hof begann sich darüber den Mund zu zerreißen . . . Eines Tages nahm Timofej Ewreinow, Katharinas getreuer Kammerdiener, die junge Frau beiseite, um sie über die Gefahr, die sie lief, zu warnen. Und als die junge Frau die Harmlosigkeit ihrer Gefühle anführte, erwiderte der Treuergebene ihr: » . . . Was Sie als Güte und Zuneigung bezeichnen, weil dieser Mann zu Ihnen hält, nennen Ihre Leute Liebe.«

Nachdem das Wort einmal gefallen war, war Katharina vernünftig genug, sich nicht über den Scharfsinn Ewreinows zu ärgern.

Statt dessen ging sie erschrocken in sich und befürchtete, tatsächlich verliebt zu sein. Um die Großfürstin nicht zu kompromittieren, behauptete André, auf Ewreinows Rat hin, krank zu sein, und bat um Urlaub: Peter war nicht ins Vertrauen gezogen worden und beunruhigte sich lange über die vermeintliche Krankheit seines Freundes.

André Tschernyschew kehrte erst nach einigen Monaten freiwilligen Exils zurück, und da erfolgte eine kurze Szene, die Katharina mit mehr Bestürzung und Sehnsucht wiedergibt, als sie sich wahrscheinlich eingestehen mag. Sie trug sich während eines Konzerts zu – der Großfürst liebte Konzerte und spielte dabei häufig die Geige. Katharina, die im allgemeinen Musik haßte, und ganz besonders die Musik ihres Mannes, langweilte sich tödlich; sie ging in ihr Zimmer, das neben dem großen Saal des Sommerpalastes lag, »voll von Baugerüsten«, denn die Decke wurde neu gestrichen. Zufällig (was nur selten passierte) war niemand in ihrem Zimmer anwesend. Sie öffnete die Tür und sah am anderen Ende des Saals, der voll von Arbeitern war, André Tschernyschew. Sie winkte ihn zu sich.

Sie sagen nicht viel zueinander; André, vielleicht verliebt, vielleicht der Versuchung nachgebend, die diese ungewohnte Zweisamkeit bietet, bittet Katharina, ihn in ihr Zimmer einzulassen; sie lehnt ab und begnügt sich damit, mit ihm durch die halboffene Tür zu sprechen; zum Glück sieht sie sich »unwillkürlich« um: Sie bemerkt, daß im Hintergrund, am anderen Ende des Zimmers, der Kammerherr Devier steht! Sie hatte noch Glück gehabt; aber am anderen Tag, sagt sie, wurden die drei Tschernyschews in die Regimenter von Orenburg an der Wolga versetzt; und von diesem Tag an wurde der Großfürstin Madame Tschoglokow als Aufsichtsperson zugeteilt.

Die Beschuldigungen Elisabeths – die behauptete, Katharina »liebe einen anderen« – beruhten also auf Gerüchten und vielleicht auf wahren Gefühlen. Katharina war nicht die einzige, die unter der Ungnade der Tschernyschews litt: Peter trauerte seinen Freunden ebensosehr nach. Auch empfand er ihre Versetzung als eine sehr unverdiente Maßnahme.

Der Großfürst und die Großfürstin durften nun nicht mehr einen unabhängigen Hof aus treuen und ergebenen Freunden bilden. In ihrer unmittelbaren Umgebung duldete man nur noch Spione.

Dritter Teil

Rußland

Durfte Katharina Sophie von Anhalt-Zerbst, jetzt Großfürstin Katharina Alexejewna, Gattin des russischen Thronerben, nach ihrer Heirat gewiß sein, daß sie eines Tages regieren werde?

Als ganz junges Mädchen, fast noch ein Kind, hatte sie sich heimlich dem jungen Peter Ulrich »bestimmt«, weil sie glaubte, er werde dereinst König von Schweden sein. Als derselbe Peter zum Thronerben von Rußland erklärt wurde, hielt sie an ihrer Idee fest, denn von allen Partien, die für sie in Frage kamen, war dieser Prinz »die beste«. Solcher legitime Ehrgeiz der armen, aber stolzen Prinzessin, dieser bei einem Mädchen ihres Standes ganz natürliche Ehrgeiz hatte schon sehr früh ihren Charakter geformt. Sie war nicht unbesonnen, sie war nicht frivol, das Bewußtsein ihrer Häßlichkeit hatte sie, wie sie sagt, dazu angespornt, »sich Verdienste anzueignen«, ihren Geist zu bilden, ihren Willen zu festigen. Und als sie tatsächlich zur Braut des zukünftigen Kaisers von Rußland ausersehen wurde, bemühte sie sich auch, die nötigen Eigenschaften zu erwerben, um Kaiserin dieses Landes zu sein. So begab es sich, daß dieses kluge Kind in ihrer Unschuld eine Eingebung hatte, die einfach wie das Ei des Kolumbus war: Um in Rußland zu regieren, dachte sie, müsse sie damit anfangen, Rußland kennenzulernen und den Russen zu gefallen.

In dieser Lehrzeit hatte sie das Glück, ein Leitbild vor Augen zu haben, ein Vorbild, das um so kostbarer war, weil sie ihm unter allen Umständen nacheifern mußte, wollte sie nicht jede Möglichkeit, Großfürstin zu werden, verlieren: Elisabeth selbst, ostentativ russisch, russisch aus Veranlagung und Überzeugung, fanatisch orthodox, eine »fortschrittliche« Russin, die die westlichen Ideen ihres Vaters mit dem Nationalstolz ihres Volkes vereinte. Aber Elisabeth blieb eine Gottheit, die sich von fern verehren ließ, und die unmittelbare Umgebung Katharinas bestand teils aus Subalternen, teils aus Menschen, die unfähig waren, ihre Vorstellungen zu teilen. Sicherlich hat Thodorski sie zur Zeit ihres »Übertritts« zum orthodoxen Glauben stark beeinflußt – aber dieser kosmopolitische Priester scheint sie vor allem eine tiefe Gleichgültigkeit für die äußeren Formen der Religion gelehrt und in ihr eine gewisse Neigung zur Heuchelei entwickelt zu haben. Ihr Russischlehrer Adodurow, beflissen und aufrichtig ergeben, war für sie immer nur eine Art von Domestik. Das hochmütige junge Mädchen beabsichtigte, seinen eigenen Vorstellungen zu folgen, ohne irgend jemand dabei um Rat zu fragen.

Sie konstatiert unaufhörlich und unaufhörlich ihre eigenen Fortschritte an »Beliebtheit bei der Öffentlichkeit« und führt sie voll und ganz auf ihre Bemühungen zurück, sich aller Welt gegenüber zuvorkommend und liebenswürdig zu erweisen. Die »Öffentlichkeit« war bisher nur der Hof, aber das junge Mädchen zeigte so viel Eifer, alle religiösen Riten zu meistern, und eine solche Begabung für die russische Sprache, daß sie über den Hof hinaus die Sympathie der Bevölkerung beider Hauptstädte zu gewinnen begann. Zu jener Zeit glaubte sie aufrichtig an die Bedeutung des Volkswillens, an die Pflichten des Herrschers und wollte ohne Hintergedanken russisch werden, um würdig zu sein, über Rußland zu herrschen.

Dieses Rußland – mit dessen Geschichte sie sich frühzeitig vertraut machte – kannte sie natürlich gar nicht. Der Hof war, gemessen an der Gesamtheit des russischen Volkes, nur eine Schmarotzerpflanze oder eine künstliche Blume, ein kleiner Staat im Staate, funkelnd, egoistisch, abgeschnitten vom eigentlichen Leben des Landes, das er rücksichtslos ausnutzte, und darin glich der russische Hof allen anderen Höfen Europas, nur daß in Rußland die Kluft zwischen dem Hof und dem übrigen Land weit größer war als irgendwo anders.

Im Juni 1741 (dem Jahr der Thronbesteigung Elisabeths) schrieb der englische Botschafter Finch: »Die Mehrzahl des Adels sind *verstockte* Russen, Europa interessiert sie nicht, sie hassen die Ausländer.« Er fügt hinzu, daß die Russen gern Petersburg und alle von Schweden eroberten Gebiete verschwinden sähen, um in Moskau, in der Nähe ihrer Güter, leben zu können. Das ist nicht erstaunlich, wenn man bedenkt, daß diese Zeilen sechzehn Jahre nach dem Tod Peters des Großen geschrieben wurden, nicht einmal fünfzig Jahre nach dem Beginn der berühmten Reformen. Im Kern hatte das Land sich nicht verändert.

Das Leben der Landbevölkerung war genau das gleiche wie zur Zeit der moskowitischen Zaren, nur mit dem Unterschied, daß Peter der Große eine neue Steuer geschaffen und die schon sehr beschränkte Freiheit des Kleinbauern noch mehr beschnitten hatte. Peter hatte jene äußerst unpopuläre Maßnahme zu dem lobenswerten Zweck getroffen, den Lebensstandard der Russen zu heben, eine Industrie, eine Flotte, eine Armee zu schaffen, kurz: Er hatte von dem Land eine gigantische Anstrengung verlangt, um damit einen wirtschaftlichen Aufschwung zu erzielen, der auf lange Sicht dem ganzen Lande zugute kommen sollte. Seine Nachfolger besaßen weder seine Uneigennützigkeit noch seine Organisationsgabe und benutzten die Möglichkeiten, die ihnen die neuen Steuern und die Freiheitsbeschneidung der Bauern boten, lediglich dazu, sich in einen unsinnigen Luxus zu stürzen und die Taschen ihrer Minister und Günstlinge zu füllen. Das Elend des Volkes war groß, und keiner dachte daran, es zu lindern. Sogar die so betont russische Elisabeth scheint nie auf die Idee gekommen zu sein, auch nur das Geringste zu tun, um die Lebensbedingungen des Bauern zu ändern. Die Bauern aber repräsentierten fünfundneunzig Prozent der Bevölkerung und die – hauptsächlich landwirtschaftliche – Lebenskraft des Landes.

Rußland war reich. Reich an Getreide, Vieh, Häuten, Leder, Pelzen, aller Art von Hölzern – die Naturprodukte des Landes an Rohstoffen schienen unerschöpflich, und Rußland war seit Jahrhunderten ein großes Exportland. Die ebenso reichen Bodenschätze waren nur ungenügend genutzt, aber im Ural gab es bereits Bergwerksindustrien und dort begann im achtzehnten Jahrhundert ein veritables Arbeiterproletariat zu entstehen.

Bis zu Peter dem Großen hatten nahezu allein die Ausländer vom Exporthandel profitiert, aber Peter der Große hatte die Entwicklung der russischen Kaufmannsschicht gefördert, die zwar weder besonders mächtig noch zahlreich war, aber unaufhörlich an Boden gewann.

Die Kaufleute, die Bürger, die Handwerker – die Nicht-Adligen – blieben noch bei der Lebensweise und Tracht des alten Rußland, und diese bärtigen Männer im pelzbesetzten Kaftan sahen mit scheelem Blick auf die Gardeoffiziere in galonierten Uniformen und auf die Stutzer des Hofs in weißer Perücke und Dreispitz, wenn sie ihnen in den Straßen Moskaus begegneten, und betrachteten sie mit dem Mißtrauen der alten Moskowiter für die Fremden des »deutschen Stadtteils«. Diese russischen »Deutschen«, meistens echte Russen in europäischer Kleidung, waren in der Tat zu Fremden im eigenen Land geworden.

Die Adligen aber, von denen Finch sagt, sie wären froh, wenn Petersburg verschwände, bildeten die Mehrheit der wohlhabenden und führenden Klasse; sowohl in den Hauptstädten wie in der Provinz repräsentierten sie die Macht, auf der das gesamte russische Regierungssystem beruhte; sie bildeten die Kader von Armee und Verwaltung und, da sie alle Gutsbesitzer waren, erlegten sie den Bauern Steuern auf, lieferten der Armee Rekruten und waren, mit einem Wort, Herr und Meister auf ihren Besitzungen. Peter der Große (wie vor ihm Iwan der Schreckliche) hatte versucht, diesen unbotmäßigen und unabhängigen Adel zu zähmen, ihn mit Drohungen und Versprechungen an seinen Hof zu ziehen, nach dem Vorbild Richelieus und Ludwigs XIV. Er hatte teilweise damit Erfolg: 1740 hätte sich ein Adliger lächerlich gemacht, hätte er die alte Kleidung getragen, die jetzt dem einfachen Bürger vorbehalten war; er trug eine Perücke, kleidete sich nach der Mode des französischen oder österreichischen Hofes, schnupfte oder kaute Tabak, interessierte sich sogar für italienische Musik und französische Malerei – der Snobismus westlicher Verhaltensweisen beeinflußte die Sitten, der Provinzadel ahmte den Adel der Hauptstadt nach, und dieser kopierte den Hof.

In der Tat hatten diese Russen viel von der Tradition ihrer Ahnen eingebüßt – ihrer Kultur, die in Wahrheit ziemlich ärmlich und mangels neuer Impulse degeneriert war, aber seit Jahrhunderten zusammengetragen, geachtet, ja sogar achtbar, in einem religiösen Ritualismus bestehend und wo die strikte Befolgung der Bräuche sich mit dem Begriff von Ehre und Moral deckte. Indem er diese Traditionen zerbrach, die seit langem die Existenzberechtigung einer ganzen Gesellschaft ausmachten, hatte Peter der Große wahre und unersetzliche moralische Werte zerstört; und was er dafür an ihre Stelle setzen wollte, nämlich die Pflege des Fortschritts, den Ruhm des Reiches usw., reizte nur eine Minderheit von Menschen guten Willens und eine gewisse Anzahl von Strebern – die anderen, Männer wie Frauen, ihrer Bärte und Schleier entblößt, blieben der westlichen Kultur gegenüber ebenso fremd wie zuvor und wurden nur um so arroganter, brutaler und zügelloser. Die achtbarsten Familien waren immer noch diejenigen, die sich an die alten Traditionen hielten. Aber der Hof, der sich das skandalöse Privatleben Peters und seiner Nachfolger zum Beispiel nahm, bot das Schauspiel höchster Sittenlosigkeit. Und diese Sittenlosigkeit wurde nicht etwa – wie am Hofe Ludwigs XV. – durch Eleganz der Umgangsformen, den Reiz einer brillanten und raffinierten Kultur aufgewogen. Wenn auch die Russen, wie die Fürstin von Anhalt-Zerbst sagt, häufig »geistvolle Menschen« waren, so fehlten ihnen nichtsdestoweniger Tradition und Bildung, und ihr Geist war nur ein dünner Lack.

Die Damen am Hof der Elisabeth, funkelnd von Gold und Edelsteinen, herrliche Tänzerinnen, schlagfertig in der Konversation und erfahrene Intrigantinnen, waren erschreckend ungebildet und konnten kaum lesen. Die Männer kannten oft keine andere Beschäftigung als das Glücksspiel, Tanzen und Trinken (obwohl im Prinzip alle entweder Offiziere oder Verwaltungsbeamte waren); die besten bemühten sich, die Manieren und die Denkungsart des französischen Hofs nachzuahmen, der damals in Europa den Ton angab. Nur wenige lasen französische Bücher – deutsche Bücher waren noch seltener und russische gab es überhaupt nicht, obwohl die russische Literatur in schüchterner Nachahmung der französischen unter der Schirmherrschaft der Akademie der Schönen Künste zu entstehen begann, die Iwan Schuwalow, Günstling Elisabeths, unlängst ins Leben gerufen hatte.

Wie sollte Katharina es anstellen, das Herz des Volkes, das sie zu regieren berufen war, zu gewinnen? Denn in ihrer kindlichen Naivität wollte sie das tatsächlich. Sie hatte rasch begriffen, daß eine unüberwindliche Schranke sie vom Volk trennte: Es war nicht wie in Zerbst oder Stettin, wo sie mit den Nachbarskindern auf der Straße spielen konnte und wo der kleine Prinz sich nicht viel vom Großbürger und der Großbürger sich nicht viel vom Handwerker unterschied. Hier schien das Volk etwas ganz Abstraktes zu sein – Menschenmassen, die sich manchmal beim Vorbeifahren der kaiserlichen Kutschen zusammenballten, buntscheckige Massen, oft elend anzusehen und immer anonym; Katharina wußte, daß dieses Volk arm und unterdrückt war und nahm sich vor, eines Tages sein Los zu verbessern: Ist eine Kaiserin nicht allmächtig?... Eine andere Schicht, näher und leichter zu beobachten (und mit der man sich gutstellen mußte, wie Elisabeths Beispiel bewies), war die Armee: insbesondere die kaiserlichen Garderegimenter, die in der Nähe der Hauptstadt stationiert waren. Die Armee hatte sich unter Elisabeth der deutschen Vormundschaft entledigt, und die kaiserliche Garde bestand ausschließlich aus jungen Leuten des russischen Kleinadels. Katharina hatte freilich keine Möglichkeit, in Kontakt mit den Garderegimentern zu treten; sie wußte, daß bei eben diesen Regimentern der Großfürst denkbar unbeliebt war; das einzige, was sie tun konnte, war, bei jeder Gelegenheit ihre Vorliebe für die russische Sprache und russischen Sitten zu demonstrieren, und zwar mit einem einzigen Mittel: Einer ostentativen Frömmigkeit – und auf diese Weise sollte die kleine Lutheranerin, die die orthodoxen Riten als das Richtige für »die Rohheit des Volkes« bezeichnete, beginnen, das Herz ihrer künftigen Untertanen zu erobern.

Man sieht sie, während der Fastenzeit, im Kreis ihrer Damen in ihrem Gemach ihre Andacht verrichten; man sieht sie Elisabeth um Erlaubnis bitten, während der gesamten Fastenzeit nur fleischlose Kost zu sich nehmen zu dürfen; sie streitet mit ihrem Gatten, der sich ob ihrer übertriebenen Frömmigkeit in Sarkasmen und Vorwürfen ergeht; sie weiß sehr wohl, daß sie darin niemals zu viel, niemals genug tun kann. Übrigens handelt es sich vor allem darum, der Kaiserin nicht zu mißfallen: Katharina ist jung und kokett, sie ist keine Nonne; Elisabeth sollte ihr mehrfach vorwerfen, daß sie zuviel Zeit auf ihre Frisur verwende und daher den Gottesdienst vernachlässige ...

In den Memoiren Katharinas lesen wir – es ist bereits einige Jahre nach ihrer Heirat: »Was am meisten dazu beitrug, Madame Wladislawowa bei ihm [dem Großfürsten] zu diskreditieren [Madame Wladislawowa war die neue Hofmeisterin der Großfürstin], war, daß diese Frau fromm war, ein Punkt, den er niemals verzieh; noch dazu brannte in ihrem Zimmer vor ihren Heiligenbildern ein Ewiges Licht, was er nicht leiden konnte, obwohl es bei unserem Ritus Brauch ist, aber Seine Kaiserliche Hoheit war diesem alles andere als zugetan, im Gegenteil, er bildete sich ein, am lutherischen Glauben zu hängen, in dem er erzogen worden war, aber im Grunde hing er an nichts und hatte keine Ahnung, weder von den Dogmen der christlichen Religion noch von Moral; ich habe niemals einen dermaßen erklärten Atheisten gekannt, der indessen oft Angst vor dem Teufel und dem lieben Gott hatte und noch öfter alle beide verachtete, je nach Gelegenheit oder Stimmung.« Dieser Absatz ist außerordentlich bezeichnend, denn es scheint, daß Peter – was er sich übrigens auch nicht versagte – seiner Frau genau den gleichen Vorwurf hätte machen können. Wenn auch vielleicht weniger zynisch als er (denn sie hatte eine große Achtung für bestehende Werte), war Katharina weder fromm noch wirklich gläubig, ja man könnte sagen, daß auch sie sich nur einbildete, an der orthodoxen Religion zu hängen. Darin zeigt sich der fundamentale Charakterunterschied des Paares: Peter wollte aus sentimentaler Anhänglichkeit an seine Kindheit und aus Haß gegen Rußland lutherisch sein, während Katharina aus Opportunismus, aus Pflichtgefühl, aus dem Wunsch, sich an ihre neue Heimat zu gewöhnen, orthodox sein wollte. Peter verabscheute Rußland und die Russen, denn wenn er irgendeine Charakterstärke besaß, so war sie ausschließlich negativ und wurzelte in engstirniger, blinder, totaler Ablehnung.

Und Katharina? Liebte sie Rußland? Hatte sie wenigstens Grund, es zu lieben?

Nach alledem möchte man annehmen, daß dieses Land, das sie aus der Ferne zu lieben geglaubt, sie bitterlich enttäuscht hatte. Denn sie erkannte sehr bald, daß der Glanz, der aufwendige Reichtum des Hofes, nur eine optische Täuschung war. Daß in diesem Land die Menschen dauernd zu schwindeln schienen: üppige Kleidung und schmutzige Wäsche, Festsäle, die vor Vergoldungen, Samt, Seide und kostbaren, eingelegten Möbeln strotzten, und Wohnräume, die oft jeder Einrichtung entbehrten. Die Höflinge gaben für Kleidung, Karossen, die Livreen ihrer Diener Unsummen aus. (»Die Kaiserin liebte selber einen übertriebenen Aufwand ... und nach diesem Beispiel richteten sich alle; der Tag war mit Kartenspiel und Umkleiden ausgefüllt. Ich, die der Welt, in der ich lebte, grundsätzlich gefallen wollte, nahm ihre Lebensart an ... ich wollte russisch sein, damit die Russen mich liebten.«)

Aber die Häuser sind ärmlich: In Moskau bestehen sie fast alle aus Holz, sogar die Paläste, deren Anstrich Stein vortäuschen soll – in Petersburg gibt es nur in den paar Hauptstraßen und an einem Teil der Kais Gebäude aus Stein, alles übrige sind nur »denkbar häßliche Holzbaracken«. Innen sind diese Häuser geweißt oder mit schlechten, bemalten Tapeten ausgestattet; noch dazu sind sie, schnell und schlampig gebaut, außerordentlich unkomfortabel: Die Türen schließen nicht, die Treppen sind wackelig und drohen einzustürzen, die Mauern schwitzen vor Feuchtigkeit (so muß die Großfürstin anläßlich der Heirat L. Naryschkins, um die Gattin in das Brautgemach zu geleiten, »durch kalte Korridore gehen, über ungeheizte Treppen, durch eine kaum fertiggebaute Galerie aus feuchtem Holz, von der das Wasser nach allen Seiten tropft«). Am allerschlimmsten ist das Heizungssystem: große, schadhafte Kachelöfen, verstopfte Rohre; die Zimmer sind voll von beißendem Rauch, der die Luft verpestet. Noch dazu sind diese Öfen eine ständige Feuersgefahr, und da die Häuser aus Holz sind, kann ein Feuer sie von Grund auf zerstören: Der Palast Elisabeths in Moskau, ein riesiges Gebäude, das Hunderte von Zimmern enthielt, brannte in wenigen Stunden nieder; er dürfte kaum mehr als eine Holzbaracke gewesen sein, denn Bohlen und Querbalken hätten länger ausgehalten.

Moskau ist die Stadt der Feuersbrünste: Im Winter brennen die Häuser aus Heizungsgründen, und im Sommer wegen Hitze und Trockenheit; das kleinste Strohfeuer genügt, um ein ganzes Stadtviertel auszulöschen. »Von meinen Fenstern aus«, schreibt Katharina, »konnte ich gleichzeitig zwei, drei, vier oder sogar fünf Brände in verschiedenen Vierteln Moskaus beobachten.« (Man weiß, was 1812 in der Stadt passierte; Franzosen und Russen glaubten an eine Brandstiftung, während es sich lediglich um die altbekannte Landplage handelte, die natürlich durch die damaligen Umstände verschärft wurde.) Die Einwohner, durch die Häufigkeit der Vorfälle abgehärtet, waren nicht einmal erstaunt – sie mußten ja ihr ganzes Leben lang immer wieder umziehen und aufbauen. Die Kaiserin machte es ihnen selber vor; monatelang wohnte oder vielmehr kampierte sie mit Neffe und Nichte in unkomfortablen und improvisierten Behausungen.

Übrigens sind, wie im Mittelalter des Westens, Möbel sehr rar, und jedesmal, wenn der Hof übersiedelt (Elisabeth reist fortgesetzt zwischen Moskau und Petersburg hin und her), muß mit dem Reisegepäck auch das gesamte Mobiliar spediert werden. Als das junge kaiserliche Paar sich nach dem großen Brand bei den Tschoglokows einquartierte, mußten sie feststellen, daß sich in deren Haus (immerhin Leute, die dem Hof nahestanden) überhaupt keine Möbel befanden. Elisabeth, die Unsummen für ihre Toiletten ausgab, besaß so wenig Möbel, daß sie für die Feier, die zu Katharinas erstem Kirchgang nach der Niederkunft stattfand, genötigt war, in das Zimmer der jungen Mutter Möbel aus ihren eigenen Appartements schaffen zu lassen, und nach Ende des Empfangs schaffte man die Möbel wieder fort und ließ Katharina in einem leeren Raum zurück ...

Es fehlt am Nötigsten, aber der Luxus gedeiht: Elisabeths Waschschüssel ist aus massivem Gold und mit Edelsteinen besetzt; die zahllosen Spiegel haben Rahmen aus getriebenem Silber und massive Vergoldungen; in den Empfangssälen sind ganze Wände mit Spiegeln verkleidet – was, gemessen an dem Umfang der Räume, ein kostspieliger Luxus ist. (Seit Peter dem Großen bieten die russischen Paläste eine wahre Orgie an Spiegeln; denn man darf nicht vergessen, daß im alten Rußland ein Spiegel stets ein Gegenstand abergläubischer Furcht war, er wurde in einer Ecke versteckt, war stets klein, stets verhangen, man betrachtete sich nur darin, wenn man allein war und sich böswilligen Blicken entzogen wußte ... Die Freiheit, sein Bild im Spiegel zu betrachten, war deshalb für Peter und seine Jünger eine ganz außerordentliche Entdeckung und erschien ihnen als ein Zeichen des Fortschritts. Noch zur Zeit Elisabeths hatte die Mutter Alexis Rasumowskis, eine einfache Frau, in den Spiegelsälen eine tödliche Angst.)

Gewiß bestand auch im Westen eine Kluft zwischen dem Luxus, der für die Repräsentation aufgewendet wurde, und der verhältnismäßigen Armut des täglichen Lebens – heutzutage würde selbst das Versailles Ludwigs XV. (geschweige denn Ludwigs XIV.) uns durch seinen Mangel an Komfort und Hygiene entsetzen. Und dabei hielten sich die Russen bei aller »Verwestlichung« noch an die Sitte, häufig und vorschriftsmäßig zu baden, die im Westen nach dem Mittelalter aufgegeben wurde und erst Ende des 18. Jahrhunderts wieder auflebte (so daß sich der Großfürst Peter in seiner Ablehnung alles Russischen weigert zu baden). Katharina war, obgleich sie ja aus einer kleinen deutschen Provinzstadt kam, welche sich keineswegs mit Versailles, London oder Wien vergleichen konnte, tief schockiert über die Ärmlichkeit und den Mangel an Komfort, der in Rußland bis hinauf in die kaiserlichen Paläste herrschte. Eine Ärmlichkeit, die sichtlich nicht einem Mangel an Mitteln entsprang – der äußere Aufwand war, im Gegenteil, übertrieben –, sondern einem Mangel an Organisation und vor allem an wirklicher Kultur; anscheinend hatten diese Russen, die nach dem Muster des Westens »zivilisiert« sein wollten, vom Westen nur den oberflächlichsten Schein ausgeliehen, eine glänzende Fassade, hinter der nichts steckte ...

Katharina, die ernst und – für ihr Alter – kultiviert war, fand buchstäblich keinen einzigen Gesprächspartner. Ihr Verstand, der nach geistiger Nahrung verlangte, hatte kein Betätigungsfeld; mochte sie Tanz, schöne Kleider und kindliche Spiele noch so sehr lieben, so suchte sie dennoch nach ernsthafteren Beschäftigungen und fand nichts als Kartenspiel und Klatsch. Sie spielte – und verlor dabei sehr viel Geld; sie hörte sich Klatschgeschichten an, weil diese ihr dazu dienten, die Hofintrigen besser zu verstehen, sie betete, weil das sein mußte; aber all das hinderte sie nicht daran, sich grenzenlos zu langweilen und festzustellen, daß sie in eine ziemlich barbarische Welt geraten war. Barbarisch und noch dazu feindlich: Hatte doch ihre Mutter die schlimmsten Demütigungen erlitten, wurde sie selbst doch unaufhörlich verdächtigt, überwacht, war sie doch von Spionen umringt und der Gnade einer launischen und mißtrauischen Kaiserin ausgeliefert. Nein, auch sie hatte schwerlich Grund dazu, Rußland und die Russen zu lieben – abgesehen von ein paar netten Kammerfrauen, einigen liebenswürdigen Kammerherren, die sofort in Ungnade fielen, wenn sie sich an sie attachierte. Dieses kalte, unbehagliche und ungastliche Land konnte ihr kaum gefallen.

Nur, daß sie sich in den Kopf gesetzt hatte, dort eines Tages zu regieren, und es deshalb nötig war, sich anzupassen. Auf keinen Fall würde sie nach Zerbst zurückkehren, um sich dort von ihrer Familie bemitleiden zu lassen ...

Zwei Jahre nach ihrer Heirat und der Abreise ihrer Mutter traf sie ein schrecklicher Schlag: Ihr Vater, der nicht einmal bei ihrer Hochzeit zugegen sein durfte, ihr Vater, den sie seit ihrer Abreise nicht mehr gesehen hatte, war in Zerbst plötzlich mit sechsundfünfzig Jahren gestorben.

Schon seit langem wurde ihre Post geöffnet. (Sie wußte nicht einmal, ob sie ihr in vollem Umfang abgeliefert wurde.) Schon seit langem durfte sie kein einziges zärtliches oder persönliches Wort in die seltenen Briefe einflechten, die man ihr an ihre Eltern zu schreiben erlaubte! Sie war vollständig von ihrer Familie abgeschnitten. Ihr Vater war gestorben in dem Wissen, daß sie unglücklich war, und ohne daß es möglich gewesen war, sich ein einziges liebes Wort zu sagen. Sie weinte. Sie schloß sich in ihr Zimmer ein und weinte acht Tage lang; ihr »Zerberus«, Madame Tschoglokow, bedeutete ihr, daß sie nicht länger weinen dürfe, »weil ihr Vater kein König gewesen sei«. »Ich antwortete ihr, gewiß, mein Vater ist kein König gewesen, aber immerhin mein Vater; darauf erwiderte sie, einer Großfürstin zieme es nicht, länger einen Vater zu beweinen, der kein König gewesen sei ...«

Christian August von Anhalt-Zerbst, dem die Ehre, seine Tochter zum Altar zu führen, verwehrt worden war, hatte immerhin getan, was im Bereich seiner beschränkten Mittel lag, und zum Hochzeitstag eine Truhe voll prachtvoller Kleider geschickt, aus den schönsten Brokaten, die die Stadt Zerbst in großem Umfang produzierte; dieses Geschenk änderte wenig an der Lage: Katharina war und blieb das arme Mädchen ohne Mitgift, das man ungestraft demütigen durfte. Und zweifellos hatte vor seinem Tode der Fürst alle Muße, sich spätem Bedauern und später Reue hinzugeben, denn die Zukunft seines Kindes präsentierte sich in ziemlich düsteren Farben, und die Gegenwart war jedenfalls traurig.

Später, im Jahre 1750, schickte sie heimlich einen Brief an ihre Mutter (denn wenn sie auch vorsichtig war und der Versuchung zu schreiben widerstand, gelang es ihr mehrfach, zuverlässigen Freunden eine Botschaft anzuvertrauen) – und in diesem Brief bittet sie die Fürstin-Witwe von Anhalt-Zerbst, ihr den jungen Prinzen, ihren Bruder, zu schicken. Zweifellos litt sie allzusehr unter der Einsamkeit. Sie schrieb:»Sie glauben gar nicht, wie gut ihm das tun würde. Sie werden sagen, der Geschmack hat sich geändert, und werden diesen Rat äußerst erstaunlich finden, aber glauben Sie mir, er ist richtig...« Daraus geht klar hervor, daß Katharina, während der ersten Jahre, Rußland sehr wenig nach ihrem Geschmack fand und daß sie das ihrer Mutter offenbarte. Es gehörte für sie sehr viel Willenskraft und Verstellungskunst dazu, um ihre Langeweile, ihre Verachtung, ihre ständige Verzweiflung und Mutlosigkeit zu verbergen.

Das Leben am Zarenhof

»Vom Tag nach unserer Ankunft an [in Reval, auf einer Reise der Kaiserin] wurde Pharo gespielt; die Günstlinge der Kaiserin, Graf Rasumowski und Gräfin Schuwalow, konnten nicht davon lassen; zudem war es unentbehrlich an einem Hof, wo es überhaupt keine Konversation gab, wo jeder den anderen innig haßte, wo Lästern den Geist ersetzte und die geringste Kritik als Majestätsbeleidigung galt. Plumpe Intrigen hielt man für Gewandtheit. Man hütete sich, über Kunst und Wissenschaft zu sprechen, da alle total ungebildet waren: Ich hätte wetten mögen, daß nur die Hälfte lesen, und bin nicht sicher, ob auch nur ein Drittel schreiben konnte.«

Wie entwurzelt muß sich die Schülerin Babette Cardels in dieser »eleganten Welt« gefühlt haben! Sie, die so viel getan hatte, um sich

Bildung anzueignen, muß sich für diese Umgebung zu schade vorgekommen sein. Jene Jugendjahre waren für sie eine Zeit der Verachtung.

Nichts geht glatt: Auf der Reise ist man schlecht untergebracht, es fehlt an Platz, sie muß sich »neben dem Ofen anziehen, in dem gerade Brot gebacken worden ist«, und sich in einem Zelt waschen, wo Elisabeth ihren Hof kampieren läßt. Es gibt keine geregelte Essenszeit. Bei einer Zeremonie, für die alle »übertrieben festlich gekleidet sind«, ist diese Gala-Kleidung sinnlos, weil die Fackeln im Winde verlöschen. Als man endlich in einer kaiserlichen Residenz Station macht, einem Haus, das Peter der Große gebaut hat, sind die Zimmer so klein, daß man nicht darin wohnen kann und von neuem die Zelte aufschlagen muß ... Die Bälle sind »sterbenslangweilig«, die Gesellschaft des Großfürsten, der dauernd von seinen Kammerdienern umgeben ist, ist auch nicht amüsanter. Madame Tschoglokow hat immer nur »Unangenehmes vorzuschlagen« und wiederholt unaufhörlich: »Eine solche Rede würde Ihrer Majestät mißfallen.« »So etwas würde Ihre Majestät nicht billigen ...«

Bei den Flottenmanövern kann man vor Rauch nichts sehen; und kaum setzt man sich im Freien zu Tisch, geht ein Wolkenbruch nieder. Begibt man sich nach Rogerwiek (an der Ostsee), ist der Boden unerträglich, denn die Füße versinken in Kiesel und Geröll, und da dort mehrere Tage kampiert werden muß, zieht sich Katharina ein Fußleiden zu, das vier Monate anhält. Der Großfürst organisiert Feste in seiner Residenz Oranienbaum: Feste, wo alle Welt, Domestiken und Höflinge, zu militärischen Übungen gezwungen wird und der »Ball sehr dürftig ist und sehr schlecht organisiert und die Männer erschöpft und schlechter Laune sind ob des unaufhörlichen Exerzierens ...« Katharina beginnt »eine Neigung zur Melancholie« zu entwickeln, »Neigungen zur Hypochondrie, die mich häufig weinen machten«.

Von diesem Lebensabschnitt sprechend, sagt sie: »Ich habe achtzehn Jahre lang ein Leben geführt, bei dem zehn andere irrsinnig geworden und zwanzig andere an meiner Stelle vor Kummer gestorben wären.« Sie magert ab. Man befürchtet, daß sie schwindsüchtig wird. Sie wird es nicht, da sie bei aller äußeren Zartheit eine eiserne Gesundheit besitzt. Kraft ihrer angeborenen Vernunft sucht sie und findet auch Mittel, die ihr das Los erleichtern. Jahrelang sind das einsame Spazierritte und Lektüre – später: die Freuden, und vor allem die Schmerzen, der Liebe (aber der Gegenstand ihrer Liebe ist niemals der Großfürst).

Sie verachtet die Gesellschaft, in der sie lebt. Dabei ist sie keineswegs von vornherein ablehnend und durch Vorurteile blind. Dem Fürsten B. Repnin, zeitweiligem Hofmeister des Großfürsten, spendet sie rückhaltloses Lob – »nicht nur ein ehrenhafter und redlicher Mensch, sondern auch ein geistreicher und sehr galanter Mann, voll Aufrichtigkeit und Treue«; sie attachiert sich an die vortreffliche Madame Wladislawowa, die man ihr als erste Kammerfrau gibt, obwohl diese Dame eine Kreatur Bestuschews ist. Sie findet einen ergebenen Freund in der Person Leo Naryschkins, Kammerherr am Hof des Großfürsten, ein sehr origineller und witziger junger Mann. Untergebenen, die ihr treu dienen, beweist sie eine aufrichtige Zuneigung: Sie versteht es, sich beliebt zu machen, und viele Menschen müssen ihre Treue für die junge Großfürstin mit Ungnade und Verbannung bezahlen.

Aber der Hof! Diesen Hof, wo man sich haßte, wo man sich langweilte, wo man keinerlei Gesprächsstoff hatte, diesen brutalen und blöden Hof verachtete und haßte Katharina, ebenso wie sie immer mehr auch die Kaiserin zu hassen begann.

Elisabeth, die so ungebildet war, daß sie nicht einmal wußte, daß England vom Kontinent durch den Ärmelkanal getrennt war, konnte in der High Society von Moskau und Petersburg als kultivierte Frau gelten. Katharina übertreibt nicht, wenn sie sagt, daß die Hälfte der Hofleute kaum lesen konnte. Wer waren denn übrigens diese Adligen, diese »Grafen« und »Barone«, die den Hof bevölkerten? Graf Rasumowski, ein einfacher ukrainischer Bauer, ein besonders schöner Mensch mit einer besonders schönen Stimme (Katharina sagt selbst: »Er war einer der schönsten Menschen, die ich in meinem Leben gesehen habe«), hatte das ehrenvolle, aber bescheidene Amt des Hofjägermeisters, mischte sich niemals in die Staatsgeschäfte, zählte aber nichtsdestoweniger zu den führenden Persönlichkeiten am Hof. Er war ehrlich, voller Takt, aber völlig unkultiviert. Die Brüder und Schwestern Katharinas I., die nach dem Tode Peters des Großen nach Rußland gekommen waren, waren Bauern so niederer Herkunft, daß sie nicht einmal einen Familiennamen, sondern lediglich Vornamen hatten; sie wurden zu Grafen und Gräfinnen ernannt mit Namen, die man für die

Gelegenheit erfand – wie Skawronski und Hendrikow –, und Katharina klagt über ihre Vulgarität und Unbildung (Madame Tschoglokow war eine geborene Hendrikow). Ernst Johann von Biron (Bühren) war durch Anna Iwanowna zum Herzog von Kurland ernannt worden, und obgleich er in der Verbannung lebte, hatte seine Familie weiterhin Zutritt zum Hof, und sie war alles andere als eine feine Familie. Die Grafen Osterman, die Grafen Schuwalow, die Grafen Lopuchin, die Grafen Bestuschew, die Grafen Rumjanzew usw. waren alle bescheidener, manchmal sogar sehr bescheidener Herkunft. Peter der Große und seine Nachfolger gingen sehr verschwenderisch mit diesem bis dahin in Rußland unbekannten und in Wirklichkeit deutschen Titel um; denn da er das Wort Bojar abgeschafft hatte, mußte Peter wohl oder übel seinen Würdenträgern und Günstlingen einen anderen Titel verleihen, und die Adelstitel wurden praktisch dazu erfunden, um den alten russischen Adel auszuschalten.

Graf und Baron wurden eingewanderte Kaufleute oder Ingenieure, Russen niederer Herkunft und Russen von echtem Adel, aber ohne Adelsprädikat, wie die Lopuchins, die Tschernyschews. Der Fürstentitel (Knjas) war originalrussisch und einigen sehr alten Familien vorbehalten (übrigens waren die Romanows niemals Fürsten und galten in den Augen des Hochadels als kleine Leute). Von jenen Familien waren die meisten noch mächtig: die Trubetzkois, die Repnins, die Wolkskonskis, die Obolenskis, die Dolgurukis, die Golizyns. Obwohl der Fürstentitel nicht den gleichen Wert wie im Westen besaß – weil jedes Mitglied der Familie darauf Anspruch hatte –, war er selten und bot gewissermaßen die Garantie für einen echten und alten Adel; so hatte selbst Peter der Große einige Skrupel, ihn zu verleihen (indessen gab er ihn seinem Freund Alexander Menschikow, dem unaristokratischsten seiner Günstlinge; später erhielten zwei Günstlinge Katharinas den Fürstentitel).

Jedenfalls mußte dieser ganze Adel, teils neugeschaffen, teils echt, aber entwurzelt, auf Abkömmlinge alter Fürstengeschlechter wie Katharina, Peter und ihre Freunde es waren, merkwürdig ungeschliffen und oberflächlich wirken; vielleicht sahen sie nicht immer einen Unterschied zwischen einem »Grafen« Rasumowski und einem Fürsten Golizyn. Der Unterschied – der in den Augen der Russen sehr deutlich war – mochte Ausländern entgehen. Der Adel des Hofes scharte sich wohl oder übel um die Kaiserin, und die Mitglieder der erlauchtesten Familien mußten bei offiziellen

Anlässen dem Bauern Rasumowski den Vortritt lassen. Die Ehrgeizigsten schmeichelten ihm und kopierten ihn.

Allerdings besaß Rasumowski, ungeachtet seiner Herkunft und Bildung, Anstand und Sicherheit, die ihm angeboren waren: Es ist sogar erstaunlich, daß dieser Mann, der so lange Zeit das zweifelhafte Amt des offiziellen Günstlings einer Kaiserin bekleidete, deren Benehmen so viel Stoff zu Klatsch und Verleumdung gab, davon so gut wie unbehelligt blieb. Elisabeths schlimmste Feinde warfen Alexis Rasumowski lediglich seine »geistige Beschränktheit« vor und lobten dabei seinen »untadeligen und ehrenhaften« Charakter. Er hatte sozusagen keinerlei Feinde. Das galt freilich nicht für die Verwandten Elisabeths, noch für andere, die die kaiserliche Gunst einer Laune verdankten.

Dieser Hof, wo seit langem Menschen ohne Tradition, ohne Kultur herrschten, die von unbedachten Souveränen mit ungeheuren Vermögen beschenkt worden waren, frönten anscheinend einer zügellosen Verschwendungssucht; sie warfen das Geld ostentativ zum Fenster hinaus, und sogar Elisabeth begann sich schließlich darüber zu ärgern, nicht aus wirtschaftlichen Gründen, sondern weil sich die Damen des Hofes dermaßen reiche Toiletten anschafften, daß sie fürchtete, mit ihnen nicht länger konkurrieren zu können ... Und dieselben Grandseigneurs, die keine Möbel besaßen und in Baracken lebten, leisteten sich an Festtagen Diners von hundert Gedecken, mit Tafelsilber und einem Menü von vierzig bis fünfzig Gängen, das Ganze mit Musikorchester oder Ballett. Man dachte sich die extravagantesten Dinge aus: Eines Tages ließ Rasumowski, der den Einfall hatte, seinen Gästen das Vergnügen zu machen, in seinen Wäldern dem Gesang der Nachtigall zu lauschen, und feststellte, daß der Fluß angestiegen und der Wald unerreichbar war, von seinen Bauern in wenigen Stunden einen Staudamm bauen: Am Abend konnten die Damen und Herren trockenen Fußes den Fluß überqueren, um im Mondschein das Lied der Nachtigall zu hören ... Der Wunsch zu verblüffen ist so stark, die Phantasie so kapriziös, daß sehr bald die großen Herren (die auf Kosten unbegrenzt ausgenutzter unbezahlter Arbeitskräfte den Zauberer spielten) sich damit vergnügten, innerhalb einer Nacht ein Feld in einen See zu verwandeln und mitten im Wald einen Triumphbogen oder einen Lustpavillon errichten zu lassen (derartige Extravaganzen nahmen unter der Herrschaft Katharinas sogar noch zu).

Die Geschichte des »Eispalastes« – die sich allerdings noch zur Zeit der Herrschaft Anna Iwanownas zutrug – ist symbolisch für die Russen: Mitten im Winter beschloß der Hof, um die Kaiserin zu ergötzen, einen Palast ganz aus Eis bauen zu lassen – Mauern, Dach, Türen, Fenster, Säulen und Balkone wurden sämtlich aus Eis geschnitten, das nach und nach mit Wasser begossen wurde, um eine Politur vorzutäuschen. Mobiliar und Geschirr waren ebenfalls aus Eis, nichts fehlte – außer natürlich Heizung und Insassen. Man feierte die Hochzeit zweier Domestiken – zweier Hofnarren – und installierte sie mit dem Segen der Kaiserin in diesem Eispalast; am Morgen war einer der beiden erfroren, der andere wahnsinnig geworden; das war Nebensache. Das Schauspiel war einzigartig, die Spiegelungen der winterlichen Sonne in den Säulen, Skulpturen und Möbeln aus Eis waren eine Pracht.

Elisabeth baute sich keine Eispaläste, zwang aber den Hof mit weiblicher Eitelkeit, sich ihren Launen zu fügen, reiste unaufhörlich zwischen den beiden Metropolen hin und her, was Unsummen verschlang und für alle eine Strapaze bedeutete. Sie kampierte, wo es ihr gerade gefiel (und alle Beteiligten mußten das ebenfalls, wenn sie nicht in Ungnade fallen wollten), und verfügte nach Belieben über den Tag und die Nacht: Frühstück mitten in der Nacht, Diner am Morgen, Schlafen mitten am Tag oder überhaupt kein Schlaf – man verlor jedes Zeitgefühl und seine Zeit dazu. Dazwischen konnte sie von einer plötzlichen Ordnungsliebe gepackt werden und ließ dann ihrem Neffen bestellen, er solle nicht so lange mit seinen Freunden aufbleiben, und ihrer Nichte, sie verschwende zu viel Zeit auf ihre Frisur und könne dadurch die Messe versäumen.

Sie hatte eine unmäßige Lust am Tanz – infolgedessen tanzte der Hof unausgesetzt. Sie liebte Maskeraden, und so maskierte man sich. Jeden Dienstag organisierte sie Maskeraden, wobei die Männer als Frauen und die Frauen als Männer verkleidet waren. Katharina erzählt: ».... es gab nichts Scheußlicheres und zugleich Komischeres als die Mehrzahl der also verkleideten Männer und nichts Gemeineres als die Gesichter der als Männer maskierten Frauen; die einzige, die ausgezeichnet aussah, war die Kaiserin selbst... in diesem Aufzug war sie wunderschön. Bei diesen Maskeraden waren die Männer im allgemeinen miserabler Laune, und die Frauen liefen ständig Gefahr, von den monströsen Kolossen umgeworfen zu werden, die sich in ihren riesigen Reifröcken sehr ungeschickt bewegten und dauernd an uns hängenblieben...« Sie erzählt, wie es ihr selbst so erging (sie fand es sehr komisch, sie war damals fünfzehn Jahre alt), zusammen mit der Gräfin Hendrikow durch den Rock des gewaltigen M. Sievers umgeworfen zu werden, dessen riesige Krinoline sie unter sich begrub, so daß sie nicht aufstehen konnte. Für ein fünfzehnjähriges Mädchen ist ein solches Spiel sehr komisch, aber man kann sich die Erbitterung seriöser Staatsräte und Würdenträger oder auch sogar junger Verführer gut vorstellen, gezwungen zu sein, sich derart lächerlich zu machen.

Als Katharina sie zum erstenmal sah, war Elisabeth vierunddreißig Jahre alt; sie war noch immer sehr schön, obgleich sie ziemlich füllig war (»doch entstellte sie das keineswegs«). Sie war maßlos im Essen und Trinken, lag manchmal tagelang im Bett, zeichnete zuweilen – ohne Rücksicht auf Rasumowski – nette junge Leute des Hofes aus und führte, kurz gesagt, ein denkbar unregelmäßiges Leben, so daß ihre berühmte Schönheit immer fragwürdiger wurde. Jedenfalls begann sie auf seltsame Weise die Damen ihres Hofes zu drangsalieren.

Eines Tages (im Winter 1747) fiel es ihr plötzlich ein, allen diesen Damen zu befehlen, sich den Kopf zu rasieren und ihnen »schlecht gefärbte schwarze Perücken zu schicken, die sie tragen mußten, bis ihr Haar nachgewachsen war...« Die Frauen und jungen Mädchen waren verzweifelt, weinten, aber gehorchten; die Damen der Stadt wurden nicht so hart behandelt und brauchten sich nicht den Kopf zu rasieren, durften aber nicht ohne die gleichen schwarzen Perücken in der Öffentlichkeit erscheinen, und diese Perücken wirkten über dem eigenen Haar äußerst lächerlich. Der Grund dieser Maßnahme war folgender: Da die Kaiserin den Puder von ihrem Haar nicht mehr wegbrachte, entschloß sie sich wohl oder übel dazu, sich schwarz zu färben; wegen des daruntersitzenden Puders fiel das so schlecht aus, daß sie beschloß, sich den Kopf zu rasieren, und sie wollte nicht die einzige Rasierte sein...

Der jungen Großfürstin wurde das glücklicherweise erspart: Elisabeth tat ihr hübsches Haar leid, das nach einer schweren Krankheit gerade erst anfing nachzuwachsen. Anscheinend ist Elisabeth auf dieses kränkliche und nicht besonders verführerische Mädchen nicht eifersüchtig – jedoch verbietet sie ihm ein Jahr später, ein gewisses weißes, goldbesetztes Kleid zu tragen, angeblich weil es zu sehr dem Ordenskleid des heiligen Alexander Newski gleiche, aber in Wirklichkeit – denkt Katharina – hat Ihre Majestät

Angst, daß die Großfürstin zu hübsch aussehen könnte. Es kommt noch schlimmer: Die schöne, allzu majestätische und allzu elegante Madame Naryschkin muß es eines Tages erleben, daß die Kaiserin ihr vor allen Leuten einen Bänderschmuck, den sie auf dem Kopf trägt, abschneidet; ein anderes Mal wird zwei jungen Hofdamen, die zweifellos zu hübsch sind, die Hälfte ihres Haars bis auf die Wurzeln abrasiert. »Die jungen Damen behaupteten, daß Ihre Majestät mit den Haaren auch ein Stückchen Haut mitnahm.«

Wenn Elisabeth ihren Despotismus auf den Bereich von Frisuren und Hofgewändern beschränkt hätte, würde Katharina sich nicht über Gebühr beklagt haben, da sie, nach ihrer eigenen Aussage, bereit war, sich zu frisieren wie immer es die Kaiserin verlangte. Aber leider ist Katharina an diesem Hof, den sie bereits fade, ermüdend und vulgär findet, in Wirklichkeit eine Gefangene und mehr noch als eine Gefangene, denn die scheinbare Freiheit, die sie genießt, ist auf Schritt und Tritt mit Fallen gespickt.

Das Mißgeschick des Großfürstlichen Paares

In der Erinnerung neigt man dazu, Dinge und Menschen in einem anderen Licht darzustellen, als man sie ursprünglich erlebte. Da Katharina den Großfürsten ein für alle Mal aus ihrem Leben ausgemerzt hatte, läßt sie nur selten etwas über ihre Beziehungen zueinander in den ersten Jahren ihrer Ehe verlauten. Aber beim aufmerksamen Lesen entdeckt man, daß sie freundschaftlich, zumindest aber sehr kameradschaftlich waren. Und sehr häufig beweist sie, die große Anklägerin Peters und Hauptbelastungszeugin dazu, ihrem Mann ein Mitleid, das die Geschichte ihm später versagen sollte.

Gewiß, sie spricht sehr viel von ihren eigenen Leiden; aber sie stellt fest, daß die Leiden des Großfürsten nicht geringer waren. Wenn sie gesteht, daß an ihrer Stelle »zehn andere irrsinnig geworden« und »zwanzig andere aus Kummer gestorben wären«, könnte man meinen, daß sie diesen Zustand dem unglücklichen Charakter ihres Mannes zuschreibe; das ist nur teilweise wahr. Peter war alles andere als ein begehrenswerter Gatte, aber in den ersten Jahren ihrer Ehe war an dem Unglück der beiden keineswegs ihr gegenseitiges Verhältnis schuld. Man machte allen beiden das Leben unmöglich. Peter gehörte, wenn schon nicht zu den »zwanzig«, die aus Kummer gestorben wären, zumindest zu den »zehn«, die das Leben, das er zu führen gezwungen war, hätte zum Wahnsinn treiben können.

Aus Angst, daß ihr Thronfolger sich zu unabhängig und zu ehrgeizig gebärden könnte, tat Elisabeth alles, um ihn seelisch zu brechen. Peter, schon von Natur aus schwach, rebellisch und engstirnig, erlebte, daß man ihm jeden Rettungsring, an den er sich aus einem Rest von Selbsterhaltungstrieb hätte anklammern können, systematisch entriß.

Katharina ist die erste, die der Kaiserin die Schuld an dem seelischen Verfall des jungen Mannes gibt; sie beschreibt, wie dem Großfürsten alle Freunde, an die er das Unglück hat, sich anzuschließen, genommen werden. Zu dieser Zeit ist Peter erst siebzehn, achtzehn Jahre alt und durch seine schwierige und späte Entwicklung ist er geistig noch unreif; es fehlt ihm nicht an »natürlicher Lebhaftigkeit«, und er sucht die Gesellschaft junger Leute seines Alters. So zeigte er, unter anderem, eine herzliche Zuneigung für die Brüder Tschernyschew. Er sollte noch einige Jahre lang nach Freunden suchen, dann sich in die Gesellschaft von Menschen flüchten, die zwar subaltern waren, aber in seinen Augen ihm wohlwollten. Man wollte um jeden Preis den Großfürsten hindern, Freunde zu haben.

Nach der Entfernung der Tschernyschews, die so geschickt vorgenommen worden war, daß nur ein glücklicher Zufall und anschließende Nachforschungen wahrhaft polizeilichen Ausmaßes, die von Ewreinow betrieben wurden, ihren Aufenthaltsort zu ermitteln vermochten, waren, so erfährt man durch Katharina, »drei oder vier Pagen, die der Großfürst sehr liebte, verhaftet und in die Festung geschafft worden«. »Sobald man bemerkte, daß er irgend jemandem eine besondere Zuneigung zeigte, wurde der Betreffende entfernt...« Ebenso entfernt man den Fürstbischof von Lübeck, der ein Onkel des Großfürsten ist. Nach Brümmer und Bergholz (was allerdings kein Bedauern erregte) wurden alle holsteinischen Edelleute aus der Umgebung des Jünglings nach Hause geschickt, danach alle Domestiken – unter anderen sein Intendant Kramer, »ein sanfter, ordentlicher Mensch, der diesem Prinzen seit dem Tag seiner Geburt zugetan war, ein sehr vernünftiger Mann, der auch fähig war, ihm gute Ratschläge zu geben.

Über diese Entlassung vergoß der Großfürst begreiflicherweise Tränen.« Peter hing sehr an seinem Kammerdiener, dem alten und derben Rombach – Rombach kam in die Festung.

So wurde diesem Knaben, der sich nach seiner Heimat sehnte und (mangels Freunden seines Alters, da man sie ja alle entfernte) sich wenigstens in die Gesellschaft der alten Diener seines Vaters flüchtete, selbst dieser armselige Trost genommen. Wenn Elisabeth glaubte, den deutschen Einflüssen auf solche Weise entgegenzuwirken, so erreichte sie damit gerade das Gegenteil.

Katharina ihrerseits stritt und kämpfte; mit welcher Bitterkeit spricht sie von dem kleinen Kalmücken, der sie so gut frisierte, von ihrer teuren Maria Jukow, die man von ihr wegnahm, weil sie für sie »eine gewisse Vorliebe« gezeigt hatten. Elisabeth mißtraute sämtlichen Freunden ihres Neffen und ihrer Nichte; selbst die niedrigsten Bediensteten konnten Botschaften weitergeben und im Fall einer Verschwörung gefährlich werden. Sie fürchtete nicht so sehr den Großfürsten, sondern diejenigen, die ihn als Werkzeug benutzen konnten.

Sie hatte noch einen anderen Grund, die jungen Ehegatten dermaßen zu isolieren: Dadurch, dachte sie, kämen sie schließlich dazu, einander zu lieben und für einen Erben zu sorgen. Eine etwas naive, aber durchaus nicht absurde Spekulation: Katharina selbst erkennt das: »So abgeschnitten von allem, wo nur der bloße Verdacht einer Zuneigung bestand, und ohne einen Menschen, dem er sich anvertrauen konnte, wandte er sich in seiner Verzweiflung schließlich an mich.« Ihre Intimität, die die Ehe (eine nichtvollzogene Ehe) nicht gefördert, sondern zerstört hatte, lebte durch die Macht der Umstände zwangsläufig wieder auf. Nur daß, wenn Peter sich an Katharina als den einzigen Menschen wandte, dem er vertrauen durfte, Katharina die erneuerte Freundschaft nur schwer ertrug.

Sie hatten wenig gemeinsame Interessen – abgesehen von der Lust am Zusammensein mit anderen jungen Leuten, was in ihrem Alter nur natürlich war, ihnen aber praktisch verwehrt wurde. Peter, den man heutzutage als morbiden Träumer bezeichnen würde, war unfähig, aus sich herauszugehen und sich für die Gedanken anderer zu interessieren; mit großen Schritten im Zimmer seiner Frau auf und ab gehend, hielt er endlose Monologe; er redete unaufhörlich, verlor sich in »winzige« militärische Einzelheiten, ein Gebiet, auf dem Katharina ihm nicht folgen konnte.

Wenn sie versuchte, mit ihm über ihre eigenen Interessen zu sprechen – scheint er gar nicht zugehört zu haben. Sie las gern, sagt sie – er las ebenfalls; aber seine Lektüre war die »Lebensgeschichte berühmter Diebe und Straßenräuber oder Romane« – was für Romane sagt Katharina nicht, läßt aber vermuten, daß es sich nicht um seriöse Romane handelte. Heutzutage wäre Peter ein großer Illustrierten-Leser gewesen.

Sie sagt: »Es gab jedoch immerhin Augenblicke, in denen er mir zuhörte, aber immer nur dann, wenn er ganz verzweifelt war« – was häufig geschah, denn er war ängstlich. Dauernd befürchtete er irgendeine Intrige, irgendeine Verschwörung, die dazu führen könnte, daß er seine Tage »in der Festung« beschloß. Seine lebhafte, aber beschränkte Phantasie drehte sich unaufhörlich um dieses deprimierende Thema. Er besaß, sagt Katharina, »Scharfsinn, aber wenig Urteil«; unfähig, seine Gedanken und Gefühle zu verbergen, lebte er ständig in der Furcht, sich zu verraten, sich neue Feinde zuzuziehen. Als er anfing, sich in die Hierarchie des Hofes zu verwickeln, wußte er nicht mehr, wem er gefallen, gegen wen er intrigieren sollte (zum Intrigieren war er sowieso denkbar unfähig); deshalb schätzte er den gesunden Menschenverstand seiner Frau in zunehmendem Maße, die ihr Bestes tat, um ihm wieder Mut zu machen.

Inzwischen versuchte er sich, so gut er konnte, zu amüsieren. Er war achtzehn Jahre alt, und die Ehe war noch immer nicht vollzogen. (Laut ausländischen Diplomaten – insbesondere Castéra –, die weniger diskret als Katharina waren, lag das an einem kleinen Fehler, den ein Rabbiner oder Chirurg ohne weiteres hätte beheben können; aber der Großfürst konnte sich nicht zu dem Eingriff entschließen.) Peters Charakter blieb infantil, seine Spiele waren das jedenfalls unbestreitbar: Er begeisterte sich für Holzsoldaten und »andere Kinderspielzeuge« – welche wohl? –: Miniatur-Kanonen, Modelle von Festungen usw., denn Katharina sagt, daß einige seiner Spielzeuge ziemlich schwer waren. Er versteckte sich, um damit zu spielen, und seine Vertrauenspersonen waren selbstverständlich Katharina und Frau Kruse, ihre erste Kammerfrau. Frau Kruse ging so weit, heimlich die Spielzeuge des Großfürsten zu beschaffen.

Er spielte abends, im ehelichen Schlafgemach, breitete seinen ganzen Kram auf dem Bett aus, redete unaufhörlich, erfand Schlachten oder dramatische Szenen, deren Helden Holzsoldaten waren . . . Katharina hörte manchmal amüsiert, öfter noch gereizt zu, denn diese Spiele hinderten sie am Schlafen oder ungestörten

Lesen. Wie Kinder mußte sich das Paar vor Madame Tschoglokow verstecken, die einmal sogar mitternachts an ihre Tür klopfte: Katharina und Frau Kruse verbargen eiligst das Spielzeug unter der Bettdecke.

Die Überwachung der jungen Eheleute wird immer strenger gehandhabt; zu Anfang des Herbstes 1747 läßt die Kaiserin ihnen mitteilen, daß von nun an niemand ohne ausdrückliche Erlaubnis von Monsieur und Madame Tschoglokow mit ihnen sprechen dürfe; die »Damen und Kavaliere« des jungen Hofes dürfen nicht mehr die Schwelle des großfürstlichen Schlafgemachs betreten und niemand, nicht einmal die Domestiken, hat das Recht, sie außer mit erhobener Stimme, anzureden.

»Der Großfürst und ich ... wir murrten beide und verständigten uns über dieses Strafgefängnis, das keiner von uns beiden verdient hatte ...« Aber nicht in den Armen der Gattin tröstet sich der Großfürst über diese ungerechte Behandlung; jetzt passioniert er sich für eine Sache, die weniger unschuldig ist als die vorher beschriebenen kindlichen Spiele; er setzt sich in den Kopf, Jagdhunde zu dressieren.

Er verbirgt sie in der Kammer, die an Katharinas Zimmer anschließt, und diese wird durch das Bellen und Schnaufen gestört. Außerdem scheint Peter, der nichts von Dressur versteht, die Hunde lediglich dazu zu benutzen, um an ihnen seine eigene ohnmächtige Erbitterung auszulassen; er verprügelt sie grausam. Später wurde Katharina Zeugin einer scheußlichen Szene: »Ich sah, wie er einen seiner Hunde am Halsband in der Luft hielt und ein Bursche, gebürtiger Kalmücke, gleichzeitig den Hund am Schwanz gepackt hatte; es war ein kleiner King Charles englischer Rasse, und der Großfürst schlug mit dem dicken Griff einer Peitsche mit aller Kraft auf das Tier ein. Ich versuchte, mich für das arme Tier zu verwenden, aber daraufhin wurden die Schläge nur noch verstärkt; da ich den grausamen Anblick nicht ertragen konnte, zog ich mich mit Tränen in den Augen in mein Zimmer zurück. Im allgemeinen versetzten Tränen und Schreie, statt ihn mitleidig zu machen, den Großfürsten in Wut; Mitleid war ein Gefühl, das seiner Seele peinlich und manchmal auch unerträglich war.«

Genügen diese Zeilen, um zu beweisen, daß Peter Sadist war? Er hatte keine Gelegenheit und vielleicht auch keine Lust, seinesgleichen auf solche Weise zu quälen; aber ein derartiges Betragen beweist eine Natur ohne Güte und vor allem eine verzweifelt schwache Natur. Die Worte: »Mitleid war ein Gefühl, das seiner Seele peinlich war«, zeigen, daß Peter nicht von Natur aus grausam oder gefühllos war, sondern verbittert. Der Hase in der Fabel freut sich darüber, ein paar Frösche zu erschrecken, für Peter bedeutete seine eingebildete und forcierte Grausamkeit eine Rache, eine Möglichkeit, sich stark zu fühlen.

Jedoch hatte er noch eine andere Passion, die sympathischer, aber zweifellos unglücklich war: Er schwärmte für Musik. Aber anscheinend hatte sich niemand die Mühe genommen, ihm darin Unterricht zu geben, und seine Frau sagt, »er kannte keine Note«. »Er hatte viel Gehör, und bei ihm bestand die Schönheit der Musik in der Kraft und der Heftigkeit, mit der er seine Geige zum Klingen brachte.«

Also geigte er gewissermaßen nach dem Gefühl und geigte ziemlich schlecht; so fragt man sich, wieso er, wenn er wirklich Gehör besaß, sein Spiel überhaupt aushielt – war er so heillos in seine Träumereien verstrickt, daß er sich nicht einmal selber hörte? Jedenfalls verschaffte ihm seine Geige nur sehr bedingte Freuden.

Zweifellos litt der immerhin Zwanzigjährige immer mehr unter seiner Impotenz. Katharina litt ebenfalls darunter. Wie es scheint, schrieb sie lange Zeit die Kühle ihres Gatten der Vorliebe zu, die er für andere Frauen bewies, wodurch in ihr ein unheilbarer Haß entstand. Wiederholt läßt sie in ihren Memoiren eine Eifersucht durchblicken, die sie nicht zugeben will. »Ich sagte mir, daß ich mit diesem Mann bestimmt unglücklich würde und es Anlaß genug gab, um aus Eifersucht zu sterben, ohne daß damit jemand geholfen wäre.«

Fünf Jahre später, als sie sieht, wie ihr Mann der Prinzessin von Kurland (einer Tochter Birons) stürmisch den Hof macht, steht sie mit heftigen Kopfschmerzen von der Tafel auf und weint sich bitterlich bei ihrer getreuen Madame Wladislawowa aus, nicht aus Eifersucht, wie sie versichert, sondern aus Ärger, weil ihr Stolz sich dagegen wehrt, Mitleid zu erregen. Und diesen Stolz verletzte Peter unaufhörlich, vielleicht ohne es zu wollen; denn er war nicht nur außerstande, sein Interesse für andere Frauen zu verbergen, sondern schwärmte sogar Katharina von ihnen vor; er behandelte sie ganz offensichtlich wie eine Schwester oder Kameradin, aber nie wie eine Frau, in die er sich jemals hätte verlieben können.

Lehrjahre

Katharina war so einsam, so verlassen, so hungrig nach Zärtlichkeit, daß sie sicherlich sogar diesem reizlosen Gatten alle Fehler verziehen hätte, wenn er sich nur herbeigelassen hätte, ihr etwas Liebe auch nur vorzutäuschen. Inzwischen verlor sie sich in Spekulationen. Glaubte sie, daß ihr Mann Mätressen habe? Anfangs vielleicht schon. Aber sie berichtet uns, daß sieben Jahre nach ihrer Hochzeit der Großfürst noch so unschuldig war, daß er auf die Hilfsbereitschaft einer hübschen Witwe angewiesen war, die ihn im Auftrag von Madame Tschoglokow zu deflorieren hatte. Wenn Katharina auch keinen Anlaß zur Eifersucht hatte, da Peter physisch überhaupt nicht imstande gewesen wäre, sie zu betrügen, so grämte sie sich doch sehr.

Inzwischen kroch der Schmetterling aus der Puppe, und die Großfürstin wurde »zusehends schöner«. Jedenfalls sagten das die Leute, und sie, obgleich mißtrauisch gegen Schmeicheleien, begann es zu glauben. »Ich war groß (aber nach ihren Kleidern zu urteilen, kann sie kaum größer als ein Meter sechzig gewesen sein) und sehr schön gewachsen; ich war überhaupt nicht füllig, sondern ziemlich dünn. (Wie sie damals Elisabeth um ihr herrliches Dekolleté beneidete!) Ich ging gern ungepudert, ich hatte sehr schönes braunes, volles Haar, mit einem schönen Ansatz.« Auf den Porträts aus dieser Epoche sieht sie in der Tat ganz reizend aus, nicht hübsch, aber zart und apart, mit lebhaftem Blick und einem kleinen, energischen und intelligenten Mund. Der lange, schmächtige Peter mit dem pockennarbigen Gesicht war in jedem Fall sehr viel häßlicher als seine Frau.

Hat Katharina, da sie nicht hoffen konnte, Peter zu gefallen, versucht, wenigstens anderen zu gefallen? Das scheint nicht der Fall gewesen zu sein. Sie war nach strengen Grundsätzen erzogen, und die kurze Episode ihrer amitié amoureuse mit André Tschernyschew hatte sie vorsichtig gemacht; wenn sie sich schon davor hütete, ihren Mann zu lieben, dachte sie noch weniger daran, einen anderen zu lieben. Dennoch hat sie sogar zu dieser Zeit zärtliche Gefühle geweckt: Graf Kyrill Rasumowski, Bruder des Günstlings, schwärmte im stillen für sie, und der schwedische Botschafter bewunderte sie so, daß sie sich in seiner Gegenwart geniert fühlte. Aber Peter blieb immer der einzige Mann, an den sie zu denken wagte.

Eine kleine Szene in ihren Memoiren beweist, daß Katharina lange Zeit für ihren Gemahl eine zumindest schwesterliche Liebe bewahrte, die verständnisvoll zu entschuldigen suchte: Sie erzählt, wie eines Tages bei einem Essen in Zarskoje-Selo es Peter einfiel, dem General Buturlin (der gerade eine komische Geschichte erzählt hatte) zu sagen: »Ach! Über diesen Hundesohn werde ich mich heute noch totlachen!« Peter sprach sehr schlecht Russisch und übte es vornehmlich mit seinen neuen Dienern, Leuten aus dem Volk – und der Ausdruck »Hundesohn« (Sukin Syn), eine grobe Beleidigung, kann im Volksmund durchaus freundschaftlich gemeint sein. Der würdige General war darüber empört und blieb es bis an sein Lebensende. »Dabei«, sagt Katharina, »war es nur der Ausdruck jugendlichen Überschwanges eines jungen Menschen, der gezwungen war, sich in schlechter Gesellschaft zu bewegen, mit der ihn seine liebe Tante und ihre Vertreter eingesperrt hielten; in Wirklichkeit hätte dieser junge Mensch eher Mitleid als Haßgefühle verdient.«

Um die holsteinischen Erzieher des Großfürsten loszuwerden, hatte Elisabeth kurz nach der Hochzeit erklärt, daß ihr Neffe nunmehr weder »Aufseher« noch »Pädagogen« brauche. Allerdings hat man gesehen, daß nach der Abreise Brümmers der Großfürst einer weit strengeren Aufsicht unterstellt wurde und später von jedem Kontakt mit dem Ausland abgeschnitten werden sollte. Allein, er blieb immer noch Herzog von Holstein. Somit konnte die Kaiserin nicht umhin, ihm zu gestatten, sich, und sei es auch nur formell, um die Geschäfte eines Staates zu kümmern, dessen Souverän er war.

Peter erhielt regelmäßig Ministerberichte aus seinem Herzogtum, mußte Akten unterzeichnen, sowie Anweisungen geben. Und man muß sagen, daß der junge Mann anfangs seine Pflichten als Herzog von Holstein sehr ernst nahm: Seit dem Frühjahr 1746 hatte er sich mit einem richtigen kleinen Hof umgeben, der seinen Staatsrat bildete.

Zu diesem gehörten der Geheime Rat Pehlin, der Staatsrat Löwenbach, die Sekretäre von Brambsen und Zeiss, die Offiziere von Schill und Katzen und so weiter. Da Peter Rußland als Exil-Boden betrachtete, bemühte er sich, in möglichst enger Verbindung mit seinem Heimatland zu bleiben: Er ließ sich sogar ein Miniatur-Modell seines geliebten Kiel kommen, das er »mehr liebte als das gesamte russische Kaiserreich«.

Als Elisabeth sah, wie begierig sich ihr Neffe auf diese Gelegenheit stürzte, Rußland, wenn auch nur in Gedanken, zu entfliehen, ließ sie nicht zu, daß ihr Neffe mitten in Petersburg ein kleines holsteinisches Herzogtum installierte. Das Herzogtum Holstein interessierte die Kaiserin dermaßen wenig, daß sie 1745 in einem Vertrag mit Schweden ganz Schleswig (ein Erbteil ihres Neffen) Dänemark zugestand. Peter war darüber zutiefst empört, hatte aber keinerlei Mitspracherecht. Seitdem träumte er davon, Schleswig zurückzuerobern.

Fürst Repnin, der neue Erzieher des Großfürsten, ein ehrlicher Mensch, dessen Patriotismus über jeden Verdacht erhaben war, fand es nichtsdestoweniger richtig, den jungen Mann in seiner neuen Tätigkeit zu ermutigen, und opponierte nicht gegen die Soldatenspiele des Großfürsten, der – es handelte sich keineswegs um »Holzsoldaten« – sich aus Holstein ein paar deutsche Regimenter kommen und sich eine kleine Festung bauen ließ, Manöver inszenierte und so weiter. Zweifellos erblickte Repnin, der sah, daß diese Beschäftigungen den wahren Neigungen des jungen Mannes entsprachen, in ihnen noch das beste Heilmittel gegen die bedauerliche Kindlichkeit des Großfürsten. Aber Elisabeth war – mit Recht – besorgt über die ostentative Deutschfreundlichkeit ihres Thronerben wie auch über den ärgerlichen Eindruck, den seine deutsche Umgebung auf die Öffentlichkeit machte. Kurzum, sie mißbilligte diese »militärische Marotte« und schickte 1747 die Holsteiner alle nach Hause, deren Scheiden Katharina so sehr zu bedauern hatte: Jetzt blieben Peter nur noch seine Holzsoldaten, seine Hunde und seine Geige.

Damit wurde er aber keineswegs von seiner Passion für Holstein geheilt; siebzehn Jahre lang drängte ein dänischer Botschafter nach dem anderen darauf, unterstützt von den Botschaftern Frankreichs und Österreichs, sowie Elisabeth und Bestuschew, daß er sein Herzogtum – ein armes, fernes Land ohne jedes Interesse für Rußland – gegen die Grafschaften Oldenburg und Delmenhorst tausche. Obwohl es in jeder Beziehung ein günstiger Tausch gewesen wäre, weigerte sich Peter konsequent, auf sein väterliches Erbe zu verzichten. Dem Grafen Lynar, der annahm, daß Peter, wenn er erst einmal Kaiser von Rußland wäre, andere Sorgen haben und seinen Anspruch aufgeben werde, erwiderte Bestuschew (1750), daß die erste Sorge des Großfürsten, sobald er auf dem Thron säße, ein Angriff auf Dänemark sein würde, um Schleswig zurückzuerobern – womit der alte Kanzler sich als guter Psychologe erwies.

Nicht nur, daß der künftige Kaiser von Rußland sein Städtchen Kiel dem gesamten russischen Reich vorzog: Er hegte auch eine glühende, fast fanatische Bewunderung für den König von Preußen, den er übrigens nie gesehen hatte und den Elisabeth und Bestuschew als Erzfeind betrachteten. Über diese lauthals proklamierte Bewunderung lächelte Friedrich und sagte von Peter: »Ich bin seine Dulzinea . . .« Es war die jugendliche Schwärmerei eines Knaben, der einen Helden, ein Vorbild, braucht – nur daß der arme Peter keinen der Vorzüge Friedrichs besaß, nicht einmal einen seiner Fehler. Und diese Schwärmerei, wie alle anderen »Ideen« des Großfürsten, sollte sich als außerordentlich hartnäckig erweisen.

Also fraß Peter seinen Kummer in sich hinein und griff unterdessen zu Zerstreuungen, die ihn geistig nur abstumpfen und verblöden konnten. Später, als er auf die Dreiundzwanzig zuging, begann er eine zunehmende Freude am Trinken zu zeigen (anscheinend übertreibt Katharina, wenn sie sagt, daß der Großfürst schon als Kind in Kiel sich das Trinken angewöhnt habe; bis 1750 hat ihn noch niemand betrunken gesehen oder seine Vorliebe für den Alkohol erwähnt). Jedenfalls war das Leben, das man Peter zu führen zwang, keine Ausbildung für den Herrscherberuf. Elisabeth war sich dessen zweifellos bewußt, aber sie scheute sich, einem Fürsten zu viel Macht und Handlungsfreiheit zu gewähren, der eine so offene Feindseligkeit gegen sein Land hegte – oder fürchtete ganz einfach den möglichen Rivalen; sie hatte nicht vergessen, wie sie selbst auf den Thron gekommen war.

Bereits 1747 schrieb der preußische Botschafter Finckenstein an Friedrich II.: »Man kann darauf wetten, daß der Großfürst niemals in Rußland regieren wird. Abgesehen von seiner schlechten Gesundheit, die einen vorzeitigen Tod zur Folge haben könnte, haßt das russische Volk den Großfürsten, so daß dieser Gefahr läuft, seine Krone auch dann zu verlieren, wenn sie nach dem Tod der Kaiserin ohne weiteres auf ihn übergeht.« Und es ist kaum anzunehmen, daß ausgerechnet der preußische Botschafter übertrieben schwarz gesehen hätte . . .

Wenn schon der Großfürst nicht sicher war, daß er eines Tages herrschen werde, so war es Katharina noch weniger. Da es aber keinen anderen Erben, keinen anderen annehmbaren Thronprätendenten gab, konnte sie immerhin hoffen, daß die Krone dennoch

»ohne weiteres« auf ihren Mann, mithin auf sie, übergehe. Und sie benützt die ihr aufgezwungene Muße zum Lesen, zum Nachdenken und sich zu bilden – noch ziemlich zaghaft, denn sie ist jung und ohne Erfahrung. Die Zeit, die sie nicht dem Reiten widmet – das inzwischen ihre Lieblingsbeschäftigung ist, sie macht darin rapide Fortschritte – und der Entenjagd auf dem See, verwendet sie zum Lesen. Sie liest sehr viel.

Sie verschafft sich zunächst Romane (französische Romane des siebzehnten Jahrhunderts, die damals noch en vogue waren, wie *Astrée* von d'Urfé, *Polexandre* und *Le Grand Cyrus* von Mlle. de Scudéry und *Clovis* von Desmarets). Auf ihren Spaziergängen, sagt sie, habe sie stets ein Buch in der Tasche gehabt. Diese Lektüre langweilt sie bald. Sie stößt auf die Briefe der Madame de Sévigné, die sie, sagt sie, »sehr amüsiert« haben. Sie liest die *Histoire de l'Allemagne* von P. Basse, Chorherr von Sainte-Geneviève, ein sehr langes und ziemlich weitschweifiges Werk, das sie aber, weil es schließlich von ihrem Heimatland handelt, sehr schätzt. Sie liest mit Passion *L'Histoire d'Henri le Grand* von Péréfixe und ist von der Persönlichkeit des guten König Heinrich besonders angezogen: Heinrich IV. wird für sie das Vorbild eines Herrschers. Ebenso liest sie Brantôme, der ihr sehr gefällt, eine eigenartige Lektüre für die junge Frau (oder vielmehr das junge Mädchen), die noch recht puritanisch ist. Brantôme, genau wie Madame de Sévigné, »amüsiert sie sehr«. Das sind etwa die einzigen Kommentare zu ihrer Lektüre, die sich in ihren Memoiren finden. Später, in ihrem umfangreichen Briefwechsel, sollte sie noch häufig von ihrer Bewunderung für Heinrich IV. sprechen; es ist anzunehmen, daß das Mädchen schon von Jugend an außerordentlich realistisch dachte und sich lieber mit Geschichte und Tatsachen beschäftigte als mit Romanen.

Nach den gelehrten, moralischen und konventionellen Werken wie den Büchern von Basse und Péréfixe entdeckte Katharina die Werke der großen Zeitgenossen – Montesquieu, Voltaire, Bayle –, die ihr neue Horizonte eröffneten. Sie bedachte, daß es einmal ihre Aufgabe sein würde, ein großes Land zu regieren, und begann immer mehr über Politik und deren Gesetze, Moral und Ziele nachzudenken. Mit der Zeit erwärmte sie sich aufrichtig für fortschrittliche Ideen, für die Lehren der Philosophen, und träumte davon, sie in die Tat umzusetzen. Großzügige Träume – denn großzügig war sie –, aber Wunschträume, denn sie war erst zwanzig. Und mochte sie auch in der relativen Abgeschiedenheit ihres Zimmers oder einer Parkecke, über ein Buch gebeugt, träumen, so brachte ihr die Berührung mit ihrer Umwelt alsbald die Kluft zum Bewußtsein, die zwischen Traum und Wirklichkeit besteht, denn sie war – vor allem – auch eine Frau von wachem Verstand und einem besonders klaren Sinn für die Wirklichkeit.

Zehn Jahre lang bemühte sie sich beharrlich, den Großfürsten zu beraten, und versuchte mit endloser Geduld, dieses verschreckte, beschränkte Gemüt zu gewinnen; sie weiß sehr wohl, daß sie aus eigener Kraft nichts ist, daß ihr Charme, ihre Beliebtheit, alles, was sie zu bieten hat, nur von sekundärer Bedeutung ist. Worauf es wirklich ankommt, ist allein die Herrschaft über den Großfürsten – aber, wie sie gegen Ende der Regierung Elisabeths schreibt, als ihr Bruch mit Peter sich praktisch vollzogen hat: »Eine starke Seele ist nicht dazu geschaffen, eine schwache Seele zu beraten, denn diese ist unfähig, das, was die andere, ihrem Charakter entsprechend vorschlägt, zu befolgen oder auch nur gutzuheißen...« Bei dieser Betrachtung ist offensichtlich nicht der Großfürst die *starke Seele*, sondern sie selbst.

Ein Grund mehr, über die Gleichgültigkeit, die Peter ihr bei jeder Gelegenheit erweist, zu verzweifeln – wird nicht eine andere, reizvollere Frau in dem Großfürsten schließlich dauerhaftere Gefühle erwecken und der Großfürstin die wenig beneidenswerte Rolle einer Maria Theresia von Spanien oder einer Maria Leszczynska überlassen? Das Eheglück Katharinas scheint immer gefährdeter, und nach sieben Jahren einer Ehe, die keine ist, konstatiert die junge Frau mit Bitterkeit: »Er hofiert gleichsam alle Frauen des Hofs, nur diejenige, die seinen Namen trägt, beachtet er nicht.« Man muß dazu sagen, daß es Peter in seiner Don-Juan-Rolle nicht einmal gelang, denen zu gefallen, die er umwarb. Aber deshalb litt Katharinas Stolz nicht weniger.

Als Sophie von Anhalt-Zerbst an den russischen Hof kam, war sie ebenso naiv, wie es später die Erzherzogin Marie Antoinette sein sollte (die in ihrer Unschuld nicht begriff, welche Rolle Madame Dubarry bei Ludwig XV. spielte), und begriff erst am Vorabend ihrer Hochzeit, worin die Rolle des Grafen Rasumowski bestand. Auch ihr wurden erst nach und nach die Augen über ganz andere bekannte oder geheime Skandale geöffnet, einschließlich desjenigen, in den ihre Mutter verwickelt gewesen war. Ihre Trauer und ihr Abscheu darüber müssen nachhaltig gewesen sein. Und dennoch war sie gezwungen, an diesem Hof zu leben, wo Sittenlosigkeit nicht nur geduldet, sondern durch das Beispiel der Kaiserin auch noch quasi gefördert wurde. Später erlebte sie auch noch die Intrigen, die sich zwischen Iwan Schuwalow, dem neuen Favoriten, und dem Oberst Beketow, einem anderen hübschen Jüngling, entwickelten. Beide Favoriten teilten sich in die Gunst der Kaiserin, über die sie sich öffentlich zankten, wobei jeder von seiner Gefolgschaft unterstützt wurde...

Tschoglokow, der Aufseher des Großfürsten, während seine Frau Hofmeisterin der Großfürstin war, war ein Schürzenjäger; eines Tages kam heraus, daß er sich unterstanden hatte, Mademoiselle Koschlew, eine von Katharinas Ehrendamen, zu verführen und ihr ein Kind zu machen – die entrüstete Kaiserin verständigte sofort die empörte Gattin, welche großmütig verzieh und damit erreichte, daß ihr Mann in seiner Stellung belassen wurde. Dieser kleine häusliche Skandal beschäftigte den Hof eine ganze Woche, man hofft, daß Tschoglokow entlassen wird, »aber entlassen wurde nur die Hofdame«; und später sollte Tschoglokow sich erdreisten, seine Augen sogar zur Großfürstin zu erheben. Ohne ihre Grundsätze aufzugeben, konstatiert Katharina, wie wenig ihre Umgebung diese Grundsätze achtet; dieselbe Marie Tschoglokow – die ihr als Musterbeispiel ehelicher Treue zugeteilt worden ist – sollte ihren flatterhaften Ehemann schließlich ebenfalls betrügen. Katharina, die bis jetzt noch nicht auf die Verehrung eines bestimmten Mannes aus ist, wird kokett, möchte gefallen und hat zugleich Angst davor, da sie weiß, welche Gefahr ein Flirt für sie und vor allem für ihren Verehrer bedeuten kann.

Was für Gefahren? Dem Großfürsten drohte die Kaiserin und sogar Madame Tschoglokow, die den über Zwanzigjährigen wie ein kleines Kind überwachte, oft mit »Festungshaft«, wenn er sich weigerte, von ihr übermittelte Befehle auszuführen. Hatte auch Katharina eine solche »Festungshaft« zu befürchten? Wenn schon nicht Gefängnis, so doch eine unrühmliche Ausweisung in ihre Heimat. Was nützten ihr schon alle Anstrengungen, um Elisabeth nicht zu mißfallen: auf die Gefühle dieser Frau war nicht der geringste Verlaß. Eines schönen Tages schickt ihr die Kaiserin den Kammerherrn Afsin mit dem Befehl, ihr mitzuteilen, daß (sagt Katharina) »Ihre Kaiserliche Majestät bei Tisch erklärt habe, daß ich unmäßige Schulden mache, daß alles, was ich täte, völlig töricht sei, und ich mir noch dazu einbildete, äußerst geistreich zu sein...

daß ich niemanden täuschte und jedermann über meine profunde Dummheit im Bilde sei ... und er fügte mit Tränen in den Augen hinzu, daß die Kaiserin ihm befohlen habe, mir das zu sagen, er mich aber bäte, so zu tun, als wisse ich nicht, daß er auf Befehl gehandelt habe ...«

Da hatte sie sich eine solche Mühe gegeben, das Vertrauen der Kaiserin zu gewinnen, und wurde so abscheulich dafür belohnt. In ihren Erinnerungen nimmt Katharina die Sache von der humoristischen Seite, aber seinerzeit muß es schon eine bittere Pille gewesen sein. Die junge Frau denkt bestimmt nicht mehr daran, Elisabeth »als ein göttliches und makelloses Wesen« zu betrachten. Sie beginnt sogar, sich andere Beschützer zu suchen, zwar weniger hochgestellte, aber auch weniger launische.

Sie hält sich aus allen politischen Intrigen heraus; aber im Herzen gehört sie stets zu der preußenfreundlichen Partei – nur benimmt sie sich dabei diskreter als ihr Mann. 1748 erhielt sie eine böse Warnung: Graf Lestocq, der Berater der Kaiserin, der mit ihr nicht immer sehr höflich gewesen war, den ihr aber ihre Mutter beim Abschied als zuverlässigen Freund ans Herz gelegt hatte, fiel Knall und Fall in Ungnade. »Eines Tages«, erzählt sie, »als ich die Gemächer Ihrer Majestät betrat, ging ich auf den Grafen Lestocq zu und sprach ihn an. Er sagte zu mir: ›Bleiben Sie stehen.‹ Ich hielt das für einen seiner üblichen Scherze; er hatte die Angewohnheit, mir zu sagen: ›Charlotte, halten Sie sich gerade!‹, womit er den Ton nachahmte, mit dem man mir bei Hof begegnete. Ich wollte ihm in seiner Tonart antworten, aber er erwiderte: ›Ich scherze nicht, gehen Sie weg von mir.‹ Das verletzte mich etwas, und ich sagte ihm: ›Auch Sie wollen nichts von mir wissen?‹ Er antwortete: ›Ich sage Ihnen, Sie sollen mich in Ruhe lassen.‹«

Am anderen Morgen erfuhr sie, daß Lestocq in die Festung gekommen war. Man warf ihm vor, für Preußen intrigiert zu haben. Chiffrierte Briefe, die der preußische Botschafter Finckenstein an ihn gerichtet hatte, belasteten ihn schwer und belasteten auch die Großfürstin. (Finckenstein schrieb unter anderem: »Du hast Ihrer Kaiserlichen Hoheit selbst gesagt, daß, wenn die Prinzessin von Zerbst auf Deine und Brümmers Ratschläge hörte, sie den Großfürsten an der Nase herumführen würde: Was sind denn das für Ratschläge?« Man fragt sich und sieht nicht recht ein, welchen Grund Katharina gehabt hätte, den Großfürsten »an der Nase herumzuführen«. Aber in den Augen Elisabeths konnten schließlich diese Briefe ein Einverständnis zwischen Lestocq, der Großfürstin und dem König von Preußen beweisen.) Lestocq, den Katharina bedauert und für unschuldig erklärt, wurde durch eine Sonderkommission verhört, die aus Bestuschew, General Apraxin und Graf A. Schuwalow bestand – die Angelegenheit nahm die Ausmaße eines Hochverratsprozesses an. Unter der Folter gestand Lestocq nichts und wurde ohne Beweise verurteilt beziehungsweise ohne Gerichtsurteil verbannt und seiner Güter beraubt. Und Katharina konstatiert traurig: »Die Kaiserin hatte nicht die Kraft, einem Unschuldigen Gerechtigkeit widerfahren zu lassen; sie hätte die Rache eines solchen Menschen gefürchtet, und deshalb ist seit ihrer Herrschaft, ob schuldig oder unschuldig, nie jemand wieder aus der Festung herausgekommen, ohne zumindest verbannt zu werden.«

Katharina war die Anhänglichkeit der Kaiserin für Lestocq wohlbekannt, der nicht nur seit vielen Jahren ihr Leibarzt war, sondern auch eine wichtige Rolle bei ihrer Machtergreifung gespielt hatte; wenn schon so jemand von heut auf morgen in Ungnade fallen und der unwürdigsten Behandlung ausgesetzt werden konnte, wer am Hof war dann noch sicher, seine Freiheit zu behalten? (Jedoch ist Elisabeth in dieser Sache anscheinend keine Inkonsequenz vorzuwerfen: Lestocq war sicherlich Nachrichtenübermittler für den preußischen Botschafter; und Bestuschew war nur zu glücklich über diesen Vorwand, einen Feind loszuwerden.)

Von diesem Tage an, da auch sie selbst Gefahr lief, in einen Hochverratsprozeß verwickelt zu werden, fürchtete Katharina den schrecklichen Kanzler noch mehr als zuvor. Überall wittert sie Kreaturen Bestuschews, sie kann keinen Schritt tun, ohne sich verdächtigt zu fühlen, sie werden beide – sie und ihr Mann – offen und dreist verfolgt... Nun strebt sie nicht mehr die Gunst der Kaiserin an, sondern die des Kanzlers; und dieser Mann ist nicht leicht zu gewinnen. Sie bekommt ihn niemals zu Gesicht, und er ist gegen sie voreingenommen. Immerhin begreift sie schließlich, daß Bestuschew, obgleich er rachsüchtig, stolz, intrigant und vor allem »immer betrunken« ist, sich nur insoweit für Leute interessiert, wie sie seinen politischen Zielen nützen oder schaden können. Und sie kommt allmählich dahin, ihre eigenen Überzeugungen zu modifizieren und zu erkennen zu geben, daß sie die Ideen ihres Mannes nicht teilt, daß sie keinerlei Sympathie für den König von Preußen hegt – während dieser König, den seine Botschafter von dem geschickten und vorsichtigen Verhalten seines ehemaligen Schützlings unterrichtet haben, sich mit allen Mitteln bemüht, sie sich als Verbündete zu sichern.

So beginnt die kleine Großfürstin – die in strenger Überwachung lebt, ihre Tage damit zubringt, über Land zu reiten oder zu lesen, ihre Abende mit Tanzen oder damit, dem Geschwätz des Großfürsten zuzuhören – in dem Spiel der russischen Politik eine Rolle zu spielen, eine zwar noch sekundäre, aber immerhin beachtliche Rolle. Sogar die ausländischen Höfe begreifen, daß es sicherer ist, auf diese gescheite junge Frau zu setzen als auf ihren unberechenbaren Mann.

Aber die Jahre vergehen – und acht Jahre nach der Hochzeit hat das großfürstliche Paar noch immer keinen Erben. Die Kaiserin ist zweiundvierzig Jahre alt. Ihre Gesundheit ist ziemlich angeschlagen, 1749 drohte sie an einer »Darmverstopfung« zu sterben, zur Verwirrung des Hofes, zum Entsetzen des Großfürstenpaares, das sich bereits von einer Palastrevolution zugunsten des im Kerker schmachtenden Kindes Iwan VI. oder Verbannung und Festungshaft bedroht sah . . . Elisabeth denkt sichtlich nicht daran, den Sohn des Herzogs von Braunschweig, den Sproß des Hauses, das sie entthront hat, aus der Festung Schlüsselburg zu entlassen – aber was, wenn Peter keine Kinder bekommt, wenn der Thron definitiv diesem deutschen Paar, das den Interessen Rußlands gleichgültig gegenübersteht, zufällt? Für Elisabeth wie für Bestuschew und seine Anhänger wird die Unfruchtbarkeit des jungen Paares immer mehr zu einer Katastrophe.

Eines Tages, im Lauf eines Jagdausflugs, befand sich der Großfürst allein im Wald mit einem Leutnant Baturin vom Butirski-Regiment – und dieser Offizier, der eine große Bewunderung für die Person des Großfürsten hegte, stieg vom Pferde, warf sich vor Peter auf die Knie und schwor ihm, »daß er niemals einen anderen Herrn als ihn anerkennen und alles, was er ihm befehle, tun werde«. Peter gab entsetzt seinem Pferd die Sporen, ließ seinen treuen Untertanen im Staube liegen und eilte von dannen, um seiner Frau das Erlebte zu berichten. Er erschrak noch weit mehr, als er erfuhr, daß besagter Baturin verhaftet und in die geheime Staatskanzlei überführt worden war, wo über Staatsverbrechen abgeurteilt wurde. Selbst falls Peter sich hatte verleiten lassen, wenn nicht zu konspirieren, so doch mit den Verschwörern zu sympathisieren, die ihn auf den Thron heben wollten, so hatte niemand davon gewußt, und Baturin verriet ihn nicht. Dennoch wurde dieser Offizier angeklagt und überführt, den Plan verfolgt zu haben, die Kaiserin zu ermorden und ihren Palast in Brand zu setzen »und durch diese grauenvolle Tat und diese von ihm angestiftete Verwirrung den Großfürsten auf den Thron zu setzen«.

Peter war gewiß nicht der Mensch, sich an die Spitze einer Verschwörung zu stellen, wie immer die Erfolgschancen dafür aussehen mochten. Aber dieser Vorfall, so geringfügig er sein mochte, bewies ihm, daß auch er mit Anhängern rechnen konnte, daß er nicht mehr ein Kind war, das für den Rest seines Lebens vor seiner Tante zu zittern hatte.

»Seitdem«, sagt Katharina, der einzige und beste Zeuge, »beobachtete ich, wie sich in dem Großfürsten ein Drang zum Herrschen entwickelte, er verzehrte sich vor Begierde danach, aber er tat nichts, um sich dessen würdig zu erweisen.«

Liebe und Staatsräson

»An unserem Hof [dem »jungen« Hof] gab es zwei Kammerherren Saltykow...«, schreibt Katharina. Serge, der jüngere von beiden, war seit kurzem mit einer Hofdame der Kaiserin, Matrjona Petrowna Balk, verheiratet; Peter, der ältere – ein törichter, äußerst häßlicher Mensch und »extrem klatschsüchtig« – war mit der Prinzessin von Kurland verlobt, die der Großfürst umworben hatte; und Katharina war so glücklich darüber, daß eine ihrer Rivalinnen sich verheiratete, daß sie dem Zukünftigen ein Hochzeitswams sticken ließ.

Die Saltykows gehörten zu den ältesten und angesehensten Familien Rußlands, obwohl sie weder Fürsten noch Grafen waren (der Grafentitel war ja sowieso wertlos geworden). Und Serge Saltykow war ein bildschöner Mensch von sechsundzwanzig Jahren, dessen Erfolge bei Frauen Legion waren.

Katharina wurde tatsächlich wunderhübsch. Sie stellt es erstaunt und mit naiver Eitelkeit fest... »Eines Tages«, schreibt sie, »sah ich ihr [Elisabeth] beim Menuett-Tanzen zu (auf einem jener Maskenbälle, wo die Frauen als Männer und die Männer als Frauen verkleidet waren), und als sie fertiggetanzt hatte, kam sie zu mir; ich erlaubte mir, ihr zu sagen, es sei ein Glück für die Frauen, daß sie kein Mann sei, und daß nur ein Bild von ihr in diesem Kostüm genügte, einer jeden den Kopf zu verdrehen. Meine Worte, die mir aus dem Herzen kamen, wurden sehr gut aufgenommen, und sie antwortete mir im gleichen Ton und ganz bezaubernd, daß sie, wenn sie ein Mann wäre, mir den Paris-Apfel gäbe. Ich neigte mich, um ihr ob eines so unerwarteten Kompliments die Hand zu küssen; sie aber umarmte mich, und die ganze Gesellschaft zerbrach sich den Kopf darüber, was es wohl zwischen mir und der Kaiserin gegeben habe...« Waren diese Worte aus reiner Höflichkeit gegenüber einer jungen Frau gesprochen worden, deren aufrichtige Bewunderung die Kaiserin gerührt hatte? Katharina fängt jedenfalls daraufhin an, sich schön zu finden. Sie spricht mit kindlichem Stolz von einem bestimmten Ball, wo sie sämtliche übertrieben aufgeputzte Damen übertrumpfte, indem sie ein schlichtes weißes Kleid trug, »auf sehr schmalem Reifrock, das mit einer künstlichen Rose, einer echten zum Verwechseln ähnlich«, geschmückt war. Eine gleiche Rose hatte sie im Haar, das mit einem weißen Band rückwärts zusammengebunden war, und um den Hals eine weiße Krause. Sie war die Königin des Balls, man war hingerissen von ihrer Einfachheit, man bewunderte sie, und die Kaiserin ließ sich herab, ihr ein Schönheitspflästerchen auf die Wange zu kleben. Auf dieses Schönheitspflaster war Katharina stolzer als auf alles andere.

»Man fand mich schön wie der junge Morgen und ganz bezaubernd... Ehrlich gesagt, habe ich mich nie besonders schön gefunden, aber ich gefiel, und das war, glaube ich, meine Stärke.«

Sie gefiel, weil ein Mann ihr gefiel und weil sie spürte, daß dieser Mann sie bewunderte.

Zweifellos war Serge Saltykow nicht die erste Liebe Katharinas; für André Tschernyschew, jenen reizenden jungen Mann, der für die Freundschaft des großfürstlichen Paares so teuer bezahlen mußte, hatte sie mehr als nur Freundschaft empfunden; durch ihren getreuen Ewreinow hatte sie den Verbannungsort der Brüder Tschernyschew ausfindig machen und mit Hilfe einer ergebenen Dienerin, Katharina Petrowna, eine Zeitlang eine geheime Korrespondenz mit André führen können, und für diesen Jüngling hatte sie Risiken auf sich genommen, die sie für den Briefwechsel mit ihren Eltern nicht auf sich zu nehmen wagte. Aber mit dem Erscheinen Saltykows vergaß sie sehr bald den treuen und unglücklichen André.

»Er war schön, wie der junge Morgen«, schreibt sie, »und weder am großen Hof noch gar an dem unseren konnte sich irgend jemand mit ihm messen. Es fehlte ihm nicht an Geist noch an der besonderen Allüre, die man nur in der großen Welt, aber vor allem am Hof erwirbt.« Es ist das Urteil einer Verliebten; Serge war keineswegs so geistreich und schön, wie sie behauptet. Er hatte Charme, er war lustig, er verstand sich auf den Umgang mit Frauen. Er gehörte zu denen, die leicht Feuer fangen, geradewegs auf ihr Ziel lossteuern und sich durch nichts beirren lassen. Zwei Jahre, bevor er sich in die Großfürstin verliebte, hatte er sich blitzartig für Matrjona Balk, eine Hofdame der Kaiserin, begeistert: Er sah das junge Mädchen im Park, wie es auf einer Schaukel schwebte, und hielt sofort um seine Hand an – die ihm gewährt wurde. Am Hof sprach man viel von dieser hübschen Romanze, aber für Serge war Matrjona nur eine Eroberung von vielen gewesen.

Die Großfürstin war so reizend, langweilte sich so offensichtlich und wurde so streng beaufsichtigt, daß sie dem jungen Roué als eine besonders begehrenswerte Beute erschien. Er machte ihr nach allen Regeln der Kunst den Hof und freundete sich zunächst ostentativ mit den beiden »Zerberussen«, dem Ehepaar Tschoglokow, an, weil allein sie ihm den Zutritt zur Großfürstin gewähren konnten. Und das Haus Tschoglokow war der Ort, der Serge die Möglichkeit bot, die Angebetete häufig zu treffen.

Katharina, die sich schließlich an Marie Tschoglokow gewöhnt hatte, ging diese oft besuchen – sie war allerdings eine ungebildete und geistlose Person, aber jung, hübsch, gar nicht bösartig und eine sehr gute Mutter. »Sie wünschte, daß ich sie amüsiere«, schreibt Katharina, denn Marie war schwanger und krank. Serge Saltykow nahm seinen Freund Leon Naryschkin zu den Tschoglokows mit, Katharina ihre Freundin, die Fürstin Gagarin. Der Hausherr präsidierte bei solchen Zusammenkünften der jungen Leute; und Serge Saltykow – Katharina vermerkt es mit Bewunderung und Dankbarkeit – war auf einen genialen Einfall gekommen, um die Wachsamkeit des gemeinsamen Feindes einzuschläfern; er entdeckte bei Tschoglokow eine Neigung zum Verseschmieden und tat, als ob er sich für die literarischen Ergüsse dieses »völlig geist- und phantasielosen Klotzes« interessiere. Diese List gelang großartig: Auf Bitten seines neuen Freundes installierte sich Tschoglokow in einer Ecke, um einige neue Lieder zu verfassen; Leon Naryschkin, der über das galante Vorhaben seines Kameraden im Bilde war, komponierte die Musik zu den berühmten Liedern und sang sie mit dem Autor, »und inzwischen konnte die Unterhaltung

im Zimmer ungestört vor sich gehen, und man plauderte nach
Belieben«.
 Das Abenteuer beginnt wie ein Lustspiel. Während eines jener
improvisierten Konzerte wagte Serge es, seine Leidenschaft zu
gestehen, was nicht allzuschlecht aufgenommen wurde: Katharina
sagte zunächst nichts und erinnerte dann den jungen Mann an
seine Pflichten gegenüber seiner Frau. Er griff zu der klassischen
Entschuldigung: »Er begann mir zu erklären, es sei nicht alles
Gold, was glänzt, und er habe für einen Augenblick der Verblendung teuer bezahlt.« Katharina geht ihm wie ein kleines Mädchen
auf den Leim. Sie bedauert ihn, versucht ihn abzuwehren und findet dabei immer mehr Gefallen an seinen Reden. Sie sieht ihn fast
täglich. Sie bemüht sich ungeschickt und wenig überzeugend, ihn
glauben zu machen, daß sie einen anderen liebe. »Was wissen Sie
schon? Vielleicht ist mein Herz bereits anderweitig engagiert.«
Selbstverständlich glaubt er kein Wort, da er zu erfahren ist, um
nicht zu wissen, daß seine Beute ihm bereits sicher ist. Im Verlauf
eines Jagdausflugs, den Tschoglokow auf einer der vor der Newa-
Mündung gelegenen Insel organisiert, wurde Katharina dazu
gebracht, ihre Liebe zu gestehen.
 Sie sagt es nicht ausdrücklich. Sie hatte sich gewehrt, wie es jedes
unerfahrene junge Mädchen an ihrer Stelle getan hätte (sie war
zwar dreiundzwanzig, aber in Gefühlsdingen noch ein Kind). Sie
lauscht ihrem Verführer mit unausgesprochenem Entzücken, sie
läßt sich von ihm das Glück ausmalen, das ihnen ihr heimliches
Liebesverhältnis bereiten wird, sie muß zugeben, daß er allen Männern des Hofs »vorzuziehen« sei; sie tut so, als scherze sie, und als
Serge ihr erklärt, er verlasse sie nicht eher, als bis sie ihm gesagt
habe, daß er »geduldet« sei, antwortet sie ihm wie eine Heldin von
Marivaux mit einem: »Ja, ja, aber gehen Sie!« und entkräftigt gleich
darauf diese Worte mit einem »Nein, nein!«, was weder sie noch er
wörtlich nehmen.
 Und siehe da, während des Essens zog vom Meer her ein Sturm
herauf, »so daß das Wasser so anschwoll, daß es bis zu der Treppe
des Hauses stieg und die ganze Insel einige Fuß hoch überschwemmt war«. Durch den Sturm wird die Jagdgesellschaft bis
drei Uhr morgens auf der Insel festgehalten und kann nicht in ihre
Schaluppen steigen. Und mitten in dem herrlichen Durcheinander,
das ein solcher Zwischenfall schafft, hat Serge alle Muße, von seiner Liebe zu sprechen, und Katharina alle Muße, ihm zu lauschen

und zu erkennen, daß sie ihm nicht widerstehen würde. Sie ist erschrocken, sie ist »unzufrieden« mit sich, sie bangt ebensosehr um ihre Sicherheit wie um ihre Tugend. Aber vielleicht schon am Morgen nach der Reise auf die überschwemmte Insel verliert sie endlich die Unschuld, die man ihr schon acht Jahre lang als Verbrechen anrechnet.

Zweifellos war sie hemmungslos in diesen ersten Liebhaber verliebt, und anscheinend bewegte sie nur die eine Sorge, daß ihr Geheimnis entdeckt und ihre Liebe zerstört werden könnte. Sie empfand keinerlei Reue: Wie könnte sie auch, da sie den Mann, den sie liebte, beglückte. Serge war eitel und zynisch, und Katharina, selig im Glück ihrer ersten Liebe, dachte nur daran, dem Geliebten zu gefallen.

Serge Saltykow ist es, der, nachdem er sein Ziel erreicht hat, beginnt, seiner Mätresse zur Vorsicht zu raten, und ihr die Reden berichtet, die der Großfürst in Gegenwart seines Kammerdieners Bressan geführt haben soll: »Serge Saltykow und meine Frau hintergehen Tschoglokow, reden ihm ein, was sie wollen, und machen sich hinterher darüber lustig.« Peter war nicht um seine Gattenehre besorgt und glaubte zweifellos, es handele sich um einen etwas fortgeschrittenen Flirt; er freute sich, daß der verhaßte Tschoglokow lächerlich gemacht wurde. Aber Serges Vorsicht gilt gleichzeitig auch denen, die weniger uninteressiert an Katharinas Tugend sind als der Großfürst: Der Zorn der Kaiserin ist immer zu fürchten, und seine Karriere möchte der junge Höfling nicht riskieren. Nun geht aber aus Katharinas eigenem Bericht wie auch aus Zeugnissen des französischen Diplomaten Marquis de Castéra hervor, daß Elisabeth vielleicht weniger blind war, als man annahm, und daher Saltykows Abenteuer gar nicht so gewagt.

Castéras Bericht, der sich mit dem Katharinas deckt, wirkt wie eine Erzählung von Boccaccio: Ein junger törichter Großfürst, der nicht imstande ist, seine ehelichen Pflichten zu erfüllen, eine reizende Großfürstin, der die ihr aufgezwungene Keuschheit sehr lästig ist, ein galanter und sehr gewitzter Herr von Saltykow, dem es gelingt, die Großfürstin während eines Jagdausflugs zu verführen und der sie anschließend dazu drängt, dem Gebrechen des Großfürsten Abhilfe zu schaffen: Auf seinen Rat hin, bei einer munteren Tischgesellschaft, wo viele unpassende Geschichten erzählt und ebenso viele Becher Wein geleert werden, entschließt sich der junge Tölpel, angefeuert von den Anwesenden, endlich dazu, sich der Operation zu unterziehen, die ihn in den Genuß von ehelichen und außerehelichen Freuden bringen soll; folglich können Herr von Saltykow und die liebenswürdige Großfürstin ungefährdet dem Kaiserreich einen Erben schenken.

Eins ist gewiß, daß genau um diese Zeit Elisabeth den beiden Tschoglokows – und insbesondere Madame Tschoglokow – auftrug, ihr um jeden Preis einen Erben herbeizuschaffen; sie machte ihre Kusine für die Unfruchtbarkeit des jungen Paares verantwortlich, warf ihr vor, daß sie ihre Pflichten vernachlässige, kurz und gut, Madame Tschoglokow blieb nichts anderes übrig, als »sich gehörig anzustrengen, um den Befehl der Kaiserin bis ins letzte auszuführen«. Katharina selbst spricht weder von einer Operation noch von der Rolle, die Saltykow dabei spielte, gibt aber zu verstehen, daß eine gewisse Frau Groot, die hübsche Witwe eines Malers, diejenige war, durch die Peter seine Unschuld verlor. Das wurde durch Frau Tschoglokow in die Wege geleitet, die »einige Tage« dazu brauchte, um die junge Frau dazu zu überreden, »ihr Gott weiß was zu versprechen und ihr dann mitzuteilen, was man von ihr wollte und wozu sie sich hergeben sollte«. Der Kammerdiener Bressan wird als Vermittler eingeschaltet, und die Unternehmung wird von Erfolg gekrönt.

Damals war Katharina wahrscheinlich von Serge Saltykow bereits schwanger, nicht nur schwanger, sondern auch schon vernachlässigt; er wird »zerstreut, zuweilen albern, arrogant und zerfahren«. Katharinas Glück hatte kaum einige Wochen gedauert. Es fanden nette Jagdausflüge statt, wo die ganze Gesellschaft das gleiche Kostüm trug: »Der Rock war grau, das übrige blau mit einem schwarzen Samtkragen« – auf diese Weise konnten sich Liebespaare bilden und auflösen, ohne daß sie von weitem zu erkennen waren . . . Danach verzogen sich Saltykow und sein Freund Naryschkin, um keinen Verdacht zu erregen, für drei Wochen auf das Land, und zweifellos auch darum, weil Serge seiner naiven und stürmischen Mätresse bereits überdrüssig war.

Zu dem Unglück, so schnell vernachlässigt zu werden, gesellte sich – zumindest darf man es annehmen – das noch schlimmere Unglück, aus Pflicht- und Vernunftgründen einen Mann zu ertragen, den sie nicht liebte, der sie nicht liebte, der sie um so mehr abstieß, als sie im Begriff war, die Freuden und Leiden der Liebe mit einem anderen zu entdecken. Peter empfand für Katharina – körperlich – immer nur Abneigung; er war vermutlich luzid genug, um zu erkennen, welche jämmerliche Rolle man ihn spielen ließ.

Peter war zweifellos nicht impotent; er war höchstwahrscheinlich steril. Die zahllosen und schweren Krankheiten, die seine Kindheit zu einem einzigen Martyrium machten, wären dafür eine genügende Erklärung. Konnten seine Ärzte mit absoluter Sicherheit behaupten, daß der Großfürst niemals Nachkommen haben würde? Selbst wenn sie es taten, so konnte das nur unter dem Siegel der Verschwiegenheit geschehen. Jedenfalls wurde Peter, mochte er auch zahllose Mätressen gehabt haben, nie ein natürliches Kind zugeschrieben; und diejenige, die seine »Favoritin« werden und mehr als sieben Jahre mit dem Großfürsten leben sollte, heiratete nach seinem Tod und bekam sofort ein Kind. Alles drängt zu der Annahme, daß Elisabeth es ablehnte, Frau Tschoglokow für die Mühe, die sie mit der Affäre Groot hatte, zu entschädigen, und zwar deshalb, weil jener Einweihung in die Liebe keine Schwangerschaft folgte. Frau Groot hatte nicht die Ehre, einen kaiserlichen Bastard zur Welt zu bringen; dafür hatte die Großfürstin im Dezember 1752, also etwa drei bis vier Monate nach dem Anfang ihrer Liaison mit Saltykow, eine Fehlgeburt.

Das alles vollzog sich, als wären die beiden Gatten sozusagen unter Beweis gestellt worden – und der Beweis war schlüssig. Katharina zumindest war normal veranlagt und fähig, dem russischen Kaiserreich den so dringend benötigten Erben zu geben.

Sie selbst machte sich kaum Gedanken über die Zukunft der Dynastie, sie war damals ausschließlich auf ihre Liebe bedacht und auf Möglichkeiten, einen Geliebten zu halten, der sich immer uninteressierter zeigte; er erklärte sein Verhalten mit der Notwendigkeit, keinen Verdacht aufkommen zu lassen. Und diese Liebe war es, die der jungen Frau eingab, den ersten Schritt zu ihrer Annäherung an Graf Bestuschew zu tun; weil sie glaubte, er wäre gegen Serge eingenommen, ging sie so weit, dem Mann Avancen zu machen, den sie für ihren schlimmsten Feind hielt; sie schickte einen ihrer Freunde, Bremse, zu dem Kanzler mit dem Auftrag, ihm anzudeuten, daß die Großfürstin »ihm weniger fern stehe als früher«. Entzückt darüber, daß nun auch die Großfürstin zum Kreis seiner Anhänger überging, und vielleicht darauf hoffend, daß er sie damit halten könne, indem er sich zum Komplizen ihrer Amouren machte (dank seiner Spione wußte er alles von ihr, »als hätte er in ihrem Zimmer gelebt«), bot Bestuschew ihr seine Dienste an, empfing mit Freuden Saltykow selber, versprach, auf die Tschoglokows einen Druck auszuüben, Frau Wladislawowa »sanft wie ein Lamm« zu machen, kurzum, wie er sagte, »sie [Katharina] wird sehen, daß ich nicht ein so böser Wolf bin, wie man mich ihr geschildert hat«. Auf diese Weise bot die Liebe, die Frauen erfinderisch macht, der Großfürstin Gelegenheit, sich einen Mann zum Bundesgenossen zu machen, den sie bis dahin wie die Pest gefürchtet hatte.

Bestuschew glaubte, sehr gerissen zu spielen; allerdings war es in dem komplexen Spiel von Politik und Hofintrigen, wo zwischen höchster Gunst und totaler Ungnade oft nur ein Schritt lag, schwer vorauszusehen, wer von beiden bei dieser Annäherung profitierte. Jedenfalls staunte Katharina darüber, wie ihr böser Wolf sich ohne Übergang in einen nachsichtigen und verständnisvollen Beschützer verwandelte: Erbot er sich doch sogar, Katharina und ihren Liebhaber zu beschützen, auf Kosten derjenigen, die er persönlich beauftragt hatte, die junge Frau zu überwachen. »Er gab ihm – Saltykow – mehrere ebenso weise wie nützliche Ratschläge. All das machte uns sehr vertraut mit ihm, ohne daß auch nur eine Menschenseele davon wußte.«

Aber Katharina sollte noch mehr staunen. Kaum war das geheime Bündnis mit dem Kanzler geschlossen, zeigte plötzlich Frau Tschoglokow eine völlig veränderte Haltung. Die Szene, die Katharina beschreibt, ist tatsächlich recht seltsam, aber es besteht kein Anlaß dazu, sie für erfunden zu halten. Zumindest in ihren Memoiren lügt Katharina fast nie; und die Szene ist so kompromittierend, daß die Akademie der Wissenschaften, die 1907 die Werke der Kaiserin herausgab, nicht wagte, die Stelle zu veröffentlichen.

Frau Tschoglokow, die, wie Katharina sagt, »ständig ihr Lieblingsprojekt, für die Nachfolge zu sorgen, im Kopf hatte«, nahm die junge Frau beiseite, um ihr eine lange Rede über die eheliche Treue im allgemeinen und die ihre im besonderen zu halten (dieses, um nicht als unmoralisch zu gelten), und erklärte zum Schluß, »daß es manchmal Situationen von höherem Interesse gebe, die eine Ausnahme der Regel bildeten«.

Was sie damit meint, ist klar: Sie müssen dem Reich einen Erben geben; und ihr Gatte ist steril; infolgedessen ... Katharina vermutet eine Falle und tut, als verstehe sie nicht. Daraufhin sagt ihr Frau Tschoglokow: »Sie werden sehen, wie sehr ich mein Vaterland liebe und wie aufrichtig ich es meine: Ich zweifle nicht daran, daß Sie auf jemand Bestimmten ein Auge geworfen haben; ich lasse Ihnen die Wahl zwischen Serge Saltykow und Leon Naryschkin; wenn ich mich nicht täusche, so ist es der letztere.«

Katharina ruft aus: »Nein, nein, ganz und gar nicht!« »Nun gut, wenn er es nicht ist, so ist es bestimmt der andere.« Und Frau Tschoglokow fügt hinzu: »Durch mich werden Sie gewiß keine Schwierigkeiten bekommen.« Katharina spielt noch immer die Verständnislose, und so gut, daß Frau Tschoglokow sie »schilt«, und zwar nicht nur an jenem Tag, sondern noch mehrfach, »sowohl in der Stadt wie auf dem Land«. In der Folge dieses vorgetäuschten Nicht-Verstehens hat Katharina nach drei Monaten erneut Anzeichen dafür, daß sie schwanger ist.

Das Vorgehen Marie Tschoglokows war so sonderbar, daß man ihr ein persönliches Motiv hätte unterstellen können: Der Mann dieser Dame war damals in die Großfürstin verliebt, und die Tschoglokow hätte sich vielleicht auf diese Weise einer Rivalin entledigen wollen – aber so abgründig die menschliche Dummheit auch sein mag, es ist kaum anzunehmen, daß eine Frau aus reiner Eifersucht sich zu einem so ausgefallenen Vorgehen entschlösse. Und zweifellos hätte Frau Tschoglokow nicht so zu handeln gewagt, wenn sie nicht der zumindest stillschweigenden Zustimmung Elisabeths (oder vielleicht des Kanzlers, der ihr die Sache als Wunsch der Kaiserin darstellte) sicher gewesen wäre. Verschiedene Anzeichen in Elisabeths Verhalten gegenüber Katharina und Saltykow sprechen dafür, daß die Kaiserin von Anfang an über das Verhältnis ihrer Nichte Bescheid gewußt und es noch gefördert hat. Auch war sie klug genug, um zu wissen, daß ihr Neffe, obwohl ein echter Enkel Peters des Großen, in Wirklichkeit nur ein symbolischer Thronfolger war ... Die Thronfolge konnte ebensogut durch ein scheinbar legitimes Kind gesichert werden – wenn der wahre Vater noch dazu ein junger, echt russischer Edelmann war.

So wurde Katharina unverblümt aufgefordert, schwanger zu werden – daß sie dazu fähig war, wußte man bereits – und deshalb ihren Liebhaber zu behalten. Das war nicht ganz einfach: Der schöne Serge wußte schon gar nicht mehr, was für Ausreden er erfinden sollte, um sie so wenig wie möglich zu sehen. Sie überhäufte ihn darob mit Vorwürfen, und er führte gute und weniger gute Gründe dafür an und beschwor seine Aufrichtigkeit, wie das seit eh und je alle Don Juans tun, die ihrer Geliebten überdrüssig sind. Sie war verliebt und unerfahren, sie wollte ihm nur allzu gern glauben. »Er gab mir so gute und stichhaltige Gründe an, daß ich mir, nachdem ich ihn gesehen und gesprochen hatte, darüber [über seine Unbeständigkeit] keine Gedanken mehr machte.« Somit war es Katharina, die mit dem Einverständnis der Tschoglokow (und vielleicht Bestuschews und der Kaiserin) sich Listen und Vorwände ausdenken mußte, um Serge Saltykow dazu zu bringen, dem Großfürsten endlich zu einem Kind zu verhelfen.

Man darf annehmen, daß diese »Thronfolge« Katharinas geringste Sorge war. Aber schließlich war sie unzweifelhaft zum zweiten Mal schwanger. Sie dachte nicht daran, sich zu schonen. Statt dessen fuhr sie mit ihrem Mann in Begleitung des jungen Hofs nach Luberzi, einem Besitz des Großfürsten, zwölf Werst von Moskau entfernt. Es war ein denkbar anstrengender Ausflug; das Haus war verfallen, man mußte im Hof Zelte aufstellen, die Großfürstin war in einer »Kibitka« (Nomadenzelt oder überdachter Wagen) untergebracht und konnte noch dazu wegen des Lärms der Bauarbeiten nicht einmal schlafen: Man war dabei, das Haus zu reparieren, und um schneller fertig zu werden, wurde Tag und Nacht gearbeitet. Tagsüber fuhr Katharina im Zweispänner über Land, weil sie an allen Jagden teilnehmen wollte. Nach Moskau zurückgekehrt, ist sie trotz der Müdigkeit, die ihr Zustand bei ihr auslöst (»ich schlief täglich bis in den Mittag hinein, und zum Diner bekam man mich kaum wach«), genötigt, ein sehr anstrengendes Gesellschaftsleben zu führen; nach einem Ball am 29. Juni 1753 treten plötzlich Schmerzen auf, und sie hat von neuem eine Fehlgeburt, die ernster ist als die erste. Zwei Wochen lang war sie so krank, daß man um ihr Leben fürchtete. Sie brauchte sechs Wochen, um sich davon zu erholen.

So zerrannen Elisabeths Hoffnungen, wenigstens vorläufig; trotz aller Anstrengungen Frau Tschoglokows und der verschiedensten Experimente, denen sich die Eheleute unterziehen mußten, blieb der Erbe aus. Katharina erlebte ihr erstes Liebesabenteuer: banal, melancholisch und schön, weil es das erste war. Serge Saltykow verließ sie nicht, und sie, obwohl sie an ihm zweifelte, gab sich alle Mühe, sich einzureden, daß sie noch geliebt werde. Und der Großfürst? Katharina schweigt sich über ihre damaligen Beziehungen aus, und Peter hat keine Memoiren geschrieben.

Er war jetzt fünfundzwanzig Jahre alt. Sein kurzes Verhältnis mit Frau Groot und die ehelichen Beziehungen, die er mit Katharina gehabt haben dürfte, hatten seinen Charakter weder verbessert noch gereift. Es scheint, daß für ihn die Entdeckung der Liebe nur eine Quelle neuer Demütigungen war (nicht verwunderlich, wenn man bedenkt, in welcher Gemütsverfassung sich Katharina damals befunden haben dürfte) und daß er sich mehr noch als früher in eine selbstgeschaffene, imaginäre Welt flüchtete sowie in den Alkohol. Zu dieser Zeit war es, daß er sich endgültig dem Trunk ergab. Sein Lieblingsdiener, ein Ukrainer, besorgt ihm Wein und Schnaps; und er verbringt die Nächte mit Trinkgelagen in Gesellschaft seiner Lakaien, kalmückischer Burschen, die sich betrinken und sich weigern, ihm zu gehorchen, und die er – gleichfalls betrunken – mit Stockschlägen zum Gehorsam zwingen will (die anscheinend recht harmlos sind, denn sie bleiben völlig wirkungslos, und wieder einmal ist es Katharina, an die der Großfürst sich wendet, um seine respektlosen Kalmücken zur Ordnung zu rufen).

Die Liebe zum Alkohol allein hätte nicht genügt, den Großfürsten als geisteskrank auszuweisen; es gab Schlimmeres. Von Katharina erfahren wir die berühmte Szene von der Ratte, die gehängt wurde wegen »Verbrechens und nach Militärgesetz die Höchststrafe verdient hatte« (die Ratte hatte zwei Holzsoldaten aufgefressen; überdies wurde sie nur formell gehängt, nachdem ein Hund sie bereits totgebissen hatte). Katharina prustet vor Lachen über den Ernst, mit dem ihr Mann ihr die Geschichte erklärt; Peter ist darob tödlich gekränkt. Was wir vom Wesen des Großfürsten wissen, beweist, daß er unberechenbar, wirr, verträumt und unausgeglichen war, aber nicht so verrückt, um solche »Verbrechen« und solche »Sühne« tatsächlich ernst zu nehmen. Aber, wie viele Unangepaßte, dürfte er fähig gewesen sein, sich mit Leidenschaft in seine selbstgeschaffene, imaginäre Welt zu versenken. Und diese Welt war, ehrlich gesagt, außerordentlich uninteressant.

Zu diesem Zeitpunkt hatte seine Frau bereits zwei Fehlgeburten gehabt: zwei Schwangerschaften, für deren Urheber er sich zweifellos nicht hielt. Er wußte sicherlich über das Verhältnis Katharinas mit Saltykow Bescheid, wie ihm auch das nächste Abenteuer seiner Frau nicht entging. Jahrelang sah er in seiner Gefährtin eine Freundin und Verbündete, eine Freundin, die übrigens genötigt war, alle seine Launen ohne Murren zu ertragen. Aber es ist anzunehmen, daß ihm die Rolle des Scheingatten und Pseudo-Vaters wenig gefiel – denn eines Tages rebellierte er.

Warten auf den Thronerben

Im Februar 1754 (also sieben Monate nach ihrer zweiten Fehlgeburt) war die Großfürstin erneut in guter Hoffnung. Diesmal erlaubte man ihr nicht, die Zukunft der Dynastie mit Jagdpartien und Landausflügen aufs Spiel zu setzen.

Serge Saltykow war inzwischen offiziell intimer Freund des Großfürsten und vor allem der Großfürstin geworden; er und Leon Naryschkin gehörten zu dem kleinen Kreis, der sich bei den Tschoglokows versammelte, und niemand dachte daran, ihre Anwesenheit verdächtig zu finden. Die Kaiserin selber hatte sich mit dieser zweideutigen Situation abgefunden und schonte die Mutter des künftigen Erben.

Zu Anfang des Winters brannte der Annenhof-Palast, die Moskauer Residenz Elisabeths, nieder. Katharina, Augenzeugin und tief beeindruckt, erzählt, daß sie, sobald der Brand ausbrach, *um Punkt drei Uhr, den Palast verlassen hatte und daß um sechs Uhr überhaupt nichts mehr von ihm übrig war*. Dabei war der Komplex des Palastes mit den umliegenden Gebäuden zwei bis drei Werst groß (also etwa zwei bis drei Kilometer), was beweist, daß das Ganze nur aus Holzbaracken bestanden haben kann, denn selbst für einen Holzpalast ist eine so rapide Zerstörung ein Rekord. Die Moskauer waren an solche Unfälle gewöhnt; die Möbel wurden, wenigstens zum Teil, mit größter Schnelligkeit von Soldaten-Brigaden evakuiert, und sämtliche Palastbewohner hatten Zeit, sich zu retten. Und Katharina vermerkt: »Ich sah dabei etwas äußerst Merkwürdiges, nämlich wie eine Unzahl von Ratten und Mäusen in langer Reihe die Treppen herunterkam, ohne sich auch nur besonders zu beeilen.«

Dem Großfürstenpaar bleibt somit nichts anderes übrig, als sich eine neue Behausung zu suchen, und Elisabeth quartiert sie im Hause der Tschoglokows ein. »Dort zog es aus allen Windrichtungen, die Türen waren halb verfault und der Fußboden hatte fingerbreite Löcher; außerdem gab es zahlloses Ungeziefer...«

Katharina hatte um ihre Bücher gefürchtet – ein unersetzlicher Schatz, besonders in Rußland –, aber Gott sei Dank wurden sie ihr am Morgen nach der Katastrophe unversehrt überbracht; und während des Auszugs hatte man in den Kommoden des Großfürsten Riesenmengen an Wein und Likören entdeckt. Elisabeth hatte weniger Glück: Ihre sämtlichen Kleider verbrannten, etwa viertausend an der Zahl; sie hatte die Liebenswürdigkeit, Katharina zu sagen, daß sie von allen den Verlust nur desjenigen bedauere, das aus einem Stoff, den die Großfürstin ihr geschenkt hatte, gemacht war... Die Kaiserin war entschieden sehr geschickt darin, mit einem Wort oder einer Geste das Herz ihrer Nichte zurückzugewinnen: Katharina war stets bereit, die Launen der Tyrannin zu vergessen und nur an den Charme oder die Schönheit der Frau zu denken.

Das Leben Katharinas war in jenem Winter nicht sehr heiter: Sie klagt über die Komfortlosigkeit der Unterbringung; sie erkältet sich; sie verfällt in Depressionen, und zwar mehr aus seelischen als aus physischen Gründen: Sie beschreibt einen Abend, den sie mit Marie Tschoglokow allein zubrachte, die eine wartete auf ihren Mann, die andere auf den Geliebten... Trotz seiner Versprechungen hatte Saltykow sich nicht bereit gefunden, sich von einem Diner freizumachen, und kam erst spät in der Nacht zurück. Madame Tschoglokow wiederholte unaufhörlich: »Daß man uns so sitzen läßt!« Und Katharina dachte das gleiche.

Nach der Art und Weise zu urteilen, wie sie jetzt von Serge spricht, könnte man fast meinen, daß er und nicht der Großfürst ihr Gatte ist. Ihr Verhältnis dürfte damals offiziell sanktioniert gewesen sein; und wenn Katharina von irgendeiner Begebenheit am Hof spricht, verfehlt sie nie hinzuzufügen: »Serge Saltykow hat mir gesagt...«, oder »Ich erzählte es Serge Saltykow...«

Kurz nach Ostern starb unverhofft der so gehaßte und verspottete Tschoglokow, und Katharina nahm ehrlichen Anteil an dem Schmerz der Witwe. Damit war die Rolle der Aufseherin, die Marie Tschoglokow zuerst streng und dann allzu gefällig bei der Großfürstin spielte, beendet: Elisabeth entband ihre Kusine von ihren Aufgaben, Tschoglokow wurde durch Alexander Schuwalow ersetzt, den Onkel des jungen Günstlings Elisabeths und Chef der »Staatsinquisition« beziehungsweise der Geheimpolizei.

Katharina »starb vor Angst«, daß Serge Saltykow (und, wie sie aus Anstand hinzufügt, Leon Naryschkin) in Moskau zurückbleiben müßten, als der Hof nach Petersburg zog. Aber nein, man läßt ihr Saltykow. Auf der Reise wird sie überwacht, und Serge kann sich ihr nicht nähern... Auf die inständigen Bitten der Fürstin Gagarin gewährt man den Liebenden recht *wenig, nur ein paar Worte miteinander*. In Petersburg angekommen und im Sommerpalast untergebracht, ist Katharina von einem einzigen Gedanken verfolgt, es scheint ihr, daß man alles daran setzt, um sie von dem Mann zu trennen, den sie liebt. Jedoch bleibt er und sieht sie auch weiterhin, und sie denkt nicht mehr daran, an ihm zu zweifeln, da der Schrecken »über eine baldige und wahrscheinliche Trennung« sie alle anderen Sorgen vergessen macht. Nein, sie hat nichts von einer jungen glücklichen Frau, die ihr erstes Kind erwartet; ihre Lage ist so zweideutig, so schwierig, daß sie dem kleinen Wesen, das in ihr lebt, kaum einen Gedanken widmet, und tut sie es, ist sie von Angst besessen: Wenn nun das Kind schwächlich, verunstaltet, zur Welt käme, wenn es auch nur ein Mädchen anstatt eines Knaben wäre, würde man dann nicht sie für diesen »Schaden« verantwortlich machen?

»Es war für mich ein beinahe tödlicher Schlag«, sagt sie, »als ich erfuhr, daß man meine Entbindung in Gemächern vorbereitete, die zu denen der Kaiserin gehörten.« Ein beinahe tödlicher Schlag, weil es ihren Freunden (das heißt Serge) nicht gestattet sein würde, sie zu besuchen; sie würde dort »isoliert, ohne einen Menschen, und kreuzunglücklich sein«.

Die Thronfolge ist gesichert

Am 20. September 1754, neun Jahre nach ihrer Heirat, entband die Großfürstin Katharina einen Knaben. »*In der Stadt und im gesamten Kaiserreich herrschte über dieses Ereignis große Freude.*«

Die lange und schmerzvolle Entbindung vollzog sich in Gegenwart der Kaiserin, des Großfürsten und der Schuwalows. Das Kind wurde, kaum daß es gewaschen, gewickelt und vom Beichtvater Elisabeths gesalbt worden war, von Elisabeth fortgetragen, die Eile hatte, dem Hof den langersehnten Thronerben zu zeigen. Die Eile war gewiß begreiflich; aber fortan sollte der kleine Prinz die Gemächer der Kaiserin nicht mehr verlassen und die junge Mutter keine Wiege mehr neben ihrem Bett sehen.

»Ich lag auf meinem Schmerzenslager [dem Entbindungstisch]; es stand gegenüber einer Tür, durch welche ich das Tageslicht sehen konnte; hinter mir befanden sich zwei Fenster, die schlecht schlossen, und rechts und links des Lagers zwei Türen . . . Sobald die Kaiserin fort war, entfernten sich der Großfürst sowie Monsieur und Madame Schuwalow, und vor drei Uhr ließ sich niemand bei mir blicken ... Ich hatte stark geschwitzt; ich bat Madame Wladislawowa, mir die Wäsche zu wechseln und mich ins Bett zu bringen; sie sagte mir, daß sie das nicht wage. Sie schickte mehrfach nach der Hebamme, diese kam jedoch nicht; ich verlangte zu trinken, bekam aber die gleiche Antwort.«

Nachdem man der jungen Frau das Kind wohlauf aus dem Bauch gezogen hatte, interessierte sie keinen Menschen mehr. Man ließ sie stundenlang auf dem Entbindungstisch liegen, dem Zug ausgesetzt, vor Durst verschmachtend und verzweifelt schluchzend. Endlich dachte man daran, sie ins Bett zu verfrachten, und darüber sagte sie: »Ich sah den ganzen Tag keine Menschenseele, nicht einmal jemand, den man geschickt hätte, um sich nach mir zu erkundigen. Der Großfürst betrank sich mit jedem, der sich dazu hergab, und die Kaiserin beschäftigte sich mit dem Kind.«

Nach der Taufe des kleinen Paul wurde Serge Saltykow dazu bestimmt, dem schwedischen Hof die Nachricht der Geburt des Kindes, dessen Vater er vermutlich war, zu überbringen; die Ironie dieser Mission hätte man als Strafe auslegen können, denn die Liaison Katharinas war den ausländischen Höfen bekannt, und Serge dürfte sich als Überbringer der frohen Botschaft recht lächerlich vorgekommen sein. Jedenfalls beeilte man sich, ihn zu entfernen: Es war nun nicht mehr nötig, die Gefühle der Großfürstin zu schonen.

Paul Petrowitsch

Ein Leben nahm seinen Anfang. Von Geburt an war der Knabe, den Katharina unter Schmerzen geboren hatte, ein Symbol, eine Hoffnung, ein Werkzeug, eine Gefahr – Trumpf oder fürchterliche Waffe im grausamen Spiel der Erwachsenen; kein Mensch bedachte die wahren Bedürfnisse oder wahren Interessen jenes Kindes.

Wie alle kleinen Prinzen – und mehr noch als die meisten von ihnen – war der Zarewitsch Paul Petrowitsch ein allzu behütetes, allzu verhätscheltes Kind, umgeben von einer Schar von Ammen, Ärzten und Kammerdienern und jeder echten Zärtlichkeit beraubt: Welche Amme kann sich an ein Kind attachieren, dessen Gesundheit eine Staatsaffäre ist, dessen geringstes Niesen möglicherweise Entlassung, wenn nicht schlimmere Strafen für sie zur Folge hat? Paul kannte seine Eltern nicht: Vom Tag seiner Geburt an gab Elisabeth dem Großfürsten und der Großfürstin zu verstehen, daß sie keinerlei Anrecht auf ihren Sohn hätten. Der Großfürst schien darob nicht sonderlich betroffen, aber die junge Mutter litt – mit Maßen allerdings; der Rheumatismus, den ihr die ewige Zugluft beschert hatte, die Erschöpfung und vor allem die grausamen Demütigungen, denen man sie seit der Geburt des Kindes aussetzte, erstickten in ihr das wenige an mütterlichen Gefühlen, das sie vor ihrer Entbindung empfunden hatte.

Dennoch war sie besorgt, und da sie ihren Sohn nicht sehen durfte, versuchte sie wenigstens, wie sie sagt, »heimlich« sich nach ihm zu erkundigen, »denn sich nach ihm zu erkundigen wäre als Mißtrauen gegenüber seiner Betreuung durch die Kaiserin ausgelegt worden«. Eine andere Mutter hätte sich vielleicht weniger streng an die Etikette gehalten, hätte gefordert, gefleht – aber Katharina war zu sehr Prinzessin, und vor allem zu sehr entmutigt und erniedrigt; so wie, ohne eigenes Verschulden, ihre Ehe gescheitert war, so schien auch ihre erste Mutterschaft zu scheitern.

Katharina beschreibt mit Entsetzen, wie der kleine Paul – den sie schließlich dennoch hin und wieder sehen durfte – »in einem überheizten Zimmer, in Flanell gepackt, in einer mit Schwarzfuchs verbrämten Wiege lag; unter einer dichten Atlas-Steppdecke, auf die man noch eine rosenrote, mit Schwarzfuchs gefütterte Samtdecke gebreitet hatte. Ich habe ihn danach oft genug so liegen gesehen; der Schweiß rann ihm über das Gesicht und über den ganzen Körper, so daß er, als er größer wurde, sich bei dem geringsten Luftzug erkältete und krank wurde. Noch dazu umgab ihn eine Unzahl alter Matronen, die ihm, aus falsch verstandener Fürsorge und Unvernunft, körperlich und seelisch weit mehr Schaden als Nutzen brachten.« Für eine Mutter – selbst eine so gleichgültige, wie Katharina es war – war das ein unaufhörlicher Kummer; sie wagte aber nicht, etwas zu sagen, weil sie zu sehr vor der Kaiserin zitterte.

Sie durfte ihr Kind erst vierzig Tage nach ihrer Niederkunft sehen – mithin war der kleine Paul schon sechs Wochen alt, in einem Alter, da das Gesicht eines Kindes schon wohlgeformt ist und zu lächeln beginnt; die Mutter sagt, daß sie ihn sehr schön gefunden habe. Sie durfte ihn nur die wenigen Minuten lang betrachten, die die Einsegnungsgebete bei dem ersten Kirchgang einer Wöchnerin dauern. Dann sah sie ihn wochenlang nicht.

Anläßlich der Taufe wurden Feste, Bälle und Feuerwerk veranstaltet. Das Volk freute sich über die Geburt des kaiserlichen Erben, die Höflinge fragten sich, inwieweit die Geburt die Lage des Großfürsten ändern würde, und am glücklichsten war unbestreitbar Elisabeth.

Diese seltsame, von Natur aus liebevolle Frau, der die Freuden der Mutterschaft nicht beschert worden waren, bildete sich zweifellos ein, daß Katharina das Kind nur zu ihrem, Elisabeths, Vergnügen in die Welt gesetzt hatte; man fand die Mutter mit einem Geschenk von hunderttausend Rubel und einigem wertlosen Schmuck ab (»ein recht armseliges Halsband und zwei Ringe, die ich mich geschämt hätte, meinen Kammerfrauen anzubieten«); und noch dazu verlangte man fünf Tage danach das Geld von Katharina zurück, weil die Kassen der Kaiserin leer seien – um es erst drei Monate später zurückzuerstatten, und zwar aus folgendem Grund: Als nämlich der Großfürst erfuhr, daß seine Frau ein Geschenk erhalten hatte, er jedoch nichts, bekam er einen Wutanfall und verlangte ein gleiches Geschenk: woraufhin die hunderttausend Rubel die Hände wechselten. Nunmehr glaubte Elisabeth die Eltern endgültig abgefunden zu haben, sie selbst wollte die Rolle der Mutter spielen.

Anfangs nahm sie ihre neue Rolle sogar sehr ernst. Sie hatte die Wiege des kleinen Paul in ihr eigenes Schlafzimmer stellen lassen, »sobald er schrie, lief sie selbst hin«, aber es war für sie zu spät, die Rolle durchzuhalten. Ewig von ihren Vergnügungen, Bällen, Festen und manchmal auch Staatsgeschäften in Anspruch genommen, überließ sie den kleinen Paul alten Matronen, wobei sie sich damit begnügte, diese zu beaufsichtigen und zu terrorisieren. Dennoch war die Liebe, die Elisabeth für ihren Großneffen bewies, so auffallend, so innig, daß der französische Diplomat, Marquis de l'Hôpital, in einer seiner Depeschen an den französischen Hof andeutet, daß der Zarewitsch Paul sehr gut ein Kind sein könnte, das Elisabeth heimlich zur Welt gebracht und mit dem Kind der Großfürstin vertauscht habe. Aus der Tatsache, daß die Depesche drei Jahre nach Pauls Geburt abgefaßt wurde, ersieht man, daß der Kaiserin Zuneigung für das Kind durchaus beständig war.

Die Existenz des Zarewitsch Paul bedeutete für Elisabeth weit mehr als die schlichte Freude, einen Großneffen aufzuziehen; sie eröffnete ihr neue politische Perspektiven. Sie war jetzt fünfundvierzig Jahre alt und durfte, trotz schwankender Gesundheit, damit rechnen, noch lange zu leben, lange genug, um dieses Kind groß werden zu sehen. Nun war diese Frau, von der man annehmen könnte, daß sie sich ausschließlich für ihre Amouren und Ballkleider interessierte, durchaus keine Operetten-Kaiserin: Sie pflegte die Erinnerungen an ihren Vater, blieb den Ideen Peters des Großen treu und war fähig, eine sehr klare politische Linie zu konzipieren und daran festzuhalten. Und vor allem war sie Russin und Patriotin, zuweilen bis zum Chauvinismus, und konnte – begreiflicherweise – den Gedanken nicht ertragen, einem Neffen den Thron zu hinterlassen, der nicht nur unfähig, sondern ausgesprochen russenfeindlich und ein Bewunderer, ja Anbeter des Königs von Preußen war.

Mithin wurde durch die Geburt des kleinen Peter die Lage von Grund auf verändert: Es wurde klar, daß der Großfürst, wenn die Kaiserin lange genug lebte, zugunsten seines Sohnes enterbt werden würde. Und man konnte überzeugt sein, daß Elisabeth das Kind in Ideen erziehen würde, die denen seiner Eltern völlig konträr waren.

Bis zu seinem achten Lebensjahr durfte Paul seine Eltern nicht kennen. Und für den Vater wie die Mutter war er ein Rivale und sogar eine Gefahr. (Denn würde Elisabeth, wenn sie die Eltern enterbte, sich damit begnügen, sie nach Holstein zurückzuschicken? Welches Schicksal war, falls Paul den Thron besteigen sollte, dem ebenso unbestreitbar legitimen Prätendenten Peter vorbehalten? Die nachfolgenden Ereignisse bewiesen, daß Peters Schicksal von vornherein besiegelt war.)

Inzwischen verhimmelte Elisabeth den kleinen Paul und beschäftigte sich mit ihm, so gut sie es verstand. Katharina liebte ihn von ferne und nicht sehr passioniert, denn ihre Gedanken waren anderswo. Die – noch immer offene – Frage war zahllose Male gestellt worden: War Paul der legitime Erbe der Romanow-Dynastie? Alles deutet darauf hin, daß er es nicht war und daß man das wußte – wie hätte sonst Katharina gewagt, es in ihren Memoiren so offen anzudeuten?

Man hat Paul gewisse körperliche und seelische Ähnlichkeiten mit dem Großfürsten nachgewiesen. Jedoch erinnert Pauls Gesicht mit den weichen Wangen, den Samtaugen und den vollen Lippen nur wenig an das langgestreckte, ausdrucksleere Gesicht seines angeblichen Vaters. Und die Charakterähnlichkeit kann sich ebensogut durch die ähnliche Lage, in die beide Männer gestellt waren, erklären wie durch Pauls Wunsch, einen Vater zu kopieren, den er nicht gekannt hatte und idealisierte.

Aber wer immer sein wirklicher Vater gewesen sein mochte – der kleine Paul war von Geburt an mit einem ungleich schwereren Erbe belastet: dem Erbe eines Throns, der nicht gesichert und dem Zugriff des Stärksten ausgeliefert war.

Die ersten Schritte auf dem Wege zur Macht

Katharina dürfte sich wohl niemals von dem Schock erholt haben, den sie durch die Geburt ihres Sohnes und ihre anschließende Verlassenheit erlitt. Sie, die Anspruch auf jede Rücksicht, jede Ehre hatte, war wie ein simples, nunmehr überflüssiges Werkzeug behandelt worden, wie ein Dienstbote, den man entläßt, ohne auch nur danke zu sagen; ihr beleidigter Stolz verdrängte in ihrem Herzen das Leid der geschmähten Mutterliebe.

Jene hunderttausend Rubel, mit denen man sie für die Mühsal zu entschädigen glaubte und die man ihr wenige Tage später wieder abnahm, jener Schmuck, der einer Kammerfrau unwürdig war, die verletzende Entfernung ihres Geliebten – und vor allem die physische Erschöpfung, die die schwierige Entbindung nach sich zog –, all das hatte sie in eine so tiefe Verzweiflung gestürzt, daß sie nicht mehr ihr Zimmer verließ.

Sie liest. Sie liest die *Histoire universelle* von Voltaire, *L'Esprit des lois* von Montesquieu, die Annalen von Tacitus, und diese letzteren, sagt sie, bewirken in ihr »eine seltsame Evolution«. Der scharfe und illusionslose Pessimismus des römischen Historikers entspricht ihrer Geistesverfassung. »Ich begann, vieles schwärzer zu sehen und hinter dem äußeren Schein nach tieferen, genaueren Ursachen zu forschen.«

»Von Weihnachten bis zur Fastenzeit fanden am Hof und in der Stadt ununterbrochen Feste statt; es war noch immer die Geburt meines Sohnes, denen sie galten.« Sie ist verbittert über die Festlichkeiten, von denen sie ausgeschlossen ist, vielleicht auch über die bloße Existenz dieses Sohnes, der ihr überhaupt keine Freude bereitet. Serge Saltykow sitzt in Schweden fest, und man beabsichtigt, ihn in einer Mission nach Hamburg zu schicken. Er kehrt zurück: Er hat es keineswegs eilig. Katharina läßt ihn zu sich bitten, trifft alle Vorbereitungen für seinen Empfang, wartet bis drei Uhr morgens, aber er kommt nicht.

Es ist klar, daß sie von Serge nichts mehr zu erwarten hat; sie sagt, er sei nicht gekommen, »weil er mir kein Verlangen, kein Interesse mehr entgegenbrachte, ohne Rücksicht darauf, daß ich schon so lange nur aus Liebe zu ihm litt«. Sie liebt ihn noch immer. Sie sieht den Grund für seine Treulosigkeit in dem Skandal, den das Liebesverhältnis der beiden verursacht hatte; sie schreibt ihm, macht ihm Vorwürfe, und er kommt zurück. »Es fiel ihm nicht schwer, mich zu beschwichtigen, weil ich ja nur darauf wartete.« Schließlich ist er es, der sie dazu bringt, sich endlich wieder in der Öffentlichkeit zu zeigen. Er hofft nämlich, daß die junge Frau im Strudel des mondänen Lebens endlich aufhören wird, sich an ihn, als einzige Hoffnung, zu klammern; denn er liebt sie nicht mehr und legt keinen Wert darauf, diese nunmehr überflüssige Liebe zu ermutigen.

Sie hat kaum mehr Illusionen: Sie verhärtet sich gegen die Liebe, will nicht mehr Spielzeug eines Mannes sein. Sie hat es satt, ewig die Leidtragende zu sein. »Ich beschloß, diejenigen, die mir so vielfaches Leid angetan hatten, spüren zu lassen, daß es jetzt von mir abhing, ob ich mich ungestraft beleidigen ließ.« Sie nimmt sich vor, hart, mißtrauisch und kalt zu werden und sich so an dem unbeständigen Liebhaber, den dreisten Höflingen, den Aufsehern und Spionen, der Kaiserin, der ganzen Welt zu rächen. Sie ist noch jung und naiv (trotz ihrer fünfundzwanzig Jahre), ihre forcierte Bösartigkeit trägt noch die Züge einer jugendlichen Rebellion.

In einem prachtvollen Kleid aus blauem, silberbesticktem Samt erscheint sie wieder am Hof, hübscher als je zuvor, mit hocherhobenem Haupt, wachem Blick und einem harten Lächeln; entschlossen, Beleidigung mit Beleidigung zu vergelten und niemand zu schonen. »Ich trug den Kopf hoch, eher wie der Chef einer großen Partei als eine Gedemütigte und Unterdrückte.« Die »große Partei« existierte bis dahin nur in ihren Träumen, aber der Hof begann zu erkennen, daß die Großfürstin Charakter besaß, daß sie eines Tages vielleicht zu fürchten wäre und daß es nützlich sein könnte, auf sie Rücksicht zu nehmen.

Der Großfürst, berichtet uns Katharina, nahm die brüske Veränderung ihres Wesens sofort wahr und erschrak darüber. Ungeschickt versuchte er sie »zur Vernunft zu bringen« und machte ihr Vorwürfe ob ihrer »entsetzlichen Bosheit«. Katharina fuhr ihm verächtlich über den Mund. Mochte er auch ihr Mann und Großfürst sein, sie wußte sehr gut, daß er sich damit weder Ehre, Macht noch Beliebtheit zu verschaffen gewußt hat.

Allerdings verbohrte sich Peter, den man in Anbetracht seines Alters nur schwerlich noch als verantwortungsloses Kind behandeln konnte, immer mehr in seine große Leidenschaft für das Herzogtum Holstein und berief von dort Staatsräte, Militärs, kurzum »eine ganze Abordnung« zu sich. Er ließ, was erstaunlich scheint, in aller Heimlichkeit holsteinische Truppen kommen, mit Erlaubnis der Schuwalows, denen er für diesen Dienst seine künftige Gunst versprach. Wenn auch die Kaiserin dieses Vorgehen ihres Neffen ignorierte (oder sich aus Bequemlichkeit blind stellte), so nahm das Volk, und insbesondere die in Oranienbaum stationierten Garderegimenter, die Ankunft der Deutschen sehr wohl zur Kenntnis; die öffentliche Meinung erregte sich darüber, die Gardeoffiziere flüsterten ganz laut, daß »diese verdammten Deutschen« im Solde des Königs von Preußen stünden. Der zukünftige Kaiser begann als Verräter an Rußland zu gelten – ein wahrhaft unfaßlicher Skandal. Katharina tat alles, um sich bei diesem Anlaß von ihrem Mann zu distanzieren, und sorgte dafür, daß ihre Mißbilligung weitgehend bekannt wurde. Das bedeutet für sie noch keine Illoyalität gegen Peter, sie betrachtet dessen merkwürdigen Einfall als »eine unvorsichtige Kinderei, die dem Wohl des Großfürsten schadet«.

Sie behandelte ihn fortan wie einen unbequemen und ungeschickten Partner, mit dem man aber immerhin rechnen muß. Er aber holte sich stets bei ihr Rat: Er hegte große Bewunderung für den praktischen Sinn seiner Frau und hatte ihr den Beinamen »Madame Ausweg« gegeben. Aber beide schienen einander in gegenseitiger Übereinkunft nicht mehr als Mann und Frau zu betrachten.

Indessen beginnt die Großfürstin, aktiv im Spiel der Hofintrigen, auf ihre eigenen Interessen bedacht und die öffentliche Meinung respektierend, immer mehr, *russisch* zu denken. Man weiß es bereits in den Kreisen der Gardeoffiziere; sie wird bereits populär – da der Großfürst entschieden alles tut, um es nicht zu sein, und die Soldaten jemanden brauchen, den sie bewundern können . . . Die patriotische Gesinnung der Großfürstin spricht sich auch an den ausländischen Höfen herum, und Friedrich II. befürchtet, eine Bundesgenossin zu verlieren. Er wirkt durch die klassische

Vermittlung des Botschaftspersonals auf die Großfürstin ein – nicht der preußischen Botschaft, das wäre zu unvorsichtig gewesen, sondern durch den englischen Botschafter: Denn England ist im Begriff, ein Bündnis mit Preußen zu schließen.

Stanislaus Poniatowski

Katharina, das Herz noch wund von ihrer unglücklichen Liebe für Saltykow, war bereits wieder das gegebene Ziel für einen neuen Verführer. Denn, wie sie später dem Mann schreibt, der die große Liebe ihres Lebens werden sollte: »Mein Unglück ist, daß mein Herz ohne Liebe nicht froh sein kann, nicht eine einzige Stunde lang...« – zumindest seit der Zeit, da sie endlich die Liebe entdeckt hat.

Es war zu Pfingsten des Jahres 1755, daß der »Chevalier Williams«, Sir Charles Hanbury-Williams, als neuer englischer Botschafter nach Rußland kam. Er machte sich gleich daran, die Großfürstin zu erobern. In seinem Alter rechnete er nicht damit, selber das Herz der jungen Frau zu gewinnen, tat jedoch alles, um ihr Vertrauen einzuflößen, durch geschickte Schmeicheleien, durch charmante und geistvolle Gespräche und nicht zuletzt durch versteckte Anspielungen auf prosaischere Dienste, die Katharina jedoch, die ständig unter Geldmangel litt, durchaus zu schätzen wußte... Schließlich stellte er ihr einen jungen Mann vor, den er (vielleicht mit dem Vorsatz, daß dieser die Großfürstin verführe) im Reisegepäck mitgebracht hatte. Es handelte sich um den Grafen Stanislaus Poniatowski, einen jungen polnischen Edelmann, mit dem Sir Charles eine etwas verdächtige, aber harmlose Freundschaft verband.

Das Abenteuer mit Serge Saltykow hatte Katharina bereits in der galanten Chronik der europäischen Höfe unter die Rubrik der »anfälligen jungen Frauen« eingereiht, die einem schönen Mann erreichbar sind. Man hatte sich ihrer Liebe zu Saltykow bedient, um einen Erben zu bekommen, der zu lange auf sich warten ließ. Jetzt wollte man ihr leicht entzündbares Herz für politische Zwecke nutzen. Was das Herz der Großfürstin anbetraf, so hatte Hanbury-Williams' Plan vollen Erfolg; aber das politische Ergebnis dürfte nicht den Erwartungen entsprochen haben, weil Katharina nicht den Einfluß besaß, den man ihr nachsagte.

Stanislaus Poniatowski gilt als einer der schönsten Männer seiner Zeit. Mit dreiundzwanzig Jahren muß seine außerordentliche Schönheit, die mit echter Kultur und einem sanften und aufrichtigen Wesen verbunden war, unwiderstehlich gewesen sein. Stanislaus stammte mütterlicherseits von dem edlen Geschlecht der Czartoryski ab, erklärten Feinden Augusts II. von Sachsen, des damaligen Königs von Polen; so verbrachte der junge Mann, obwohl er an seinem Land hing, sein Leben an fremden Höfen. Bevor er sich mit Hanbury-Williams anfreundete, lebte er in Paris und ging lange im Salon Madame Geoffrins aus und ein, die ihn ins Herz geschlossen hatte und die er *maman* nannte. Man kann sich vorstellen, welchen Eindruck dieser schöne Mensch von pariserischem Geist auf Katharina machte. Williams empfahl ihr seinen Schützling aufs wärmste, und sie fand, daß der junge Pole in der Tat ihr Interesse verdiene.

Das tat er um so mehr, als die Großfürstin gerade erfahren hatte, daß Saltykow, in Schweden wie in Dresden, »sämtliche Frauen, die er traf«, hofiert hatte. Und Leon Naryschkin, der für Saltykow so erfolgreich den Vermittler gespielt hatte, warf sich nun zum Beschützer von Stanislaus auf.

Dieser Leon Naryschkin, ein liebenswürdiger und extravaganter junger Herr, war seit vier bis fünf Jahren der intime Freund Katharinas, ohne daß man hätte behaupten können, daß zwischen ihnen mehr als bloße Freundschaft bestand. Dieser »geborene Harlekin«, der an nichts glaubte, es sei denn an Späße und lustige Gesellschaft, unternahm es, Katharina über ihren Liebeskummer hinwegzuhelfen, indem er ihr einen neuen Liebhaber besorgte. Der Pole mißfiel ihr nicht. Aber anscheinend dachte die junge Frau noch nicht daran, den Mann zu betrügen, der sie betrogen hatte.

Sie berichtet, daß der krank gewordene Naryschkin ihr mehrere Briefe schrieb, die so geistreich und gut formuliert waren, daß sie ganz entzückt davon war; hinterher gesteht er ihr, daß diese Briefe von seinem »Sekretär« – seinem neuen Freund Poniatowski – verfaßt worden seien, der »nicht von seiner Seite weiche«. Stanislaus ist in seinen Memoiren weniger diskret: Er erzählt, wie Leon Naryschkin, der ihn entschieden zu einfältig fand, ihn fast mit Gewalt in das Gemach der Großfürstin einsperrte . . .

Tatsache ist, daß Stanislaus zum ersten und letzten Mal in seinem Leben hemmungslos, leidenschaftlich verliebt ist. Trotz seiner Schönheit und seiner bezaubernden Manieren hatte er nichts von einem Glücksritter an sich; er war ein reiner, gefühlvoller Tor, der für die Rolle des platonischen Liebhabers besser geeignet war als für die des Verführers. In seinen Memoiren bestätigt er, daß er vor Katharina keine anderen Frauen gekannt habe.

Zu dieser Zeit war die Großfürstin auf dem Höhepunkt ihrer Schönheit; oder, wie Stanislaus es etwas umständlich formulierte: »Damals war sie von einer Schönheit, die für jede Frau, der Schönheit beschieden ist, den Höhepunkt bedeutet.« Er zeichnet von ihr folgendes konventionelle und charmante Bild: ». . . ihr Haar war schwarz, ihr Teint von betörender Weiße, das Kolorit sehr lebhaft, sie hatte große sprechende blaue Augen, einen Mund, der zum Küssen einzuladen schien, herrlich gemeißelte Arme und Hände, einen biegsamen Wuchs, eher groß als klein, einen Gang, der frei und dennoch von höchstem Adel war, und ein Lachen, das so heiter war wie ihre Stimmung . . .« Wäre nicht der indiskrete Freund Naryschkin gewesen, hätte Stanislaus sich vielleicht damit begnügt, diese betörende, geistreiche und herzbewegende Großfürstin aus der Ferne anzubeten; aber als der Freund ihn schließlich eines Tages in eine Lage versetzte, in der ihm, wollte er Katharina nicht schwer kompromittieren, nichts anderes übrigblieb, als sich in ihrem Schlafzimmer zu verstecken, hatte er anscheinend keine Schwierigkeit, erhört zu werden . . . Das Überraschungsmoment war so stark, daß die junge Frau sich nicht wehrte. Jahre später schrieb der verlassene Geliebte: »Ich kann es mir nicht versagen, jede Einzelheit jenes Tages, bis zu dem Kleid, das sie trug, festzuhalten: Es war ein schlichtes Kleid aus weißem Atlas; seine einzige Zier waren zarte Spitzen, mit rosa Bändern durchwirkt.«

»Mein ganzes Sein war ihr geweiht, in einem weit aufrichtigeren Sinn, als das Leute, die sich in der gleichen Lage befinden, meinen.« Der junge Pole war am Ziel seiner Wünsche. Und Katharina? Der um drei Jahre jüngere Verliebte, der rein, zärtlich und aufrichtig war, mißfiel ihr keineswegs. Aber diese Liebe erfüllte sie weniger stark als die erste. Stanislaus besaß zwar nicht die Fehler Serges, aber auch nicht die Vorzüge, mit denen jener zu betören wußte.

Mit Saltykow war sie noch das naive Kind, das in die Hände eines routinierten Verführers gefallen war; ob mit Stanislaus die Rollen vertauscht waren? Katharina war keine Verführerin, aber sie besaß bereits eine gewisse Erfahrung, sie war enttäuscht, bitter, entschlossen, keinem mehr zu erlauben, mit ihrem Herzen zu spielen; und sie geriet an einen Jüngling, der prädestiniert dazu schien, ein Spielzeug zu sein. Er allein gedachte später ihrer gemeinsamen Liebe, Katharina ließ sich nicht darüber aus: Sie erzählte nur, daß ihr Lieblingshündchen, das Fremde nicht leiden konnte, Stanislaus zutraulich auf den Schoß hüpfte, was den Anlaß zu einigen boshaften Bemerkungen gab ...

Wenn sie von diesem Lebensabschnitt spricht, erzählt sie nur von Hofintrigen, in denen der schöne Pole rein zufällig mit vorkommt. Immerhin gefällt es ihr, von den nächtlichen Eskapaden zu berichten, die auf Anregung Naryschkins in aller Heimlichkeit stattfanden. Sie schleicht sich, als Mann verkleidet, aus dem Schloß, um in die Kutsche des getreuen Naryschkin zu springen, der sie in seine Wohnung bringt: Dort trifft sie Stanislaus und Naryschkins Schwägerin Anna. »Die Stimmung des Abends war denkbar verrückt.« Solche Eskapaden fanden im Winter 1755/56 zwei- bis dreimal die Woche statt; und manchmal war es Stanislaus, der vor dem Hintereingang des Palastes in seinem Schlitten Wache stand: Er ist es, der erzählt, wie seine Angebetete auf ihn zulief, ein schmächtiger, munterer Knabe, dessen langes Haar unter dem großen Hut eingerollt war. Jene mondbeglänzten, verschneiten Nächte, ihre Seligkeit, in die sich Furcht und Wagemut mischen, haben für ihn eine Poesie, die man in Katharinas Erinnerungen vergebens sucht.

Diese neue Liebe ist für sie ein Vergnügen, ein Vergnügen von hohen Graden. Aber es ist nicht die große Liebe ihres Lebens. Sie vergißt darüber nicht, was von Wichtigkeit ist: ihre Stellung am Hof, den Einfluß, den sie erwerben kann, die Gefolgschaft, auf die sie bedacht ist – die Politik. Es ist schwer zu sagen, ob ihre enge Zusammenarbeit mit Hanbury-Williams auf dem Einfluß Stanislaus' beruht oder auf den Pfund Sterling (den Geldzuweisungen), die der gefällige Sir Charles ihr durch die Vermittlung des englischen Konsuls Wolfe zukommen läßt.

Wird die Großfürstin jetzt als Frau gelten, die nicht nur verführbar, sondern auch käuflich ist? Katharina ist in politischen Dingen bis jetzt nur eine Anfängerin, die sich durch ihre persönlichen Vorlieben und ihre unmittelbaren Interessen leiten läßt. Gleichviel: Sie steht noch am Anfang ihrer Lehrzeit, inzwischen versteht sie es so gut, sich Gewicht zu verschaffen, daß der Abbé de Berny, französischer Außenminister, seinem Botschafter, dem Marquis de

L'Hôpital, schreibt, er sei, falls das Großfürstenpaar Geld braucht, bereit, ihnen zu helfen, und zwar »ohne Wissen der Kaiserin«: Und alles nur deswegen, weil man am französischen Hof sehr genau weiß, daß die Großfürstin sich hinsichtlich ihrer persönlichen Ausgaben an den englischen Botschafter wendet...

Ein ungewöhnliches Paar

Katharina, die später den Aufwand Elisabeths tadelte, war in Wirklichkeit die Verschwenderischere: Aus armen Verhältnissen nach Rußland gekommen, fand sie so rasch Geschmack am Geld, daß die Kaiserin sie unentwegt wegen ihrer unmäßigen Schulden tadeln mußte. Katharina sucht sich in Briefen und Erinnerungen darob zu rechtfertigen und führt bei jeder Gelegenheit die siebzigtausend Rubel Schulden an, die ihr die Mutter hinterließ. Es ist wahr, daß 1760, nach dem Tod dieser unbesonnenen und glücklosen Mutter, ihre Schulden beträchtlich angewachsen sind. Aber vor 1760, mit ihren dreißigtausend Rubel im Jahr, den gelegentlichen Geschenken, wie den hunderttausend Rubel, die sie zur Geburt Pauls erhielt, sowie den »Darlehen« der englischen Botschaft (so hatte sie am 11. November 1756 44 000 Rubel erhalten, und das war nur ein »Darlehen« von vielen), hatte sie die Stirn zu behaupten, daß es die mütterlichen Schulden waren, die ihr Budget umwarfen.

Sie ist eine große Spielerin und verliert schwer (1756 belaufen sich ihre Verluste auf 17 000 Rubel, mehr als die Hälfte ihrer Jahresapanage). Noch dazu ist sie in Geldsachen zugleich sorglos, vertrauensvoll und gleichgültig – zumindest, was ausgegebenes Geld anbetrifft; sie läßt sich von jedem ausnehmen. Sie ist generös, beinahe ostentativ; sie will sich beliebt machen; sie überhäuft ihre Umgebung mit Geschenken, sie veranstaltet Feste, sie konkurriert mit der Kaiserin in kostbaren Toiletten. Später nimmt ihre Verschwendungssucht homerische Formen an; bereits jetzt ist das eines ihrer Hauptlaster. Sie weiß sehr wohl, daß man nur den Reichen leiht, daß Geld das beste Mittel ist, um Herzen zu gewinnen... Jetzt, da sie vor allem auf Vergnügungen aus ist, versteht sie es, diese mit einem Pomp zu gestalten, der denen des Großfürsten besonders abgeht.

Der Großfürst selbst führt ein lustiges Leben, verbringt seine Zeit damit, zwischen Petersburg und seiner Residenz Oranienbaum, wo er sein holsteinisches Regiment stationiert hat, hin und her zu reisen. Er hat sich völlig »gelöst« – er begnügt sich nicht mehr damit, mehr oder weniger platonisch diese oder jene Hofdame anzuschmachten; er umgibt sich mit Mätressen, lädt zu privaten Soupers »Chansonnetten« und leichte Mädchen ein, trinkt und raucht unaufhörlich, so stark, daß Katharina sagt: »Schon damals strömte er einen solchen Wein- und Tabaksdunst aus, daß alle, die in seine Nähe kamen, davor zurückschreckten.« Kurz, er scheint sich über seine Leiden mit Ausschweifungen hinweggetröstet zu haben, vor allem mit Alkohol und Weibergesellschaft. Aber nach der Geburt des Zarewitsch hat er das gefunden, was man notfalls als »die Liebe seines Lebens« bezeichnen könnte.

Sie war weder eine große Schönheit noch eine große Verführerin, sondern ein sehr unbedeutendes Mädchen, dumm, häßlich, sie hinkte ein bißchen und schielte; aus guter Familie übrigens, denn sie war die Tochter des Vizekanzlers Woronzow, des Rivalen Bestuschews. Geist und Schönheit ersetzte Elisabeth Woronzow jedoch mit Temperament; sie war eine lustige Person, die gern trank, schrie und sang. Sie war erregbar, herrschsüchtig, eifersüchtig und dermaßen ordinär, daß man sie mit einer »Wirtshausmagd« vergleichen konnte.

Peter faßte für dieses merkwürdige Mädchen eine Neigung, die an Leidenschaft grenzte. Vielleicht läßt sich eine solche Wahl durch den Minderwertigkeitskomplex des Großfürsten erklären: Von einer Häßlichen durfte er hoffen, um seiner selbst willen geliebt zu werden; und anscheinend trog diese Hoffnung nicht, wenn auch sein Verhältnis mit der Woronzow äußerst stürmisch gewesen zu sein scheint, da diese Person einen entschieden miserablen Charakter hatte.

1756 war Elisabeth noch nicht die oberste Favoritin, sie hatte Rivalinnen und verzankte sich ständig mit ihrem Liebhaber. Der Großfürst ging ja damals sogar so weit, seine Frau um Rat zu fragen, wie er sein Zimmer einrichten solle, um Madame Teplow, Nichte des berühmten Rasumowski, zu empfangen. Dabei hielt er damals eine Tänzerin aus. Die eine fand er zu anspruchsvoll (wieder ist es Katharina, bei der er sich ausjammert: »Stellen Sie sich vor, da schreibt sie mir einen vier Seiten langen Brief, verlangt von mir, daß ich ihn lese und obendrein noch beantworte...«), die andere zweifellos zu unproblematisch. Immer wieder kehrte er zu Elisabeth Woronzow zurück, und diese sollte auch seine offizielle

Mätresse werden, die auf den Tag wartete, wo sie noch mehr zu werden hoffte.

Zu diesem Zeitpunkt scheinen die Beziehungen zwischen den beiden Eheleuten paradoxerweise recht gut zu sein. Es ist Stanislaus Poniatowski, der uns über die Natur ihrer Beziehungen berichtet: Er erzählt, wie er, verkleidet, in einem Einspänner ausfuhr, um seine Mätresse in Oranienbaum zu besuchen, wo sie mit ihrem Mann wohnte. Nachts, mitten im Wald, begegnet sein Wagen dem Wagen des Großfürsten, in Begleitung von Elisabeth Woronzow und einem Gefolge, »alle halb betrunken«. Poniatowskis Wagen erregt Mißtrauen, aber alles verläuft bestens: Der Großfürst, der Stanislaus gern hat, sagt ihm schließlich: »Bist du nicht ein großer Narr, daß du mich nicht rechtzeitig ins Vertrauen gezogen hast?« Und dann geht er noch in das Schlafzimmer seiner Frau, zieht sie aus dem Bett, läßt ihr kaum Zeit, sich einen Schlafrock anzuziehen, führt sie zu Stanislaus und sagt zu Katharina: »Nun, ich hoffe ihr seid mit mir zufrieden.«

Und Peter ist es, der die Begegnungen der Liebenden organisiert, indem er Stanislaus über eine Hintertreppe in sein Zimmer kommen läßt; man speist zu viert: der Großfürst, Elisabeth Woronzow, die Großfürstin und Stanislaus. Nach dem Mahl zieht sich Peter mit seiner Mätresse zurück und sagt zu den anderen: »Meine Lieben, jetzt braucht ihr mich wohl nicht mehr.« Und als der junge Pole sich infolge seiner Unvorsichtigkeiten in politischen Dingen von der Ausweisung bedroht sieht, wendet sich Katharina – unter anderen – an Peter, um diese Gefahr abzuwenden.

Man könnte fragen, ob Katharina über die Haltung ihres Mannes empört war oder ob sie dagegen seine zynische Gutmütigkeit billigte. Da Stanislaus anscheinend Peter gar nichts nachträgt, darf man annehmen, daß unter diesen Umständen Katharina mit ihrem Mann einverstanden war. Man darf jedoch nicht vergessen, daß sie unerhört stolz war und Peter seine Gleichgültigkeit nie verzieh; dennoch erschien ihr die eigene Gleichgültigkeit hinsichtlich ihres Gatten weniger verdammenswert.

Poniatowski hat uns von Peter ein Bild hinterlassen, das bei aller Ironie und Verächtlichkeit ergreift. »Die Natur machte aus ihm einen Angsthasen, einen seichten Genießer, eine in jeder Beziehung so komische Figur, daß man bei seinem Anblick sich unwillkürlich sagen mußte: ›Das ist der Harlekin, wie er im Buch steht.‹ In einem seiner Herzensergüsse, mit denen er mich häufig zu

beehren pflegte, sagte er mir einmal: ›Und warum bin ich unglücklich? Ich sollte in den Dienst des Königs von Preußen treten; ich hätte ihm mit allem Eifer und aller Kraft gedient; heute wäre mir schon ein Regiment, der Grad eines Generalmajors, wenn nicht gar eines Generalleutnants, sicher. Aber nichts dergleichen: Und nur, weil man mich hierher gebracht hat, um mich in diesem verdammten Land zum Großfürsten zu machen.‹ Und dann zog er gegen die russische Nation los, in der ihm eigenen possenhaften Art, aber zuweilen auf eine wahrhaft amüsante Weise: Er war nicht dumm, sondern verrückt, und da er gern trank, trug er damit noch dazu bei, das bißchen Verstand, das er besaß, vollends zu zerstören ...«
Was Stanislaus für einen Zug ins Komische und ein Zeichen von Irrsinn hielt: Die Bitterkeit darüber, Erbe des russischen Reichs zu sein, statt General der preußischen Armee, beweist im Gegenteil, daß es dem unglücklichen Großfürsten durchaus nicht an gesundem Menschenverstand fehlte. Stanislaus selbst sollte, sich und seinem Land zum Unglück, einmal König werden, ohne vielleicht zu bedenken, daß nicht jedes Haupt dazu geschaffen ist, eine Krone zu tragen.

Inzwischen verbohrte sich Peter in seiner starren Ablehnung von Umgebung, Adoptivheimat und künftigen Pflichten immer mehr und griff zur Zuflucht aller schwachen Rebellen: zu Alkohol, Gesellschaft sozial Tieferstehender und schließlich Phantasterei. Katharina ist es, die recht grausam die törichten Prahlereien ihres Gatten entlarvt, der so weit ging zu behaupten, daß er zu Lebzeiten seines Vaters Truppen kommandiert und die »Zigeuner« aus Holstein vertrieben habe – zu Lebzeiten seines Vaters, für ihn die schönste Zeit, als er noch nicht zehn Jahre alt war. Katharina bezeichnet ihn als »Lügner«, aber solche Absurditäten verdienen es nicht einmal, Lügen genannt zu werden.

Politik

»Wenn die Kaiserin sterben sollte«, schreibt Marquis de L'Hôpital (am 1. November 1757), »kommt es sofort zu Aufständen, denn man wird niemals den Großfürsten auf den Thron lassen, sondern sich seiner bestimmt entledigen.« Und am 30. November desselben Jahres: »Die Kaiserin hat Paul Petrowitsch im Auge, falls sie lange genug lebt, um ihn zu erziehen.« Indessen vermerkt Katharina, daß der Großfürst seit 1749 sehr begierig war zu regieren. Regieren, wie denn? Er tat ja alles, um sich verhaßt zu machen. Man fragt sich vielmehr, ob nicht etwa in den Mitteilungen Poniatowskis die Erklärung für Peters Gefühle zu suchen ist. Da er Rußland haßte, wollte er nur »regieren«, um die Bevormundung seiner Tante los zu sein. Er ging auf die Dreißig zu, blieb aber charakterlich so kindlich, daß es ihm sogar an Ehrgeiz gebrach.

Tatsache ist, daß die Gefahr durchaus konkret war: Am Hof sprach man (insgeheim, aber anhaltend) von der Möglichkeit, den kleinen Paul auf den Thron zu setzen und seine Eltern nach Holstein zurückzuschicken. Für Katharina wäre eine solche Lösung eine Katastrophe gewesen: Seit dreizehn Jahren bereitete sie sich auf ihre Rolle als Kaiserin von Rußland vor; sollte sie nun alles zugunsten eines Kindes verlieren, das sie nur in die Welt gesetzt hatte, damit man es ihr wegnahm? Sie hatte sich solide Stützen in den politischen russischen Kreisen geschaffen: Der Kanzler Bestuschew gehörte jetzt zu ihren Freunden; sie hatte gute Beziehungen zu dem Oberbefehlshaber der Armee angeknüpft, dem greisen Feldmarschall Apraxin. Sie dachte bereits an einen etwaigen Ausweg: sich zur Regentin erklären zu lassen, oder zumindest Mitglied des Kronrats zu werden, falls dem Großfürsten sein Thronanspruch abgesprochen wurde.

Diesen Großfürsten behandelt sie immer mehr wie einen jüngeren Bruder, den man zu beraten, leiten, gelegentlich zu schelten hat, dessen Konfidenzen man sich anhören und dessen Verliebtheiten man sogar billigen muß. Ihre Ratschläge sind tatsächlich sehr gut, aber trotz der permanenten Ermutigungen seiner Frau macht sich Peter keinerlei Illusionen über seine Zukunft: »Er wiederholte mir immer wieder, was er mir schon oft gesagt hatte..., daß er fühle, nicht für Rußland geschaffen zu sein; daß er den Russen nicht passe und die Russen ihm nicht paßten und er überzeugt sei, daß er in Rußland umkommen werde.«

Rußland war, getreu seinem Bündnis mit Österreich, seit September 1756 im Krieg mit Preußen. Es war der erste Krieg während der Herrschaft Elisabeths, und die russischen Militärs, die noch die Erinnerung an die glorreichen Feldzüge Peters des Großen bewahrten, waren nicht unzufrieden, daß sie ihre lange Untätigkeit aufgeben konnten. Aber es fehlte an allen Ecken und Enden: Die Truppen waren schlecht ausgerüstet, die Soldaten schlecht ausgebildet, und ihr Feldmarschall Apraxin, ein erfahrener, aber alter und ängstlicher General, wagte es erst im Frühjahr 1757 loszuschlagen. Rußland führte seine Armee gegen einen der größten Generäle ihrer Zeit, gegen die bestausgestattete und bestausgebildete Armee Europas, in einem Augenblick, da durch die schwankende Gesundheit der Kaiserin die Gefahr gegeben war, daß der Thron dem glühendsten Bewunderer Friedrichs II. hinterlassen werde.

Angesichts der Notwendigkeit einer Offensive, die sowohl Rußlands Ansehen bei den Verbündeten wie Bestuschews Ansehen bei der Kaiserin heben sollte, appellierte Bestuschew an die Großfürstin: Sie möge doch persönlich dem Feldmarschall schreiben und ihm begreiflich machen, daß zumindest sie selbst nicht preußenfreundlich sei... Dem Kanzler zu Gefallen schreibt Katharina den Brief und läßt ihn durch Geheimboten, ohne Wissen der Kaiserin, zustellen, um Apraxin Vertrauen einzuflößen. Sie hatte ihm schon andere Briefe geschrieben – welchen Inhalts? Später schwor sie, es seien nur drei, völlig harmlose, gewesen. Das mag wahr sein. Aber zweifellos ist sie dazu gezwungen, ein doppeltes Spiel zu spielen: Ihr großer Freund, Sir Charles Hanbury-Williams, ist immerwährend gegenwärtig, um sie mit seinen »weisen« Ratschlägen zu bedrängen, sie an seine geleisteten und vielleicht noch zu leistenden Dienste zu erinnern. Im Augenblick steht sie im Solde englischer Banken, und England ist Preußens Verbündeter.

Zu jener Zeit ließ der greise Kanzler, daran verzweifelnd, je die Gunst des Großfürsten zu gewinnen oder den unverbesserlichen »Preußen« auch nur beeinflussen zu können, der Großfürstin ein geheimes Memorandum zustellen: Es enthielt den Vorschlag, beim Ableben der Kaiserin Katharina in die Regierung einzubeziehen und ihm, Bestuschew, das Kommando über Garderegimenter, Außenministerium, Kriegs- und Marineministerium zu verleihen. Katharina wies diesen Vorschlag als schwer verwirklichbar zurück. Hoffte sie etwa – damals schon –, mehr zu erreichen?

Aber schließlich nahm die Geheimkorrespondenz, in die sie sich eingelassen hatte, immer mehr den Charakter einer Verschwörung an, die hinter dem Rücken Elisabeths angezettelt wurde. Diese hatte sicherlich Verdacht geschöpft. Wiewohl sie erst siebenundvierzig war, verfolgte sie die Angst vor einem nahen Tod. Sie zeigte sich mißtrauisch wie alle älteren Menschen, die sich bereits von ihrer Umgebung verdrängt sehen und alles daransetzen, um nicht zum alten Eisen geworfen zu werden.

Die russischen Armeen hatten endlich einen Großangriff gegen Preußen unternommen und im Juli 1757 Memel besetzt; im August fügten sie dem Gegner bei Großjägersdorf eine vernichtende Niederlage zu.

Der Sieg wurde in beiden Metropolen mit einem Te Deum, Festmählern und Volksfesten gefeiert. Die Großfürstin gab, um ihre patriotischen Gefühle zu betonen, ein großes Fest im Park von Oranienbaum und tat alles, um den Kummer des Großfürsten zu mildern, für den die Niederlage der unbesiegbaren preußischen Armee ein entsetzlicher Schlag war. Katharina hingegen glich, als Soldatentochter, den Berufsoffizieren, die ihren Degen fremden Herrschern zur Verfügung stellen und ihnen ehrlich dienen; ihrem neuen Vaterland diente sie mit aller Loyalität, die ihr zu Gebote stand, ohne jemals einen deutschen Nationalismus zu bekunden.

Die allgemeine Freude verwandelt sich bald in Enttäuschung; statt seinen Sieg auszunützen, tritt der greise Feldmarschall den Rückzug an, und zwar dermaßen überstürzt, daß der Rückzug die Form einer Flucht annimmt. Der Skandal ist groß. Apraxin wird augenblicklich zurückberufen und durch seinen Unterbefehlshaber, den Deutschen Fermor, ersetzt.

Man suchte, wie Katharina sagt, nach »den Hintergründen«, die nicht schwer zu ermitteln waren: Es hieß, daß der Feldmarschall Berichte von einer ernsten Krankheit der Kaiserin erhalten hätte und diese im Sterben wähnte, weshalb er dem Großfürsten zuliebe den Rückzug befohlen hätte. Wie alle Welt wußte er, daß der Tod der Kaiserin das sofortige Ende des Krieges bedeuten würde. Selbstverständlich konnte Elisabeth diese Spekulation auf ihren eigenen Tod nicht verzeihen. Was immer die wahren Gründe Apraxins gewesen sein mochten, sie glaubte an Verrat, befahl dem greisen General, sich bis zu seinem Prozeß auf seine Güter zurückzuziehen, und begann nach Urhebern und Komplizen der Verschwörung zu suchen.

General Fermor aber, Apraxins Nachfolger, bemühte sich ehrlich, seinen Vorgänger reinzuwaschen: Die Soldaten waren ohne Sold, hatten weder Waffen noch Kleidung und starben vor Hunger: Apraxin habe sich zum Rückzug gezwungen gesehen, um eine Katastrophe zu vermeiden. Aber weder Elisabeth noch ihre Verbündeten glaubten dieser Erklärung: Es sei Verrat im Spiel gewesen, und man müsse die Verräter finden. Und als erste verdächtigte die Kaiserin das Großfürstenpaar, und die Großfürstin mehr als den Großfür-

Peter III., Zar von Rußland; Gemahl Katharinas.

*Christian August, Fürst von Anhalt;
Vater von Katharina der Großen.*

Katharina II. und ihre Familie.

Elisabeth I., Zarin von Rußland (1709 – 1761).

Katharina II.
Die Leibwache der Strelitzen erhebt
Katharina 1762 zur russischen Zarin.

*Fürst Alexandrowitsch Potemkin (1739 – 1791),
Günstling der Zarin Katharina II.*

*Johanna Elisabeth, Fürstin von Anhalt-Zerbst;
Mutter von Katharina der Großen.*

*Katharina II. von Rußland
als Prinzessin Sophie von Anhalt-Zerbst (1729 – 1796).*

sten, denn dieser war schließlich wegen seiner allseits bekannten Auffassungen zu streng überwacht, als daß er sich die geringste Geste zugunsten Friedrichs hätte erlauben können. Katharina jedoch konnte sehr gut für eine heimliche »Preußin« gelten.

Katharina erwartete damals ihr zweites Kind, und ihre Schwangerschaft war schon so fortgeschritten, daß sie nicht mehr bei Hof erschien. Und diese zweite Schwangerschaft war, wie sich denken läßt, nicht mehr das große, von der ganzen Nation mit Ungeduld ersehnte Ereignis. Im Gegenteil. Man zerreißt sich dermaßen darüber den Mund, daß der Großfürst, um nicht als Idiot dazustehen, sich verpflichtet fühlt, vor Zeugen zu erklären: »Ich ahne nicht, woher meine Frau ihre Schwangerschaften nimmt...« Über diese ihre Ehre verletzende Rede ist Katharina nicht nur beleidigt, sondern auch erschreckt; sie sagt zu ihren Freunden, insbesondere zu Leon Naryschkin: »Verlangt von ihm einen Eid darauf, daß er nicht mit seiner Frau geschlafen hat, und sagt ihm, daß ihr, falls er diesen Eid leistet, sofort Alexander Schuwalow, den Großinquisitor des Reiches, davon in Kenntnis setzen werdet.« Peter weigerte sich, einen solchen Eid zu leisten, sei es aus Angst vor einem Skandal oder weil er nicht wirklich beschwören konnte, daß das Kind nicht von ihm sei. Katharina läßt sich nicht näher darüber aus, sagt aber: »Diese dermaßen unvorsichtige Behauptung des Großfürsten erregte mich sehr.«

In der Tat besaß jetzt der Großfürst gegen sie eine furchtbare Waffe; ihm schadete es nichts, daß er sie öffentlich und notorisch betrog, aber wenn er sie der Untreue bezichtigte, war sie verloren. Und innerlich traf sie folgende Überlegung: »*Es handelte sich darum, mit ihm oder durch ihn zu sterben, oder aber mich, meine Kinder und womöglich den Staat vor dem Untergang zu bewahren, den alle physischen und psychischen Eigenschaften dieses Fürsten befürchten ließen.*« Es ist klar, daß sie keinerlei Lust hat zu sterben, weder *mit* ihm noch *durch* ihn.

Und dennoch versucht Peter, selbst damals noch, seiner Frau zu beweisen, daß er sich als ihr Freund betrachtet: Gewiß tut er es im Zustand der Trunkenheit und auf die lächerlichste Weise, aber die Geste allein zeigt, daß er für Katharina mehr Zuneigung empfindet, als sie vermutet. Als die Großfürstin von den ersten Wehen übermannt wird, dringt der Großfürst, den man benachrichtigt hat, um zwei Uhr morgens in das Gemach seiner Frau ein, in holsteinischer Uniform, gestiefelt und gespornt, an der Seite einen »riesigen Säbel«. Er verkündet ihr feierlich, daß es seine Pflicht als *holsteinischer Offizier* sei (er sagt nicht »Großfürst von Rußland«), »seinem Eide gemäß das Herzoghaus gegen alle Feinde zu verteidigen, und daß man in einem solchen Augenblick seine wahren Freunde erkenne«. Der riesige Säbel war natürlich nicht von geringstem Nutzen gegen die Wehen, und Katharina, Madame Wladislawowa und der Hebamme gelang es schließlich, Peter zu bewegen, das Gemach zu verlassen: Denn wenn die Kaiserin gekommen wäre, wäre sie empört gewesen, ihren Neffen in der verhaßten holsteinischen Uniform zu erblicken.

Nach ziemlich langwierigen Wehen entband Katharina in Gegenwart der Kaiserin und des Großfürsten (der Zeit gehabt hatte, sich umzuziehen) eine Tochter, der sie den Vornamen Elisabeth geben wollte. Die Kaiserin bestimmte den Namen Anna, in Erinnerung an ihre ältere Schwester, die Mutter des Großfürsten. Diesmal schien Peter sehr glücklich über seine Vaterschaft: Er befahl große Freudenfeste, nicht nur bei sich in Petersburg, sondern auch in Holstein.

Auch das zweite Kind wurde der Mutter weggenommen. Katharina, die sich schon im vorhinein damit abgefunden hatte, litt nicht allzusehr darunter. Allerdings läßt sie in ihrem Schlafzimmer einen großen Wandschirm aufstellen und dahinter »ein Kanapee, Spiegel, Klapptische und einige Stühle« – dort empfängt sie hinter dem Rücken der Kaiserin ihre vertrautesten Freunde; sobald ein Argus auftritt, wird der Wandschirm vorgezogen, und wenn jener fragt, was sich hinter dem Wandschirm verberge, bekommt er zur Antwort: »Der Nachtstuhl« ... Dank dieser List verbringt Katharina die Wochen der Schonzeit sehr vergnüglich. Stanislaus Poniatowski ist noch da: Der polnische Hof verlangt schon seit langem seine Rückkehr, er aber zögert diese immer wieder hinaus, um die Frau, die er anbetet, nicht verlassen zu müssen sowie das Kind, für dessen Vater er sich mit gutem Grund halten darf, das zu sehen er jedoch kein Recht hat.

Der schöne Stanislaus entschwand schließlich im Jahr 1758, nachdem er sich unermeßlich verausgabt und sich noch mehr kompromittiert hatte im Bestreben, seiner Mätresse zu helfen, sich aus der schwierigen Lage, in der sie sich befand, herauszuwinden. Für Katharina war der sanfte Pole nichts als eine schöne Entspannung inmitten der Sorgen und Intrigen, die ihre Gedanken immer mehr absorbierten.

Tage der Angst

Sie lebte in ständiger Angst vor dem Prozeß Apraxins, der mit der üblichen Langsamkeit russischer Gerichtsverfahren eingeleitet wurde. Der Kanzler Bestuschew, dessen Ansehen seit dem halben Bruch mit England und dem Bündnis mit Frankreich geschwunden war, fürchtete ebenfalls, in diese angebliche Hochverratsaffäre verwickelt zu werden. Tatsächlich hatte er ja auf den nahen Tod Elisabeths gesetzt und ohne Rücksicht auf die mißtrauische Kaiserin mit dem jungen Hof geliebäugelt.

Der Mann, der fünfzehn Jahre lang die Außenpolitik Rußlands bestimmt hatte, vor dem der ganze Hof zitterte, der sich den Haß Preußens und Frankreichs zugezogen hatte und jetzt auch die Sympathie Österreichs verlor sowie – nach Williams Scheiden – auch die Englands, zahlte jetzt für seinen vergangenen Ruhm: Am Hof besaß er eigentlich nur noch Feinde. Der Vizekanzler Michael Woronzow begehrt seinen Platz und kann mit der Unterstützung des Großfürsten, des künftigen Kaisers, rechnen. Die Brüder Schuwalow, die Onkel des Günstlings der Kaiserin, arbeiten an seinem Verderben und beschuldigen ihn, seine Herrscherin zugunsten des jungen Hofs, oder besser gesagt der Großfürstin, verraten zu haben. Und Katharina, die sich in Gefahr weiß, kann und will sich nicht öffentlich von dem Kanzler distanzieren.

Eines schönen Sonntags, am 15. Februar 1758 – dem Tag, an dem der junge Hof eine Doppelhochzeit feiern will –, erhält Katharina von Poniatowski ein kurzes Schreiben, in welchem er ihr (in größter Heimlichkeit) mitteilt, daß Bestuschew, der Juwelier Bernardi, Elagin und Adodurow am Vorabend verhaftet worden seien. Sie konstatiert gelassen: »Man durfte sich nicht einbilden, daß die Angelegenheit mich weniger anging, als es den Anschein hatte.«

Man hatte ihr Bestuschews Verhaftung verheimlicht, Stanislaus hatte, indem er sie benachrichtigte, ein großes Risiko auf sich genommen; die drei anderen Verhafteten gehörten zu den Freunden und treuen Mitarbeitern der Großfürstin und waren lediglich als deren eventuelle Komplizen in einer Hochverratsaffäre festgenommen worden... O ja, diesmal hat man es direkt auf Katharina abgesehen.

Mithin zieht Katharina sich um und begibt sich, »mit einem Dolch im Herzen«, zur Messe. Man erzählt ihr kein Wort. Sie wagt nicht, jemand zu fragen. Sie zwingt sich während des Hochzeitsmahls zu einer freundlichen Miene – der eine Bräutigam ist ausgerechnet ihr Freund Naryschkin. Gegen Abend hält sie es nicht mehr aus, faßt sich ein Herz und wendet sich an den Marschall Trubezkoi, der zu der Untersuchungskommission für die Bestuschew-Affäre gehört: »Haben Sie mehr Verbrechen als Verbrecher oder mehr Verbrecher als Verbrechen gefunden?« Der Marschall antwortet, daß nach den Verbrechen noch immer gesucht werde.

Am anderen Morgen wird Katharina ein kurzes Schreiben des verhafteten Kanzlers zugestellt. Sie möge beruhigt sein, er habe noch Zeit gehabt, alles »ins Feuer zu werfen«. Sie läßt ihrerseits dem Greis ein Briefchen etwa des gleichen Inhalts zukommen: Auch sie habe »alles verbrannt«. Jawohl alles; in ihrem Schrecken hat sie nichts verschont, nicht einmal ihre Privatpapiere und alten Briefe, ja nicht einmal das unschuldige »Bildnis einer fünfzehnjährigen Philosophin...«

Sie fühlt sich dermaßen bedroht, daß sie ihre Freunde nicht mehr empfängt, aus Angst, ihnen dadurch Unannehmlichkeiten zu bereiten; sie wagt kaum, bei Hof zu erscheinen, aus Angst, daß die Leute sie meiden könnten. Schließlich ist sie so offensichtlich in Ungnade, daß das Gerücht entsteht, man werde sie demnächst in ihre Heimat zurückschicken.

Vierter Teil

Vor dem Richtstuhl der Kaiserin

Nach der sehr eingehenden Schilderung einer Szene, die vielleicht eine der wichtigsten ihres Lebens war, brechen die Memoiren Katharinas brüsk ab. Ihre ganze Zukunft stand auf dem Spiel, und das wußte sie auch. Sie setzte alles auf eine Karte. Als die Partie gewonnen war, blieb ihr nichts anderes übrig, als auf dem Weg, den sie sich vorgezeichnet hatte, weiterzuschreiten, der ihr – wie sie behauptet – gegen ihren Willen aufgezwungen worden sei.

Sie sucht und sie findet Entschuldigungen für sich. Denn es geht um nicht mehr und nicht weniger als die Eliminierung des Großfürsten und um ihren eigenen Aufstieg zur Macht. Als sie ihre Memoiren verfaßt, kennt sie bereits den Ausgang.

Sie sagt nicht, wessen man sie anklagt. Niemand sagt es ihr. Alle Welt weiß es – als erster der Großfürst, den die Feinde Bestuschews und Katharinas informiert haben. Sie erwähnt, wie zufällig, den plötzlichen Haß Peters gegen ihre Person, ein Haß, den, wie sie behauptet, die Schuwalow-Sippe und das Fräulein Woronzow angefacht haben. Sie sagt nicht, wessen man sie anklagt, sie selber klagt an. Sie geht zum Gegenangriff über: Da ihre Freunde im Gefängnis sind und sie selbst Gefahr läuft, durch deren Geständnisse der Bestechung, des Einverständnisses mit dem Feind und – in der Tat – der Verschwörung gegen ihren eigenen Mann überführt zu werden, beschließt sie, der Kaiserin einen Brief zu schreiben.

»Ich schrieb der Kaiserin in russischer Sprache und formulierte den Brief so rührend wie möglich.«

Über den Brief: »Ich begann damit, ihr für alle Gnade und Güte zu danken, mit der sie mich seit meiner Ankunft in Rußland überhäuft habe, und sagte, daß die Ereignisse leider bewiesen, daß ich jene nicht verdiene, weil ich mir den Haß des Großfürsten und die sehr betonte Ungnade Ihrer Majestät zugezogen hätte; daß ich sie in Anbetracht meines Kummers und der Tatsache, daß ich vor Einsamkeit in meinem Zimmer vergehe, wo man mich der harmlosesten Zeitvertreibe beraube, inständig bitte, meinem Unglück ein Ende zu machen und mich, wie immer ihr angemessen erscheine, zu meinen Angehörigen zurückzuschicken. Was meine Kinder anbetreffe, so sei es mir, da ich sie, obgleich ich mit ihnen unter einem Dach wohne, nie zu sehen bekäme, gleichgültig geworden, ob ich am gleichen Ort oder Hunderte von Meilen entfernt von ihnen lebte; daß ich wisse, sie würde sich ihrer mit einer Sorgfalt annehmen, die meine kümmerlichen Möglichkeiten dazu bei weitem überträfe, daß ich wage, sie zu bitten, damit fortzufahren, und ich im Vertrauen darauf den Rest meines Lebens bei meinen Angehörigen verbringen wolle, um für sie, den Großfürsten, meine Kinder und alle jene zu beten, die mir Gutes und Böses antaten, daß aber meine Gesundheit durch Kummer dermaßen geschwächt sei, daß ich alles tun müsse, um wenigstens am Leben zu bleiben, und ich sie deshalb bitte, mir einen Kuraufenthalt zu erlauben, um von dort aus zu meinen Angehörigen heimzukehren.«

Diesen Brief übergibt sie, innerlich triumphierend, Alexander Schuwalow, derzeit ihr schlimmster Feind, den sie bereits wissen läßt, daß sie nur den einen Wunsch habe, in ihre Heimat zurückkehren zu dürfen. Sie weiß sehr wohl, daß sie auf diese Weise ihre Feinde mattsetzt und Elisabeth, vor eine solche Alternative gestellt, sich gezwungen sehen muß, einen Entschluß zu fassen; daß die Kaiserin vor einem derartigen Familienskandal zurückschrecken würde, daß die Drohung mit der Heimkehr ein Erpressungsmittel darstellt, mit dem man sehr viel erreichen kann.

Die Weigerung des Großfürsten und der Schuwalow, sie ins Theater gehen zu lassen, hatten ihr den Vorwand für ihren Brief geliefert. Erster Triumph: Schuwalow beeilt sich, ihr eine Karosse zur Verfügung stellen zu lassen. Sie besucht das Schauspiel und stellt mit boshafter Freude fest, daß die Kaiserin nicht anwesend ist: »Ich vermute, daß mein Brief sie daran hinderte.« Sie braucht jetzt nur noch zu warten. Und sie wartet mit wachsender Ungeduld und sucht mit allen Mitteln, den Feind in die Enge zu treiben und ihn zu entwaffnen.

Es ist die erste Woche der Fastenzeit: Sie »verrichtet ihre Andacht«, das heißt, daß sie, nach russischer Sitte, einen großen Teil des Tages in der Kirche verbringt, da die Gottesdienste der ersten Woche sehr lang sind. Dieser Beweis ihrer Anhänglichkeit an die orthodoxe Kirche scheint ihre Feinde wenig zu rühren, denn nicht lange danach entfernt man Madame Wladislawowa, an die sie sich in den letzten vier Jahren sehr angeschlossen hat; für sie ein neuer Vorwand, ihren Kummer zu demonstrieren; sie verkündet ihrem Personal, daß der Ersatz für Madame Wladislawowa sich »auf eine denkbar schlechte Behandlung, sogar Schläge« gefaßt machen kann, »da ich es satt habe zu leiden und erkenne, daß meine Sanftmut und meine Geduld zu nichts anderem führen, als daß alles, was meine Person betrifft, nur noch schlimmer wird ...« Im übrigen verzehrt sie sich, weint unaufhörlich, weigert sich zu essen, und die Frauen in ihrer Umgebung (denn sie ist sehr beliebt bei ihrem Personal) beunruhigen sich darüber und beginnen für ihre Gesundheit, das heißt für ihr Leben, zu fürchten.

Nun täuscht sie eine Krankheit vor – auf Grund der Nervenanspannung und Angst ist sie bereits krank. Sie legt sich ins Bett und verlangt einen Beichtvater: Zufällig ist der Beichtvater, den sie will, auch der Beichtvater der Kaiserin und nebenbei der Onkel einer ihrer Kammerfrauen, Katharina Iwanowna; durch seine Nichte verständigt, hat er selbst zu dieser List gegriffen, um als Mittler zwischen Elisabeth und Katharina zu fungieren. (Es war wahrlich nicht einfach, eine Audienz bei der Kaiserin zu erlangen.) Die Großfürstin spielt so geschickt die Kranke, ruft so geschickt nach dem Beichtvater, daß sie damit – trotz des Einspruchs Schuwalows, der zunächst nichts außer von Ärzten hören will – gewonnenes Spiel hat.

Der Priester, der im vorhinein auf ihrer Seite steht, geht auf alle ihre Gründe ein, sucht die Kaiserin auf und beschreibt ihr in anschaulichster Weise die Leiden der jungen Frau und drängt sie, der Großfürstin endlich das ersehnte Gespräch zu gewähren, das über ihr Schicksal entscheiden soll. Der verständnisvolle und gewitzte alte Mann ermuntert übrigens Katharina dazu, auf ihrem angeblichen Wunsch, in die Heimat zurückkehren zu wollen, zu beharren: Man wird sie niemals zurückschicken, denn »in den Augen der Öffentlichkeit könnte die Kaiserin einen solchen Schritt niemals rechtfertigen.«

Der Tag ist endlich da: Elisabeth befiehlt Alexander Schuwalow, der Großfürstin anzukündigen, daß sie sie »in der kommenden Nacht« empfangen werde (Elisabeth ist eine unverbesserliche Nachteule).

Und Katharina reißt sich zusammen, steht auf, zieht sich an und wartet: Um Mitternacht soll Schuwalow sie abholen, um sie zu der

Kaiserin zu führen. Erschöpft, am Ende ihrer Nervenkraft, schläft die junge Frau auf dem Kanapee ein. Gegen halb zwei Uhr morgens wird sie geholt.

Sie geht ihrem Richterspruch entgegen. Es ist immerhin die einzige Art von Richterspruch, dem ein Mensch ihres Ranges unterworfen werden kann; aber sie hatte Elisabeth wissen lassen, daß sie sich nicht verdammen lasse, ohne zuvor gerichtet worden zu sein.

Ihre Argumente offenbart sie dreißig Jahre später in der Schilderung der Episode; es sind vielleicht nicht dieselben, die sie der Kaiserin aufzutischen gedachte. Aber für sich selbst, für die Nachwelt legt sie Wert darauf zu erklären, daß sie im Recht, daß sie bis zuletzt unschuldig war. Daß sie die loyalste, aufrichtigste, edelste, empfindsamste und zärtlichste Ehefrau war, die es gab. Ihr einziges Unrecht: Sie liebt ihren Mann nicht – deshalb, weil er sich nicht von ihr hat lieben lassen wollen. Aber wenn schon, dieser Gatte ist ein unwürdiges Geschöpf, die Kaiserin ist die erste, die ihr darin zustimmt: »Sie [Elisabeth] kannte ihn so gut, daß sie schon seit vielen Jahren nirgends auch nur eine Viertelstunde mit ihm zubringen konnte, ohne Widerwillen, Zorn oder Kummer zu empfinden, und daß sie, wenn es sich um ihn handelte, in ihrer Kemenate bittere Tränen darüber vergoß, mit einem solchen Thronerben belastet zu sein...« Aber ja, Katharina hat Beweise dafür – nachdem sie später Einblick in Elisabeths Korrespondenz hatte. Verlangt man Beispiele? Elisabeth hat einmal geschrieben: »Mein Neffe hat mich in jeder Beziehung enttäuscht«, und ein anderes Mal: »Mein Neffe ist ein Ungeheuer. Der Teufel soll ihn holen.«

Und schließlich betrachtet Katharina, sagt sie, ihre Entlassung mit einem »sehr philosophischen Auge«, sie versteht es, sich über gewöhnliche Gefühle zu erheben. »Glück und Unglück liegen im Herzen und der Seele eines jeden; wenn du unglücklich bist, so stelle dich über dein Unglück und lebe so, daß dein Glück von keinem äußeren Umstand abhängt.« Man dürfe nicht glauben, daß sie sich nach Macht und Größe verzehrt hätte. Sie sei fünfzehn Jahre lang nichts als die perfekte Gattin eines Unwürdigen gewesen; sie habe ihm »die aufrichtigste Zuneigung geschworen, die ein Freund oder sogar Diener seinem Herrn schwören kann«, sie habe es nicht an Ratschlägen fehlen lassen, anstelle einer Liebe, mit der er nichts anzufangen wußte. Und ihre Schuld sei es nicht, daß Gott sie als Frau geschaffen habe, begehrenswert und deshalb Versuchungen ausgesetzt.

Denn obwohl sie, wie sie sagt, »eine offene und ritterliche Natur sei, von ausgeprägt männlichem Geist«, so sei sie doch außerordentlich sensibel, gutherzig, nachsichtig, voll Verständnis für jeden; wenn man eine Viertelstunde mit ihr spreche, habe man den Eindruck, sie bereits seit langem zu kennen ... Außerdem sei sie physisch sehr reizvoll (»ein zumindest sehr interessantes Gesicht, das sofort gefiel«, »die Vorzüge einer sehr liebenswerten Frau ...«). Mithin sei sie selbstverständlich umworben, somit Versuchungen ausgesetzt, und Versuchungen erliegt man eben. »Alles was man Ihnen anderes sagt, sind nichts als prüde Reden, die dem menschlichen Herzen nicht abgelauscht sind, denn keiner hat sein Herz in der Hand, keiner kann es nach Belieben mit geschlossener oder geöffneter Faust zurückhalten oder ihm die Zügel schießen lassen.«

So lautet das Plädoyer. Sehr viel weiblicher, als Katharina wahrhaben möchte, berücksichtigt es überhaupt nicht die konkreten Tatsachen, nach denen man sie richten wird. Es sei ungerecht und grausam, ein so hochbegabtes Wesen zu verurteilen. Sie vergißt zu erwähnen, daß sie, trotz ihrer philosophischen Lebensauffassung, ihrer Schulden wegen auf die Dienste des englischen Botschafters zurückgriff und unbezweifelbar mit dem Kanzler konspirierte, um ihren Gatten von der Macht auszuschalten – oder, wenn sie diese Absicht nebenbei zugibt, bekräftigt sie, daß es nur deswegen geschehen sei, weil besagter Gatte Rußland nur Unglück bringen könnte.

Nicht als Philosophin, nicht als »offene und ritterliche Natur« wendet sie sich an die Kaiserin, sondern als Frau, die entschlossen ist, Komödie zu spielen, und zwar perfekt, um die kaiserliche Gunst zurückzugewinnen und zugleich einen Schritt vorwärts in Richtung auf die Machtergreifung zu tun. Darf man sie deshalb tadeln? Sie war keine Philosophin, sondern ein Wesen aus Fleisch und Blut. Und sie kämpfte um das, was ihr Lebensziel war.

Sie wurde tatsächlich von der Kaiserin empfangen, durfte diese aber noch nicht unter vier Augen sehen: Der Großfürst und Alexander Schuwalow – ihre Ankläger – waren zugegen. Der Großfürst ist von diesem Augenblick an ihr erklärter Feind: »Inzwischen erfuhr ich, daß an jenem Tage der Großfürst Elisabeth Woronzow, falls ich sterben sollte, die Ehe versprach und beide über meinen Zustand jubilierten« (sie spricht von ihrer gespielten Krankheit).

Die Unterredung findet in einem langen, mit Kerzen beleuchteten Saal statt, »mit drei Fenstern, zwischen denen sich zwei Tische mit dem goldenen Toilettengeschirr der Kaiserin befanden [damit meint sie Waschschüsseln]. Gegenüber den Fenstern standen große Wandschirme, vor die man ein Kanapee gestellt hatte.« Hinter diesen Wandschirmen verbirgt sich, wie Katharina später erfahren sollte, Iwan Schuwalow, der Günstling der Kaiserin; im Augenblick weiß sie nicht, daß sich dort jemand verbirgt, aber sie errät es.

So beginnt die Großfürstin, die ganz allein vor ihrem Richter und ihren Anklägern steht, die natürlichste weibliche Waffe einzusetzen: Sie bricht schluchzend in die Knie. Zur Zeit ist sie eine Frau von dreißig Jahren, von Krankheit und Kummer erschöpft, erniedrigt und von allen verlassen; sie will nichts mehr, nichts als den Frieden. Man möge sie zu ihren Angehörigen zurückschicken – (was gar nicht einfach ist, da sich ihre Mutter in Paris befindet und ihr Bruder große Schwierigkeiten mit dem König von Preußen hat). Als die Kaiserin sie aufrichten will, bleibt sie auf den Knien liegen und fährt fort, sie anzuflehen. Elisabeth, die sehr schnell gerührt ist, hat Tränen in den Augen. »Wie kann ich Sie denn in Ihre Heimat zurückschicken? Bedenken Sie doch, daß Sie Kinder haben.« Katharina kann nicht umhin, die bittere Ironie der Worte zu betonen: »Meine Kinder sind in Ihren Händen und könnten es nicht besser haben...«

»Aber welchen Grund sollte ich der Öffentlichkeit dafür angeben?«

»Eure Majestät werden sagen, was Ihr für angemessen haltet, die Gründe, weswegen ich mir Eure Ungnade und den Haß des Großfürsten zugezogen habe.«

Sie weiß genau, daß Elisabeth es nie »für angemessen« halten wird, diese Gründe anzugeben. Die Kaiserin versucht, sie zur Vernunft zu bringen: »Wovon wollen Sie leben?... Ihre Mutter ist auf der Flucht, sie mußte von zu Hause fort und ist nach Paris gegangen.« »Ich weiß: Man glaubte, daß ihr die Interessen Rußlands zu sehr am Herzen lägen...«

Bereits entwaffnet, fängt Elisabeth beinahe an, sich zu rechtfertigen: Wirft die Großfürstin ihr etwa mangelnde Liebe vor? »Gott ist mein Zeuge dafür, wie sehr ich geweint habe, als Sie nach Ihrer Ankunft in Rußland todkrank wurden; und wenn ich Sie nicht geliebt hätte, hätte ich Sie nicht hierbehalten.« Und sie beginnt nach Gründen – unzureichenden Gründen – zu suchen, um ihre

Kälte zu erklären: Ist denn Katharina nicht unmäßig stolz? Hat sie nicht vor vier Jahren einmal versäumt, die Kaiserin zu begrüßen, und in so auffallender Weise, daß diese sie fragen mußte, ob sie Halsschmerzen habe, weil sie den Kopf so hoch trug? Katharina protestiert. Und man darf ihr glauben: Es war stets ihre größte Sorge gewesen, der Kaiserin die gebührende Ehrerbietung zu bezeugen. Elisabeth greift sie (mit größerer Berechtigung) an: »Sie bilden sich ein, daß niemand mehr Geist hat als Sie.« Katharina pariert, so gut sie vermag; und übrigens sind die Dinge, die man ihr vorwirft, noch keine Verbrechen. Elisabeth scheint sich entschieden wie eine Tante zu benehmen, die ihre Nichte recht sanft wegen einiger Kleinigkeiten schilt.

Über die allzu versöhnliche Haltung seiner Tante zweifellos entrüstet, geht der Großfürst zum Angriff über, nicht direkt, aber lauthals in die Luft redend: »Sie ist«, sagt er, »entsetzlich bösartig und entsetzlich halsstarrig.« – »Ich bin bösartig denen gegenüber«, erwidert Katharina, »die Ihnen zu Ungerechtigkeiten raten, und halsstarrig, seitdem ich sehe, daß meine Freundlichkeit nur Ihre Feindseligkeit zur Folge hat.« Und da die Anspielung auf »Ungerechtigkeiten« sich auf den Holsteiner Brockdorff bezieht, sagt Elisabeth – vielleicht um Katharinas Gerechtigkeitssinn zu veranschaulichen: »Oh, Sie ahnen gar nicht, was sie mir alles gegen Ihre Ratgeber und Brockdorff wegen des Mannes, den Sie verhaften ließen, gesagt hat.« Das war eine Entgleisung, die die Chancen, daß Katharina sich je wieder mit ihrem Mann aussöhnte, noch mehr verringerten. Sie hatte früher einmal die Schwäche gehabt, mit der Kaiserin zuviel über die Angelegenheiten Holsteins zu reden; und jetzt reihte der Großfürst sie endgültig unter seine »Spione« ein. So oder so waren die Würfel gefallen.

Eigentümlicherweise bestand der offizielle Anlaß für die Ungnade, in die die Großfürstin gefallen war, in dem Verdacht, daß sie geheime Beziehungen zu Preußen habe, und es war der Großfürst, »der eingefleischte Preuße«, der den Ankläger zu machen schien. Er hatte dafür einen guten Grund: Er wollte nicht selbst in Verdacht geraten. Er hatte auch noch einen anderen Grund, der noch besser fundiert war. Im übrigen wurden in Anbetracht des Ranges der Angeklagten der Name des Königs von Preußen und das Wort Verrat nicht ausgesprochen. Aber die Kaiserin greift dennoch das Thema auf: »Sie mischen sich in viel zu viele Dinge ein, die Sie nichts angehen; ich hätte das zur Zeit der Kaiserin Anna niemals gewagt. Wie kommen Sie beispielsweise dazu, dem General Apraxin Befehle zu geben?«

Katharina protestiert: Befehle? Niemals! Im Vorbeigehen hat sie jedoch Briefe bemerkt, die in einer der goldenen Waschschüsseln liegen – es sind die Beweisstücke. »Ihre Briefe«, sagt Elisabeth, »sind in dieser Schüssel. Es ist Ihnen verboten zu schreiben.« Die Großfürstin beschwört die Reinheit ihrer Absichten, die völlige Harmlosigkeit der Briefe. Und die Kaiserin erwidert: »Bestuschew sagt, das seien noch längst nicht alle.«

Ist das wahr? Katharina verneint es. »Wenn Bestuschew das behauptet, so lügt er.« »Nun gut, wenn er mich Ihretwegen anlügt, so werde ich ihn foltern lassen.« Katharina bleibt gelassen dabei, daß sie nur diese drei Briefe geschrieben habe. Sie sind in der Tat äußerst harmlos; wenn es kompromittierendere gegeben hätte, würde Apraxin, wie sie sehr wohl weiß, sie gleich nach Erhalt vernichtet haben. Also keine Beweise. Elisabeth geht im Saal auf und ab und wendet sich abwechselnd an Katharina, an ihren Neffen und an Schuwalow. »Ich bemerkte an Ihrer Majestät«, sagt Katharina, »weniger Zorn als Besorgnis.«

Es ist der Großfürst, der erneut angreift. Mit gewohnter Ungeschicklichkeit, mit Leidenschaft und einer Brutalität, welche die Kaiserin, die sowieso wenig Geduld mit ihm hat, nur gegen ihn einnehmen kann. Katharina berichtet nicht, was er sagte, behauptet aber: »Es war sonnenklar, daß er mich aus dem Weg räumen wollte, um, falls es ihm möglich wäre, seine derzeitige Mätresse an meine Stelle zu setzen.« Möglicherweise hatte Peter seine Frau beschuldigt, sich seiner entledigen zu wollen, was in der Tat zutraf. Und Elisabeth stand nun zwei Rivalen gegenüber, zwei Machtanwärtern, von denen der eine so wenig annehmbar war wie der andere. Vielleicht hatte sie gehofft, die Eheleute zu versöhnen? Allerdings sah sie sie dermaßen selten, daß deren wahre Gefühle ihr verborgen sein mochten.

Sicher ist, daß die Sympathien der Kaiserin mehr auf seiten der Großfürstin waren. Sie tritt auf Katharina zu und sagt leise zu ihr: »Ich hätte Ihnen so viel zu sagen, aber ich kann nicht sprechen, weil ich Euch nicht noch mehr entzweien möchte.« Dieser Vertrauensbeweis erschüttert die junge Frau. (Sie schreibt: »Ich war tief gerührt«; und dieses Wort scheint aufrichtig gemeint.) »Auch ich«, haucht sie, »kann nicht sprechen, wie innig es auch mich danach verlangt, Ihnen mein Herz und meine Seele zu offenbaren.«

Ist Katharina bewegt, so ist es die Kaiserin noch mehr, denn angesichts der unverkennbaren Aufrichtigkeit jener Worte hat sie Tränen in den Augen und verabschiedet ihre Gäste, um ihre Rührung zu verbergen. Katharina hat einen entscheidenden Sieg davongetragen.

In ihr Zimmer zurückgekehrt, erhält sie den Besuch Alexander Schuwalows, der ihr sagt, die Kaiserin »habe ihn beauftragt, ihr Grüße zu bestellen und sie zu bitten, sich nicht zu betrüben, auch daß sie ein zweites Gespräch unter vier Augen mit ihr haben würde...«

Auf diese versprochene Unterredung wartete Katharina wochenlang – und erlangte sie schließlich auch. Und während der Wartezeit bekundet sie weiterhin den Wunsch, lieber nach Zerbst zurückkehren zu wollen, als noch länger fortgesetzten Beleidigungen und Schikanen ausgesetzt zu sein. Ihr Feind, der gegenwärtige Verbündete des Großfürsten, Graf Michael Woronzow, erschien im Auftrag der Kaiserin bei ihr und gab sich alle Mühe, sie umzustimmen, aber sie blieb hart. Als sie erfuhr, daß an ihrem Geburtstag, dem 21. April, Elisabeth die Gnade gehabt hatte, auf ihr Wohl zu trinken – ein günstiges Zeichen –, ließ sie Ihrer Majestät bestellen, sie danke ihr, »daß sie so gut gewesen sei, meiner unglücklichen Geburt zu gedenken, die ich verfluchen würde, hätte ich nicht am gleichen Tag die Taufe erhalten.« Auf diesen Gunstbeweis hin beeilt sich auch der Großfürst, ihr mitteilen zu lassen, daß er auf ihr Wohl trinke...

Kurzum, die in Ungnade Gefallene hat es so gut verstanden, die Rollen zu vertauschen, daß jeder um sie besorgt ist und sich bemüht, sie zu beschwichtigen.

Ob aus Trägheit oder Furcht, sich zu sehr zu engagieren (sie weiß, wie leicht sie sich rühren läßt), scheut Elisabeth vor der versprochenen Unterredung zurück, begreift aber schließlich, daß Katharina keine Frau ist, die sich mit Versprechungen abspeisen läßt: Am Ende erlaubt sie der Großfürstin, ihre Kinder zu sehen. Über diese macht Katharina sich im Augenblick wenig Sorgen. Weder der dreijährige Paul noch die vier Monate alte Anna – die sie seit ihrer Geburt erst ein einziges Mal gesehen hat – erwecken in ihr noch mütterliche Gefühle; sie hatte sich bereits damit abgefunden, daß man sie ihr wegnahm, und was bedeutete schon ein Wiedersehen von höchstens ein paar Stunden. Es kommt ihr darauf an, daß auf diesen kleinen Gunstbeweis die große, heißersehnte Gunst folgt: Und Elisabeth spricht mit ihr, oder läßt vielmehr sie sprechen.

Unter vier Augen. In einem Raum, in dem sich keine Wandschirme befinden. »Ich verlange von Ihnen, daß Sie über alles, was ich Sie fragen werde, die Wahrheit sagen.« Katharina schwört, die reine Wahrheit zu sagen, und wir werden nie erfahren, was sie gesagt hat. Vielleicht ist sie wirklich aufrichtig gewesen. Festzustehen scheint, daß jene Unterhaltung – die erste und echte – zwischen den beiden Frauen den unausgesprochenen Pakt besiegelte, der sie seit langem verband. Wenn Katharina zwar nur halbwegs verziehen wurde – ihre Vergehen waren zweifellos ernster, als sie behauptet –, so mußte Elisabeth doch begreifen, daß die Prinzessin von Anhalt-Zerbst nicht ihre Feindin war.

Katharina hat gegen Elisabeth schwere Vorwürfe erhoben, sie in ihren Memoiren und Briefen nicht immer geschont und zeigt sich manchmal ungerecht gegen ihre Vorgängerin, um ihre eigenen Vorzüge besser zur Geltung zu bringen; aber sie scheint sie aufrichtig geliebt zu haben. Mit einer gelegentlich beinah bestürzenden Liebe, weil ihre Schönheit sie so betörte; desgleichen mit einer unterwürfigen Liebe, wie der Sklave den Herrn liebt, dessen bloßes Lächeln eine unverdiente Belohnung bedeutet; in ihren Gefühlen war auch etwas von unausgelebter und unbefriedigter Kindesliebe sowie Treue des Untertanen für seinen Herrscher. Schließlich scheint Katharina mit der Intuition des Herzens trotz der offensichtlichen Schwächen Elisabeths die echte Größe, die Urkraft gespürt zu haben, die Elisabeths Natur zugrunde lagen, als sei Elisabeth ein Diamant von reinstem Wasser gewesen, an dessen natürliches Feuer Katharina, der polierte, geschliffene und umgeschliffene Stein, nie würde heranreichen können.

Elisabeth war träge und liederlich; seit ihrer frühesten Jugend schlief sie mit Bediensteten, beteiligte sich im Bauernkleid an den Rundtänzen der Dorfmädchen; um sie zu zwingen, die Macht zu ergreifen, mußte man ihr zwei Zeichnungen vorlegen, die eigens zu diesem Zweck angefertigt worden waren: Die eine stellte sie mit Krone und Hermelinmantel dar; die andere hinter Klostermauern, im Nonnengewand und mit kahlgeschorenem Kopf. Sie griff zur Schere, um den Damen, deren Schönheit ihr Konkurrenz machte, das Haar abzuschneiden; in ihren Wutanfällen randalierte sie wie ein Waschweib und erinnerte ihre Umgebung bei jeder Gelegenheit daran, daß sie »zu der Zeit der Kaiserin Anna arm, aber anständig gelebt, von keinem etwas verlangt habe, usw. Sie war abergläubisch wie eine alte Bäuerin und imstande, Hochverrat zu wittern, weil sie unter der Matratze ein »um ein Wurzelwerk« gewickeltes Haarbüschel entdeckte; sie war furchtsam und wähnte hinter Bett oder Wandschirmen ständig Verschwörer, regte sich aber keineswegs auf, wenn sie hinter denselben Wandschirmen einen hübschen jungen Mann entdeckte. Jedoch besaß sie die – unnachahmliche – Gabe, bis in ihre Verschrobenheiten und Lächerlichkeiten hinein stets natürlich und selbstsicher zu sein; mochte sie sich auch noch so unmöglich benehmen, so blieb die Tochter Peters des Großen stets eine Olympierin.

Katharina mit ihrer guten Erziehung, ihrer Intelligenz, Kultur, Menschenkenntnis und ihrem Sinn für Politik, ihrer ausgesuchten Höflichkeit, ihrer Ordnungsliebe und ihrer Liebe zur Arbeit hat niemals die schlichte und unbewußte Majestät dieser Frau erreicht, die sich ihr ganzes Leben lang nicht die geringste Mühe gab, zu gefallen oder sich durchzusetzen.

Das spürte Katharina und empfand darüber mehr Bewunderung als Neid. Und Elisabeth war feinfühlig genug zu erkennen, daß es sich nicht um simple Liebedienerei handelte, sondern daß die Bewunderung der jungen Frau aufrichtig war. Nicht etwa, daß Katharinas Gefühle erwidert wurden: Elisabeth hatte ein weites Herz, ein viel zu weites, ein Herz, das jedem Einfluß offenstand und keiner Leidenschaft fähig war; von spontaner Güte, wenn es die Gelegenheit verlangte, Güte zu beweisen (so hatte sie wochenlang am Lager eines pockenkranken Kindes gewacht, geweint, gehofft, eines unausstehlichen Kindes, das sie, Elisabeth, nicht liebte . . .). Durch Vergnügungen erschlafft, von Schmeicheleien übersättigt, attachierte sie sich so gut wie nie – abgesehen von den beiden großen Favoriten (Rasumowski und Iwan Schuwalow) vermochte niemand sich auf längere Zeit die Zuneigung der Kaiserin zu bewahren. Für Katharina war sie jahrelang die böseste und tyrannischste aller Stiefmütter; dennoch scheint es, daß, sobald sie sich gegenübersaßen, es der Sanftmut, der aufrichtigen Verehrung der jungen Frau gelang, Elisabeth zu entwaffnen.

Sie hatte Sophie von Anhalt-Zerbst nach Rußland kommen lassen, um ihrem Neffen eine vernünftige, ehrliche, nicht zu anspruchsvolle Gefährtin zu geben, die fügsame kleine Frau, die sich alle herrschsüchtigen Mütter für ihre Söhne erträumen. Fünfzehn Jahre waren vergangen. Die Ehe hatte sich als eine Katastrophe herausgestellt. Aber schließlich war Katharina Großfürstin und sogar Mutter des Thronerben. Das eheliche Glück der Fürsten spielt in der Politik nur eine geringe Rolle, und Elisabeth liebte ihren Neffen nicht. Aber so, wie die Dinge standen, erkannte die Kaiserin immer klarer, daß die Ehegatten nicht gemeinsam regieren konnten; daß jeder der beiden versuchen würde, sich des anderen zu entledigen.

Die Affäre Bestuschew wurde niedergeschlagen – auch galt der Kanzler, dessen Sturz so viel Aufsehen erregt hatte, in der Öffentlichkeit als unschuldig, und die einzigen zuständigen Ankläger lasteten der Großfürstin die Schuld dafür an. Der alte Mann, den man anfangs zum Tode verurteilen wollte, wurde lediglich seiner Güter enteignet und auf seine Besitzung Gorilowo verbannt; die »Komplizen« – alle Vertraute Katharinas – wurden ebenfalls verbannt: der Juwelier Bernardi und Elaguin nach Kasan, Adodurow nach Orenburg; Stambke (Vertrauensmann Bestuschews) und Poniatowski wurden aus Rußland ausgewiesen.
Katharina wird wieder in Gnaden aufgenommen, zumindest offiziell. Selbstverständlich ist keine Rede mehr davon, daß sie Rußland verläßt, sie hat das Recht, ihre Kinder zu sehen – nicht täglich, aber einmal die Woche. Das ist schon sehr viel. Sie wohnt in Oranienbaum, im Palast des Großfürsten; die Kinder werden im kaiserlichen Palast Peterhof erzogen, zwanzig Kilometer von Oranienbaum entfernt. Katharina hätte vielleicht eine gute Mutter sein können: Sie mochte Kinder, und diese mochten sie auch: Das beweist der kleine Junge von Madame Tschoglokow, den sie zur Zeit ihrer aufgezwungenen Unfruchtbarkeit ins Herz schloß. (»Ich liebte und liebkoste oft eines ihrer Kinder, das sie bei sich hatte; ich nähte ihm Anzüge, und Gott weiß, wieviel Spielsachen und Kleinigkeiten ich ihm schenkte...«)
Der kleine Paul war, nach seinen ersten Porträts zu urteilen, ein Kind mit einem feingeschnittenen, munteren Gesicht, wie die meisten Kinder seines Alters; Katharina hätte sich zweifellos an ihn attachieren können, hätte nicht die Eifersucht Elisabeths alles dazu getan, um Mutter und Sohn zu trennen. Im Lauf jener wöchentlichen und offiziellen Besuche sah Katharina nur einen fremden kleinen Knaben, vor dem man sich hüten mußte, ein Wort zuviel zu

sagen; ständig von Spitzeln umgeben, von Natur aus vorsichtig, durfte sie nur ein bis zwei Stunden lang die glückliche Mutter spielen.

Die kleine Prinzessin Anna – Tochter von Stanislaus – starb im Alter von einem Jahr, bald nach der Abreise des schönen Polen. Katharina weinte. Aber nicht lange darauf sollte sie einem Mann begegnen, der sie die Abwesenheit des Geliebten und den Tod ihres Töchterchens vergessen ließ.

Der Fall Apraxin-Bestuschew hatte ihre Rolle am Hof schwer erschüttert und Peter, Elisabeth und vielleicht auch ihr selbst offenbart, welche Rolle sie künftig spielen werde; sie hatte sich endgültig für den neuen Weg, den sie sich vorgezeichnet hatte, entschieden (sie nannte es: »einen Weg einschlagen, der von keinem Ereignis abhängig ist«).

Liebe und Verschwörung

Der Siebenjährige Krieg ging in das dritte Jahr, und der König von Preußen verteidigte tapfer sein Reich gegen die Angriffe der drei verbündeten Mächte – von denen jede, wie in solchen Fällen üblich, sich einbildete, die ganze Last des Krieges zu tragen. Maria Theresia von Österreich und Elisabeth warfen sich gegenseitig Trägheit und Untätigkeit vor. Dabei wurden die Preußen von der russischen Armee, die General Fermor befehligte, schwer bedrängt; Fermor hatte im Januar 1758 Königsberg besetzt, und am 25. August desselben Jahres lieferten die Russen bei Zorndorf eine Schlacht, die zu den blutigsten ihrer Zeit zählt – auf jeder Seite fielen zehntausend Mann. Diese Zahl mag uns heute geringfügig vorkommen, aber damals, wo es keinen obligatorischen Militärdienst gab, schwächten solche Verluste die Schlagkraft einer großen Armee auf das empfindlichste. Die Russen hatten außer zehntausend Toten über zwölftausend Verwundete. Der Sieg blieb unentschieden, ein jeder der Gegner hielt sich für den Herrn des Gebiets, und in beiden Lagern wurde ein Dankes-*Te-Deum* gesungen.

In Anbetracht der Verluste, die die Armee erlitten hatte, konnte Fermor seinen Vormarsch nicht fortsetzen und entging mit Not Apraxins Schicksal. Elisabeth ließ ihren Verbündeten – insbesondere Maria Theresia – ausrichten, daß sie nicht gewillt sei, ihr Land die Kastanien aus dem Feuer holen zu lassen. Aber sie war durchaus entschlossen, den Krieg fortzuführen. Jedoch hatten die Russen allein in der Schlacht von Zorndorf zwölfhundert Offiziere verloren – der Prozentsatz bei insgesamt zehntausend Toten war beträchtlich. Und in Rußland repräsentierte – mehr als in anderen Ländern – das Militär einen politischen Machtfaktor, mit dem die Regierung rechnen mußte. Es bestand in der Mehrzahl aus Russen, sprich Patrioten, stammte aus der einzigen Gesellschaftsklasse, die Macht und Mittel besaß, sich durchzusetzen, dem Adel. Die Kader der Armee bildeten, im Gegensatz zum Hof, dessen wechselnder Kreis eher kosmopolitisch und allen politischen Einflüssen unterworfen war, einen festen Block, der, stolz auf seine Traditionen, eifersüchtig über seine Rechte wachte und bereit war, seine Meinung zu verteidigen.

Nun befand sich in jenen Jahren des Krieges gegen Preußen die Armee (insbesondere das Offizierkorps) in einem Zustand extremer Erregung und Unzufriedenheit: Während die russischen Truppen auf dem Schlachtfeld verbluteten, nahm sich der Großfürst, der künftige Kaiser, nicht einmal die Mühe, seine Sympathien für den Feind zu verbergen, und in den militärischen Kreisen, die dem Hof nahestanden, flüsterte man, was man nicht laut zu sagen wagte: Der Großfürst mißbrauche schamlos seine Stellung, um Rußland an Preußen zu verraten.

Das traf zu: Verblendet durch seine fanatische Bewunderung für Friedrich II., wandte Peter alle Möglichkeiten seiner wenn auch mittelmäßigen Intelligenz an, um »den König, seinen Herrn«, darüber zu informieren, was in den Geheimsitzungen des Kriegsrats der Kaiserin beschlossen wurde; zu diesem Zweck stand er mit dem neuen englischen Botschafter Keith in Verbindung, dem er getreulich alles hinterbrachte, was er von den Plänen des russischen Generalstabs in Erfahrung bringen konnte; und Keith gelang es, Friedrich von diesen Plänen zu unterrichten, sogar noch ehe sie die Chefs der russischen Armee erreichten. Auf dem gleichen Weg erhielt der Großfürst Kenntnis von den militärischen Operationen; und da er außerstande war, etwas für sich zu behalten, kam es vor, daß er Höflingen gegenüber, die sich über eine Siegesnachricht von der Front äußerten, den offiziell verkündeten Erfolg ironisch dementierte und erklärte: »Ich habe bessere Informationen.«

Das skandalöse Betragen des russischen Thronerben schockierte die Höflinge, aber viele von ihnen fanden sich, weil sie in Peter ihren künftigen Herrscher sahen, vielleicht von vornherein damit ab, seine Bewunderung für Friedrich eines Tages zu teilen. Die Militärs fanden sich allerdings keineswegs damit ab; und in den Kreisen der Offiziere, die in Petersburg einquartiert oder auf Urlaub waren, wuchs der Geist des Aufruhrs und leidenschaftlichen Hasses gegen den Ausländer, den Deutschen, der davon träumte, Rußland an Preußen auszuliefern.

Unter den preußischen Offizieren, die bei Zorndorf in Gefangenschaft gerieten, befand sich der Adjutant des Königs von Preußen, Graf Schwerin. Der Großfürst war so betrübt, so bewegt, den Grafen unter den Gefangenen zu sehen, daß er ihn in seine Nähe zog, ihn mit den größten Ehren – fast mit Unterwürfigkeit – behandelte und ihm als Quartier ein Haus in Petersburg unweit des kaiserlichen Palastes zuwies. Er beteuerte dem Gefangenen seine Sympathie und sagte ihm: »Wäre ich Kaiser, würden Sie nicht Kriegsgefangener sein.«

Nun aber war der edle Häftling unter die Aufsicht eines jungen Offiziers der russischen Armee gestellt worden, eines einfachen Leutnants, der sich in derselben Schlacht bei Zorndorf ausgezeichnet hatte: Trotz dreimaliger Verwundung hatte sich der junge Mann an der Spitze seines Regiments wie ein Löwe geschlagen. Damit er sich von seinen Strapazen erhole, hatten ihn seine Vorgesetzten nach Petersburg mit der ehrenvollen Mission geschickt, den Grafen Schwerin zu eskortieren. Da sein neuer Dienst ihn wenig beanspruchte, vertrieb er sich die Zeit in Wirtshäusern, Spielsälen, auch brachte er es fertig, seinem Vorgesetzten, Peter Schuwalow, seine schöne Mätresse Helena Kurakin auszuspannen.

Seine hohe Gestalt, seine Kraft, seine bereits legendäre Tapferkeit und seine ungewöhnliche Schönheit hatten Gregor Orlow bei den Soldaten eine enorme Beliebtheit verschafft; nun begann er sich ein etwas zweifelhaftes, aber schmeichelhaftes Renommee in den militärischen Kreisen und sogar der großen Gesellschaft Petersburgs zu erwerben; die Frauen bewunderten ihn, die Männer fürchteten ihn und sahen in ihm lediglich einen Lüstling und Krakeeler. Orlow stammte nicht aus adligem Haus: Sein Großvater war einfacher Schütze bei der Garde der Moskowiter Zaren; als Peter der Große mit einer Brutalität, die das russische Volk nie vergessen sollte, die Revolte des mächtigen Strelitzen-Regiments in einem Blutbad erstickte, entging Orlow dem Massaker dank dem

Mut, den er zeigte, als er aufs Schaffott stieg – vom Zaren begnadigt, diente er ihm treu und wurde Offizier in der Armee. Sein Sohn brachte es zum Oberstleutnant; er hatte fünf Söhne: Iwan Gregor, Alexis, Feodor und Wladimir, die alle Offiziere wurden und in kürzester Zeit das bescheidene Vermögen durchbrachten, das ihnen der Vater hinterlassen hatte.

Somit besaßen die Brüder nichts als ihren Mantel und Degen und den Ruf besonderer Stärke und Tapferkeit; sie bildeten einen veritablen Clan, berieten sich bei jeder Gelegenheit miteinander, respektierten, wie es sich gehörte, die Autorität des ältesten und standen treu zueinander, in guten wie in schlechten Zeiten. Sie waren kleine Berufsoffiziere, wie es sie in Rußland zu Tausenden gab, ihrem Regiment und ihrer Militärsehre fanatisch ergeben, große Liebhaber von Degenstreichen, Trinkgelagen und leichten Frauen. Ein Zufall oder eine unverhoffte Chance sollte mindestens zwei von ihnen zu den ersten Persönlichkeiten des Reiches machen.

Über die Anfänge von Katharinas Verhältnis mit Gregor Orlow schweigt die Geschichte: Weder die beiden Beteiligten noch ihre wenigen Vertrauten haben in Erinnerungen darüber berichtet. Bleiben also nur Erzählungen aus zweiter Hand, der Klatsch und die mündliche Überlieferung. Eine gut fundierte Legende behauptet, Katharina habe sich unter den folgenden Umständen in Gregor verliebt: Nach einer stürmischen Auseinandersetzung mit der Kaiserin oder dem Großfürsten sei sie, in Tränen aufgelöst, an das Fenster ihres Zimmers gestürzt, um frische Luft zu atmen; und ihr Blick sei auf den jungen Offizier gefallen, der als Mitglied der Eskorte des Grafen Schwerin, der an dem Tag bei dem Großfürsten eingeladen war, vor dem Palast Wache stand. Die imponierende Gestalt des jungen Mannes, seine martialische Schönheit und – wie man vermuten könnte – seine respektvolle Bewunderung bei dem Anblick der Großfürstin gewannen sofort das Herz Katharinas, die nun nur danach trachtete, den schönen Offizier kennenzulernen.

Diesmal ging kein verliebtes Geschäker voran; Orlow besaß, selbst wenn er gewollt hätte, kaum die Möglichkeit, wie Saltykow und Poniatowski, ihr ordnungsgemäß den Hof zu machen – rang- und herkunftsmäßig stand er zu tief unter Katharina, um sich auch nur zu ihrem Ritter aufwerfen zu dürfen; so daß die Großfürstin, mit Beihilfe ihrer Freundin, der Gräfin Praskowja Bruce, ihrem neuen Anbeter heimliche Zusammenkünfte in einem kleinen, bei Wassiljewski-Ostrow gelegenen Haus gewähren mußte ... Von dieser Beziehung durften weder die Kaiserin noch der Großfürst, noch die intimsten Freunde Katharinas etwas wissen. Diese Liebschaft hätte die Großfürstin in den Augen der Öffentlichkeit herabgesetzt; und überdies bezeugte Peter nicht die geringste Absicht, den verständnisvollen Ehemann zu spielen. Wie konnte sich die vorsichtige, erfahrene Großfürstin, die – seit der jüngsten kaiserlichen Ungnade – so bedacht darauf war, sich keine Blöße zu geben, von einem Mann betören lassen, der bescheidener Herkunft und bereits allzubekannt für das ausschweifende Leben war, in welchem die jungen Offiziere auf Urlaub exzellierten? Aber vielleicht war gerade diese Wahl das Resultat einer zynischen Vorsicht: Da sie die Liebe nicht entbehren konnte, zog Katharina womöglich einen Geliebten vor, dessen untergeordnete Stellung für seine Diskretion bürgte. (Gregor war zwar keineswegs diskret, aber am Hof trat er nicht auf.) Zugleich aber bedeuteten ihr die Schönheit des jungen Offiziers, sein Prestige bei seinen Soldaten, sein Kriegsglück, das selbst bei Hof mit heimlicher Bewunderung diskutiert wurde, eine gewisse Garantie dafür, daß sie sich nicht wegwarf, wenn sie diesem Mann ihre Gunst schenkte.

Ist es wahrscheinlich, daß Katharina in Orlow von Anfang an ein Werkzeug für ihren künftigen Aufstieg zur Macht gesucht hat? Trotz aller Beliebtheit bei den Kanonieren und den kaiserlichen Garden war Orlow weder Feldmarschall noch General; er war über und über verschuldet; er war soeben, wie durch ein Wunder, dem Kerker oder der Verbannung nach Sibirien wegen der berühmten Aventiure mit der Fürstin Kurakin entronnen: Der offizielle Geliebte der Schönen, Artillerie-General Peter Schuwalow, war plötzlich gestorben. Eine Verführung dieses jungen Maulhelden aus politischen Gründen wäre für die Zweite Dame von Rußland ein reichlich abstruser Gedanke gewesen. Die Leidenschaft Katharinas für Orlow war unbedingt aufrichtig, anfangs vor allem sinnlicher Natur, denn die beiden Liebenden hatten sozusagen nichts miteinander gemein: weder Interessen noch Bildung, noch Charakterähnlichkeit; so daß die Bewunderin Plutarchs, Voltaires und Montesquieus, obwohl sie sich den Zärtlichkeiten des jungen Offiziers hingab, fortfuhr, die liebevollsten Briefe an ihren fernen, verbannten Geliebten zu schreiben, der imstande war, ihre Gedanken zu verstehen und ihre Gefühle zu teilen.

Gregor Orlow war fünfundzwanzig Jahre alt, Katharina bereits dreißig. In einer Zeit, da die Mädchen mit fünfzehn Jahren heirateten oder schon bald als sitzengeblieben galten, bedeuteten dreißig Jahre die Reife, wenn nicht gar den Abstieg; aber für Katharina hatte das Leben als Frau verhältnismäßig spät begonnen, unnormal spät in Anbetracht ihrer frühreifen Sinnlichkeit und Sentimentalität; es scheint sogar, daß sie diese Verspätung nie eingeholt hat, daß sie ihr Leben lang und bis in ihre schlimmsten Verirrungen eine schulmädchenhafte Naivität und Sentimentalität behalten hat. Bei ihr war das Bedürfnis nach Liebe sehr stark und ebenso das Bedürfnis (manchmal gegen alle Vernunft) zu glauben, daß jeder Geliebte der einzige und der letzte sei.

Sie hatte zweifellos Serge Saltykow wirklich und innig geliebt und sich nicht leichtherzig damit abgefunden, ihn durch einen anderen zu ersetzen. In ihrer Enttäuschung über ihn hatte sie sich mit einem allzu treuherzigen Jüngling getröstet, der sie als Liebhaber kaum ganz befriedigt haben dürfte. Durfte sie in Anbetracht ihrer immerwährend gefährdeten Lage, ihres wachsenden Ehrgeizes und der Hofintrigen, in denen sie eine immer aktivere Rolle spielte, es sich leisten, auf längere Zeit die Mätresse Orlows zu sein?

Fest steht, daß sie es in unübertrefflicher Weise verstand, die Interessen ihrer Liebe mit denen ihres Ehrgeizes in Einklang zu bringen. Niemand vergaß, auf welche Weise Elisabeth an die Macht gekommen war – in den Petersburger Kasernen vergaß man es noch weniger als anderswo. Gregor hatte keine Geheimnisse vor seinen Brüdern, die ganze Orlow-Sippe wußte, welche Ehre einem der Ihren zuteil geworden war. Die Orlows wären die letzten gewesen, die Großfürstin wegen einer solchen Wahl zu verachten, und sie wußten sehr wohl, daß Elisabeth einen Mann ausgezeichnet hatte – und angeblich sogar geheiratet hatte –, der weit bescheidenerer Herkunft war als sie.

Erzählte man sich nicht, daß Elisabeth und ihre Ehrendamen persönlich in die Kasernen gegangen waren und die Soldaten betrunken gemacht hatten, um sie günstig für die Sache der Prinzessin zu stimmen? Katharina dachte nicht daran, sich solche Freiheiten zu erlauben; aber auf eine vielleicht unverhoffte Weise hatte sie sich in militärischen Kreisen (nicht bei der obersten Führung, die von den Launen der Politik allzu abhängig war, sondern bei den unteren Rängen, die naturgemäß ihren Truppen näher standen) Anhänger erworben, die ihr fanatisch ergeben und bereit waren, das Äußerste für sie zu wagen.

Gregor Orlow war kein bloßer Karrieremacher, auch kein Salon-Don Juan à la Saltykow; er war eine feurige und schlichte Seele. Sogar sein Ehrgeiz war nichts anderes als die Manifestation eines gewissen Ur-Stolzes. Von großer Schönheit – Bilder aus späterer Zeit zeigen ihn mit etwas verfetteten, aber regelmäßigen und weichen Zügen, großen, träumerischen Augen und zartem, wohlgeformtem Mund – war er fünf Jahre jünger als Katharina, doch scheint er für sie mehr empfunden zu haben als sie für ihn. Diese Frau, die weder die Frische der ersten Jugend noch echte Schönheit besaß, hatte allerdings weit mehr: das ganze Prestige einer Fürstin des Kaiserhauses, zusammen mit dem Zauber einer geistigen Beschwingtheit, eines regen Verstandes, einer Kultur, von der sich der Enkel des ehemaligen Schützen bisher keine Vorstellung gemacht hatte.

Überdies liebte ihn diese bewundernswerte Frau mit einer echten Leidenschaft; und sie war unglücklich, womöglich in Gefahr, und offensichtlich von einem unwürdigen Gatten verlassen und unterdrückt – und dieser Gatte war ausgerechnet der russische Großfürst, der seit Jahren für die Armee das rote Tuch war.

Es ist klar, daß selbst für einen so primitiven Kopf wie Gregor Orlow die Thronfolge und die Zukunft der Großfürstin ein schwieriges Problem aufwarf: Die Kaiserin war krank, und man rechnete nicht damit, daß sie noch lange leben würde; sollte die Armee einem Kaiser die Treue halten, der sein Land verriet? Was geschah mit seiner Gattin, falls man den Großfürsten zwang abzudanken? Obzwar leider Deutsche – sie konnte den Mund nicht auftun, ohne ihre Herkunft zu verraten –, war sie griechisch-orthodox, liebte Rußland mit betontem Patriotismus; kurzum: In den Kreisen, wo Gregor einiges Ansehen genoß, tat er alles, um die Großfürstin zu verteidigen, ihre Frömmigkeit und Vorzüge zu unterstreichen; es war das mindeste, was er tun konnte.

Von den fünf Brüdern Orlow war der dritte, Alexis, mindestens ebenso bekannt für seine Tapferkeit und Körperkraft wie sein älterer Bruder Gregor; er war allerdings weniger schön – ein Säbelhieb hatte ihm im Verlauf eines Streits die linke Wange zerschnitten, was ihm den Beinamen »der Narbige« eingetragen hatte. Im Gegensatz zu seinem Bruder war Alexis intelligent, ehrgeizig, hart und skrupellos und ein Mann der Tat. Die Möglichkeit eines Staatsstreiches dürfte er schon lange vor dem Tod der Kaiserin bedacht haben. Auch dürfte das Beispiel Elisabeths in manchem Hitzkopf der kaiserlichen Garden gespukt haben. Nur hatte bisher noch niemand erwogen, die Großfürstin als Thronprätendenten auf den Schild zu heben.

Die Intrigen am Hof nahmen ihren Fortgang. Graf Panin, ehemaliger Botschaftsattaché in Schweden und 1760 zum Hofmeister des Zarewitsch Paul ernannt, war ein kultivierter, freisinniger Politiker der neuen Schule, der von Reformen träumte; als Freund Bestuschews – er war trotz der Verbannung des Kanzlers nicht in Ungnade gefallen – wurde er ganz natürlich ein Verbündeter der Großfürstin; sein heimliches Ziel war, nach dem Tode der Kaiserin den Großfürsten auszuschalten und den kleinen Paul, seinen Zögling, auf den Thron zu setzen, wobei die Regierung durch einen Regentschaftsrat gesichert werden sollte, dem die Mutter des jungen Kaisers vorstand. Katharina ging auf diesen Plan nicht ein: Ihrer wohlbegründeten Meinung nach konnte in Rußland nur ein rein autokratisches System Erfolg haben; kurz, sie wollte die ganze Macht für sich, und für sich allein. Inzwischen präzisiert sie noch keine Pläne, bindet sich weder schriftlich noch mündlich – wie gefährlich das wäre, hat der Fall Bestuschew nur zu deutlich gezeigt.

So wartet man ab. Der Krieg geht weiter. 1760 besetzen die Russen, von Graf Saltykow befehligt, Berlin, was aber noch nicht den Sieg bedeutet, denn Friedrich kämpft unerbittlich. Und die Höfe Frankreichs und Österreichs verfolgen mit Sorge ihren Verbündeten im Norden, diesen Koloß, dem es gelingt, den gemeinsamen Gegner in Schach zu halten: Der Ausgang des Krieges (und vielleicht die Zukunft Europas) hängt von der Widerstandskraft einer Frau ab, die seit Monaten mit dem Tode ringt, der unmittelbar bevorsteht.

Elisabeth ist fünfzig Jahre alt und nur noch eine Kranke, die sich mit geschwollenen Beinen mühsam vom Diwan zum Bett und vom Bett in den Sessel schleppt; sie gibt ihr zügelloses Leben nicht auf, nicht die üppigen Mähler, das nächtliche Aufbleiben, es sei denn, sie verwendet ihre schwachen Kräfte auf Gebete und Kniebeugen in der Privatkapelle ihres Palastes; sie gehört zu den Frauen, die aus Angst vor dem Tode es ablehnen, sich zu pflegen. Von ihrer berühmten Schönheit ist nicht mehr viel übrig, ihre Gesichtsfarbe ist aschgrau, ihre Wangen verfettet, sie denkt nicht mehr an Bälle und Maskeraden, sie hat kaum die Kraft, sich anzukleiden.

»Ich werde den Krieg fortsetzen«, sagt sie am 1. Januar 1760 dem österreichischen Botschafter, »und meinen Verbündeten treu bleiben, selbst wenn ich die Hälfte meiner Diamanten und Kleider verkaufen müßte...« Die arme Elisabeth hat keine Verwendung mehr für Diamanten; und an diesen Krieg, der in den Augen Europas unter so furchtbaren Opfern das Prestige der russischen Waffen aufrecht erhält, klammert sie sich wie an die einzige ihr verbliebene Daseinsberechtigung. In ihre Angst vor dem nahenden Tod mischt sich die Angst, die nach und nach ihre Umgebung, den Hof, die Armee, die beiden Metropolen ergreift: Am Hof spricht man offen von der Untauglichkeit des Großfürsten, von einer Thronfolge des Zarewitsch Paul, dessen Eltern – oder nur der Vater – nach Holstein verbannt werden müssen. Paul war noch nicht sechs Jahre alt. Elisabeth fürchtete die Wirren, die mit der Regierung eines Minderjährigen stets Hand in Hand gehen. Der Großfürst war dermaßen unbeliebt, daß Unruhen sowieso unvermeidlich schienen. Rußland befand sich im Krieg, die Staatskasse war leer, in den Vorzimmern der Kanzleien und Botschaften nahmen Geheimbesprechungen, Verhandlungen, internes Feilschen in immer fieberhafterem Maße zu; und die von ihren Spionen informierte Kaiserin reagierte nicht einmal mehr, wohl wissend, daß sie nichts mehr zu hoffen hatte; die Atmosphäre des Unbehagens und der Angst, die sie umgab, beruhte ausschließlich auf der Gewißheit ihres nahen Todes.

Ein Mensch zumindest wünschte leidenschaftlich den Tod der Kaiserin: ihr alter Feind Friedrich von Preußen; und noch ein zweiter wartete mit nicht geringerer Ungeduld auf diesen Tag – der Großfürst Peter, der jetzt wußte, daß seine Tante weder die Zeit noch die Kraft hatte, ihn zu enterben. Mag Katharina vielleicht übertreiben, wenn sie behauptet, daß er seit 1749 »von dem Wunsch besessen war zu regieren«, so steht doch fest, daß in den letzten Jahren der Regierung Elisabeths auch ihn das Machtfieber ergriffen hatte und er nicht mehr der furchtsame Knabe war, der sich damit vergnügt, Ratten aufzuhängen oder seine Hunde zu verprügeln: Sein Ehrgeiz nahm in dem Maße zu, wie er das Ende der langen mörderischen Haft im vergoldeten Käfig absah, in dem man ihn seit seiner Kindheit gefangen hielt.

Er war über dreißig Jahre alt; sein Verstand war durch den Alkohol zerrüttet, sein Charakter blieb merkwürdig unentwickelt; aber immerhin wußte er mit dem fanatischen Eigensinn des Träumers genau, was er wollte: zunächst den Krieg mit Preußen beenden und, wenn möglich, seinem Idol zu Hilfe zu eilen; dann die Gebiete zurückerobern, die Dänemark seinem Herzogtum Holstein entrissen hatte; und schließlich Elisabeth Woronzow heiraten. Als das Gegenteil eines Tatmenschen schien er sich absichtlich Ziele gesetzt zu haben, die, zumindest in der Lage, in der er sich befand, praktisch nicht zu verwirklichen waren. Wußte er bereits, daß er in der Person seiner Frau eine gefährliche Rivalin besaß, die es nur darauf abgesehen hatte, die von ihm so heiß begehrte Macht zu entreißen?

Er hatte das Fräulein Woronzow in seinen Gemächern untergebracht und behandelte es weniger wie eine Mätresse als wie eine zukünftige Gattin; er sprach offen davon, die Großfürstin zu verstoßen. Ob womöglich seine Leidenschaft für Elisabeth Woronzow die Hauptursache seines erklärten Hasses gegen seine Frau war? Zweifellos brauchte er, trotz seiner mehr geprahlten als wirklichen Ausschweifungen, eine »barmherzige Schwester«, und sollte es der häßlichen, plumpen und ungeschliffenen Elisabeth, die zumindest seine Vorlieben teilte und ihn seine physische und geistige Minderwertigkeit nicht spüren ließ, etwa gelungen sein, in jenem kalten Gemüt ein Gefühl zu entfachen, das an Liebe grenzte? In diesem Fall genügte bereits der Einfluß der Woronzow, um Peters Haltung seiner Frau gegenüber zu erklären: Elisabeth war die Tochter des Grafen Roman Woronzow und Nichte Michael Woronzows, des Rivalen Bestuschews und gegenwärtigen Kanzlers. Durch die Woronzows dürfte Peter genau über die Rolle informiert gewesen sein, auf die Katharina sich vorbereitete.

Michael Woronzow befand sich trotz allem in einer recht schiefen Lage: Er hatte nur geringe Chancen, seine Nichte als Kaiserin gekrönt zu sehen, und inzwischen mußte die Familie den Skandal eines öffentlichen Konkubinats dulden. Noch dazu betonten die Schuwalows angesichts der Rolle, die die Woronzows bei dem Großfürsten spielten, immer offener ihre Sympathie für die Großfürstin – was beweist, daß sie schon damals bereit waren, im Fall einer Palastrevolution Katharina zu unterstützen; und Elisabeths Günstling, der schöne Iwan Schuwalow, hofierte die Großfürstin in so unzweideutiger Weise, daß sich der Verdacht erhob, er wolle bei der künftigen Kaiserin denselben Platz einnehmen wie bei Elisabeth ... Katharina wies niemanden ab, sie hatte Freunde und Anhänger dringend nötig. Es fiel ihr gegenwärtig nicht schwer, sich Freunde zu machen: Peters Unklugheiten hätten auch einer Frau Sympathien eingetragen, die weniger geschickt und in der Kunst zu gefallen weniger versiert gewesen wäre als sie.

Sie hatte es bereits verstanden, Panin als Anhänger zu gewinnen, der als erster Kammerherr und Hofmeister des Zarewitsch dazu ausersehen war, eine wichtige Rolle in der künftigen Regierung zu spielen; ferner die Schuwalows und die Rasumowskis, mit denen sie schon immer in freundschaftlichen Beziehungen stand; sie besaß die Unterstützung der Botschaften Frankreichs und Englands, die darin wetteiferten, ihr gefällig zu sein, in der Hoffnung, sie dazu zu bewegen, sich für die Sache ihrer Länder einzusetzen. Sie wurde – sehr diskret – von Friedrich II. angegangen, der immer noch darauf hoffte, sich, wenn schon nicht ihre Freundschaft, so doch wenigstens ihre Neutralität sichern zu können (was beweist, wie wenig man an die Möglichkeit einer Regierung Peters III. glaubte); die Bemühungen der Brüder Orlow – denen sie im Rahmen ihrer Mittel Geld gab – begannen ihr die Sympathie der Garderegimenter zu verschaffen.

Inzwischen führte sie ein zurückgezogenes Leben, ging wenig aus – sie hatte dafür einen ausgezeichneten Grund – und mimte die unterdrückte Frau, die sich im vorhinein mit allen Schicksalsschlägen, die ihr beschieden sein sollten, abgefunden hat.

Das war eine geschickte Pose, die die Großfürstin allerdings nicht ganz freiwillig gewählt hatte: Während jener letzten Regierungsmonate Elisabeths, nämlich einer Zeit, in der sie hätte handeln und versuchen können, die eventuelle Thronfolge ihres Gatten zu vereiteln, wurde sie von einem denkbar banalen und unvorhergesehenen Umstand mattgesetzt: Sie war schwanger. Im Augenblick, da der Großfürst bereits davon sprach, sie zu verstoßen, wollte sie ihm nicht einen so schönen Vorwand dafür liefern, denn alle Welt wußte, daß die beiden Ehegatten seit zwei Jahren praktisch getrennt lebten.

Mithin wurde diese Schwangerschaft sorgfältig verschleiert; Katharina verbrachte ihre Tage im Sessel und empfing niemand, oder fast niemand. Während dieser Zeit lag die Kaiserin im Sterben, bereits von der Menge der Höflinge verlassen, die vor allem an die eigene Zukunft dachten – und da sie nichts mehr zu hoffen hatte, bestand auch kein konkreter Grund dazu, die Erhebung des Großfürsten auf den Thron seiner Väter zu verhindern.

Elisabeth lag im Sterben, aber noch verbarg man ihren Zustand vor dem Großfürstenpaar. Die Bewohner des Palastes flüsterten sich Nachrichten zu, man kolportierte echte und falsche Gerüchte; aus Angst, sich festzulegen und auf das falsche Pferd zu setzen, wagte keiner zu handeln. Und eines Nachts wurde Katharina von ihrer Dienerin geweckt, die ihr den Besuch der jungen Fürstin Daschkow meldete. Das war wahrlich die Affekthandlung eines siebzehnjährigen Kindes: bei der Großfürstin einzudringen, um ihr mitzuteilen, daß sie Freunde habe, auf die sie zählen könne. Fortan lebte Katharina in einer Atmosphäre von Verschwörung, fieberhaften Intrigen und aktiver und bewußter Vorbereitung des Staatsstreiches.

Katharina Daschkow, geborene Woronzow, war eine der jüngeren Schwestern jener Elisabeth Woronzow, die davon träumte, an die Stelle der Großfürstin zu treten. Die junge Frau – seit einem Jahr mit dem Fürsten Daschkow verheiratet – war eine glühende Bewunderin Katharinas, ein ungewöhnlich intelligentes Mädchen, ein Wunderkind, das später Voltaire und Diderot mit seinem enormen Wissen und seinem hohen Geist bezaubern sollte. Sie war schwärmerisch, dynamisch, begeisterungsfähig und generös, und ihre Freundschhaft für die Großfürstin grenzte an Anbetung. Trotz ihrer großen Jugend war Katharina Daschkow am Hof bereits eine Persönlichkeit: Sie sprach viel und gescheit und gehörte zu den Egerien der »liberalen« Partei, dessen Haupt zur Zeit Graf Nikita Panin war. Zugleich aber war sie das Patenkind des Großfürsten. Und dieser, der sie recht gern mochte, hatte sie vor der Großfürstin gewarnt: »Mein Kind, denken Sie daran, daß es sicherer ist, mit Hohlköpfen meiner Art zu tun zu haben als mit solchen erhabenen Geistern, die einer Zitrone allen Saft auspressen, um sie dann wegzuwerfen.« – Worte, die beweisen, daß Peter alles andere als schwachsinnig war. Hielt er sich für eine »ausgepreßte Zitrone«, die Katharina fortgeworfen hatte?

Wie dem auch sei, die junge Fürstin hatte, empört über das Verhalten ihres Taufpaten gegenüber seiner Frau sowie über die Rolle, die ihre eigene Schwester bei dem Großfürsten spielte, mit Feuereifer die Partei der Großfürstin ergriffen. So war sie mitten in der Nacht, zitternd vor Kälte, fieberhaft zu der vergötterten Freundin gelaufen, um ihre Hilfe und Unterstützung zu versprechen und ihr ewige Treue zu schwören. »Die Kaiserin hat nur noch wenige Tage zu leben, vielleicht auch nur wenige Stunden! Was werden Sie tun? Was sind Ihre Pläne? Befehlen Sie mir zu handeln, und ich tue alles, was Sie verlangen.«

Ach, wie kann Katharina »handeln«, wenn sie im siebenten Monat ist? Die unschuldige Fürstin Daschkow bemerkt das offenbar nicht, sie macht sich keine Gedanken über die weiten Falten des Negligés – aber entschieden flüchtet die Großfürstin in eine edle und melancholische Passivität: »Ich habe keinen einzigen Plan ... Gott ist meine einzige Hoffnung, und ich setze alles Vertrauen in Ihn.«

Die junge Fürstin fiebert vor Ungeduld, besessen vom Wunsch, sich zu opfern: Ihre Freunde müssen handeln, sie werden handeln. Glaubt denn die Großfürstin, bloßgestellt zu werden? Ihre Freundschaft für sie, Katharina Daschkow, wird ihr niemals schaden; aber ihre Freunde werden, wenn nötig, allein handeln, werden sie zu schützen wissen; sieht sie denn nicht, daß sie in Gefahr ist?

Ohne sie er- oder entmutigt zu haben, läßt Katharina sie ziehen. Gewiß, sie hat Anhänger. Gewiß, sie ist vielleicht tatsächlich in Gefahr, und vielleicht mehr, als ihre Freunde glauben, denn wenn ihre Schwangerschaft entdeckt wird, kann sie die schmählichste Verstoßung gewärtigen. Elisabeth mag in einigen Tagen oder in einigen Stunden sterben, aber das Kind, das Katharina trägt, kommt erst in drei Monaten zur Welt. Und zweifellos wird es dieses Kind sein, das es dem Großfürsten ermöglichen wird, den Thron zu besteigen und zu glauben, er könne regieren.

Am 23. Dezember bekommt Elisabeth einen Herzanfall – diesmal den letzten. In Gegenwart des Großfürsten, der Großfürstin, der Brüder Rasumowski, erhält die Kaiserin die letzte Ölung und spricht ihrem Beichtvater das Sterbegebet, Otchodnaja, nach, das sie zweimal aufzusagen verlangt. Sie ist noch genügend bei Sinnen, um den Anwesenden Lebewohl zu sagen und sie, der Sitte gemäß, um Verzeihung für ihre Kränkungen zu bitten ... Endlich, um vier Uhr am Nachmittag des Heiligabends 1761, verläßt Fürst Nikita Trubezkoi das Krankenzimmer – nunmehr Sterbezimmer – und verkündet den versammelten Höflingen und Standespersonen den Tod der Kaiserin und den Beginn der Regierung des neuen Kaisers – Peters III.

Ein armseliger Kaiser

Sechs Wochen lang empfing nach alter Sitte die tote Kaiserin, von den Damen des Hofs und den Offizieren der Garde bewacht, die Huldigungen ihrer Untertanen, zehn Tage vor dem Begräbnis wurde der Leichnam in die Kasankathedrale übergeführt, wo Elisabeth in Silberbrokat, Spitzen, mit goldener Krone, geschmückt und geschminkt, auf einem großen, von Kerzen umgebenen Katafalk aufgebahrt wurde, wo die Bürger von Petersburg sowie Pilger und Abgesandte aus anderen Provinzen sich vor dem Sarg verneigen und für die Seele der Verstorbenen beten durften. Sie wurde ehrlich beweint. Das Volk hatte sie, ohne sie wirklich zu kennen, geliebt.

In die Pracht ihres Palasts, ihrer von Edelsteinen starrenden Kleider und goldenen Kutschen weit entrückt, hatte die Zarin zwanzig Jahre lang regiert; schön und imposant wie die Herrscherinnen der Legende, fromm und verschwenderisch, hatte die Tochter Peters des Großen, ohne es zu wissen, die Achtung des Volks für die Kaisermacht wiederhergestellt; man vergaß oder übersah ihre Fehler. Man beschaute mitleidig die massigen, in Gold und Spitzen gebetteten sterblichen Überreste der »Mutter« des Volkes.

Peter III. bestieg den Thron; und, der Sitte entsprechend, leisteten Adel, Kirche, Armee, Vertreter des Bürgertums und der Zünfte ihm den Treueid; und niemals wurden Treueide so widerwillig geschworen. Die Armee, die immer als erste die Stimme erhob, murrte laut.

Mit gutem Grund: Wie zum Hohne der Volkstrauer ließ sich der neue Herrscher kaum herab, an dem Sarg seiner Tante zu wachen; wenn er es dennoch – selten genug – tat, war das noch schlimmer, denn er redetete laut, scherzte mit den Damen und mokierte sich über die Priester . . .

Die übrige Zeit verbrachte er in seinen Gemächern, wo er muntere Feste, sogar Schauspiele veranstaltete, die Geladenen zwang, im Festgewand statt in der vorgeschriebenen Hoftrauer zu erscheinen, sich betrank und lärmte, kurzum, sich benahm, als hätte der Tod der Kaiserin ihn vor Freude närrisch gemacht – was der Wahrheit entsprach. Aber mochte es verständlich sein, daß ein Neffe es eilig hatte, seine Tante zu beerben, so erregte so offener Zynismus doch Empörung.

Während der ganzen zehn Tage, da der Leichnam der Kaiserin in der Kathedrale aufgebahrt blieb, lag die Großfürstin, oder vielmehr die neue Kaiserin, zu Füßen des Sargs auf den Knien, in schwarze Schleier gehüllt, weinend und betend. So ehrlich ihr Kummer auch sein mochte, so bedeutete diese öffentliche Frömmigkeitsbezeugung lediglich eine Taktik, um die Aufmerksamkeit des Volkes auf sich zu lenken. Mit ihrer Blässe, ihren Tränen, der sichtlichen Inbrunst ihrer Gebete verstand sie es, die Herzen der Menge zu rühren, die vor dem Katafalk defilierte: Ausnahmsweise war es wirklich die Masse, wirklich das Volk, die Kleinen und Großen, die Leute aus der Provinz, der niedere Klerus, sozusagen ganz Rußland, das mit eigenen Augen die Kaiserin Katharina, Gattin des Kaisers, Mutter des Thronerben, die bisher unbekannte deutsche Prinzessin, erblickte; und sie trug weder Krone noch Diamanten, sie vergoß echte Tränen, bekreuzigte sich und lag wie eine echte Russin auf den Knien, verzweifelt wie ein Mädchen, das seine Mutter verloren hat. Breteuil, der französische Botschafter, berichtet, daß die junge Kaiserin sich durch ihr Benehmen »immer mehr die Herzen der Russen erobert«.

Das hatte sie für den entscheidenden Kampf, der ihr bevorstand, dringend nötig: Da sie in Ungnade war und bedroht, benahm sie sich in der Kirche als Hilfeflehende, die Zuflucht am Altar sucht.

Indessen hatte Peter am Begräbnistag nichts Besseres zu tun, als bei mehreren Gelegenheiten die Prozessionsordnung zu stören, einmal das Tempo zu verlangsamen, dann wieder so schnell hinter dem Sarg herzulaufen, daß die greisen Höflinge, die die Schleppe seines weiten Trauermantels trugen, nicht mitkamen und sie loslassen mußten, so daß sie im Winde flatterte... Kaiser zu sein bedeutete für den fast vierunddreißigjährigen Peter das Recht, zu tun und lassen, was er wollte. Von ihm aus gesehen war das nicht einmal ganz falsch: In seinen Augen hatte sich seine Tante Extravaganzen erlaubt, die ihn erstaunt und zu durchaus logischen Schlüssen geführt haben dürften – aber er vergaß die Moral der Fabel *Der Esel und der kleine Hund* (Man soll seine Kräfte nicht überschätzen). Er wußte mit seiner Freiheit nichts anzufangen: Seine Extravaganzen waren jämmerliche Narrenpossen; seine Autoritätsbeweise – groteske Absurditäten; seine Heiterkeit – war nichts als Albernheit, und sein Wunsch zu gefallen eine Vertraulichkeit, die sich für einen Herrscher nicht schickte.

Die ausländischen Diplomaten konnten nur feststellen: »Er hat nichts von einem Herrscher an sich.« Der englische Botschafter Keith – der mit Peter gut stand – sagte zu einer Dame des Hofs: »Ihr Kaiser muß verrückt sein, sich so zu benehmen.« In der Tat, statt, wie der Anstand es verlangt hätte, sich würdiger und ernster zu betragen, schien der Kaiser eine teuflische Freude darin zu finden, seine Wunderlichkeiten, die ihn bei Hof bereits in Verruf gebracht hatten, noch zu überbieten: So kam es vor, daß er während der Messe dem amtierenden Geistlichen die Zunge herausstreckte, mitten im Ministerrat in schallendes Gelächter ausbrach, in der Öffentlichkeit die obszönsten Reden führte, kurz, sich völlig zum Clown machte – als sei die Würde des Kaisers von Rußland ein Spielzeug, das er um jeden Preis zerstören wollte: Dieser Deutsche hätte eine wunderbare Figur für Dostojewski abgegeben.

Wahrscheinlich war er für seine Handlungen nicht mehr verantwortlich: Die Größe der ihm zugedachten Rolle ging weit über seine Kräfte, hatte ihn qualvoll verängstigt; wie ein schlechter Schauspieler von unüberwindlichem Lampenfieber befallen wird, machte er eine Ungeschicklichkeit nach der anderen und schien wie durch einen Zwang dazu getrieben, geradewegs in sein Verderben zu rennen.

Jedoch hatte er sich nicht einzig und allein dazu auf den Thron Peters des Großen gesetzt, um den Verrückten zu spielen: Im Gegenteil, er wollte unverzüglich zu Taten schreiten. Wie zu erwarten war, bestand seine erste Sorge, nachdem er zum Kaiser proklamiert war, darin, die Einstellung der Feindseligkeiten zu befehlen, das Bündnis mit Österreich und Frankreich zu kündigen und Friedrich II. sämtliche Gebiete, die die russische Armee in fünf Kriegsjahren Preußen abgenommen hatte, zurückzugeben. Das war das mindeste, das der Jünger des großen Friedrich tun konnte; er träumte davon, noch weit mehr zu tun. Der Herzog von Holstein hielt es, als treuer Vasall, für seine Pflicht, seine Stellung dazu zu benutzen, um dem König von Preußen um so besser zu dienen; als Herrscher von Rußland wollte er regieren, um einem Mann zum Sieg zu verhelfen, der für ihn die Verkörperung des höchsten Gutes auf Erden war: »Friedrichs Wille ist Gottes Wille«, erklärte er; und, in einen Ring eingelassen, trug er das Bild seines Königs bei sich.

Da er sich mit deutschen Militärs umgab, die Russen haßte und verachtete und gar nicht auf den Gedanken kam, daß dieses rückständige Volk eigene Ansichten und Gefühle haben könnte, glaubte er, ein Federstrich genüge, um eine Armee, die fünf Jahre lang an der Seite Österreichs gekämpft hatte, zu bewegen, umzuschwenken und an der Seite Preußens gegen Österreich zu marschieren. Der Krieg war, weil der Zar es befohlen hatte, jetzt zu Ende; und nicht nur die Militärs, sondern auch ihre Familien, die Väter und Brüder der an der Front gefallenen Offiziere, empörten sich darüber, daß die Laune eines einzelnen all diese Opfer sinnlos machen und ihren Toten hohnsprechen sollte. Peter hatte nicht die Zeit und vielleicht auch nicht den Mut, seinen Generälen zu befehlen, sich zur Verfügung des Königs von Preußen zu halten; jedoch war das sein höchster Traum.

Nachdem er sich auf Anhieb und unwiderruflich den erklärten Haß der Armee zugezogen hatte, war Peter auch noch so unbedacht, ihr neue Formen des Reglements aufzwingen zu wollen: Er wollte eine Disziplin nach preußischem Muster einführen und begann, wie üblich, mit Einzelheiten: Er befahl den Garderegimentern – insbesondere dem Preobraschenski-Regiment, dem Regiment der ersten Kameraden Peters des Großen –, ihre traditionelle Uniform aufzugeben, um sie durch eine neue, der preußischen Soldaten- und Offiziersuniform angeglichene, zu ersetzen. Er selbst war selbstverständlich erst dann glücklich, als er seine holsteinische Offiziersuniform wieder anlegen durfte.

Nachdem er zum roten Tuch für die Armee geworden war, tat der Kaiser sein möglichstes, um auch das rote Tuch für die orthodoxe Kirche zu werden. Er war überzeugter Lutheraner, soweit das ein »aufgeklärter« Geist des achtzehnten Jahrhunderts sein konnte (und Peter zählte sich zu den »Aufgeklärten«); er hielt die lutherische Religion für die einzig Vernünftige. Da er in dem griechisch-orthodoxen Glauben nur ein Sammelsurium von Aberglauben sah, strebte er eine Reform der Kirche an. War er denn nicht offiziell ihr »Haupt«? Das war er allerdings noch nicht, und Friedrich II. drängte ihn vergebens, seine Weihe in Moskau zu beschleunigen. Er gab Dekrete oder Ukase heraus, die sämtliche Heiligenbilder, mit Ausnahme von Bildern Christi und der Jungfrau Maria, untersagten, die Schließung aller Privatkapellen anordneten (wo doch jedes adlige oder sogar bürgerliche Haus darauf hielt, *seine* Kapelle zu haben); er bestimmte, daß fortan alle Geistlichen sich den Bart scheren und kurze Röcke nach Art der lutherischen Pfarrer zu tragen hätten (zur Ausführung kam dieser Plan jedoch nicht); in seinem Palast ließ er eine dem lutherischen Glauben geweihte Kapelle einrichten und gewährte allen Protestanten Rußlands die Freiheit, ihren Glauben zu praktizieren; ebenso ordnete er Toleranz hinsichtlich der russischen »Ketzer« an, der alten Gläubigen oder *Raskolniki;* er sagte allen in das Ausland geflüchteten Dissidenten eine Amnestie zu und bot ihnen Gebiete in Sibirien zur Kolonisation an. Und um das Maß seiner Missetaten vollzumachen, befahl er die Einziehung aller Güter der Kirche und stellte die Geistlichkeit auf dieselbe Stufe wie die Beamtenschaft; sie sollte wie diese vom Staat bezahlt werden.

(Wie man sieht, waren einige seiner Maßnahmen zwar kühn, aber nicht unvernünftig – etwa die Einziehung der Güter des Klerus –, andere sogar großzügig und menschlich; da aber die Quelle vergiftet war, machten Peters Narrheit und Unfähigkeit auch seine besten Absichten zunichte.)

Man kann sich gut vorstellen, welche Wirkung jene bereits in den ersten Wochen seiner Regierung erlassenen Ukase des schon von vornherein unbeliebten Herrschers hatten: Der russische Klerus war reich, von großem Einfluß und auf seine Unabhängigkeit bedacht; die Kirche zahlte keine Steuern und verfügte über enorme Besitzungen: Bei der Volkszählung von 1738 arbeiteten von insgesamt fünf Millionen Bauern (wobei nur die Männer registriert waren) über eine Million Leibeigener auf Ländereien der Kirche. Seit Peter dem Großen hatten alle Zaren versucht, wenigstens einen Teil dieses Reichtums, der niemandem nutzte, der Staatskasse zuzuführen – Bischöfe und Äbte waren für die Bauern ebenso harte, wenn nicht härtere Herren als die Weltlichen. Nur ein Irrer wie Peter III. konnte es wagen, das fatale Wort »Konfiskation« auszusprechen; und man begreift, warum Katharina mehr denn je ihre Frömmigkeit betonte. Der Zar wurde von der Kanzel herab als Ketzer, Lutheraner und Handlanger des Teufels verschrien, was zu allem noch den Abscheu der kleinen Leute, die in der Mehrzahl Orthodox-Gläubige waren, einbrachte. (Man wird später sehen, daß dagegen unter den Alt-Gläubigen Peter unerwartete und eifrige Anhänger fand.)

Peter III. kannte die Geschichte seines illustren Ahnherrn und glaubte vielleicht (soweit er in der Lage war, einen Russen anzuerkennen), von seinem Vorbild inspiriert zu sein: Wenn Peter der Große die Bärte und langen Röcke der Bojaren abschneiden ließ, weshalb sollte sein Nachfolger mit den Priestern und Bischöfen nicht ebenso verfahren? Wenn Peter der Große die Russen »deutsch« angezogen hatte, warum sollte Peter III. nicht den Fortschritt weitertreiben und sie preußisch anziehen? Warum nicht den Aberglauben bekämpfen, warum nicht versuchen, aus diesem versumpften, unterwürfigen Rußland einen ganz und gar zivilisierten Staat zu machen? Aber auch da überschätzte er seine Möglichkeiten, denn seine Ideen waren beschränkt und ihm fehlte auf geradezu krankhafte Weise jeder Sinn für die Wirklichkeit; seine Energiebeweise erschöpften sich auf dem Papier – Papier, von dem Katharina später sagen sollte, daß es sich »alles gefallen läßt«.

Die russische Kirche, die noch Peter den Großen mit dem Bannspruch belegt hatte, sollte bald durch einen Stärkeren als Peter III. gedemütigt werden; aber die Ikonen, die Bärte, die langen Gewänder und die Feierlichkeit des orthodoxen Ritus sollten bis ins zwanzigste Jahrhundert überdauern und werden zweifellos solange bestehen, wie es gläubige Russen gibt.

Indessen machten die Ratgeber des Kaisers gute Miene zum bösen Spiel und empfahlen dem neuen Kaiser einen Reformplan, der geeignet war, ihm die zuverlässigen Sympathien der einzigen Klasse in Rußland zu gewinnen, die eine effektive Macht besaß – nämlich des Adels. Zwei Monate nach seiner Thronbesteigung (1. März 1762) veröffentlichte er sein berühmtes »Manifest« über die Freiheiten des Adels: Er verkündete, daß angesichts der Stabilität und des Wohlstands, in die Rußland durch die Reforrnen Peters des Großen gelangt war, die Adligen keinen Staatsdienst mehr leisten mußten, außer im Fall eines Krieges; daß es ihnen freistand, ins Ausland zu gehen und dort beliebig lange zu leben (allerdings unter der Verpflichtung, sofort heimzukehren, wenn die Regierung es befahl). In der Tat war seit Peter dem Großen der russische Adel ständig zu Militär- oder Verwaltungsdienst verpflichtet: Im Prinzip wurden alle Söhne adliger Familien automatisch zur Armee eingezogen, und die jungen Leute des Kleinadels dienten als einfache Soldaten, um zum Unteroffizier oder bestenfalls Leutnant aufzusteigen. Wer nicht Soldat werden konnte oder wollte, wurde Verwaltungsbeamter. Bereits unter Anna und unter Elisabeth hatte der Adel gewisse Milderungen dieses Gesetzes angestrebt: Das Recht, sich mit vierzig Jahren zurückzuziehen, oder, bei einer zahlreichen Familie, die Erlaubnis, einen der Söhne zur Verwaltung des Familienbesitzes zurückzubehalten.

Mithin blieb das Manifest Peters III. in den Adelskreisen nicht ohne Wirkung. Man erlebte sogar, daß Fürst Daschkow (Gemahl der temperamentvollen Katharina Woronzow-Daschkow) der Kaiserin mit Freudentränen die frohe Botschaft mitteilte: »Der Kaiser verdient, daß man ihm ein Standbild aus Gold errichtet, denn er hat allen Adligen die Freiheit beschert!«

Peter III. wollte sich beliebt machen (oder seine Ratgeber, insbesondere der Kanzler Michael Woronzow, wollten das für ihn). In Wirklichkeit bedeutete das nichts anderes, als einem Menschen vor der Erschießung Ringe und Uhr zu entreißen, denn Peters Schicksal war schon seit langem besiegelt. Er besaß dermaßen wenig Prestige und Autorität, daß sein Sturz nur eine Frage von Monaten war; inzwischen hatte er offiziell ein Dekret beglaubigt, das kein Nachfolger, wer auch immer, zu widerrufen wagen sollte.

Aber trotz der vorübergehenden Begeisterung, die seine dem Adel gewährten Privilegien hervorriefen, machte Peter sich immer mehr Feinde. Nicht genug damit, daß er, zur Entrüstung der Verbündeten und zur Empörung der Armee, einen sich siegreich anlassenden Krieg unterbrochen hatte, dachte er jetzt daran, das russische Heer in einem Feldzug gegen Dänemark einzusetzen, nur um sein Erbland Schleswig zurückzuerobern, das für Rußland von gar keinem Interesse war; und das sogar gegen den ausdrücklichen Wunsch Friedrichs II.: Wohl war er ein treuer und loyaler Freund Friedrichs, aber er war vor allem Herzog von Holstein und schuldete es sich, seinem Land die Provinz zurückzugeben, die ihm unrechtmäßig entrissen worden war. Bei alledem schien Peter zu vergessen, daß er *auch* Kaiser von Rußland war.

Statt also an seine neuen und dringenden Pflichten zu denken, erfand Peter sich andere, ältere, weiter entfernt liegende und ihm mehr entsprechende und träumte von seinem Einmarsch in Dänemark – denn er, der sich nie im Leben geschlagen hatte, wollte sich an die Spitze der Armee stellen. Vielleicht war dieser Feldzug für ihn ein Vorwand, Rußland zu entfliehen, wo er sich immer unbehaglicher und ratloser fühlte.

Peter hatte nach dem Tod seiner Tante alle von Elisabeth nach Sibirien verbannten Würdenträger zurückberufen: Sie waren alle wiedergekommen: Biron, der Vielgehaßte, Münnich, Birons alter Feind, ein hervorragender Staatsmann, der nur wegen seiner deutschen Abkunft verbannt worden war, die dazugehörigen Familien, ferner Lestocq, die Söhne Ostermanns, eine ganze Schar von Heimkehrern, die bereit waren, dem neuen Herrscher aufrichtig und ergeben zu dienen. Man muß zugeben, daß für die Deutschen in Rußland Peter III. als bester Herrscher galt. Man braucht nur die Memoiren von Helbig, dem Sekretär der Botschhaft von Sachsen, zu lesen: Nach den Zeugnissen, die er gesammelt hat, war dieser Fürst ein schlichter, edelmütiger und leutseliger Mann, dessen einziger Fehler in seiner allzu großen Nachsicht bestand ... So soll auch Biron nach dem Staatsstreich gesagt haben: »Hätte Peter III. den Mut gehabt, Leute hängen, köpfen und vierteilen zu lassen, hätte er seinen Thron behalten.« Helbig fügt ziemlich heuchlerisch hinzu: »Birons Standpunkt war vielleicht richtig, aber seine Anwendung wäre für das russische Volk ein Verhängnis gewesen...« Ebenso spricht Lestocqs Gattin Marie-Aurore Mengden Peter ihre Dankbarkeit aus und sagt ihm unter anderem: »... Ihre Güte wird Sie ins Verderben stürzen. Immerhin müßten diejenigen, die Ihre erklärten Feinde sind, hingerichtet werden.« – »Ach!« erwiderte lächelnd der Kaiser, »Haben Sie Mitleid mit diesen Armen! ... Soll ich meine Regierung mit Blutvergießen beginnen?« ... In der Tat, was immer man später Peter III. vorwerfen mochte, scheint er sich in den wenigen Monaten seiner Herrschaft nie grausam gezeigt zu haben; sein Sadismus beschränkte sich auf die Phase seiner »Hundedressur« (und auch diese Manie hat nicht lange angehalten) – und auf die Mißhandlungen Katharinas, die aber erst nach 1758 vorkamen, und die Schuld lag nicht allein bei Peter.

Wenn Peter seine Regierung mit aller Ungeschicklichkeit, deren er fähig war, begann – und Gott weiß, wie ungeschickt er sein konnte! –, so blieb Katharina in ihren Gemächern; wozu ihre fortgeschrittene Schwangerschaft sie zwang. Sie hatte mehrere ausgezeichnete Vorwände für dies zurückgezogene Leben: erstens benahm sich ihr Mann ihr gegenüber in der flegelhaftesten Weise, tat, als existierte sie nicht, und drängte dem Hof Elisabeth Woronzow als seine erklärte Mätresse auf, nein, schlimmer noch – als die zukünftige Kaiserin; er sprach offen von seiner Absicht, den kleinen Großfürsten Paul zu enterben, unter dem Vorwand, er sei ein Bastard, und seine Frau wegen Ehebruchs in ein Kloster zu sperren. Ferner war Katharina noch in Trauer wegen der Kaiserin und darauf bedacht, ihren Schmerz als tief und echt bekannt werden zu lassen. Und schließlich hatte sie sich eine schwere Fußverstauchung zugezogen (so behauptete sie wenigstens) und konnte nicht gehen. Die Verstauchung heilte kurz nach dem 11. April, dem Geburtstag ihres dritten Kindes, eines Sohnes, der auf den Namen Alexis getauft wurde; die Entbindung, die so heimlich wie möglich vor sich gehen sollte, wurde deshalb nicht bemerkt, weil der treue Kammerdiener Schkurin eigens zu diesem Zweck sein Haus in Brand steckte, wissend, daß der Kaiser, der eine besondere Vorliebe für Brände hatte, sofort mit seiner Mätresse herbeieilen würde ... Zehn Tage später – an Katharinas Geburtstag – gratulierte ihr bereits der österreichische Botschafter, und sie beruhigte ihn über ihre Einstellung zur französisch-österreichischen Allianz: Mochte Peter sich noch so viele Verrücktheiten erlauben, so wußte doch alle Welt, daß er nicht lange regieren würde, die ausländischen Diplomaten wandten sich bereits an Katharina. (Übrigens bewarb sich die neue Kaiserin, ohne sich große Illusionen zu machen, bei der französischen Botschaft vergeblich um finanzielle Unterstützung für ihren Staatsstreich).

Inzwischen brauchte Katharina kaum einen Finger zu rühren: Peter arbeitete für sie. Die Beleidigungen, die er ihr zufügte, machten sie von Tag zu Tag beliebter und geschätzter. Sie litt schweigend und mit Würde. »Die Kaiserin erträgt mit stummem Schmerz das Betragen des Kaisers und die Anmaßung der Woronzow. Da ich ihren Charakter und ihren hohen Mut kenne, vermute ich, daß sie früher oder später aufbegehren wird«, schreibt der französische Botschafter Breteuil.

Eines schönen Tages zwingt Peter seine Frau dazu, Elisabeth Woronzow den Sankt-Katharinen-Orden an die Brust zu heften, der nur den Fürstinnen der russischen Kaiserfamilie vorbehalten ist. Dieser öffentliche Affront, der so ostentativ theatralisch war, schien eigens dazu angetan, der so schimpflich Behandelten Sympathien zuzuführen ... Während des Festmahls, das Peter zur Feier seines Friedensvertrags mit Preußen gab (man kann sich vorstellen, mit welchen Gefühlen die anwesenden Militärs auf das Wohl Friedrichs II. tranken), ließ er seinem Haß auf seine Frau freien Lauf: Als er einen Trinkspruch auf die kaiserliche Familie ausbrachte, ließ er Katharina, die am anderen Tischende saß, fragen, warum sie sich nicht wie die anderen erhebe, sondern sitzend trinke. Sie erwiderte, daß sie, da sie zur kaiserlichen Familie gehöre, nicht aufzustehen brauche. Peter schleuderete ihr auf russisch das

Wort »Idiotin!« ins Gesicht: Die einzigen anwesenden Mitglieder der kaiserlichen Familie seien er und seine Onkel, die Herzöge von Holstein. Das war ja nun die Verstoßung, wie sie im Buche steht. Bei diesem Affront brach die Kaiserin in Tränen aus und bat ihren Tischnachbarn, den Grafen Stroganow, ihr etwas Lustiges zu erzählen ... Die empörten Anwesenden konnten nur mit der Kaiserin sympathisieren.

Man weiß sofort, daß die Würfel gefallen sind. Katharina schreibt später vorsichtig: »Daraufhin begann ich auf die Vorschläge einzugehen, die man mir seit dem Tod der Kaiserin machte.« Man weiß sehr wohl, daß sie schon seit langem darauf einging.

Peter, den seine Spione vor der Möglichkeit einer Verschwörung gewarnt hatten, dachte daran, seine Frau zu verhaften und in die Festung Schlüsselburg einzusperren, mit der ihm seine Tante so oft gedroht hatte. Nur die Beschwörungen seines Onkels, Herzog Georg von Holstein, hinderten ihn, diese Absicht auszuführen: Der Herzog, den Peter sehr liebte und den er zum Oberbefehlshaber ernannt hatte, fürchtete, daß eine solche Maßnahme gegenüber einer herrschenden Kaiserin eine heftige Reaktion in der Armee hervorrufen würde. Statt die Kaiserin selbst zu verhaften, hätte Peter wenigstens versuchen können, die Verschwörung dadurch zu zerschlagen, daß er die notorischsten Anhänger der Kaiserin verhaften ließ; trotz der Warnungen seiner Umgebung unterließ er das, vermutlich aus Angst, sich neue Feinde zu schaffen; in seiner unglaublichen Unbekümmertheit begriff er nicht, daß er sich schwerlich verhaßter machen konnte, als er schon war. Er wollte nicht, daß man ihn fürchtete; und außerdem war er dazu gar nicht imstande.

Die Verschwörung aber bestand: Die Brüder Orlow hatten unter den jungen Offizieren der Garderegimenter eine zuverlässige Gefolgschaft Katharinas um sich geschart; Alexis war Schatzmeister der Garde-Artillerie und als solcher befugt, im Namen der Kaiserin Wein und Geld an die Soldaten auszugeben. Im Preobraschenski-Regiment (das wegen der Uniformveränderung gegen Peter den stärksten Groll von allen hegte) waren die Offiziere Passek und Bredikin die eifrigsten Bewunderer Katharinas; Passek ging eines Tages so weit, sich der Kaiserin zu Füßen zu werfen und ihr zu schwören, er werde sie rächen und den Kaiser umbringen. In dem Ismailowski-Regiment, das Kyrill Rasumowski befehligte (der Bruder des Günstlings), wurde Katharina durch die Offiziere

Roslawlew und Lassunski vertreten. Man weiß, daß Kyrill selbst Katharina sehr gewogen war, die er einstmals mehr oder weniger öffentlich umworben hatte. – So konnte die Kaiserin bei den Armee-Korps, die um die Hauptstadt stationiert waren, nach Aussagen ihrer Getreuen auf zehntausend Mann zählen, die bereit waren, sich für sie zu schlagen.

Durch eine seltsame Schicksalsverkettung und mangels anderer Prätendenten war die kleine deutsche Prinzessin zur Vorkämpferin des russischen Nationalismus geworden. Das war zumindest die Empfindung der Armee. Was die Politiker anbetraf, so waren sie der Unfähigkeit des neuen Kaisers schon so überdrüssig, daß sie, falls die Verschwörung Erfolg haben sollte, bereit waren, mit der Kaiserin zu kollaborieren.

Indessen beschäftigte sich Peter in Oranienbaum mit den Vorbereitungen für seinen Aufbruch nach Dänemark: In einem Augenblick, da es in der Hauptstadt heftig gärte, da seine Gegner die letzten Einzelheiten des geplanten Staatsstreichs ausarbeiteten, da die Warnungen seiner Freunde ihm unaufhörlich neue Verdächtige nannten, hatte dieser seltsame Kaiser nichts anderes im Sinn, als Schleswig den Dänen abzunehmen. Seine Onkel, seine deutsche Umgebung, seine intimen Berater sollten ihn begleiten – selbstverständlich auch Elisabeth Woronzow, denn er ließ sie bereits als regierende Kaiserin behandeln. Jedoch hatte er nicht die Absicht, Rußland zu verlassen, um damit Katharina freie Hand zu lassen. Ohne daß er offizielle Maßnahmen gegen sie ergriffen hätte, war man am Hof und in der Stadt auf eine aufsehenerregende Tat gefaßt, die das Schicksal der Kaiserin ein für allemal beschließen würde. Er hatte also keine Zeit zu verlieren.

Katharina wohnte in Peterhof, auf halbem Weg zwischen Oranienbaum und der Hauptstadt. Sie wohnte nicht im Schloß, sondern in *Mon Plaisir*, einem Pavillon, der am Ufer des Meeres, etwa hundert Meter vom Schloß entfernt, lag; dort, wo sie weniger überwacht war, konnte sie ohne Schwierigkeit Nachrichten empfangen, von dort konnte sie leichter entfliehen, wenn die Dinge eine ungünstige Wendung nehmen sollten.

Peter III. hatte beschlossen, den 29. Juni, seinen Namenstag (Sankt Peter und Paul), mit seiner Frau in Peterhof zu verbringen, und ihr befehlen lassen, sich auf seinen Empfang vorzubereiten. Nun wurde am 27. Juni Passek (der seine Absicht, Peter III. umzubringen, zwar nicht ausgeführt hatte, aber unbekümmert Brandreden hielt) verhaftet. Diese Verhaftung war der gefundene Vorwand, um zur Tat zu schreiten.

Hatte Peter wirklich die Absicht, seine Frau vor seiner Abreise öffentlich zu verstoßen? Hatte er zur Ausführung dieses Plans den 29. Juni festgesetzt? Man unterstellte ihm weit schlimmere Absichten. Wie dem auch sei, die Verhaftung eines Mitverschworenen konnte leicht zur Aufdeckung des Komplotts führen, und dann wäre Katharina verloren gewesen. Trotz des Rates Panins, der dem Ehrgeiz der Kaiserin mißtraute und seinen eigenen Staatsstreich wollte (Regierung des Großfürsten Paul und Regentschaft der Kaiserin), zögerten die Verschworenen nicht. Die Fürstin Daschkow und die Brüder Orlow ergreifen die Initiative: Der Moment ist gekommen, um die Truppen darauf vorzubereiten, daß der Staatsstreich auf die Nacht des 28. Juni angesetzt ist.

Feodor Orlow, der jüngere Bruder Alexis', informiert Kyrill Rasumowski über die Lage, um ihn damit auf die Partei der Kaiserin festzunageln. Rasumowski sympathisiert schon seit langem mit ihr; er verliert keine Zeit, schickt nach Taubert, dem Druckerei-Direktor der Akademie der Wissenschaften, und befiehlt ihm, sofort ein Manifest drucken zu lassen, das den Sturz des Kaisers und die Thronbesteigung Katharinas proklamiert. Das Wort ist heraus, die Sache läuft, es gibt kein Zurück. Dem zögernden Taubert schleudert Rasumowski entgegen: »Sie wissen bereits zuviel. Jetzt geht es um den Kopf, den Ihren wie den meinen.«

In Oranienbaum, der ehemaligen Residenz Menschikows, die Peter III. zuerst in ein Dorf, dann in ein Soldatenlager umgewandelt hat, gibt der Kaiser, in seine holsteinische Uniform geschnürt, noch immer Befehle für die Expedition nach Dänemark, läßt, im Kreis seiner deutschen Freunde, noch immer seine Truppen Revue passieren. Er ist nicht der Kaiser von Rußland. Er ist es nur in seiner Einbildung, und auch das nicht mehr lange.

Der Staatsstreich

In ihrem Pavillon *Mon Plaisir*, dessen schmale Terrasse auf den Strand eines flachen, unbewegten Meeres hinabsieht, das in den *weißen Juninächten* schimmert, lebt Katharina isoliert und in fieberhafter Erregung, weiß sie doch, daß sich jetzt ihr Schicksal entscheidet – so oder so.

Im Morgengrauen des 28. Juni weckt die treue Kammerzofe Schargorodskaja sie aus dem Schlaf: Alexis Orlow ist da und verlangt sie unverzüglich zu sprechen. Sie empfängt den Mitverschworenen so, wie sie ist, im Negligé, es ist nicht der Moment, sich zu zieren. Orlow sagt: »Alles ist bereit, die Zeit ist gekommen, Sie zur Kaiserin zu proklamieren.«

In wenigen Minuten kleiden sich die beiden Frauen an und springen in die Kalesche, die von Alexis kutschiert wird, der auf dem Vordersitz auf die Pferde einschlägt. Man bricht im Galopp auf. Die Frauen, närrisch vor Aufregung, vor Unruhe, vielleicht vor Freude, der Freude, die mit der Gefahr Hand in Hand geht, lachen schallend, weil die eine noch ihre Pantoffeln anhat, die andere ihre Nachthaube . . . Die erschöpften Pferde wollen nicht weiter; man borgt sich welche von einem Bauern aus, der ihnen höchst opportun mit seinem Wagen begegnet.

Die Reisenden sind nur noch wenige Kilometer von der Hauptstadt entfernt, als Gregor Orlow ihnen in Begleitung des Fürsten Barjatinski in einer Kalesche entgegenkommt; und jetzt setzt Katharina die Reise an der Seite des Geliebten fort. In diesem Augenblick darf sich Gregor als kühner Ritter vorkommen, der im Begriff ist, seiner Angebeteten den Thron zu erobern. Katharina, die ihn liebt, sieht ihn zweifellos unter diesem Aspekt. Jetzt nähert sich die Kalesche dem Dorf Kalinkina, dem Quartier des Ismailowski-Regiments, und Gregor steigt zu Pferd und galoppiert voraus, um seinen Freunden die Ankunft der verfolgten Kaiserin anzukündigen.

Die Kutsche nähert sich langsam, ein bescheidenes Fahrzeug, in dem sich, fiebernd und entschlossen, eine recht bescheidene Herrscherin verbirgt – eine kleine zarte, schwarzgekleidete Frau, ohne Krone, ohne Eskorte. Auf das von den Offizieren gegebene Zeichen schlagen die Tamboure Alarm; die Kalesche hält vor den Kasernen, und Katharina steigt aus; allein, schüchtern, aber schön, wie man glauben darf, verwandelt durch das wilde Verlangen, ihre Rolle gut zu spielen. Denn jetzt geht es um ihren Kopf.

Ihr bloßer Anblick entfesselt Begeisterung, eine seit langem angefachte und geschürte Begeisterung. »Hurra unserer Mutter Katharina!« Die Offiziere umzingeln sie, knien nieder, küssen den Saum ihres Mantels. Der Feldgeistliche, Pater Alexis, tritt mit erhobenem Kreuz auf sie zu.

Die Männer des Ismailowski-Regiments schwören bei dem Kreuz den Treueid auf die Kaiserin und Autokratin Katharina II. Dieser Name fällt zum ersten Mal, und die Verschwörerin verwandelt sich in die Herrscherin. Selbst der Oberst Kyrill Rasumowski tritt herbei und kniet vor der Kaiserin nieder, und in Begleitung dieses großen Würdenträgers der Armee und des Feldgeistlichen setzt Katharina ihre Reise fort. Von Kaserne zu Kaserne, wie einstmals Elisabeth. Die Mannschaften des Ismailowski-Regiments bilden ihr Geleit; zu ihnen stoßen die Mannschaften des Semenowksi-Regiments. Auch das Preobraschenski-Regiment akklamiert nach begreiflichem Zögern (denn ein Teil der Offiziere ahnt nichts von der Verschwörung) der gestern unterdrückten und heute sieghaften Herrscherin. Und die Truppen marschieren in die Hauptstadt, über den Newski-Prospekt, unter den Beifallsrufen der Einwohner, die massenweise herbeigeeilt sind und die Straßen dicht säumen.

Genau drei Stunden nach Alexis Orlows Eindringen in das Schlafgemach von *Mon Plaisir* steigt Katharina die Stufen der Kasankathedrale hinauf.

Langsam geht Katharina, von den Brüdern Orlow und Rasumowski geleitet, unter dem schweren Gewölbe der riesigen Kathedrale auf den Klerus zu, der sie bereits erwartet. Der Bischof ist da, im von Gold und Silber funkelnden Ornat, umgeben von den amtierenden Geistlichen. Die Autokratin Katharina II. wird feierlich gesegnet, zugleich ihr Sohn und »Thronerbe, der Zarewitsch Paul Petrowitsch«.

Es wurde allerdings Zeit, an diesen Sohn zu denken: In ihrer ritterlichen Begeisterung für die Sache einer unschuldig verfolgten Frau, einer Frau, die »sich und ihren Sohn« unter ihren Schutz begeben hatte, hatten die Offiziere der Kaiserlichen Garden gehorsam den Befehl der Verschwörer befolgt und diese Frau zur »Alleinherrscherin« proklamiert, die nur Kaiserin-Mutter war. Katharina wird im Festzug zum Winterpalast geführt, wo Panin sie mit ihrem Kind erwartet: Der kleine Paul, der kaum ein Frühaufsteher gewesen sein dürfte, wurde im Nachtkleid aus dem Bett geholt; und Katharina tritt auf den Balkon des Palasts und zeigt der Menge den kleinen, blondgelockten Knaben mit vom Schlaf geröteten Wangen und großen, erschreckten Augen. Bei seinem Anblick bricht die Menge in ein Jubelgeheul aus – und von diesem Augenblick an weiß Katharina, daß dieser zarte achtjährige Knabe ihr gefährlichster Rivale ist und daß der Beifall weniger Katharina II. gilt als der Mutter des kleinen Paul.

Inzwischen – das zarte Alter des Zarewitsch dient hierfür als Entschuldigung – wird Katharina zur Alleinherrscherin proklamiert, sie ist es, der man den Treueid leistet, den gleichen Eid, den man vor knapp sechs Monaten Peter III. schwor. Aber heute ist die ganze Stadt in freudigem Aufruhr, überzeugt von ihrem guten Recht. Ebenso war die Armee (was sich in Petersburg und Umgegend an Truppen befand) wie *ein* Mann marschiert. Und als Katharina in Begleitung ihres Sohnes den Winterpalast verließ, jubelten Truppen ihr zu, die sie im ersten Augenblick gar nicht erkannte: Es war die Preobraschenski-Garde. Kaum war der Staatsstreich proklamiert worden, hatten Mannschaft und Offiziere sofort ihre alten (von Peter III. verbotenen) Uniformen hervorgeholt und waren gekommen, um die neue Kaiserin als Soldaten Peters des Großen zu begrüßen. Die »Gute Mutter Katharina« durfte nicht vergessen, daß man sie liebte, ihr huldigte, weil sie, zumindest im Herzen, Russin war: Mit dem Rückgriff auf ihre alte Uniform gaben die Soldaten zu verstehen, daß sie ein Faktor waren, mit dem die neue Macht zu rechnen hatte.

Katharina verfügte über nur wenige Regimenter. Peter hatte in Narwa beträchtliche Truppen zusammengezogen, die schon kriegsmäßig ausgerüstet und im Begriff waren, ins Feld zu ziehen; statt sie gegen Dänemark zu führen, hätte der Kaiser – unter den Umständen – sie sehr gut auf die Hauptstadt marschieren lassen können, und die Revolte wäre in wenigen Stunden niedergeschlagen gewesen. Zumindest theoretisch war diese Gefahr groß. Noch dazu wurde die Küstenstadt Petersburg von der Insel-Zitadelle Kronstadt bewacht, wo die gesamte russische Flotte vor Anker lag. Es lag auf der Hand, daß Peter nur die paar Kilometer, die Oranienbaum von Kronstadt trennten, per Schiff zu überqueren brauchte, um die Zitadelle zu besetzen und von dort die Kriegsschiffe gegen Petersburg einzusetzen. Deshalb war Katharinas und ihrer Gefolgsleute erster Gedanke, den Admiral Talyzin, mit allen Vollmachten der Kaiserin ausgerüstet, nach Kronstadt zu entsenden.

In dem Manifest, das Rasumowski in der Nacht vom 27. zum 28. Juni (und zweifellos nach Anweisungen der Kaiserin) drucken ließ, appellierte die neue Kaiserin an das russische Volk: Ohne auch nur einmal den Namen Peters III. zu nennen (um keinen unerwünschten Ausbruch von Loyalismus zu provozieren), verkündete die Kaiserin, daß die russische Nation in Gefahr sei; daß die Kirche in ihren heiligsten Traditionen bedroht werde und sogar einem fremden Kult unterworfen werden solle; daß das Prestige der russischen Armee unter einem Frieden leide, der unter Nichtachtung der Interessen der Nation mit dem Feind von gestern geschlossen worden sei; daß das Regierungssystem, auf dem das Wohl und die Einheit des Vaterlands beruhe, völlig gestört sei. Daß infolgedessen, angesichts der Gefahr, die ihre loyalen Untertanen bedrohe, sie, Katharina, unter Anrufung Gottes und Seiner Gerechtigkeit und sich vom ausdrücklichen Willen ihrer loyalen Untertanen getragen wissend, sich gezwungen sehe, die Alleinherrschaft über ganz Rußland anzutreten.

Auf den Straßen und Ausgängen der Stadt waren Wachen aufgestellt worden, um zu verhindern, daß die Nachricht vom Staatsstreich nach Oranienbaum dringe. So daß Peter III., wie angekündigt, am 28. Juni in Peterhof eintraf, als Katharina, soeben zur Kaiserin proklamiert, von der Petersburger Bevölkerung umjubelt wurde. Als Peter erfuhr, daß seine Frau ihn nicht erwartet, sondern am selben Morgen Peterhof verlassen hatte, wurde er von lähmender Angst ergriffen, denn er konnte sich gut vorstellen, was im Gange war.

Zu dieser Stunde war der Kaiser noch von treuen Freunden umgeben. Sein holsteinisches Gefolge, der preußische Botschafter Goltz, die Marschälle Münnich und Trubezkoi, der Kanzler Michael Woronzow und der Senator Roman Woronzow, Elisabeths Vater, waren bei ihm. Und als diese Männer ahnten, dann erfuhren, was sich in Petersburg zugetragen hatte, ließ es keiner an Ratschlägen fehlen. Während Münnich, der alte Krieger, den Kaiser drängte, eiligst zur Hauptstadt zu reiten, um die rebellischen Truppen zur Ordnung zu rufen, riet Goltz ihm, die in Narwa konzentrierte und einsatzbereite Armee gegen Petersburg marschieren zu lassen ... Die Holsteiner, die die Natur des Kaisers besser kannten, rieten ihm rundheraus, nach Holstein zu fliehen. Peter, vom Schreien gelähmt, konnte sich zu keinem Entschluß aufraffen; als er sich endlich dazu entschloß, Abgesandte nach Kronstadt zu schicken, war es bereits zu spät, Admiral Talyzin war schon eingezogen, und die Zitadelle hatte sich widerstandslos unter den Befehl der Kaiserin gestellt.

Peter aber, der glaubte, daß die Festung ihm treu sei, schiffte sich in Begleitung seiner Freunde, Elisabeth Woronzows und ihres weiblichen Gefolges auf einem Schoner ein und lief gegen ein Uhr morgens (die Nacht war fast taghell) Kronstadt an. Hochaufgerichtet steht er auf der Schiffsbrücke, eine lange, schmale Gestalt in weißer Uniform, ruft aus, er sei der Kaiser und gebiete der Garnison, ihn in die Zitadelle einzulassen.

Man gibt ihm zur Antwort, er sei nicht mehr Kaiser; es gebe nur noch die Kaiserin Katharina; wenn er sich nicht von Kronstadt entferne, würden »Bomben« ihn verjagen.

Dieser Versuch, seine Autorität zu behaupten, sollte für Peter der erste und letzte sein. Inmitten der Damen, die laut weinen und jammern, bricht er, selber schwach wie ein Weib, fast bewußtlos zusammen. Er hört nicht einmal mehr auf seine Freunde, die ihn sehr vernünftigerweise drängen, nicht mehr an Land zurückzukehren, sondern auf dem Meerweg über Reval zu flüchten und von dort aus sein rettendes Ziel zu erreichen.

Warum versuchte Peter, wissend, daß er außerstande war zu kämpfen, nicht wenigstens sein Leben zu retten? Er ging nach Oranienbaum zurück. Mit dem absurden Starrsinn der Schwachen sperrte er sich gegen jeden Entschluß, sogar dagegen zu fliehen. Es ging ihm nicht in den Kopf, daß er, gestern noch Kaiser, im Zeitraum von wenigen Stunden jetzt niemand mehr war. Es gibt keinen Kaiser mehr. Seine Freunde, seine Mätresse, auch sie von den Ereignissen betäubt, versuchen so zu tun, als sei nichts Besonderes geschehen, als sei der Herrscher von gestern kein armer, zerbrochener Hampelmann.

Der Kaisermord

Am 29. Juni – dem Sankt-Peter- und Pauls-Tag – trifft Katharina tatsächlich in Peterhof ein; jedoch nicht, um den Namenstag ihres Mannes zu feiern. Sie kommt mit Gewalt, mit ihren getreuen Truppen, und weiß bereits, daß weder die Flotte von Kronstadt noch die Armee von Narwa gegen sie marschieren wird. Der Marschall Trubezkoi und der Kanzler Woronzow hatten sich im Auftrag Peters bei ihr eingefunden, um ihr einen Vergleich vorzuschlagen: Der Kaiser erkenne seine vergangenen Fehler und verspreche seiner Frau die Mitwirkung an der Regierung. Katharina hatte nicht daran gedacht, darauf auch nur zu antworten.

Alexis Orlow hatte, an der Spitze der Husaren-Garde, ohne Schwierigkeit die in Peterhof stationierten Holsteiner entwaffnet, war anschließend nach Oranienbaum geritten und hatte die Ausgänge des Dorfs mit Wachen besetzt. Peter war praktisch ein Gefangener.

In Peterhof erhält Katharina einen zweiten Brief ihres Mannes: einen demütigen und unterwürfigen Brief. Peter will nichts mehr, er verzichtet auf alle Rechte, er bittet seine Frau um Verzeihung; er möchte lediglich, daß sie ihm erlaube, sich mit Elisabeth Woronzow nach Holstein zurückzuziehen. Katharina erwidert darauf mit einem Schreiben, das General Ismailow und Gregor Orlow überbringen, in welchem sie von ihm die Unterzeichnung seiner Abdankung verlangt. Peter unterschreibt, fast ohne hinzusehen. Dann begibt er sich in Begleitung seiner getreuen Elisabeth und des Generals Gudowitsch unter starkem Schutz nach Peterhof.

Wenn er glaubt, eine Unterredung mit seiner Frau zu erlangen, um wenigstens an ihr Mitleid appellieren zu können, so täuscht er sich; Katharina ist nicht gefühllos, aber sie will sich nicht erweichen lassen.

In seinen ehemaligen Gemächern des Schlosses Peterhof werden Peter seine Orden, seine russische Uniform und sein Degen abgenommen. Er reagiert überhaupt nicht mehr, er hält sich kaum noch auf den Beinen. Nikita Panin fällt die peinliche Aufgabe zu, dem Ex-Kaiser mitzuteilen, daß er fortan Staatsgefangener ist, daß er sich darauf vorbereiten muß, das Schloß zu verlassen, um nach Ropscha, einem seiner Landhäuser, zu ziehen, bis sein definitiver Aufenthaltsort feststeht, der, wie Peter nur allzugut weiß – die Festung Schlüsselburg ist.

Panin hat nicht beschrieben, was sich im Verlauf jener Unterredung abspielte. Sie muß furchtbar gewesen sein, da dieser Mann noch nach Jahren schreibt: »Ich betrachte es als eines der schlimmsten Unglücke meines Lebens, daß ich gezwungen war, Peter damals zu sehen.« Peter muß am Rand eines Nervenzusammenbruchs gewesen sein; er muß geweint, gefleht, sich vor dem Erzieher seines Sohnes gedemütigt haben . . . Nach Panins Aussagen läßt sich nur das eine vermuten, daß Peter einzig und allein darum bat, Elisabeth Woronzow bei sich behalten zu dürfen. Diese Gunst wurde ihm verweigert. Die Woronzows hatten sich bereits, wie fast alle anderen Gefolgsleute Peters, auf die Seite Katharinas geschlagen; und eine so »unmoralische« und für sie beleidigende Bitte konnte die Kaiserin nicht gewähren.

Am Abend des 29. Juni – dreißig Stunden nachdem er, in Peterhof angekommen, den Palast leergefunden hatte – wurde Peter nach Ropscha gebracht; man sperrte ihn in das Schlafzimmer ein und stellte eine Wache vor seine Tür. Das Haus wurde von Soldaten bewacht.

Um die Strenge seiner Haft zu mildern, ließ ihm Katharina seine Geige, seinen Neger Narzissus und seinen Lieblingshund Mopsy schicken; sie erlaubte sogar, daß seine deutsche Dienerschaft und sein französischer (Schweizer) Kammerdiener für ihn sorgten. Während einiger Tage lauerte sie gespannt auf Nachrichten: Es hieß, der Ex-Kaiser sei sehr krank. Er litt unter heftigen Kopfschmerzen und hatte seinen holsteinischen Arzt rufen lassen, den einzigen, dem er vertraute. Aber nein, dem Kranken ging es besser; dann verlangte der Arzt von neuem Medikamente.

Von dieser Seite aus bestand wenig Hoffnung: Peter schien an keiner ernsthaften Krankheit zu leiden, es sei denn an einer furchtbaren Nervenzerrüttung. Erregung und Niedergeschlagenheit wechselten sich ab, und er erzürnte sich fortgesetzt gegen seine Dienerschaft. Er lebte in ständiger, wachsender Angst; und aus Furcht, vergiftet zu werden, bestand er darauf, nur Milch zu trinken. So lebte er eine Woche. Am 6. Juli besuchten ihn Alexis Orlow, Fürst Feodor Barjatinski und mehrere Offiziere unter dem Vorwand, bei ihm Wache zu beziehen. An diesem Tag wurde der Kammerdiener Bressan bei einem Spaziergang im Garten von Soldaten ergriffen, in einen Wagen geworfen und weit weg von Ropscha gebracht. Am anderen Morgen erfuhr man, der Ex-Kaiser sei tot.

Das Manifest, in welchem Katharina ihre Thronbesteigung und die Abdankung Peters III. verkündete, war soeben veröffentlicht und feierlich vor dem Senat verlesen worden; darin verkündete die Kaiserin ihre Absicht, sich des Vertrauens und der Liebe ihres Volkes würdig zu erweisen. Die offizielle Nachricht von der Abdankung Peters traf mit der seines Todes zusammen: Am gleichen Abend erfuhr Katharina, daß sie für alle Zeiten von ihrem Mann erlöst sei (zumindest glaubte sie das damals).

Am anderen Tag, dem 7. Juli, ließ sie durch ein neues Manifest proklamieren, daß der Ex-Kaiser einer Darmblutung erlegen sei. Sie ordnete eine Autopsie an, um festzustellen, daß keine Vergiftung stattgefunden habe: Was immer die Todesursache gewesen sein mochte – die Ärzte konnten nur erklären, daß der Kaiser nicht durch Gift gestorben sei. Und der Leichnam wurde in der Kirche des Alexander-Newski-Klosters aufgebahrt, wo dem Volk Gelegenheit geboten wurde, dem Enkel Peters des Großen die letzte Ehre zu erweisen.

Es ist schwer zu sagen, ob die Einwohner Petersburgs an die offizielle Erklärung glaubten; man wußte, daß Peter III. gesundheitlich anfällig war, und es wäre nicht verwunderlich gewesen, wenn sich sein Zustand durch den seelischen Schlag plötzlich verschlimmert hätte. In der Euphorie der Thronbesteigung der neuen Kaiserin stellte die Öffentlichkeit nicht allzu viele Fragen. Aber Katharina wußte sehr wohl: Dieser plötzliche Tod gab sie den schlimmsten Vermutungen preis.

Als sie von dem Tod ihres Gatten erfuhr, wurde sie ohnmächtig, und, wieder zu sich gekommen, rief sie: »Ich bin verloren, man wird niemals glauben, daß ich an diesem Verbrechen unschuldig bin!« Das berichtet zumindest die Fürstin Daschkow. Andere, bösere Zungen behaupten, daß die Kaiserin den ganzen Abend, auch nachdem man ihr den Tod Peters mitgeteilt hatte, glänzender Laune gewesen sei. Beide Zeugnisse können zutreffen. Aber selbst wenn Katharina vor den ausländischen Diplomaten ihre Bestürzung verbergen wollte, war sie bestimmt sehr betroffen von diesem Tod, den sie dabei nur wünschen konnte.

Es handelte sich einwandfrei um einen Mord. Das Verbrechen war besiegelt gewesen. Katharina besaß den Beweis dafür; sie machte allerdings keinen Gebrauch davon, sondern versteckte ihn in einer Truhe, die erst nach ihrem Tod geöffnet werden durfte.

Alexis Orlow hatte ihr am 6. Juli einen kurzen Brief geschrieben, den sie noch am selben Abend erhielt. Er lautete:

»Unsere Gute Mutter, barmherzige Kaiserin. Wie soll ich Dir das, was geschehen ist, erklären oder beschreiben? Du wirst Deinem ergebenen Diener nicht glauben, aber ich schwöre vor Gott, daß ich Dir die Wahrheit sage. Gute Mutter, ich bin bereit zu sterben, aber ich selbst weiß nicht, wie dieses Unglück geschehen ist. Wir sind verloren, wenn Du uns nicht verzeihst. Unsere Gute Mutter – er ist nicht mehr. Aber keiner von uns hat es gewollt, denn wie hätten wir wagen dürfen, an unseren Herrscher Hand anzulegen? Jedoch, Majestät, dieses Unglück ist geschehen. Während des Mahls hatte er begonnen, sich mit Fürst Feodor [Barjatinski] zu streiten; wir konnten sie nicht einmal trennen, weil er bereits nicht mehr lebte. Wir wissen nicht einmal mehr, was wir getan haben, aber wir sind allesamt schuldig und verdienen den Tod. Habe Mitleid mit mir, und sei es auch nur um der Liebe meines Bruders willen! Ich habe mein Vergehen gebeichtet, und es gibt nichts mehr zu sagen. Verzeihe mir, oder befiehl meine Hinrichtung. Das Leben ist mir eine Last. Wir haben Dich beleidigt, und wir sind verdammt in alle Ewigkeit.«

Das ist der einzige Augenzeugenbericht, den wir von diesem tragischen Vorfall besitzen. Andererseits mochte Bressan, der nicht zugegen gewesen war, die Dienerschaft und Soldaten, die sich zur Zeit des Mordes im Hause befanden, ausgefragt haben. Es ist wahrscheinlich, daß gewisse Einzelheiten, die in den Katharina feindlich gesinnten Kreisen kursierten, von den Erzählungen Bressans inspiriert waren, aber man kann sie ebensogut als reine Erfindung betrachten. Helbig vor allem behauptet, daß die Rolle des Henkers einem Offizier deutscher Abstammung, Engelhardt, übertragen worden sei, der mit den Orlows eng befreundet war. Außer Alexis sollten einer seiner Brüder (Feodor?), der bereits genannte Fürst Barjatinski, Teplow (Schwiegersohn Rasumowskis) und der berühmte Schauspieler Wolkow am Attentat beteiligt gewesen sein. Die Mörder sollen versucht haben, Peter beim Essen zu vergiften, aber, da dieser Verdacht hegte und nur lauwarme Milch trank, beschlossen haben, den Kaiser zu erwürgen, und ihn, um ihn am Schreien zu hindern, unter einem Polster erstickt haben. Alexis Orlow, der das Grauen dieses Vorgangs nicht ertrug, sei aus dem Zimmer gestürzt und habe das Ende der Hinrichtung auf der Terrasse abgewartet.

Helbig wußte nichts von Orlows Brief. Aber Alexis' Schuld stand fast offiziell fest. Wer ihn bei seiner Rückkehr nach Petersburg an diesem Abend sah, schreibt Helbig, »sagte, daß sein schon von Natur rohes Gesicht noch abstoßender aussah als sonst«, wegen »des Bewußtseins seiner Niedrigkeit, seiner Unmenschlichkeit und der Reue, die ihn quälte«. In der Tat scheint der Brief eine gewisse Reue zu verraten, oder zumindest die Angst, der Kaiserin zu mißfallen. Nach Aussagen der Fürstin Daschkow, die ihn mit eigenen Augen gesehen hat, war er hastig, mit Bleistift, in fahriger Schrift und sichtlich unter dem Druck einer heftigen Gemütsbewegung und im Zustand der Trunkenheit geschrieben. Der Brief läßt den Schluß zu, daß Alexis die Initiative zum Mord ergriffen hatte, ohne Katharina zu befragen, und ihr einreden will, daß der Mord nicht vorausgeplant war. Als Kaiser Paul nach dem Tod seiner

Mutter von dem Brief Kenntnis erlangte, soll er ausgerufen haben: »Gott sei gelobt! ...« Der Brief entlastet Katharina, zumindest partiell. Sie hatte die Ermordung nicht *befohlen*.

Die Vorsätzlichkeit jedoch steht außer Zweifel, wenn auch Alexis das Gegenteil behauptet. Er und seine Freunde hatten sich in Eile nach Ropscha begeben, ehe die Regierung Zeit gefunden hatte, Maßnahmen zu treffen, um den Gefangenen in den Kerker zu überführen, der ihm in der Festung Schlüsselburg zugedacht war. (Man war so entschlossen dazu, Peter in Schlüsselburg zu inhaftieren, daß man bereits die entsprechenden Vorkehrungen getroffen hatte: Der junge Iwan VI., der Insasse dieses Kerkers, war bereits aus der Festung entfernt und provisorisch in eine andere Zitadelle am Ladogasee versetzt worden; Peters Aufenthalt in Ropscha war nur für einige Tage vorgesehen und ging schon zu Ende, als die Verschwörer für richtig befanden, einzugreifen.)

War es ein politisches Verbrechen, oder war Ehrgeiz der Grund? Alles beides, denn es ist klar, daß Alexis durch die Beseitigung des Kaisers Platz für seinen Bruder schaffen wollte. Aber vor allem durfte er als Hauptführer des Staatsstreichs sein Werk nicht unvollendet lassen: Katharina, die ganz offensichtlich den russischen Volkscharakter nicht genügend kannte und von ihrem ersten Erfolg zu berauscht war, mochte sich (weiß man es?) Illusionen machen: Peter war nur eine Puppe, ein verhaßter »Deutscher«, seine Eintagsherrschaft war wie ein Kartenhaus zusammengestürzt. Aber Petersburg war nicht Rußland, und zudem konnten dieselben Adligen, dieselben Offiziere, die am Tag des Staatsstreichs Katharina zugejubelt hatten, sich über kurz oder lang an die Liberalität ihres Gatten erinnern und der Kaiserin mit der Rückberufung Peters III. drohen. Ein entthronter Herrscher durfte nicht am Leben bleiben.

War Katharina schuldig? Selbst Orlows Brief beweist im Grunde nicht viel. Sie konnte die Vergiftung angeordnet haben, und Alexis' große Erregung war vielleicht die eines Komplizen, der den gegebenen Befehl schlecht ausgeführt hat: Der Körper wies Spuren von Gewaltanwendung auf. Wenn es auch trotz allem schwer vorstellbar ist, daß Katharina den ausdrücklichen Befehl gegeben hat, ihren Gatten zu ermorden, ist es ziemlich wahrscheinlich, daß sie durch ihr Verhalten, ihre recht offenen Bekundungen von Furcht und Hoffnung hatte durchblicken lassen, daß sie den raschen Tod des Ex-Kaisers wünschte.

Es gab kein Zurück. Peter war tot, ein für allemal. Vermutlich nach erbittertem Kampf erwürgt, denn sein Gesicht – wer es bei der Aufbahrung sah, konnte es bezeugen – war fast schwarz, sein Hals bis zum Kinn mit einer langen Schärpe bedeckt und seine Hände – die nach kirchlichem Brauch unbedeckt zu sein hatten – in Handschuhen versteckt.

Obwohl er zum Haus Peters des Großen gehörte, wurde er nicht als Kaiser beerdigt: Ohne Orden, in der blaßblauen Uniform der holsteinischen Dragoner-Offiziere, wurde dem Herzog von Holstein zugleich die Beleidigung wie der höchste Trost zuteil, den Rock in sein Grab mitzunehmen, den er stets dem des Kaisers von Rußland vorgezogen hatte.

Im allgemeinen scheint, selbst wenn es sich um die Tötung eines Hundes handelt, das Bedürfnis zu bestehen, ihn für tollwütig zu erklären – wieviel mehr bedarf ein Kaisermord der Rechtfertigung. Peter III. war der erste (aber nicht der letzte) Kaiser, der ermordet wurde. Wie sollte man eine solche Verhöhnung des Gottesgnadentums erklären, wenn nicht damit, daß der Verstorbene ein Ungeheuer und Wahnsinniger gewesen sei? Das war er nicht. Er war nur ein schwacher Mensch und in gar keiner Weise der Rolle, die er zu spielen hatte, gewachsen; und man kann wohl sagen, daß alles getan wurde, um ihm diese Rolle zu erschweren. Seine deutsche Herkunft und seine absurde Liebe zu seinem Heimatland und zu Preußen waren – weit mehr als seine Laster und Schwächen – die wahren Ursachen seines Sturzes.

Der Kampf war vorbei, und der Torero, für einen Augenblick von einem ungeschickten und zaghaften Stier bedroht, brauchte sich nur noch vor dem Publikum zu verbeugen: »Das Glück ist nicht so blind, wie man glaubt. Zuweilen ist es die Folge starker, präziser, gewöhnlich unbemerkter Maßnahmen, die dem Ereignis vorangingen. Es ist außerdem insbesondere die Folge von bestimmten Charaktereigenschaften und persönlichem Verhalten.

Achtzehn Jahre vor der Machtergreifung schrieb ein halbwüchsiges Mädchen ihrem an Masern erkrankten Vetter und Spielkameraden folgenden Brief:

»Monseigneur. Ich habe mit meiner Mutter gesprochen, da ich weiß, daß sie viel Einfluß auf den Großmarschall hat, und sie hat mir versprochen, mit ihm zu reden und zu veranlassen, daß man Ihnen erlaube, auf den Instrumenten zu spielen. Sie hat mich außerdem beauftragt, Sie zu fragen, Monseigneur, ob Sie heute nachmittag gern einige Italiener hätten.

Ich versichere Ihnen, daß ich an Ihrer Stelle wahnsinnig würde, wenn man mir alles nähme. Ich bitte Sie um Gottes willen, ihm nicht diesen Brief zu zeigen.

Katharina.«

Das Leben hatte aus dem kindlichen Brautpaar zwei Todfeinde gemacht; der stärkere Teil hatte den schwächeren zermalmt. Man weiß nicht, ob der Schatten des ermordeten Gatten Katharina in ihren Träumen verfolgte. Aber ihr stand ein langes Leben bevor, das sie der Aufgabe widmen mußte, der ganzen Welt ihren edlen Charakter und ihren hohen Verstand zu beweisen.

Fünfter Teil

Die Frau, die regieren will

1757 schrieb der französische Botschafter L'Hôpital an seine Regierung: »Es wäre unklug, sich zu eng mit diesen Fürsten [dem Großfürstenpaar] zu liieren, doch könnte man es womöglich später bereuen, ihre Avancen mißachtet zu haben . . .« (8. Oktober). Im November 1760 schreibt Choiseul an den Grafen Breteuil: »Sie dürfen der Großfürstin versichern, daß ich mich der Sache, die ihren Herrn Bruder beschäftigt, annehmen werde. Obwohl diese Fürstin kein großes Ansehen genießt, ist es immerhin ratsam, sich mit ihr gut zu stellen, doch muß das mit äußerster Vorsicht geschehen, um nicht die Eifersucht der Kaiserin und ihrer Minister zu erregen.«

In der Tat war die Fürstin, die »kein großes Ansehen genoß«, 1760 bereits die oberste Kandidatin für den Kaiserthron. Seit Jahren – seit ihrer frühesten Kindheit – hatte sie sich darauf vorbereitet, zu regieren und in der Ehe mit Peter die treibende Kraft zu sein. Peter hatte sich gegen ihren Einfluß gewehrt, obgleich sie ihm mit Erfolg immer wieder die denkbar besten Ratschläge gab; als Frau aber hatte sie bei diesem zugleich leichtsinnigen wie halb impotenten Mann versagt. Wahrscheinlich handelte es sich um einen Fall auf Gegenseitigkeit beruhender Frigidität, wobei man wohl keinem der beiden Gatten einen Vorwurf machen konnte (da die Ursache dafür zweifellos in ihrer allzu großen Jugend zum Zeitpunkt der Heirat lag sowie der peinlichen Lage, in die sie dann Elisabeths Mißtrauen gebracht hat). Obgleich sie es in ihren Memoiren bestreitet, hat Katharina (zumindest ihr Stolz) unter der Kälte ihres Mannes sehr gelitten und daraus eine unheilbare Bitterkeit in sich entwickelt. Über Peters Gefühle ist nichts bekannt, aber die Aversion, die er in den letzten Jahren für seine Frau bekundet, läßt auf eine tiefe und echte physische Abneigung gegen sie schließen. (Man darf auch nicht vergessen, unter welchen Umständen ihre Ehe geschlossen wurde.)

Die Intimität des Ehebetts muß den Haß gezüchtet haben, der zu dem tragischen Ende des Mannes führte. Zu einem bestimmten

Zeitpunkt hatte Katharina erkannt, daß sie nicht mit Peter regieren würde. Und 1761 schrieb sie: »Eine starke Seele ist nicht dazu geschaffen, eine schwache Seele zu beraten, denn diese ist unfähig, das zu befolgen oder auch nur zu schätzen, was ihm jene, ihrer Natur gemäß, vorschlägt . . . «

Während sich im Umkreis der sterbenden Kaiserin endlose Intrigen anbahnten, während Gregor Orlow in der Armee eine leidenschaftliche Propaganda für seine Mätresse betrieb und Graf Panin den Plan einer Regierung des Kaisers Paul unter Regentschaft der Mutter ausarbeitete, hing Katharina ihren eigenen Gedanken nach und notierte auf losen Blättern, je nach ihrer Lektüre, das Ergebnis ihrer Überlegungen.

»Ich wünsche und erhoffe nur das Glück des Landes, in welches Gott mich gestellt hat. Er ist mein Zeuge. Der Ruhm des Landes ist der meine. Das ist mein Grundsatz, ich wäre überglücklich, wenn meine Ideen dazu beitragen könnten.«

». . .Das Kaspische Meer mit dem Schwarzen Meer verbinden, und alle beide mit Ost- und Nordsee; den Handel Chinas und Ostindiens durch die Tatarei lenken, das würde das [russische] Reich mächtiger machen als alle Reiche Asiens und Europas. Und wer kann *der Macht eines unumschränkten Fürsten Widerstand leisten, der über ein kriegerisches Volk regiert?*«

In die klar formulierten Träume von Größe, Träume von »unbegrenzter Macht« –, und sie will sie nicht für Peter – mischen sich Gedanken, die die Lektüre der Philosophen in ihr erweckt haben. Denn sie will zwar als unumschränkter Herrscher regieren, aber ihre Macht zum Wohle des Volkes nutzen. »Es ist gegen die christliche Religion und die Gerechtigkeit, aus Menschen (die frei geboren sind) Sklaven zu machen . . .« »Freiheit, Seele aller Dinge, ohne dich ist alles tot. Ich will, daß man den Gesetzen gehorcht, aber nicht als Sklave . . .« »Macht ohne Vertrauen der Nation ist nichts.«

»Unfreiheit ist ein Schaden für den Staat, denn sie lähmt Wettbewerb, Handwerk, Kunst, Wissenschaft, Ehre und Wohlstand.« (Ein Zitat aus dem »Journal de l'Encyclopédie«, März 1761.) Katharina ist gegen die Unfreiheit, die Leibeigenschaft, unter der das russische Volk zu leiden hat. Doch glaube man nicht etwa, daß sie sie abschaffen will: So verstiegen ist sie keineswegs. Sie stellt sich etwa folgenden »Mittelweg« vor: »Eine solche Tat [die Aufhebung der Leibeigenschaft] wäre nicht geeignet, einen bei den Grundbesitzern beliebt zu machen, ... aber es gäbe folgende Möglichkeit: Man brauchte nur zu bestimmen, daß hinfort die Leibeigenen eines Guts, das verkauft wird, für frei zu erklären sind; so daß, da *in hundert Jahren* die meisten Güter den Besitzer wechseln, das Volk frei wäre.« (Man könnte Katharina darauf erwidern, daß unter solchen Umständen niemand mehr seinen Grundbesitz verkaufen würde, weil sich für einen so entwerteten Besitz kein Käufer finden würde...)

Abgesehen von diesem irrealen Plan beschäftigt Katharina sich kaum mit konkreten Möglichkeiten zur Abschaffung der Leibeigenschaft. Aber sie denkt an das Wohl des Volkes: »Man gehe in die Dörfer: Die Bauern haben oft zehn, zwölf, sehr oft zwanzig Kinder. Am Leben bleiben eins, zwei, vier. Man muß die Sterblichkeit herabsetzen, Ärzte zu Rate ziehen, für die Kleinkinder sorgen ... Sie laufen im Hemd bei Schnee und Eis herum. Was am Leben bleibt, ist kräftig, aber neunzehn von zwanzig sterben, *und welcher Verlust für den Staat*.«

Ihre politischen Erwägungen gegenüber den neu eroberten Völkern lauten folgendermaßen: »Dieses Riesenreich braucht den Frieden, wir brauchen Bevölkerung, keine Verheerung, wir müssen, sofern es möglich ist, unsere enormen Wüsten besiedeln; um das zu erreichen, halte ich es für unzweckmäßig, unsere nichtchristlichen Völker zu zwingen, unsere Religion anzunehmen...« Etwa aus Toleranz? Keineswegs, sondern »... für die Bevölkerungszunahme ist Vielweiberei äußerst nützlich«.

Für die herrschenden Klassen, insbesondere den Adel, gedenkt Katharina den gesetzlichen Staatsdienst zu mildern: Wer drei Söhne hat, soll von diesen einen oder zwei daheim behalten dürfen. Mit vierzig oder fünfundvierzig soll der Edelmann befreit sein, denn Besitz und Familie leiden, wenn das Oberhaupt abwesend ist. (Wenn sie glaubte, so den Adel gewinnen zu können, sollte sie sehr bald erleben, daß ihr Mann ihr in radikalster Weise zuvorkam.)

Der Besitz ist heilig: »Es gibt nichts, das ich so verabscheue wie die Konfiskation der Güter von Schuldigen, denn wer hat das Recht, Kindern ein Erbe zu rauben, das sie von *Gott selbst* erhalten haben?«

Zum Verhalten von Souveränen: Ihren Reichtum sollen sie geschickt einsetzen. »Die Fülle soll regieren«, keine auf Schulden gegründete, sondern eine echte Fülle. Sie müssen sich davor hüten, ein Gesetz zu erlassen, das sie später widerrufen. Sie sollen Reformen nicht anordnen, sondern anregen. In der Beziehung zu seiner Umwelt

soll der Herrscher »das Verdienst werten«. »Wer nicht das Verdienst sucht und aufspürt, ist nicht würdig zu herrschen.« »Ich will einführen, daß man mir, um mir zu schmeicheln, die Wahrheit sagt...« Eine Gunst soll nur dem persönlichen Bittsteller gewährt werden, so daß er einem selbst verpflichtet ist, nicht aber einem Favoriten...«.
Diese Betrachtungen wurden zu Lebzeiten Elisabeths verfaßt – manche vielleicht in den ersten Regierungsmonaten Peters III. –, aber sie lesen sich wie von einer Frau geschrieben, die schon längst auf dem Thron sitzt oder zumindest gewiß ist, ihn auf legalste Weise zu besteigen. Katharina bildet sich innerlich zur Herrscherin aus. Der Staatsstreich, der in wenigen Stunden glückte, war bis ins kleinste von Orlow, der Fürstin Daschkow, Panin, Rasumowski und Katharina selber vorbereitet gewesen. Die Machtergreifung Katharinas – in den Augen des Volkes ein brillanter Theatercoup – war schon vor langer Zeit in der Seele einer willensstarken Frau beschlossen worden, die bereits mehr von der Macht als von ihren Amouren oder persönlichen Kümmernissen absorbiert war.

Endlich regiert Katharina. Mit Schwung, mit Genuß und auch mit der latenten Furcht, »zu verlieren, was sie die Kühnheit besaß, sich zu nehmen« (laut Breteuil). Sie beginnt, indem sie aller Welt Zugeständnisse macht: der orthodoxen Kirche, ihrer zweifelhaften Verbündeten gegen Peter III. (denn auch sie ist ja Deutsche und Ex-Lutheranerin); sie hebt Peters Ukas über die Einziehung der Güter des Klerus auf (wenn sie auch später, als sie sich stärker fühlte, ihn wieder einführen sollte); der Armee: weder Krieg gegen Dänemark (selbstverständlich) noch Bündnisvertrag mit Preußen; überhaupt kein Krieg, denn sie will sich Friedrich nicht zum Feind machen. Mithin, kein Krieg gegen Preußen, aber Freundschaft mit Frankreich und Österreich.

Alle Teilnehmer an der Verschwörung werden reichlich belohnt. Alle, bis zum geringsten Unteroffizier hinunter, werden in der Buchhaltung ihrer Kanzlei in den Listen derjenigen geführt, die Zuwendungen in Form von Geld oder Grundbesitz zu erhalten haben. An erster Stelle die Brüder Orlow, Panin, die Rasumowskis... Die Geschenke an die großen Urheber ihres Erfolgs belaufen sich auf 526 000 Rubel, plus 18 000 Bauern, die zu den sogenannten »Kronländern« gehörten (Ländereien, wo die Bauern noch praktisch frei waren). Das war eine seltsame Art, die Abschaffung der Leibeigenschaft zu betreiben; aber jene Kronländer waren ein bequemes Mittel, um treue Diener an sich zu binden.

Gegenüber Panin (dem sie seine Absicht, den jungen Paul zum Kaiser zu proklamieren, nicht verzeiht) und Katharina Daschkow, beide einflußreiche Vertreter der Partei, die sich Reformen von ihr erhoffen, betont sie weiterhin ihren (vielleicht ehrlich gemeinten) Liberalismus. Jawohl, sie hat gewiß vor, die Ideen der Philosophen in die Tat umzusetzen, aber erst später, wenn sich ihre Stellung gefestigt hat ...

Für den Augenblick ist sie, wie sie und alle Welt weiß, vorerst nur eine Usurpatorin, die durch die erzwungene Abdankung und den verdächtigen Tod ihres Gatten, Vaters ihres Sohnes, auf den Thron gekommen ist. Sie ist nicht, wie Elisabeth es war, die Tochter Peters des Großen. Mag sie auch noch so viele Geschenke, Liebenswürdigkeiten, Versprechungen austeilen, noch ist sie immer nur eine kleine deutsche Prinzessin, eine Abenteurerin von hohen Graden, die mehr durch die Unfähigkeit ihres Mannes als durch eigenes Verdienst auf den Thron gekommen ist. Ihr Ruf ist durchaus nicht makellos: Ihre Liebesabenteuer mit Saltykow, dann Poniatowski, sind an allen Höfen Europas bekannt, vom russischen Hof gar nicht zu reden; und jetzt drohen ihr neue Ungelegenheiten in der Person ihres Liebhabers, Paladins und Komplizen, Gregor Orlow, der nun, da sie Witwe ist, nicht mehr die Notwendigkeit einsieht, sich über eine Hintertreppe in ihr Schlafzimmer zu schleichen.

Um Intrigen und Verhetzung nach Möglichkeit vorzubeugen, verkündet Katharina alsbald den Wunsch, sich feierlich zu Moskau krönen zu lassen, in der Mariä-Himmelfahrts-Kathedrale, wo seit Iwan dem Schrecklichen alle russischen Zaren gekrönt worden waren. War sie erst einmal gekrönt und »Gesalbte des Herrn«, würde sie wirklich Kaiserin sein.

Am 7. Juli – dem Tag, an dem der Tod Peters III. verkündet wurde – proklamierte Katharina ihre diesbezügliche Absicht, und zwar für den Monat September, was allerdings kaum genug Zeit ließ, um die Formalitäten der Zeremonie auszuarbeiten und die Vorbereitungen zu treffen – denn sie wollte ihre Herrschaft mit dem Pomp antreten, den sie in ihren Aufzeichnungen propagiert hatte. Es handelte sich nicht allein darum, die Phantasie der Bevölkerung mit Glanz und Reichtum und einem unerhörten Aufwand an kirchlichen und zivilen Feierlichkeiten zu erregen, sondern auch, die Sympathien der zweiten Hauptstadt zu gewinnen: die

Sympathien des provinziellen, traditionalistischen Moskau, das in Katharinas Augen zwar dumpf und rückständig war, aber immer noch mächtig und dem übrigen Rußland näherstehend als das kosmopolitische und etwas artifizielle Petersburg.

Es wäre müßig, den Pomp und die Pracht dieser Krönung schildern zu wollen, der prunkvollsten, die jemals in der massigen, feierlichen Mariä-Himmelfahrts-Kathedrale inmitten des Kremls gefeiert worden war – einer Kathedrale von verhältnismäßig bescheidenem Ausmaß, verglichen mit denen von Petersburg (die Sankt-Isaak-Kathedrale, die »Kasan« waren nach dem Modell der Peterskirche gebaut): einer alten russischen Kathedrale des fünfzehnten Jahrhunderts, die Katharina etwas barbarisch gefunden haben dürfte, mit ihrer riesigen Ikonostase, die mit Gold und Silber beschlagen war, den Edelsteinen, die die schönen Ikonen Andrej Rublews besetzten, mit ihren riesigen Säulen und Kuppeln, deren reiche, zugleich byzantinische wie orientalische Fresken etwas davon ahnen lassen, wie unsere romanischen Kirchen früher ausgesehen haben. Die russische Kirche, deren ungeheurer Reichtum sich ständig durch die Gaben frommer Spender vermehrte, verwandte einen Großteil ihrer Einkünfte darauf, die Gotteshäuser zu verschönern; der Luxus, den sie entfaltete, hielt dem kaiserlichen die Waage. (Die National-Museen bewahren noch immer die diamantenbesetzten, massiv goldenen und silbernen Krummstäbe, die edelsteinbesetzten Bischofsmützen, die Kirchengewänder und geistlichen Ornate, die über und über mit Perlen benäht, mehr als zwanzig Kilo wiegen...) Für sich selbst läßt Katharina einen Hermelinmantel aus viertausend Fellen anfertigen und eine Kaiserkrone schmieden, für die sie ein Pfund Gold und mehrere Kilo Silber liefert – ohne die Edelsteine mitzurechnen. Einhundertzwanzig Fäßchen sind mit Silberstücken gefüllt, die unter das Volk verteilt werden sollen. Und sämtliche Handwerker der beiden Metropolen arbeiten fieberhaft, um ein Fest vorzubereiten, das alles bisher Dagewesene übersteigt.

In den beiden Monaten, die dem Krönungsakt vorangingen, war Katharina beileibe nicht müßig: Mit einer Energie, die einen an dieser noch jungen, schmächtigen und solcher Arbeiten ungewohnten Frau wundernehmen konnte, machte sie es sich zur Aufgabe, die gesamte Diplomatenkorrespondenz zu kontrollieren (welche Rache dafür, daß die Prinzessin in halber Gefangenschaft gelebt und nicht einmal das Recht gehabt hatte, an ihre Eltern zu schreiben!) und sich über die Einzelheiten der Verwaltung und Finanzen zu unterrichten. Sie präsidierte bei jedem Ministerrat, allen Senatssitzungen und bedrängte die Senatoren und hohen Beamten mit ihren allzu präzisen, sachkundigen Fragen, mit ihren Forderungen und fortgesetzten Appellen an ihre Pflicht dem Staat gegenüber. Seit Peter dem Großen hatte sich noch kein russischer Herrscher die Mühe gegeben, diese sozusagen bürokratische und technische Seite des Herrscherberufs wirklich ernst zu nehmen.

Katharina stürzt sich in diese eher undankbare und strenge Arbeit mit der Gier eines Verdurstenden; sie hat viel verlorene Zeit einzuholen. Sie arbeitet zehn, zwölf, fünfzehn Stunden am Tag; sie will, wie Peter der Große, der erste Arbeiter, der erste Diener ihres Landes sein – dieses Landes, das endlich *ihr* gehört. Ihr ausgeprägter Sinn für Zweckmäßigkeit, ihre große administrative Begabung hatten bisher kaum Gelegenheit, sich zu beweisen. Einer Schauspielerin gleich, die endlich die langersehnte Rolle bekommt, hat sie gleichsam über Nacht ein ungeahntes Maß an Autorität, Geist, Beredsamkeit, lächelnder und zugleich hoheitsvoller Anmut entfaltet: Denn sie fühlt sich den Ministern, die nur an das eigene Interesse denken, den faulen und ungebildeten Beamten turmhoch überlegen, sie wird allen Unterricht in Staatsgesinnung, Wirtschafts- und Finanzpolitik sowie Diplomatie erteilen, sie hat ihnen gegenüber den enormen Vorteil, *l'Esprit des lois*, den *Dictionnaire* von Bayle und *l'Histoire universelle* von Voltaire gelesen zu haben. Im übrigen hat sie leichtes Spiel: Zu Elisabeths und auch zu Annas Zeit herrschte im Verwaltungsdienst eine beispiellose Unordnung, und man kann sagen, daß trotz der Bemühungen Peters des Großen das russische Verwaltungssystem noch das gleiche war wie unter Zar Alexej Michailowitsch; die Zivilverwaltung war in der Tat empirisch, auf Bräuche gegründet, auf dem Papier bestanden tausend Bestimmungen, die kein Mensch anwandte, die verschiedenen Ministerien und Kanzleien waren unabhängige Gruppen, die niemals zusammenarbeiteten, so daß Katharina – die einen angeborenen Sinn für Ordnung und Klarheit besaß – sich wie Herkules vorkam, der den Augiasstall ausmistet. Die Senatoren und Minister, die sich nur mit beifälligem Gemurmel äußern durften, fragten sich, ob diese extravagante Ausländerin sich noch lange damit amüsieren werde, den Staatsmann zu spielen.

Für Katharina ist es ihr Honigmond mit der Macht. Sie geizt weder mit Versprechungen noch generösen Absichten: Sie selbst, sagt sie, wird alle Gesuche prüfen, alle Ungerechtigkeiten gutmachen; sie wird die Gehälter der hohen wie der niedrigen Beamten erhöhen; eines Tages vermittelt sie selbst zwischen der Polizei und der Menge, die sie bei einer Ausfahrt zu dicht umringt.

Sie verzichtet vor dem versammelten Senat auf die »Gelder der Kammer« – das persönliche Budget der Zaren im Wert von anderthalb Millionen Rubel –, allerdings verlangt sie gleichzeitig die Abschaffung der »Monopole«, Vergünstigungen für die großen Wirtschaftszweige, also für die Mächtigen der Zeit Elisabeths. Katharina will mit ihrem Verzicht ein gutes Beispiel geben. Die Staatskassen sind leer. Der Staat steht am Rande einer Wirtschaftskatastrophe. Für ihre Krönung, für die Belohnung ihrer treuen Diener gibt Katharina Unsummen aus, nimmt mit der einen Hand, was sie mit der anderen gibt – was macht das? Es ist eine gute Investierung, und sie hat einen sehr ausgeprägten Geschäftssinn. Nicht durch Kürzung seiner Ausgaben wächst die Macht eines Staats, sondern durch Schaffung neuer Einnahmequellen, durch Gewinn von Vertrauen und Vergrößerung der Kreditwürdigkeit. Um sich beliebter zu machen, streicht Katharina die von Elisabeth einst so geschätzten Bälle und Maskenfeste, auf denen sie selbst sich so sträflich gelangweilt hatte. Ihre eigenen Feste sind weit imposanter; für jeden Rubel, den Elisabeth ausgeben konnte, gibt sie hundert aus, aber in einer Form, die ganz Europa Glanz und Größe des russischen Reiches vor Augen führt.

So beginnt sie mit dem Anfang, das heißt mit der Krönung. In Moskau herrscht monatelang eine Karnevalsstimmung; es tanzt, singt und trinkt auf das Wohl der Kaiserin und erlebt täglich neue Umzüge von vergoldeten Kutschen, Offizieren in funkelnden Uniformen und Damen in großer Toilette; es ergötzt sich an Feuerwerk, sportlichen Darbietungen, lebenden Bildern – Moskau wurde zur Kenntnis gebracht, daß die neue Kaiserin eine Russin und Orthodoxe ist, daß sie das Volk liebt, daß sie noch jung, hübsch und liebenswürdig ist; daß sie in der Mariä-Himmelfahrts-Kathedrale mit einer goldenen Krone und im Purpurmantel gekrönt worden, von den Händen des Erzbischofs von Nowgorod gesalbt und zur Alleinherrscherin des russischen Reiches und zum zeitlichen Oberhaupt der orthodoxen Kirche proklamiert worden ist . . .

Niemand dachte daran, ihr das Fehlen von Trauerkleidung für ihren Gatten, die Unziemlichkeit solcher Festlichkeiten so bald nach dem Tod Peters III. vorzuwerfen – wer daran dachte, schwieg für den Augenblick. Aber die traditionalistischen und mißtrauischen Moskauer hätten in Katharina lieber die Mutter geehrt, die ihren Sohn krönte: Für sie war der Großfürst Paul der wahre Erbe des Throns.

Und nun war das Kind auch noch krank. So krank, daß es acht Tage nach der Krönung zwischen Leben und Tod schwebte; und schon verbreitete sich im Volk das Gerücht, daß Katharina, nachdem sie sich bereits ihres Gatten entledigt hatte, jetzt ihren Sohn durch ein langsames Gift umbringen wolle . . . Die verzweifelte Mutter – wohl wissend, daß der Tod ihres Kindes in einem solchen Augenblick sie den Thron, den sie eben erst erobert hatte, kosten konnte – verbrachte Tage und Nächte am Krankenbett des kleinen Paul. Das Kind genas, und die dankbare Katharina ließ zur Erinnerung an diese Genesung ein Krankenhaus bauen. Sie hatte Glück gehabt – für wie lange? Paul war sehr zart, sie hatte keinen anderen Erben; selbst als Gekrönte und Gesalbte des Herrn herrschte sie nur stellvertretend. Sie hat noch nicht Zeit gehabt, jene »Charaktereigenschaften« zu beweisen, die sie zur Herrscherin qualifizierten.

Sie begann zu begreifen, daß es hinter der geringen Zahl ihrer fanatischen oder zumindest überzeugten Anhänger – den Orlows, den Rasumowskis, Panin – hinter dem Hof, der stets zu Unzufriedenheit und Intrigen bereit war, und der mehr als je machtbewußten Armee noch etwas anderes gab, mit dem sie überhaupt nicht gerechnet hatte, nämlich das Volk, die kleinen, unscheinbaren, aber mächtigen Minderheiten, die den Kleinadel, den Klerus, alle diejenigen, die in Rußland die öffentliche Meinung bildeten. Für diese war sie eine Ausländerin, eine Unbekannte. Ihnen war es völlig gleichgültig, ob sie eine Diamantenkrone und einen Hermelinmantel trug. Dieser Gleichgültigkeit, die ihr schließlich bewußt wurde, begegnete sie mit Gleichgültigkeit. In der Tat interessierte sie sich immer nur für Menschen, die ihr entweder dienten oder sie liebten. Wohl wenig Frauen waren dermaßen süchtig nach Liebe.

Katharina ist dreiunddreißig Jahre alt. Favier, ihr französischer Sekretär, beschreibt sie folgendermaßen: »Schön kann man sie nicht nennen; die Figur ist schlank und rassig, aber steif, die Haltung vornehm, aber der Gang geziert und ohne Anmut, die Brust schmal, das Gesicht lang, insbesondere das Kinn, sie lächelt unaufhörlich, der Mund ist verkniffen, die Nase leicht gebogen, die Augen sind klein, ihr Blick ist sympathisch, das Gesicht pockennarbig (ein Irrtum, denn Katharina hatte nie die Pocken gehabt, vielleicht handelte es sich um Spuren von Windpocken) – eher hübsch als häßlich, aber keine heftigen Gefühle auslösend; die Gestalt von mittlerer Größe und ziemlich mager.« Das Bild ist gut gezeichnet und stimmt, alles in allem, mit dem überein, was uns die Maler hinterlassen haben – im achtzehnten Jahrhundert hatten ja diese noch die Courtoisie, ihre weiblichen Modelle zu idealisieren. Katharinas Gesicht war auch in der Jugend weder hübsch noch wirklich anziehend; der Mund mit dem ständigen Lächeln ist verkniffen, hart und sinnlich, der Blick kalt, wenn auch blitzend vor Intelligenz. Und das Kinn ist entschieden zu lang und wird im Alter zu einem vorspringenden Kinn. Obwohl sie sich rühmt, »durchaus nichts Männliches« zu haben, ist Katharinas Gesicht eher maskulin.

Aber wenn sie auch in Favier (sichtlich) keine »heftigen« Gefühle auslöste, so dürfte der Sekretär die anderen nach sich beurteilt haben, denn Katharina war es gegeben zu gefallen, und sie gefiel. Sie vermochte bewiesenermaßen anhaltende und tiefe Gefühle, Ergebenheit und heiße Freundschaft zu entfachen. Sie besaß Charme, den ein wacher und wendiger Verstand verleiht, eine natürliche Heiterkeit, echte Anteilnahme und Verständnis für den Gesprächspartner. Sie vermochte sich in jeden hineinzudenken, sie hatte jene »leidenschaftliche Sucht zu gefallen«, die Saint-Simon Fénélon zuschreibt und kraft welcher jeder, der mit ihr sprach, sich wohlfühlte und mit seinen eigenen Geistesgaben zufrieden war. Ihre Herzlichkeit hatte überhaupt nichts Gekünsteltes.

Für eine Großfürstin, für die Gattin eines Kaisers war dieser Charme die kostbarste Eigenschaft; bei einer Autokratin (und im Russischen hat das Wort *Samoderjiza* einen besonders starken Klang) hätte ein Übermaß an Liebenswürdigkeit als Mangel an Würde gelten können. Und damals schrieb Breteuil: »Es ist merkwürdig zu beobachten, welche Mühe sich die Kaiserin auf großen Hofveranstaltungen gibt, jedem zu gefallen, mit welcher Offenheit und Unbefangenheit jeder mit ihr von seinen Privatangelegenheiten spricht und seine Meinung äußert . . . Sie muß sich wohl noch ziemlich unsicher fühlen.« Man streift nicht innerhalb von drei Monaten eine achtzehnjährige Gewohnheit ab.

Trotz ihrer Intelligenz und ihres guten Willens war Katharina in Dingen der Regierung erst eine Anfängerin. Man darf eines nicht vergessen: Elisabeth hatte sie absichtlich von allen Staatsgeschäften ferngehalten; und als die Großfürstin sich, um ihrem Gatten zu helfen, für die Regierung des bescheidenen Herzogtums Holstein interessieren wollte, hatte Elisabeth ihr sehr rasch die Unklugheit eines solchen Bemühens begreiflich gemacht. Katharina durfte nicht einmal ahnen lassen, daß sie, in welcher Form auch immer, die Macht anstrebte. Infolgedessen waren ihre Kenntnisse in Regierungsdingen vorwiegend theoretisch.

Sie hatte die alte Equipe, die zur Zeit Elisabeths und Peters III. im Amt war, behalten: Graf Michael Woronzow war noch immer Kanzler, obgleich er ehemals Katharinas erklärter Feind und Anhänger Peters gewesen war. Peter Schuwalow, der fähigste Mann der letzten Regierungsjahre Elisabeths, war tot. Panin, dem Katharina die Leitung der Außenpolitik anvertraute, war ein zuverlässiger Verbündeter, aber nicht immer bequem, da er seine persönlichen Ideen hatte. Der alte Bestuschew, der aus der Verbannung zurückberufen worden war und auf das ehrenvollste behandelt wurde (Katharina erhob sich und ging auf ihn zu, wenn sie ihn den Saal des Ministerrats betreten sah), hätte gern wenigstens etwas von seiner einstigen Macht zurückgewonnen, aber die Kaiserin kannte ihn zu gut und mißtraute seinem Ehrgeiz.

Ihre wahren Freunde, ihre Getreuen, die Militärs, die sie auf den Thron gehoben hatten – insbesondere die Orlows –, waren ungebildete Leute, die keinerlei Erfahrung in Staatsgeschäften besaßen.

Sie selber hatte einst geschrieben: »Wer nicht das Verdienst sucht und aufspürt, ist nicht würdig zu herrschen.« Aber die wahren »Verdienstvollen« neigen dazu, die Initiative zu ergreifen, und aus Mangel an Erfahrung wollte Katharina sich nicht zugunsten einiger allzu tatkräftiger Minister die Macht entreißen lassen, die sie so teuer erkauft hatte. Und sie stellte fest, daß nicht nur die Minister, sondern die geringsten ihrer Gefolgsleute von gestern das Recht zu haben glaubten, ihr ihren Willen aufzuzwingen. »Der letzte Gardesoldat«, schrieb sie daraufhin, »bildet sich bei meinem Anblick ein, daß ich sein Werk sei.«

Die Getreuen

Zunächst mußte sie die eigenen Freunde kaltstellen.

Vom ersten Regierungstag an gab die Kaiserin Katharina Daschkow zu verstehen, daß die Rechte der Freundschaft ihre Grenzen haben: Vor dem Staatsstreich war die junge Frau ihre kostbarste Hilfskraft gewesen; sie hatte bei der Verschwörung eine aktive Rolle gespielt (die diese zweifellos in ihren Memoiren übertreibt); vor allem hatte sie einen echten moralischen Einfluß auf die »liberalen« Kreise, die dem Hof nahestanden, ausgeübt und Panin dazu bewogen, nicht mehr auf den Rechten des Großfürsten Paul zu bestehen. Sie war eine Idealistin, die nicht mit Geld oder Ehren abzuspeisen war; sie strebte nicht nach Macht, sie wollte bewundert werden. Außerdem liebte sie Katharina leidenschaftlich und wollte sich nicht von ihr enttäuschen lassen.

Aber die Katharina ihrer Träume existierte gar nicht: Als die junge Fürstin Daschkow das Verhältnis ihrer großen Freundin mit Gregor Orlow entdeckte, war sie tief enttäuscht, denn sie war – am Hof eine Seltenheit – puritanisch und naiv. Sie übersah geflissentlich die Schwäche ihres Idols. Aber sie fuhr fort zu fordern, zu hoffen; in den Salons sprach sie von Reformen, sie unterhielt sich mit den Botschaftern und beging die Unvorsichtigkeit, sich ihres Einflusses auf Panin und die Kaiserin zu rühmen: War sie nicht deren Vertraute und beste Freundin, sozusagen ihr geistiger Motor? Sie betont das so nachdrücklich, daß die ausländischen Diplomaten bereits ironisch von einer »Regierung Daschkow« reden.

Katharina selbst beklagt sich in einem Brief an Stanislaus Poniatowski über die Anmaßung ihrer Freundin und will die Rolle, die die junge Fürstin gespielt hat, verkleinern: Sie hat genug von diesen Leuten, die sie als »ein Werk ihrer Hände« betrachten. Und der Onkel der jungen Fürstin, der Kanzler Woronzow, fürchtet bereits, daß seine Nichte sich durch ihr unkluges Benehmen den Zorn der Kaiserin zuziehen und durch ihre unabhängige Haltung ihre Familie in Ungnade stürzen wird – eine sonderbare Angst, hatte man doch Elisabeth Woronzow, der Schwester der Fürstin, verziehen und sie ehrenvoll mit dem Senator Poljanski verheiratet! Katharina war großmütig zu ihren Feinden, zumindest zu denen, die ihr nicht mehr schaden konnten; ihren Freunden gegenüber war sie weniger großmütig.

Katharina Daschkow störte nur durch ihre jugendliche Unvorsichtigkeit. Die Kaiserin mußte vor allem den Ehrgeiz der Männer bremsen, was weit schwieriger war, denn sie war noch nicht stark genug, um sich Feinde machen zu dürfen.

Kyrill Rasumowski, Bruder des Günstlings Elisabeths und ehrgeiziger als dieser, war einer der Haupturheber des Staatsstreichs gewesen. Er bewunderte Katharina seit langem; er war ein Kavalier im besten Sinn des Wortes, gebildet (sein Bruder hatte ihn zu Studienzwecken nach Berlin geschickt, wo er mehrere Jahre gelebt hatte), ehrenhaft, edelmütig, von allen geschätzt, unermeßlich reich, denn Elisabeth hatte ihn zum *Hetman* (Gouverneur) der Ukraine und zum Oberst des Ismailowski-Regiments gemacht: Da er weder Verwaltungsbeamter noch Militär war, bezog Kyrill aus dieser Vorzugsstellung keine anderen als finanzielle Vorteile. Jetzt erhoffte er mehr: Als Ukrainer dachte er daran, eine Erblichkeit des Hetman-Amts zu erreichen und eine echte Beteiligung an der Regierung seiner Heimatprovinz durchzusetzen. Katharina schlug ihm das nicht ab, gewährte ihm jedoch lediglich eine fast rein ehrenamtliche Position. Zu Anfang ihrer Regierung konnte sie es sich noch leisten, ihre Anhänger mit Dankbarkeitsbezeugungen zu überschütten, die jene als Zukunftsversprechen deuteten.

Zwei Jahre später fühlte sie sich stark genug, um sich Kyrills Forderung zu widersetzen, um ihn zu zwingen, auf seinen Hetman-Posten zu verzichten, und bei diesem Anlaß diesen Posten endgültig abzuschaffen, wodurch die Ukraine das bißchen Unabhängigkeit, das sie noch besaß, verlor.

Die Brüder Orlow fanden, daß die Kaiserin ihnen alles verdanke. Und in der Tat verdankte sie ihnen viel. Am Tag nach ihrer Krönung verlieh sie Gregor, Alexis und den drei weiteren Brüdern Orlow den Grafentitel: Sie überschüttete sie mit Ländereien, Geld und Geschenken: mit diamantenbesetzten Gardesäbeln, mit dem Andreas- und Alexander-Newski-Orden; aber weder Gregor noch Alexis wollten sich mit solchen Lappalien abspeisen lassen. Der Geliebte Katharinas strebte nichts Geringeres als die Ehe an; gleichviel, ob er an der Ermordung Peters III. beteiligt war oder nicht, er wußte sehr wohl, daß Alexis Katharina nur zur Witwe gemacht hatte, damit er, Gregor, sie heiraten konnte.

Die Orlows – einfache Menschen, politisch ebenso unerfahren wie moralisch skrupellos – wähnten, weil sie stark genug gewesen waren, eine Kaiserin zu schaffen, daß einer von ihnen sich auch die Kaiserkrone auf das Haupt setzen oder zumindest den Rang des Prinzgemahls erlangen könnte. Gregor war eingebildet und hatte nicht die geringste Lust dazu, bei einer Frau die demütigende Rolle eines Liebhabers zu spielen, den man nachts zu sich läßt und den man am Tage verleugnet. Die Beziehungen Katharinas zu Gregor Orlow waren allseitig bekannt. Die Fürstin Daschkow beschreibt uns in ihren Memoiren, wie Gregor lässig auf einem Sofa im Gemach der Kaiserin liegt und die offiziell an Katharina adressierten Briefe öffnet; und als diese erscheint und befiehlt, das Essen aufzutragen, wird der Tisch an das Sofa gerückt, weil Gregor sich nicht inkommodieren will . . .; das geschah in den ersten Tagen nach dem Staatsstreich, als demnach Peter noch lebte.

Das hatte Katharina gerade noch gefehlt, bei all den Schwierigkeiten, mit denen sie sich herumschlagen mußte, als leichtsinnige oder schwache Frau gelten zu sollen, die von einem Liebhaber niederer Herkunft beherrscht wurde. Ihr Ansehen litt sehr darunter. Die Orlows machten sich durch ihre Arroganz – die Arroganz der Parvenüs – sehr bald am Hof wie auch in den Offizierskreisen unbeliebt, wo sie früher einen gewissen Einfluß ausübten, ihnen aber inzwischen immer mehr Feinde erwachsen waren. Katharina dachte zweifellos an eine heimliche Ehe, denn sie liebte Orlow und wollte seinen Hochmut zügeln. Sie betraute sogar den Kanzler Woronzow mit einer sehr delikaten Mission bei Alexis Rasumowski: Wenn er, der ehemalige Hofjägermeister, einen Beweis seiner Heirat mit der verstorbenen Kaiserin lieferte, hätte er als verwitweter Prinzgemahl Anrecht auf die Ehren, die einem Mitglied der kaiserlichen Familie zustanden, und in jedem Fall auf eine beträchtliche Rente. Aber der alte Ukrainer spottete der Ehren und brauchte kein Geld: Er war einer der reichsten Männer Rußlands. Es heißt, daß er in Gegenwart Woronzows ein gewisses, mit rosa Band verschnürtes Dokument ins Kaminfeuer geworfen habe, nachdem er es noch eimmal andächtig an die Lippen geführt hatte; er wollte keinen Vorwand für eine Ehe der Kaiserin mit Gregor Orlow bieten.

Kurze Zeit darauf wurde eine Verschwörung, vielmehr der Versuch einer Verschwörung aufgedeckt: Ein junger adliger Offizier namens Kitrowo hatte mit seinen Freunden geplant, die Brüder Orlow umzubringen (sie sahen vor allem Alexis als den Gefährlichsten der Bande an), um die Kaiserin daran zu hindern, Gregor zu heiraten. Die jungen Offiziere fanden, daß eine solche Heirat eine Katastrophe für das Land wäre. In der Untersuchung verteidigte sich Kitrowo mit Mut und Würde und erklärte, daß sein Plan allein aus Vaterlandsliebe entstanden sei und daß seine Freunde nichts sehnlicher wünschten, als daß sich ihre Kaiserin wiederverheirate, vorausgesetzt, sie wähle einen Mann, der ihrer und der Krone würdig sei.

Gregor Orlow war das sichtlich nicht, weder in den Augen der Öffentlichkeit noch in den Augen Katharinas. Er war weder intelligent noch kultiviert, noch ein Edelmann; er besaß nicht einmal den dünnen Firnis von Kultur, den der Umgang mit dem Hof verleiht. Katharina langweilte sich nicht mit ihm, dazu ließ er ihr keine Zeit: Sie litt unter seinen Ansprüchen, seiner Eifersucht, sie fürchtete seine Wutanfälle, und sie liebte ihn – gewiß nicht mehr wie in der Zeit ihrer ersten Liebe, aber wie eine vernünftige Frau den Mann liebt, mit dem sie zu leben beschlossen hat. Lange beschützt sie ihn vor allen Angriffen, hält ihn zwar von der Politik fern, von der er nichts versteht, ermuntert ihn aber dazu, sich zu bilden, versucht aller Welt einzureden, daß Gregor ein »verkanntes Genie« sei, ein ungeschliffener Diamant, der hochbegabt sei, und den nur eine angeborene Lässigkeit daran hindere, sich zu entfalten ... Sie versucht Gregor das einzureden, sich selber einzureden, weil sie zu hochmütig ist, um sich einzugestehen, daß sie sich, wenn nicht gerade einen Dummkopf, so doch zumindest einen Tölpel zum Gefährten erkoren hat.

Gregor lernt knapp Französisch sprechen; seiner politischen Unfähigkeit wohl bewußt, gestattet er sich kostspielige Launen, die ihn in seinen eigenen Augen erhöhen sollen: Er begeistert sich für Naturwissenschaften, insbesondere für Astronomie, und läßt sich in seinem Palast eine Sternwarte bauen ... Da er nichts von einem Gelehrten hat, wird er der Sache bald überdrüssig.

Zehn Jahre lang sollte Gregor, mehr als ein Liebhaber, mehr als ein »Günstling«, in dieser Stellung verbleiben, die nicht ganz diejenige eines morganatischen Gatten war, aber ihr sehr ähnelte. In Sankt Petersburg besaß er ein üppiges Palais an der Mojka, und an der Stadtgrenze das Schloß Gatschina, inmitten eines weitläufigen Parks; er hatte in Rußland, Livland und Estland unermeßliche Güter bekommen; er trug zahllose Orden, sowohl russische wie ausländische (denn sogar Könige verschmähten es nicht, dem Günstling Katharinas zu schmeicheln); er allein genoß das Privileg, ein diamantenbesetztes Bildnis der Kaiserin im Knopfloch zu tragen. Zu jeder Zeit und bei jeder russischen Bank durfte er einen Scheck bis zu hunderttausend Rubel ausstellen. Ohne der Regierung anzugehören, hielt er sich über die Dinge auf dem laufenden, und Katharina konsultierte ihn, zumindest formell, in jeder Angelegenheit. Und wenn er auch mangels Begabung nicht imstande war, die ihm anvertrauten Verwaltungsaufgaben zu lösen, war er zumindest für Katharina ein treuer Diener.

Aber er brauchte Zeit, um sich mit der untergeordneten Rolle abzufinden, die ihm sowohl durch den Willen der Kaiserin als auch durch den Druck der öffentlichen Meinung auferlegt worden war. Hatte er nicht noch am Vorabend der Krönung in Moskau öffentlich zu Katharina gesagt, daß er stark genug sei, sie »in ein bis zwei Monaten« zu entthronen? (Worauf Kyrill Rasumowski erwidert haben soll: »In diesem Fall würden wir Sie, ohne einen Monat abzuwarten, in zwei Wochen hängen.«) Als Löwe, dem man die Krallen gezogen hatte, verdankte Gregor sein Glück nur noch der Zuneigung, die die Kaiserin für ihn hegte. Diese Situation scheint ihm außerordentlich mißfallen zu haben, denn nicht nur benahm er sich in der Öffentlichkeit grob, ja unflätig gegen Katharina, sondern er genierte sich nicht einmal, seine kaiserliche Mätresse zu betrügen. Und man muß allerdings zugeben, daß Gregor Orlow, trotz aller Reichtümer und Ehren, die auf ihn heruntertregneten, niemals glücklich war.

Katharina hielt eine Heirat mit ihrem Liebhaber für dermaßen unmöglich, daß sie nicht einmal Kitrowo, den Offizier, der die Orlows umbringen wollte, gerichtlich verfolgen ließ; sie begnügte sich damit, ihn aus der Stadt zu entfernen und auf seine Güter zu verbannen, wo man ihn überwachte.

Alexis Orlow aber, der Mörder Peters III., fand in der Armee eine Aufgabe, die seinen Fähigkeiten entsprach, und erwarb sich im Krieg gegen die Türken große Ehren. Für ihn zumindest war der Staatsstreich vom 28. Juni letzten Endes ein gutes Geschäft gewesen. Er hatte, wie sein Bruder, den Grafentitel und beträchtliche Reichtümer erhalten. Er diente Katharina mit einer Ergebenheit, die sich niemals verleugnete. Das Vertrauen, das die Kaiserin ihm bewies, gab sogar zu der Vermutung Anlaß, daß er vor dem Staatsstreich die Gunst Katharinas mit seinem Bruder geteilt habe; obwohl es dafür keine Beweise gibt, läßt das, was man von den Beziehungen Katharinas zu Gregor weiß, eine derartige Vermutung als äußerst unglaubhaft erscheinen. Aber nach der Ermordung Peters III. wußte Katharina, daß sie Alexis Orlow jedweden Auftrag erteilten konnte; die Rolle, die er bei der unglücklichen »Fürstin Tarakanowa« spielte, zeigt deutlich das moralische Niveau dieses Menschen. Alexis überlebte Katharina; aber gegen einen mit Ruhm und Ehren bedeckten Greis war selbst die Justiz des Zaren Paul machtlos: Für seinen Kaisermord erhielt Alexis nur eine rein symbolische Strafe.

Der Verlassene

Einige Tage nach ihrer dramatischen Thronbesteigung verfaßte Katharina das folgende Briefchen:

»Ich bitte Sie inständigst, nicht sofort herzukommen, weil Ihre Anwesenheit unter den gegenwärtigen Umständen für Sie gefährlich und für mich sehr schädlich wäre. Der Umsturz, der sich meinetwegen begeben hat, ist wie ein Wunder; die Einmütigkeit, mit der er sich vollzog, ist unglaublich. Ich bin dermaßen überbeansprucht und könnte mich Ihnen nicht genügend widmen. Ich möchte mein ganzes Leben lang Ihnen dienen und Sie verehren, wie auch Ihre Familie, aber hier ist im Augenblick alles sehr kritisch und von großer Bedeutung. Ich habe drei Nächte lang nicht geschlafen und in vier Tagen nur zweimal gegessen. Adieu. Bleiben Sie gesund.

Katharina.«

Von dem Empfänger dieses Briefes war zu befürchten gewesen, daß er bei der ersten Nachricht von dem Umsturz und dem Tod Peters III. wie ein Irrer nach Petersburg stürzen würde, um endlich die Frau in seine Arme zu schließen, nach der er sich seit vier Jahren verzehrte. Aber Stanislaus Poniatowski sollte seine Angebetete erst dreizehn Jahre später wiedersehen – und dann nur für wenige Augenblicke.

Aus Anstand, aus Mitleid, aus einem Rest aufrichtiger Zuneigung hatte Katharina es nicht gewagt, Stanislaus zu gestehen, daß sie ihn betrogen hatte; ja, im Gegensatz zu der Mehrzahl untreuer Frauen fuhr sie fort, ihrem ehemaligen Geliebten zu schreiben, und nichts in ihren Briefen ließ den jungen Polen ahnen, daß sie ihn nicht mehr liebte. Man darf hier Katharina nicht Falschheit vorwerfen: Sie fühlte sich seelisch so verwaist, sie brauchte so dringend Liebe und Verständnis! Die Erinnerung an Stanislaus tröstete sie über die Brutalitäten des schönen Gregor hinweg. Von allen Männern, die sie geliebt hatte und noch lieben sollte, war Poniatowski der uneigennützigste und vielleicht der einzige, der in ihr die Frau und nicht die Großfürstin und Kaiserin geliebt hat.

Katharina hatte den etwas scheinheiligen Brief am Tag nach dem Staatsstreich geschrieben (scheinheilig, weil sie im Augenblick natürlich andere Wünsche hatte, als »Stanislaus und seiner Familie in Verehrung zu dienen«); der Brief scheint allein von der Furcht diktiert, denn die Ankunft Stanislaus' zu diesem Zeitpunkt hätte sie in tödliche Schwierigkeiten gestürzt und ihre noch höchst ungewisse Lage aufs äußerste gefährdet; der Pole war am Hof unbeliebt, bei den Orlows verhaßt und Katharinas Verhältnis mit ihm war an allen Höfen Europas so bekannt, daß sogar Friedrich II. in der Liebe der Kaiserin für Stanislaus einen der Gründe des Staatsstreichs sah. Die Gunst, die Gregor Orlow genoß, war noch nicht publik geworden.

Stanislaus dürfte ziemlich bald erfahren haben, daß er einen glücklichen Nebenbuhler besaß. Jedoch konnte er sich nicht mit dem Gedanken abfinden, daß Katharina ihn tatsächlich nicht mehr liebte. Außerdem schrieb sie ihm einen Monat nach dem Staatsstreich einen langen Brief, in welchem sie ihm sehr ausführlich ihre Version der Juni-Ereignisse mitteilte und ihm zu verstehen gab, daß sie alles tun werde, um die Kandidatur ihres Geliebten und Freundes für den polnischen Thron nach dem Tode Augusts II. von Sachsen zu unterstützen. War es ein großartiges Abschiedsgeschenk oder politisches Kalkül?

Für Stanislaus, dem wenig an der Königswürde lag – er besaß dafür weder Ehrgeiz noch die nötigen Fähigkeiten –, konnte eine solche Botschaft nur eine Bedeutung haben: Katharina wollte ihn zum König machen, um ihn desto leichter heiraten zu können. Und in der Tat hätte er einen durchaus annehmbaren Prinzgemahl abgegeben. Indessen schrieb er: »Mach mich nicht zum König, laß mich bloß zurückkommen... Von jeder anderen Frau hätte ich für möglich gehalten, daß sie sich wandelt. Aber doch nicht von dir!... Was bleibt denn noch übrig? Eine Leere, eine schreckliche Müdigkeit des Herzens. Sophie, Sophie, du machst mich furchtbar leiden!« Stanislaus hätte es zweifellos lieber gesehen, wenn Katharina ihren Thron verloren hätte und frei gewesen wäre, ihn zu heiraten, hätte er nicht gewußt, daß seine Angebetete in erster Linie herrschen wollte.

Ehrlicher als Katharina, fühlte er sich nach zweijähriger absoluter Treue verpflichtet, ihr mitzuteilen, daß er beschlossen habe, sich – vorläufig – eine Mätresse zu nehmen. Er war um so entschlossener, alles zu tun, um Katharina zu heiraten, weil seine Mutter, entsetzt über den Ehebruch ihres Sohnes, ihn auf ihrem Sterbebett hatte schwören lassen, bei der ersten Gelegenheit die Liaison zu legalisieren ... Ein Versprechen, das schwer einzulösen war, selbst wenn man sich, um die Ehe zu ermöglichen, bereitfindet, sich zum König von Polen wählen zu lassen.

In der Tat wurde 1763, nach dem Tod Augusts II. von Sachsen, der polnische Thron vakant. Das polnische Königtum war bekanntlich ein Wahl-Königtum. Dieses System, das auf einer uralten Tradition beruhte, hatte große Nachteile, denn es nahm dem Land den Schein von Stabilität, die eine erbliche Monarchie bietet. Bei jeder Königswahl führten Intrigen, Rivalitäten und abgekartetes Spiel zur Begünstigung der Nachbarmächte Polens: Rußland, Österreich und Preußen. Tatsächlich wurde das Land vom Reichstag (Sejm) regiert; und kein Beschluß durfte verabschiedet werden, der nicht einmütig angenommen worden war. Unter diesen Umständen konnte die Stimme eines einzigen, dem Ausland verschriebenen Abgeordneten die Wahl einer überragenden Mehrheit ungültig machen ... Polen, das immer stärker von seinen Nachbarn bedroht wurde, suchte entweder bei Rußland oder Preußen einen Rückhalt oder fürchtete zumindest die eine dieser beiden Mächte zu verärgern. Katharina ließ den Sejm wissen, daß sie mit aller Kraft die Kandidatur Stanislaus Poniatowskis unterstützen werde, und Friedrich II. schien ebenfalls geneigt, diese Kandidatur zu befürworten.

Dafür hatten beide sehr gute Gründe: Der Thronprätendent, den der polnische Adel erkoren hatte – und der zweifellos mühelos alle Stimmen bekommen hätte –, war Fürst Adam Czartoryski, ein Vetter Stanislaus; jener resolute, immens reiche, einflußreiche und für seinen Patriotismus bekannte Mann plante Reformen, die Polen retten sollten – ein Land ohne natürliche Grenzen, politisch rückständig, auf allen Seiten von mächtigen und gierigen Nachbarn belauert, dessen Existenz nur an einem Faden hing. Ein solcher König hätte das Spiel Rußlands und Preußens nicht mitgemacht, die seit langem Polen als einen

Kuchen betrachteten, den man anknabbern, wenn nicht gar völlig aufteilen könnte: Friedrich wandte sich an die deutschen und protestantischen Minderheiten, Katharina an die ukrainischen und orthodoxen, die beide durch die polnische Regierung, die aus Tradition katholisch, fanatisch und intolerant war, schwer unterdrückt wurden. Natürlich waren sich beide Herrscher einig in dem Beschluß, daß der allzu populäre und fähige Adam Czartoryski seinem jungen Vetter, der leichter zu handhaben war, weichen müsse. Wie leicht, wußte Katharina aus eigener Erfahrung. Stanislaus nahm die Krone an, um auf dem polnischen Thron zum Agenten Rußlands zu werden.

Seine Aufopferung brachte ihm nicht den erhofften Lohn. Als das Gerücht laut wurde, daß die Kaiserin ihren künftigen Gatten krönen wolle, nahm Friedrich II. eine ablehnende Haltung ein; die öffentliche Meinung Rußlands bekam es mit der Angst. Der König von Preußen wollte nicht zusehen, wie Rußland auf diese Weise Polen durch einen Ehebund annektierte; und die Russen hätten als Kaiser oder Prinzgemahl jeden Fürsten, gleich welcher Staatsangehörigkeit, akzeptiert, außer einen Polen. Man gab Stanislaus zu verstehen, daß er, um diese schädlichen Gerüchte zum Schweigen zu bringen, sich verheiraten oder zumindest seine bevorstehende Heirat ankündigen müsse. Nachdem er vergeblich standhaft geblieben war und schließlich erfuhr, daß Katharina selbst seine Heirat mit einer anderen wünsche, entschloß sich der unglückliche Liebhaber, den Tod im Herzen, zu versprechen, daß er, sobald er zum König gewählt sei, sich eine Gemahlin nehmen werde, am liebsten eine Katholikin und Polin. Übrigens sollte er das Versprechen nicht halten.

Um die »Freiheit« der Wahlen zu gewährleisten, schickte Katharina Truppen nach Polen; und unter dem Druck der russischen Armee sprach sich der Sejm mit der in der polnischen Konstitution vorgesehenen obligatorischen Einstimmigkeit für Stanislaus Poniatowski aus – der unter dem Namen Stanislaus II. August König von Polen wurde.

Der sanfte Liebhaber Katharinas ging in die Geschichte ein; und der Held eines charmanten und melancholischen Abenteuers sollte unbewußt zum Totengräber der Freiheit seines Landes werden. Für Katharina war er der denkbar beste König von Polen: schwach, unfähig und schließlich so verachtet, wie es ein König nur sein konnte.

Der Häftling ohne Namen

Am Tag nach ihrer Krönung, als Katharina noch an die »Einmütigkeit«, mit der »es« (ihre Thronbesteigung) sich vollzogen habe, zu glauben wagte, erfuhr sie, daß siebzig Offiziere der Regimenter Ismailowski und Ingermann – die sie für treu hielt – konspirierten, um den Ex-Kaiser Iwan VI. auf den Thron zu heben.

Die Untersuchung ergab, daß kein eigentliches Komplott bestand, daß aber zwei der Offiziere, namens Peter Kruschtschow und Simon Gurjew, von den Rechten Iwans VI. gesprochen und behauptet hatten, daß in jedem Fall der Großfürst Paul, aber nicht seine Mutter, zu krönen gewesen wäre.

Wenn solche Gerüchte bereits in denselben Regimentern kursierten, die den Staatsstreich durchgeführt hatten, mußte Katharina sich wohl fragen, wie weit es mit ihrer Macht her sei. Das Kind, den Großfürsten Paul, ihren eigenen Sohn, hatte sie ebenso in der Hand wie Elisabeth einstmals Peter in der Hand gehabt hatte. Aber Iwan? Was machte überhaupt dieser Iwan?

Der älteste Sohn der von Elisabeth gestürzten Anna Leopoldowna war 1762 zweiundzwanzig Jahre alt. Er war mit zwei Monaten zum Kaiser proklamiert und mit noch nicht zwei Jahren entthront worden. Als Urenkel Iwans V., des Bruders Peters des Großen, stammte das Kind, wiewohl auf weiblicher Seite, in direkter Linie von den moskowitischen Zaren ab; vom streng dynastischen Standpunkt aus hatte er mehr Anrecht auf den Thron als die Abkömmlinge Peters des Großen. Schließlich hatte er immerhin »regiert«; und zwanzig Monate hindurch hatten alle Priester und Prälaten des Heiligen Rußland für die »Gesundheit des Kaisers und Alleinherrschers, des Kindes Iwan«, gebetet. Das dicke blonde Baby der offiziellen Abbildungen wurde bald vergessen; und das russische Volk wußte kaum noch, woher es kam und wer seine Eltern gewesen waren.

In ihren Memoiren schreibt Katharina, Elisabeth hätte die Familie Braunschweig in ihre Heimat zurückschicken müssen; denn an den kleinen deutschen Höfen hatte man Mitleid mit dem traurigen Schicksal dieses Hauses. Indessen mußte die Familie Braunschweig zwanzig Jahre lang Verbannung und Kerker ertragen, streng bewacht und von aller Welt abgeschnitten. Und als Katharina den Thron bestieg, dachte diese nicht daran, sie nach Deutschland heimkehren zu lassen. Die Regentin Anna war 1746 gestorben, Prinz Anton von Braunschweig führte mit seinen vier Kindern und ein paar treuen Dienstboten ein armseliges Leben. Diese Kinder, von deren Existenz das russische Volk nichts ahnen durfte (sie wurden erst nach dem Staatsstreich Elisabeths geboren), durften aber immerhin bei ihrem Vater leben und waren nicht viel unglücklicher als viele andere Kinder Verbannter. Nicht so der Älteste, Prinz Johann – Ex-Kaiser Iwan VI.

Iwan war als Vierjähriger von seiner Familie getrennt worden: Er durfte nicht erfahren, wer er war. Als er noch in Cholmogori in einem von Soldaten bewachten Häuschen lebte, hatte der barmherzige Pastor Korf noch die Möglichkeit, ihn oft zu besuchen und ihn lesen zu lehren, selbstverständlich Russisch – denn seine deutsche Muttersprache hatte das Kind rasch vergessen. Aber dann fand man, daß er in jenem kleinen Flecken Sibiriens, nur wenige hundert Meter von seinen Eltern entfernt, nicht genügend von der Welt isoliert sei. Deshalb brachte man ihn 1746, dem Todesjahr seiner Mutter, auf die Insel Solowki, eine unangreifbare Festung im Weißen Meer; von diesem Tage an wurde er, sechsjährig, zum Häftling Nummer Eins, zum Häftling ohne Namen. Ab 1756 wurde er zum Häftling Nummer Eins der Festung Schlüsselburg am Ladogasee.

Auch zum Häftling ohne Gesicht. Die einzigen, die ihn sehen durften, waren seine beiden Wachen, Offiziere der Festung (und noch dazu durften sie nicht einmal mit ihm sprechen). Wenn die Leute vom Dienst kamen, um die Zelle zu reinigen, wurde der kleine Häftling hinter einem Wandschirm versteckt. Die Zelle war düster, die vergitterten Fenster weit vom Fußboden entfernt, damit der Häftling nie der Außenwelt sein Gesicht zeigen konnte. Zweimal in seinem Leben wurde er aus seiner Zelle herausgeholt: einmal durch Elisabeth, ein anderes Mal, auf längere Zeit, durch Katharina. Auf diesen Reisen war Iwan zu Schiff auf der Newa befördert worden, mit einem Sack über dem Kopf. Abgesehen von den Mauern seines Kerkers und den zwei bis drei Räumen, wo die Kaiserinnen sich herabließen, sich ihm zu zeigen, hatte der Häftling seit seinem sechsten Lebensjahr von der Außenwelt nichts wirklich *gesehen*. Außer seinen Wächtern, den beiden Kaiserinnen und Peter III., der ihn einmal in Schlüsselburg besucht hatte, hatte er kein menschliches Antlitz erblickt.

Zugleich Kaspar Hauser, »Eisenmaske« und Sigismund aus *Das Leben ein Traum*, war Iwan – oder vielmehr Prinz Johann von Braunschweig-Wolfenbüttel – der einzige Gefangene in Rußland, den man mit Einzelhaft zu bestrafen gewagt hatte. Aus Gründen der Staatsräson: Da er partout nicht sterben wollte, mußte er lebendig begraben werden. In einer Zeit, da die Thronfolge schlecht gesichert ist, wo die Revolten der Garden Kaiser erschaffen und stürzen, ist ein lebender »Kaiser« eine dauernde Gefahr. Das Volk, unglücklich und immer unzufrieden mit seinem Schicksal, klammert sich leicht an die geringste Hoffnung, seinen Herrn zu wechseln: Mochte der »Kaiser« Iwan VI. noch so vergessen sein, man wußte von seiner Existenz, im Volke kreisten Gerüchte ... Man rechnete nach: Bei der Thronbesteigung Peters III. war der verschwundene Thronprätendent zweiundzwanzig Jahre alt. Warum sollte er nicht regieren? Der kleine deutsche Prinz, den das russische Volk mit dem Kosenamen »Iwanuschka« bedacht hatte, wurde – auf noch sehr zaghafte Weise – ein legendärer Zarewitsch, edel und geknechtet. Seit der Warnung, die das Geschwätz von Gurjew und Kruschtschow ausgelöst hatte, fühlte sich Katharina nicht mehr sicher: Ein Aufstand zugunsten Iwans war immer möglich.

Nach dem Staatsstreich, als sie daran dachte, Peter in der Festung Schlüsselburg einzukerkern, hatte Katharina befohlen, den jungen Iwan in die Festung Kexholm zu transportieren – wohl weil sie die gleichzeitige Anwesenheit zweier gestürzter Kaiser in derselben Festung für mißlich hielt. Um Peter brauchte man sich bald nicht mehr zu sorgen, so daß Iwan wieder in seine alte Zelle ziehen konnte – jedoch blieb er fast zwei Monate in Kexholm, und dort suchte ihn Katharina aus Neugier auf –, freilich nur für wenige Minuten, denn sie hatte keine Zeit zu verlieren. Über diese Begegnung gibt sie keine nähere Auskunft, höchstens die kurze Bemerkung, die erst zwei Jahre später veröffentlicht wird: »Abgesehen von einem peinlichen und nahezu unverständlichen Gestammel war er bar jedes menschlichen Begriffsvermögens.«

Katharina war der einzige Augenzeuge, der ein so hartes Urteil über die geistigen Fähigkeiten des Häftlings fällte; aber ist denn, wenn man die Dinge nüchtern betrachtet, jeder junge Mann, der in Gegenwart einer großen Dame zu stammeln beginnt, als »bar jeden Begriffsvermögens« zu bezeichnen? Vielen jungen Leuten wäre das gleiche passiert, auch ohne die Entschuldigung zu haben, seit dem sechsten Lebensjahr im Gefängnis zu leben ... In Gegenwart eines anderen Besuchers – nämlich Peters III. – soll Iwan sich viel beredter gezeigt haben (laut der Geheimdepesche des englischen Botschafters Keith, mit dem Peter vertraulich gesprochen haben muß): Der junge Mann habe phantasiert und erklärt, daß »der Prinz« (er selbst) seit langem im Himmel sei, während er (Iwan) jedoch alle Ansprüche der Person geltend machen könnte, deren Namen er trage ...« Reden, die in der Tat ebensogut eine gewisse Geistesverwirrung verraten könnten wie eine Neigung zu mystischer Spekulation. Gewiß ist, daß Katharina, nachdem sie den jungen Mann gesehen hatte, den Häftling noch strenger überwachen ließ, indirekt anordnete, daß ihm im Krankheitsfall kein ärztlicher Beistand – nur der eines Beichtvaters – gewährt werden dürfe, und außerdem durch ausdrücklichen Befehl bestimmte, daß, falls jemand, wer immer es sei, versuchen sollte, ohne einen von der Kaiserin unterschriebenen Ausweis mit dem Häftling zusammenzukommen, die Wächter »den Gefangenen zu töten hätten und niemand gestatten dürften, sich seiner lebend zu bemächtigen«.

Sicherlich ist es von verhältnismäßig geringem Interesse, wer der Märtyrer von Schlüsselburg eigentlich war, da es ja im Lauf der Geschichte auf der ganzen Welt so viele bekannte und unbekannte Märtyrer gegeben hat und in diesem gleichen Rußland Leibeigene täglich zu Tausenden zu Tode gequält wurden, ohne daß auch nur ihr Tod für wert erachtet worden wäre, in den Akten der Justiz vermerkt zu werden ... Dieser eine erregt nur deshalb die Aufmerksamkeit, weil er Prinz war und man seinen Namen kennt, obwohl er als Häftling *ohne Namen* bezeichnet wurde; und übrigens wäre das Verbrechen, das man an ihm verübte, nicht geringer gewesen, wäre er wahnsinnig gewesen. Aber aus den Berichten, die seine beiden Wächter an Graf Panin sandten, geht hervor, daß der Häftling durchaus nicht wahnsinnig und in jedem Fall »heilbar« war; und gerade das machte ihn gefährlich.

Man warf ihm – als Zeichen des Wahnsinns – die Tatsache vor, daß er sich für einen Prinzen hielt. Man hörte ihn zu seinen Schergen sagen: Wieso wagen Sie es, mich anzuschreien? Ich bin ein Fürst dieses Landes, ich bin Euer Herrscher ...« »Wie kannst du, Schwein, es wagen, mich anzuschreien?« Man hatte ihn zu spät eingekerkert; mit sechs Jahren begreift ein Kind viel mehr, als man glaubt. Er konnte lesen. Die einzigen Bücher, die man ihm gab, waren Breviere und Lebensgeschichten der Heiligen; zu einem bestimmten Zeitpunkt dachte man daran, ihn zum religiösen Wahnsinn zu treiben und ihn zu veranlassen, Mönch zu werden. Er war sehr fromm, und da er viel las, kannte er seine Heiligenlegenden auswendig. Wie begrenzt seine Lektüre auch sein mochte, sie muß ihm zumindest begreiflich gemacht haben, daß rohe Soldaten nicht das Recht haben, die Hand gegen Fürsten zu erheben.

Man weiß, daß er mit Freude und Dankbarkeit von dem guten Pastor sprach, der ihn Lesen gelehrt hatte: das einzige Freundesantlitz, das er in Erinnerung behalten hatte. Seine Kerkermeister, gereizt durch das Leben, zu dem sie gezwungen waren, mißhandelten ihn; sie waren ja gleich ihm Gefangene, sie durften weder an ihre Familien schreiben noch mit ihren Kameraden in der Festung sprechen. Sie rächten sich oft an dem jungen Mann, reizten, beleidigten ihn – er lehnte sich gegen sie auf, was ihm gleichfalls als »Wahnsinn« ausgelegt wurde (eher das Gegenteil wäre ein Zeichen von Geistesverwirrung gewesen!). Auch hielten sich seine Zornesausbrüche durchaus in Grenzen: Man berichtet mehrfach, daß er seinen Kerkermeistern »gedroht« habe, ihnen seinen Becher oder seinen Löffel an den Kopf zu werfen, und die entsprechende Armbewegung gemacht habe. Einmal trug er einem seiner Kerkermeister folgendes auf: »Sag deinem Kameraden, wenn er mich weiterhin zum Äußersten reizt, werde ich ihn schlagen.« Eine unkluge Drohung, denn der Häftling war – wenn er auch laut Zeugnissen »ein vollentwickelter Mann« war – kein Herkules und hatte es mit zwei stämmigen Kerlen zu tun; aber schließlich ist das nicht das Verhalten eines krankhaften Cholerikers.

Man konnte ihm eher vorwerfen, nicht furchtsam genug zu sein und seinen Kerkermeistern die Stirn zu bieten, wo jeder Zornausbruch ihm Ketten und Nahrungsentzug einbrachte. Man verbot ihm – unter Androhung von Schlägen – sein »dummes Gerede« zu wiederholen, nämlich zu behaupten, daß er Fürst sei. Die Wächter durften seine Identität nicht kennen, aber sicherlich wußten sie Bescheid.

Alles verführt zu der Annahme, daß diese Einkerkerung, die einen Erwachsenen zweifellos um den Verstand gebracht hätte, dem Verstand des Kindes nichts angehabt hatte; er war unwissend, abergläubisch – er glaubte an den »bösen Blick«, sicherlich, weil er irgendeine Amme davon sprechen gehört hatte; er wußte zweifellos nicht, wer in Rußland regierte, nicht einmal, welches Leben diejenigen führten, die nicht im Gefängnis waren, er mochte vielleicht glauben, daß sein eigenes Leben sich nicht wesentlich von dem anderer Kinder, anderer Erwachsener unterschied; und sein Denken verfügte über keinen anderen Stoffe als die *Goldene Legende* und ein paar ferne Erinnerungen; aber das wenige, das wir von seinem Wesen wissen, zeigt ihn uns als ein Geschöpf von gesunden und normalen Reaktionen.

Es war nicht gelungen, ihn zum Wahnsinn zu treiben; man wagte auch nicht, ihn einfach verhungern zu lassen; es war vergeblich, auf einen schnellen, natürlichen Tod zu hoffen, denn dürftige Kleidung, Bloßfüßigkeit, Mangel an Luft und Licht hatten ihn so gut gegen dieses Leben abgehärtet, daß er nicht ernstlich erkrankte: Es war umsonst, daß Katharina dem Arzt den Zugang zu der Zelle des Gefangenen ohne Namen verboten hatte. Und der hochaufgeschossene blonde junge Mensch, bärtig und struppig, schien dazu verurteilt, für unabsehbare Zeit sein seltsames Einsiedlerleben zu führen, zusammen mit zwei Männern, die eine solche Existenz schlechter vertrugen als er und sich an der unschuldigen Ursache ihrer Leiden rächten. Mehrfach richteten sie Gesuche an den Grafen Panin und baten ihn, sie aus ihrem Amt zu entlassen; aber sie wußten bereits zuviel, die bloße Existenz des jungen Iwan war Staatsgeheimnis; wer weiß übrigens, ob man nicht darauf hoffte, daß sie eines Tages die Geduld verlieren und ihrem Häftling Mißhandlungen zufügen würden, die seinen Tod beschleunigen würden?

Sie taten es nicht. Aber ein »Gefangener Nummer Eins«, mag er noch so gut bewacht sein, erregt die Neugier derjenigen, die von seiner Existenz etwas wissen; in der Festung gingen Gerüchte um, noch ungenaue (denn die bloße Erwähnung des Gefangenen bedeutete bereits einen Mangel an Disziplin); man wußte, daß der Mensch jung und bereits seit fünfzehn Jahren in Haft war; das Verbrechen eines Kindes kann nur in einer zu hohen Geburt liegen. So kam es, daß der junge Phantom-Kaiser das Glück oder vielmehr das Unglück hatte, unter der Offizierswache der Festung Schlüsselburg einen fanatischen Anhänger zu finden, der entschlossen war, alles zu riskieren.

Basil Mirowitsch war ukrainischer Herkunft und stammte aus einem adligen und einstmals reichen Geschlecht – die Güter seines Ahnherrn waren von Peter dem Großen zur Zeit des Mazeppa-Aufstands enteignet worden. Basil war als armer, aber ehrgeiziger kleiner Junker nach Petersburg gekommen, in der Hoffnung, dort sein Glück zu machen oder wenigstens die Rückerstattung des enteigneten Familienbesitzes durchzusetzen. Er machte mehrere Eingaben an die Regierung, aber vergeblich. Der junge Offizier, arm, Raufbold und Spieler, führte ein notorisch zügelloses Leben. Er war unstet, reizbar und aufsässig. Auf einige Zeit zum Dienst in Schlüsselburg beordert, erfuhr er durch Zufall von der Existenz des geheimnisvollen Gefangenen und gelangte schließlich zu der Überzeugung, daß der Häftling kein anderer als der Kaiser Iwan sei. Er sprach davon zu seinen Kameraden, von denen die meisten den unglücklichen Prinzen bedauerten. »Und dabei ist es ein Mann«, sagten sie naiv, »den man eigentlich mit Hoheit anreden müßte.« Man sah ihn nie, man wußte nichts von ihm als sein Alter, daß er manchmal in Zorn geriet und mißhandelt wurde. Mirowitsch war ungefähr ebensoalt wie Iwan (zweiundzwanzig Jahre). Er war von Natur aus ein Schwärmer und Träumer, er hatte genügend vom Staatsstreich Katharinas II. und sogar von dem Elisabeths gehört, um (wie viele andere Offiziere) zu denken: »Warum die Orlows und nicht ich?« Gleichwohl scheint es der wahnwitzige Wunsch, einen legitimen »Kaiser« auf den Thron zu heben, gewesen zu sein, der Mirowitsch zur Verschwörung trieb.

In den langen Nächten, in denen Mirowitsch auf Schlüsselburg Wache hielt, hatte er Visionen und Träume; allmählich redete er sich ein, daß er »seinem« Kaiser helfen müsse. Er vertraute seinen Plan einem seiner Kameraden, Uschakow, an: Sie mußten die Garnison aufwiegeln, Iwan befreien und ihn zum Kaiser proklamieren. Sie verfaßten ein Manifest, das die Gründe für ihren Staatsstreich darlegte. Sie hofften darauf, daß die Garderegimenter, sobald Iwan einmal befreit wäre, sich ihnen anschließen würden. Uschakow war seinem Freund keine Hilfe: Er ertrank beim Schwimmen. Mirowitsch beschloß, allein zu handeln.

Im Juli 1764, als Katharina von Petersburg abwesend war – sie befand sich auf einer Reise nach Livland –, glaubte Mirowitsch den Augenblick für gekommen: Er hielt eine Ansprache an seine Soldaten, befahl ihnen, ihren legitimen Kaiser zu verteidigen und die Kasematte, in der Iwan eingesperrt war, zu stürmen. Die »Verschwörung« existierte aber lediglich in Mirowitschs Phantasie, er hatte nichts vorbereitet, niemanden vorher informiert, er war allein mit einer Handvoll Soldaten – gleichwohl gelang es ihm, in die Kasematte einzudringen und die Kerkertür aufzubrechen.

Dort sah Mirowitsch zum ersten Mal den Menschen, für den er sein Leben riskierte. Er war mit dem Ruf hereingestürmt: »Wo ist mein Kaiser?«, schon bereit, das Knie zu beugen und dem jungen Gefangenen seine Dienste anzubieten – aber er fand nur einen Leichnam, oder zumindest einen Sterbenden. Als die beiden Kerkermeister Wlassiew und Tschekin hörten, daß man in die Kasematte eindrang, hatten sie die für einen solchen Fall erhaltene Order ausgeführt. Iwan war erstochen, bevor er überhaupt wußte, was geschah; die Berichte der über die Angelegenheit informierten ausländischen Diplomaten lassen vermuten, daß der Gefangene sich energisch gewehrt hatte. Mirowitsch und seine Komplizen fanden ihn über und über verletzt und blutüberströmt am Boden liegen und waren Zeugen seiner letzten Atemzüge.

In seiner Verzweiflung dachte Mirowitsch nicht einmal daran, sich an den Mördern zu rächen: Er nahm den blutenden Körper in seine Arme und trug ihn hinaus zu den Soldaten, die vor der Kasematte warteten. Dort wurden Iwan VI. endlich die Ehren zuteil, die seinem Rang gebührten – die armseligen Ehren, die ein armer und einfacher Mensch seinem Herrscher zu bezeugen vermag: Mirowitsch legte den Leichnam auf den Boden, warf sich vor ihm nieder, drückte die noch warmen Hände an seine Lippen und ließ dann den in Lumpen gehüllten Körper mit Fahnen bedecken. Dann ließ er die Waffen senken. »Dort liegt Euer Kaiser. Jetzt macht mit mir, was Ihr wollt...« Mirowitsch war es nicht einmal gelungen, die Garnison der Festung für seine Sache zu gewinnen; seine wenigen Anhänger wurden schnell entwaffnet, und außerdem machte Iwans Tod sowieso jeden Widerstand überflüssig. Die gescheiterten Verschwörer wurden verhaftet, um vor dem Obersten Gerichtshof abgeurteilt zu werden.

Katharina befand sich in Riga, als sie die Nachricht von der »Verschwörung« erreichte, sie schrieb sofort an Panin einen Brief, in dem der Jubel die Überraschung noch übertönte: »... Die Wege Gottes sind wunderbar und unerforschlich... Die Vorsehung hat mir sichtlich ihre Gunst bewiesen, indem sie diese Angelegenheit so gut enden ließ...« Das heißt allerdings Gott merkwürdige Gefälligkeiten für die herrschenden Mächte zuschreiben – aber war Katharina nicht das »Oberhaupt« der orthodoxen Kirche? Seltsamer Jubel auch, Jubel, der vielleicht noch etwas anderes verrät als die selbstsüchtige Befriedigung darüber, von einem mißlichen

Thronprätendenten befreit zu sein – deutet diese Einbeziehung Gottes in eine Mordaffäre nicht darauf hin, daß Katharina glücklich war, durch einen Akt der Vorsehung der Verpflichtung enthoben zu sein, selber ein Verbrechen zu begehen? (Tatsächlich hatte Panin nur kurze Zeit vor dem wahnwitzigen Anschlag Mirowitschs den beiden Kerkermeistern eine baldige Befreiung versprochen.) So empörend Katharinas Reaktion anmutet, so beweist sie doch, daß sie, obwohl sie schuldiger war als die beiden Kerkermeister – an der Verschwörung, die den Tod Iwans herbeiführte, unschuldig war.

Mirowitsch wurde von der Geheimen Kommission abgeurteilt, und Katharina, die nach Petersburg zurückgekehrt war, verfolgte den Prozeß aus der Nähe. Sie konnte sich davon überzeugen, daß es sich um die isolierte Tat eines Schwärmers handelte. Mirowitsch hatte keine Komplizen; zumindest nannte er niemand, und die Untersuchung über sein Vorleben führte zu nichts. Er behauptete, für seine Tat allein verantwortlich zu sein, und tat alles, um die an seinem Handstreich beteiligten Soldaten zu entlasten. Es hatte weder eine Armeerevolte noch einen Volksaufstand gegeben. Katharina war mit einem Minimum an Schaden von ihrem Gefangenen in Schlüsselburg befreit worden; Mirowitsch hatte ihr, ohne es zu wollen, einen glänzenden Dienst erwiesen.

Und dennoch hatte sie alle Muße, über den Inhalt des Manifests, das ein ungeschickter Verschwörer verfaßt hatte, nachzudenken, ein Manifest, das gewiß nicht nur die Ansichten Basil Mirowitschs offenbarte. Es hieß darin unter anderem, daß die Kaiserin, die nicht den geringsten Anspruch auf den Thron besitze, ihren legitimen Gatten umgebracht habe, indem sie ihm »Gift einflößen ließ«, und sich in ihrer Haltlosigkeit mit Gregor Orlow liiert habe, den sie zu ehelichen gedenke. Kurzum, hinter den für sie so beleidigenden Worten jenes Manifests konnte Katharina spüren, was ein Teil ihrer Untertanen für sie empfinden mochte – die Unzufriedenen, diejenigen, die man nicht am Hofe sah und die keine Gelegenheit hatten, ihr zu schmeicheln.

Mirowitsch wurde zum Tode verurteilt. Das erwartete man. Aber ganz Petersburg glaubte, daß man ihn im letzten Augenblick begnadigen werde, wie seit Elisabeths Thronbesteigung alle Staatsverbrecher begnadigt worden waren. Der junge Offizier stieg mutig auf das Schafott; die Menge, die sich dort eingefunden hatte, erwartete ungeduldig die Ankunft des kaiserlichen Sendboten, der die Umwandlung der Strafe verkünden würde; Mirowitsch, schwärmerisch von der Rechtschaffenheit seiner Tat überzeugt, war vielleicht der einzige, der sie nicht erwartete. Der Bote kam nicht. Der Dichter Derschawin, der einzige Augenzeuge, der die Hinrichtung beschrieben hat, spricht von der Bewegung, die durch die Menge ging, von dem Entsetzensschrei, der den ganzen Platz zu erschüttern schien, als das Beil des Henkers auf den Nacken des Verurteilten einschlug. Mirowitschs Tod erschreckte die öffentliche Meinung Rußlands, und Katharinas Popularität wurde davon schwer beeinträchtigt. Nunmehr gingen Iwan VI. und sein unglücklicher Verteidiger als die unschuldigen *Märtyrer* einer gerechten Sache in die Legende ein.

(Es ist interessant festzustellen, wie feindselig sich das russische Volk – ebenso grausam wie andere Völker – gegen jede Demonstration offizieller Justiz verhält; so sah man zur Zeit Iwans des Schrecklichen das Volk laut für die *Märtyrer* beten – die Bojaren, die Iwan hinrichten ließ; so hat das von Peter dem Großen befohlene Massaker der Bogenschützen auf dem Roten Platz die hochmütige Prätorianergarde im Gemüt des Volkes in edle Verfolgte verwandelt. Bei jeder Hinrichtung war die Sympathie der Menge spontan auf seiten des Verurteilten: das unterdrückte und sowieso gegen die Obrigkeit mißtrauische Volk neigte zu der Vorstellung, daß immer ungerecht gestraft werde ...)

Indessen hatte Katharina gute Gründe dafür, Mirowitsch nicht zu begnadigen: die Ermordung Iwans, auf ihren ausdrücklichen Befehl ausgeführt (»den Gefangenen *töten* und niemand gestatten, sich seiner lebend zu bemächtigen«), setzte in Rußland und besonders im Ausland so üble Gerüchte über sie in Umlauf, daß in den Augen der öffentlichen Meinung eine Begnadigung Mirowitschs als Eingeständnis ihrer Mittäterschaft gewertet worden wäre. Übrigens brachte nicht einmal der Tod Mirowitschs die Gerüchte zum Schweigen; und Helbig, der ausgesprochen gegen Katharina war (sie haßte ihn), gibt deutlich zu verstehen, daß Mirowitsch bezahlt gewesen sei, eine Verschwörung vorzutäuschen, um einen Vorwand für Iwans Ermordung zu liefern (der Kammerherr Teplow sei angeblich beauftragt gewesen, eine »Möglichkeit zu finden, sich des jungen Fürsten zu entledigen«, und »einen unwürdigen Plan« zu entwerfen, »der vollen Erfolg hatte« ...). Aber das ganze Verhalten des unseligen Mirowitsch: seine »Visionen«, sein

Schmerz vor dem sterbenden Iwan, schließlich der Inhalt seines Manifestes – welches die Öffentlichkeit nicht kannte – beweisen seine absolute Aufrichtigkeit. Nein, weder Katharina noch Graf Panin noch Teplow brauchten ihr Gewissen mit einem unwürdigen Verbrechen zu beschmutzen: Es genügte die Torheit eines selbstlosen Menschen. Gewiß war der Befehl, den Gefangenen notfalls zu *töten*, dermaßen grausam, wenn auch durchaus logisch, daß kein Mensch damit rechnen konnte. Katharinas Güte war doch so bekannt! Katharina selbst zauderte nicht, die Verantwortung auf ihre Vorgänger abzuwälzen, auf Elisabeth und Peter: Sie hätte ganz einfach »vergessen«, jene unmenschliche Bestimmung aufzuheben – (heute beweist der Einblick in ihre Archive genau das Gegenteil).

Wlassiew und Tschekin wurden für ihre treuen Dienste belohnt. Sie mußten mit einem offiziellen Bericht die These der Kaiserin bestätigen, die behauptete, daß der verstorbene Ex-Kaiser schwachsinnig und dermaßen degeneriert gewesen sei, daß er keinerlei Mitleid verdiene. In ihrem Eifer, der Kaiserin nach dem Munde zu reden, geizten die beiden Männer nicht mit Einzelheiten und verzerrten – da eine so hochgestellte Persönlichkeit von einem »nahezu unverständlichen Gestammel« des Gefangenen sprach – sein Bild in geradezu unwahrscheinlicher Weise: aus jenem Gestammel, das vorher kein Mensch bemerkt zu haben scheint, wurde ein monströses Gebrechen; die Zornausbrüche des Gefangenen wurden zu Wutanfällen eines Geisteskranken usw. So beschwichtigte Katharina ihr Gewissen – so gut wie möglich – damit, daß sie die Erinnerung an ein ermordetes Kind besudelte.

Und was spielte es schon für eine Rolle? Niemand kannte ihn; er hatte achtzehn Jahre lang zwischen vier Mauern gelebt, er war auf jeden Fall dazu verurteilt, niemals aus seinem Gefängnis herauszukommen, der Tod konnte für ihn nur eine Erlösung sein. Katharina, die so geschickt darin war, sich der Vorsehung zu bedienen, konnte glauben, daß dieser Mord – auch – eine Wohltat für das Opfer gewesen sei.

Nach dem Tode Iwans gestattete Katharina dem Vater des jungen Mannes – Herzog Anton Ulrich von Braunschweig – nach Deutschland zurückzukehren; natürlich ohne seine Kinder. Aber der Herzog wollte lieber bei seinen Kindern bleiben und starb im Exil. Den Kindern sollte erst mehr als dreißig Jahre später die Freiheit beschieden sein – nach dem Tode Katharinas.

Katharinas Thronansprüche bestanden eigentlich lediglich in ihren »Charaktereigenschaften«, und das war viel. Aber sie hat niemals aufgehört, um ihren Anspruch zu fürchten. Ihr erster und gefährlichster Rivale – Peter III. –, sofort brutal beseitigt, der zweite, Iwan VI., unter ziemlich finsteren Umständen im zweiten Regierungsjahr umgebracht: Dies warf einen düsteren Schatten auf die Person Katharinas, obwohl sie an keinem der Morde direkt beteiligt war. Sogar Voltaire, der bereits mit der Kaiserin von Rußland einen Briefwechsel führte, der auf ostentativer gegenseitiger Schmeichelei basierte, war einen Augenblick lang über den tragischen Tod Iwans bestürzt und fragte sich, ob diese »Iwan-Geschichte« nicht nachdenklich stimmen müßte. War es klug von ihm gewesen, quer durch Europa das Lob einer Frau zu singen, die – das ließ sich nicht leugnen – im Verdacht stand, nicht nur einen, sondern zwei Kaisermorde begangen zu haben?

Gewiß sollte der Patriarch von Ferney seinem Stern des Nordens nicht lange wegen solcher kleinen Sünden grollen. Ebenso gewiß ist, daß im Fall des dritten Rivalen – des Thronerben – Katharina noch schuldiger würde und daß niemand daran dachte, ihr diese Schuld vorzuwerfen. Paul sollte, wie einst Peter III., ein seelisch Gebrochener werden – und solche Menschen bedauert man selten, denn schon die Art ihres Leidens ist nicht dazu angetan, Mitgefühl zu erwecken.

Die Kaiserin

Katharina regierte vierunddreißig Jahre lang. Sie war dreiunddreißig, als sie den Thron bestieg. Ihre zweite Lebenshälfte war zweifellos die wirkungsvollste und bekannteste, aber es liegt nicht in unserer Absicht, uns mit dieser länger zu beschäftigen.

Wir sahen sie als Kind, als junges Mädchen, als junge und dann reifende Frau, die sich immer mehr sowohl ihrer wahren Wünsche wie ihrer Fähigkeiten bewußt wurde. Schritt für Schritt streift die Ehrgeizbesessene Skrupel, Anstand, Vorurteile, Überzeugungen und Grundsätze ab und erreicht es schließlich, einen Traum zu verwirklichen, wie es wenigen Frauen in der Geschichte beschieden war: als Alleinherrscherin ein großes Reich zu regieren, ohne ihre Krone irgendwelchen Erbrechten oder der Liebe eines kaiserlichen Gatten zu verdanken.

»Self-made-woman«. Sie selbst verkündet es. Die Gattin des Großfürsten Peter hätte das Schicksal so vieler anderer Prinzessinnen teilen können, die das Opfer von Heirat und Hofintrigen geworden sind. Sie verkündet es hochmütig in ihren Memoiren: Sie hat hart gekämpft, um sich zu behaupten, zu überleben, sie ist nicht »irrsinnig geworden«, sie ist nicht »vor Kummer gestorben«, sie hat sich achtzehn Jahre lang unterdrücken lassen, alles hinuntergeschluckt, die Zähne zusammengebissen und sich ein Herz aus Eisen geschmiedet.

Sie machte die List zu ihrer zweiten Natur, sie lernte, in Menschen, Dingen und Umständen nur das zu sehen, was ihren Zwecken diente. Als sie die Macht einmal erreicht hat, kämpft sie zunächst darum, sie zu behalten. Sobald ihre Autorität feststeht, stürzt sie sich mit einer Leidenschaft, einer Inbrunst, in das Amt des Regierens, das Bewunderung abnötigt: zehn, zwölf, vierzehn Arbeitsstunden am Tag, Senatssitzungen, Ministerrat, persönliche Überwachung der gesamten Staatsmaschinerie; Katharina wird ihr eigener Finanz-, Kriegs-, Innen- und Außenminister, ihre Minister sind nur dazu da, ihre Befehle auszuführen und sie notfalls zu beraten ...

Sie liest persönlich alle Akten, die man ihr zur Unterschrift vorlegt (wie verächtlich spricht sie von Elisabeth, die meist ungelesen unterzeichnete). Sie sichert ihre eigene Diplomatie durch persönlichen Schriftwechsel mit den regierenden Monarchen. Sie bemüht sich, in der einigermaßen chaotischen Gesetzgebung ihres Reiches Ordnung zu schaffen, beruft eine »Kommission« ein, um die wahren Nöte ihres Landes kennenzulernen und neue Grundlagen für die Gesetzgebung zu schaffen. Sie ist ihr ganzes Leben lang von der »Legislomanie« besessen, macht aber (da sie zu keiner Einigung mit den Vertretern der »Kommission« gelangt) selber die Gesetze.

Sie ist auch fast ständig von der Manie für das Bauen besessen, sie übersät ihre Hauptstadt Sankt Petersburg mit prachtvollen Steinbauten (in ihrer Jugend hatte sie zur Genüge unter den Unbequemlichkeiten von Holzhäusern gelitten!) und schmückt die Umgebung von Petersburg und Moskau mit entzückenden Schlössern, Herrenhäusern und Parks. Ebenfalls eine »Manie« von ihr ist das Sammeln von Kunstwerken: Bildern, Statuen, Goldschmiede- und Kunsttischlerarbeiten, alten Münzen, seltenen Steinen und so weiter. Sie plündert buchstäblich mit Hilfe ihrer eifrigen Agenten – die sie unter den größten Geistern Europas findet (Diderot gehört dazu) – die privaten Sammlungen Frankreichs, Englands und Italiens ...

Sie wird auch zum aufgeklärten Mäzen der Schriftsteller, Dichter und Philosophen – von denen sie als Gegenleistung lediglich ein bißchen Bewunderung verlangt, und zwar eine öffentlich proklamierte Bewunderung. Sie baut Krankenhäuser und Schulen und verfaßt eigenhändig die Lehrbücher für die russischen Kinder. Ja, sie wird selber zur Schriftstellerin, schreibt satirische Komödien und Erzählungen moralischen Inhalts (sie besitzt mehr guten Willen als Talent, aber ihre Schmeichler bestätigen ihr literarische Fähigkeiten); sie leitet eine literarische Zeitschrift und organisiert Theateraufführungen. In ihren Palästen, deren Pracht die Pracht von Versailles in den Schatten stellt, gibt sie Feste von einem Glanz, den sich Ludwig XIV. nie hätte träumen lassen.

Sie führt langwierige Kriege gegen die Türkei und Schweden, siegreiche Kriege, in denen sie nur durch die Generäle vertreten ist, aber deren Operationen sie durch einen ausgedehnten Briefwechsel mit den Armeechefs tagtäglich kontrolliert, und ihre Siege geben Anlaß zu Festen von gigantischer Inszenierung – wie sie unsere heutigen so ambitionierten Filmregisseure sich nie auszudenken vermöchten.

Sie nimmt alles selbst in die Hand – was sie nicht daran hindert, einen regen Briefwechsel mit so illustren Freunden wie Voltaire, Diderot, Madame Geoffrin, vor allem Grimm, ihrem Vertrauten und »Seelenfreund«, zu führen; und die Briefe, die sie ihnen schreibt, sind zehn bis zwanzig Seiten lang, denn die »Schreibwut« ist außerdem eine ihrer unersättlichen Manien. Sogar Alexandre Dumas der Ältere hat nicht so viel Papier vollgeschrieben wie diese Frau, die sich auf so vielen Gebieten betätigte.

Ihr Liebesleben ist zunächst einförmig und schwierig – mit Orlow, der zehn Jahre lang ihr »Gatte« bleibt –, dann erlebt sie eine echte, aufrichtige und tiefe Liebe mit einem Mann, der ihr geistig, charakterlich und moralisch überlegen ist – Potemkin; und schließlich hat sie eine Reihe von Liebesabenteuern, die nur von kurzer Dauer sind und ihr in der Geschichte für alle Zeiten den (übertriebenen) Ruf einer Messalina einbringen. Was sie nicht daran hindert, die liebevollste aller Großmütter zu sein und – von der Wiege an – die Erziehung ihrer Enkel in die Hand zu nehmen (sie behandelt die Frau ihres Sohnes Paul in der gleichen Weise, wie Elisabeth sie dereinst behandelt hatte, und nimmt der jungen Schwiegertochter die Söhne mit einem unerschütterlich guten Gewissen weg). Kurzum, sie wird zur »Großen Katharina«, zur Frau, die durch ihre glücklichen Kriege (und die »glückliche« Teilung Polens), durch den märchenhaften Glanz ihres Hofs, ihren erlesenen Geschmack und die Breite ihrer Bildung Rußland an die Seite der europäischen Großmächte stellt, den Weg für das Aufblühen einer echten russischen Kultur bereitet, ihren Namen einer ganzen Epoche russischer Geschichte verleiht und im üblichen Sinn des Wortes eine *große* Herrscherin ist.

Wir beschränken uns jetzt darauf, die wichtigsten Episoden und die charakteristischsten Aspekte dieses von nun an so ereignisreichen und dennoch so einförmigen Lebens kurz zusammenzufassen: Katharina regiert, sie hat eine Leidenschaft fürs Regieren, und das ist insofern eine glückliche Leidenschaft, weil sie bis zur Neige befriedigt wird. Alle anderen Leidenschaften sind dieser unterworfen. Nur muß man, bevor man auf die Große Katharina zurückkommt, einen Augenblick lang die offiziellen Porträts, die Diamanten und Spitzen, die zwanzig Seiten langen Briefe und die Dithyramben Voltaires vergessen, die rührenden oder lächerlichen Amouren sowie die großartige Persönlichkeit dieser ehrgeizigen Frau – und sich einmal ansehen, um welchen Preis die unbestreitbare Größe ihrer Herrschaft erworben wurde.

Katharina bluffte nicht, sie begnügte sich nicht damit, ihren ausländischen Besuchern Sand in die Augen zu streuen, jene »Fülle«, die sie seit ihrer Machtergreifung für notwendig hielt, sollte echt sein, sie schuf sie durch unablässige Anstrengung, durch Dekrete, die beweisen, daß diese Frau, die kein Fachmann in Dingen der Wirtschaftspolitik war, einen eminent gesunden Menschenverstand besaß; sie vermochte es, den Handel zu reorganisieren, es gelang ihr, Städte, die praktisch ausgestorben waren, wiederaufzubauen und neu zu bevölkern, die Verwaltung zu zentralisieren, Ödland zu kolonisieren – dabei wurde sie allerdings von einem überragend fähigen Menschen unterstützt, den sie das Glück gehabt hatte, sich zum Liebhaber zu nehmen; unter ihrer Herrschaft vergrößert Rußland sein Gebiet um etwa ein Viertel des europäischen Rußland, sie schafft sich Zugänge zum Schwarzen Meer und der Ostsee, verzehnfachte die Stärke der russischen Flotte und Armee; unter ihrer Herrschaft exportierte Rußland doppelt soviel wie zu der Zeit Elisabeths und importiert das Dreifache.

Durch ihre imperialistische, expansionistische, auf langfristigen Operationen beruhende Politik gelang es ihr, aus Rußland einen weit mächtigeren und reicheren Staat zu machen, als er unter ihren Vorgängern je gewesen war.

Und dennoch gehört nur sehr, sehr wenig Phantasie dazu, um die Kehrseite der Medaille zu erkennen: der Reichtum der Paläste »Katharinas« – auf russisch versteht man darunter: »aus der Zeit Katharinas« –, diese Pracht, von der heute lediglich – noch immer herrliche – Reste übrig sind; die Bilder, die staunenden Schilderungen der Zeitgenossen, die uns von Festen à la Tausendundeine Nacht erzählen; das allein genügt, denn es fällt uns schwer, uns den Prunk eines solchen Lebens, des Lebens von Hunderten vom Glück Begünstigter, vorzustellen, die sich von morgens bis abends in einem Rahmen fast unerträglichen Luxus' bewegten – es genügt, sich zu fragen: Woher kam das Geld, welche Hände haben das alles gebaut, ausgeschmückt, unterhalten? Katharina war keine Fee, ihr Wille kein Zauberstab, außer im bildlichen Sinn. In der Tat ist niemals soviel Luxus, Raffinement und Pracht auf einer so schamlosen Ausbeutung der Bevölkerung begründet worden.

Rußland war ein riesiges Land, aber, wie wir gesehen haben, gering bevölkert und wirtschaftlich zurück. Die Industrie war noch in den Kinderschuhen und machte unter der Herrschaft Katharinas so gut wie keine Fortschritte, im Gegenteil (aus Gründen, die im Endeffekt mit den marxistischen Lehren übereinstimmen: Es bestand gar kein Interesse, eine »Arbeiterklasse« zu schaffen). Der große Reichtum Rußlands beruhte vorwiegend auf der Ausnützung des Bodens und seiner landwirtschaftlichen Erzeugnisse. Nun war aber die Ausnützung nicht organisiert, der Bauer arbeitete mit hölzernen Pflugscharen wie im Mittelalter, stellte Eggen, Sensen (ebenfalls aus Holz), Schlitten, Karren und Wagengeschirr eigenhändig her, während seine Frau den Flachs und die Wolle spann.

Handel im größeren Umfang gab es nicht; das Leben des Volkes war auf einer strikt örtlichen und handwerklichen Basis organisiert; die Produktion war im Verhältnis zum Boden außerordentlich schwach, am häufigsten mangels gesunder Männer. Und auf diesen Reichtum mußte der Staat zurückgreifen, um seinen Ausgaben zu begegnen. Mit wieviel Zentnern Korn mußte ein Diamant oder eine goldene Tabakdose bezahlt werden, die Katharina Voltaire oder Grimm schenkte? Der Bauer hatte Werkzeuge, zwar primitive, die aber trotzdem ihren Zweck erfüllten (obwohl er sie ständig erneuern mußte), weil er ja arbeiten und produzieren mußte; meistens besaß er nicht einmal Möbel, und er mußte barfuß gehen. Die Frauen spannen und hatten für den Feiertag schöne Trachtenkleider, aber das ganze Jahr hindurch gingen sie in Lumpen, und ihre Kinder liefen beinahe nackt herum, denn der Stoff, die gesponnene Wolle, gehörte den anderen. Das Brot, das der Landwirt im Schweiße seines Angesichts produzierte, gehörte ihm nicht; von dem Obst und dem Gemüse, das er angebaut und geerntet hatte, durfte er nur einen kleinen Teil zurückbehalten, gerade genug, um nicht zu verhungern. Die Lage der Bauern war in allen Ländern sehr hart, im Westen wie in Rußland war die Bevölkerung fronpflichtig, mit Steuern belastet und oft gezwungen, ihr Pferd oder ihr Haus zu verkaufen, um ihre jährliche Abgabe zu bezahlen. In Rußland aber war das Elend noch größer, weil die Arbeitsbedingungen härter waren und vor allem, weil die Bauern vor dem Gesetz keinerlei Rechte besaßen: Denn die Mehrzahl der Bauern waren Leibeigene.

In Rußland war die Leibeigenschaft bereits eine alte Institution, aber erst zur Zeit Peters des Großen hatte sie ihre weite Verbreitung erlangt; 1738 waren bekanntlich von fünf Millionen Bauern drei Millionen Leibeigene von Grundbesitzern und nahezu eine Million Leibeigene der Kirchengüter. Trotz einer sehr hohen Kindersterblichkeit vermehrte sich die Bevölkerung ziemlich rapide; die Nutzung des Bodens, von dem fast immer abwesenden Besitzer schlecht geleitet, war nicht ertragreich genug, um die neuen Münder zu stopfen; und die Besitzer durften außer der obligatorischen Steuer, die sie erhoben, um sie der Staatskasse zuzuführen, von ihren Leibeigenen jede beliebige oder praktisch mögliche Arbeit verlangen. (In dem berühmten Werk Radischews *Reise von Moskau nach Petersburg* kommt ein Bauer vor, der sonntags arbeitet, weil das der *einzige* Tag ist, an welchem er arbeiten kann, um seine Familie zu ernähren, da sämtliche anderen Tage der Fron unterliegen, die sein Herr von ihm fordert.)

Der Grundbesitzer zog seinen Reichtum ebensosehr aus dem Boden wie aus den »Seelen«, die an diesen gebunden waren und ihm mit Haut und Haar gehörten. Ohne daß dies im Gesetz ausdrücklich festgelegt war, waren seine Leibeigenen ihm rechtlich völlig ausgeliefert, er konnte über sie genauso verfügen wie über sein Vieh oder seine Hunde. Der Leibeigene ist nicht einfach ein

Bauer, der schweren Frondienst leisten muß; er ist alles, wozu ihn der Herr bestimmt: Kammerdiener, Lakai, Kutscher, Jäger, Maurer oder Tischler – das heißt, wenn er Glück oder Talent hat, Tänzer, Schauspieler, Musiker, Buchhalter, Hofnarr oder sogar Dichter, und kann jeden Augenblick mit Ruten gepeitscht und wieder zur Feldarbeit oder was seinem Herrn beliebt verdammt werden.

Denn der russische Adel, der sich nach europäischer Manier »schniegelte«, hatte sehr rasch die Vorteile begriffen, die eine absolute Macht über seinesgleichen ihm einbringen konnte: der *reiche* Grundbesitzer besaß zuweilen Zehntausende von »Seelen«, der »*arme*«, der relativ arme, einige Hunderte. Die russischen Edelleute setzten für ihre perönlichen Dienste fünf- bis sechsmal mehr Dienstboten ein als ihre europäischen Standesgenossen – das Personal der großen Herren betrug bis zu mehrere Hundert Bedienstete *(Dworowje)*, das der ärmsten einige zwanzig, was wirklich das Minimum war.

Welcher Glücksfall: Eine solche Schar von Bediensteten, denen gegenüber man keinerlei Verpflichtung hat, die buchstäblich nichts kosten – außer ihrer Ernährung und unter Umständen der Ausgabe für eine Spezialausbildung; noch dazu sind sie im allgemeinen Musterschüler, geschickt, begabt, denn wehe dem, der sich der Mühe, der man sich unterzieht, um ihn auszubilden, als unwürdig erweist! Diese Kinder von Bauern oder Bediensteten, die wegen ihrer Intelligenz oder ihres hübschen Gesichts ausgesucht wurden, wurden für jedes erdenkliche Metier dressiert, da das Reich eines Großgrundbesitzers, wie die römische »Villa«, eine Art autonomer Gemeinschaft bildete, die selbständig alle Bedürfnisse des Herrn zu befriedigen vermochte.

Der große Herr hatte seine eigenen Schneider, Schuster, Tischler, ohne natürlich die Dienstboten mitzurechnen, die sich mit den Aufgaben des täglichen Lebens zu befassen hatten, wie Köche, Bäcker, Stallmeister, Pferdeknechte und so weiter, und für jede Arbeit waren im allgemeinen mehrere Bedienstete vorhanden. Nicht zu vergessen, daß die russischen Edelleute, große Anhänger des Theaters, häufig ihr eigenes Theater, Orchester und Ballett besaßen, ja sogar ihr eigenes »Regiment«, das aus Leibeigenen bestand, die als Soldaten angezogen und dazu geschult waren, Paraden oder Scheingefechte auszuführen. Kurzum, im achtzehnten Jahrhundert, und insbesondere unter der Herrschaft Katharinas, war der russische Adel, ohne sich Rechenschaft zu geben, dabei, ein riesiges Sklavensystem wieder einzuführen, wie es einstmals im kaiserlichen Rom bestand.

Die große Masse der Leibeigenen setzte sich wohlverstanden aus einfachen Bauern zusammen – noch dazu waren die Pflichten der Bauern vielfältigster Art, und je nach der Jahreszeit und den Launen des Herrn wurde der Bauer zum Bauen, zum Bau und zur Pflege der Straßen, zum Holzfällen eingesetzt und – wie im Fall Rasumowskis, der bei Hochwasser den Gesang der Nachtigall hören wollte – zu Deicharbeiten und zum Umleiten von Wasserwegen. Der Herr, der in einer einzigen Nacht einen Pavillon oder Siegesbogen in seinem Park errichten wollte, brauchte nur die Bauern eines oder zweier Dörfer antreten zu lassen: Alles ist zur Stelle, alles macht sich ans Werk, es ist in wenigen Stunden beendet und kostet keinen Heller Lohn (die Bauern müssen sehr geschickt und von sehr fähigen Vorarbeitern angeleitet worden sein, denn im achtzehnten Jahrhundert waren solche hochgeborenen Launen bekanntlich sehr häufig).

Die Bäuerinnen blieben nicht untätig; wenn sie nicht Leinwand oder Wollsachen für den Herrn und seine Familie webten (und der Bedarf der adligen Familien war unermeßlich – Aussteuern mit Dutzenden von Leintüchern, Tischwäsche, ohne die Leibwäsche mitzurechnen, die in der Stadt oder im Ausland zu bestellen nicht jeder die Mittel hatte), dann spannen sie; wenn sie nicht spannen, wenn sie ihren Männern nicht bei der Feldarbeit halfen, suchten sie in den Wäldern Beeren und Pilze – diese Arbeit war im allgemeinen Kindern und jungen Mädchen vorbehalten –, selbstverständlich ohne daß sie berechtigt waren, etwas davon für sich zu behalten. In *Eugen Onegin* beschreibt Puschkin voller Rührung, wie die jungen Bauernmädchen Himbeeren pflücken und dabei im Chor singen müssen, »damit nicht diese listigen Münder von Zeit zu Zeit die herrschaftlichen Beeren verzehren...«. Und in diesem Fall handelt es sich um *gütige* Grundbesitzer.

An solchen fehlte es zweifellos nicht unter dem kleinen Landadel, der noch einfach und erdverbunden war. Gegen Ende des achtzehnten Jahrhunderts gab es auch große Herren, die freiheitlich gesinnt oder zumindest »aufgeklärt« waren und sich freundlich und menschlich geben wollten: Denn mit gut behandelten Sklaven ist man besser bedient. Aber das System der Leibeigenschaft, wie es in Rußland herrschte, führte allein durch sein Prinzip die Herren immer mehr dazu, ihre Macht auszunutzen; wer seine

Leibeigenen nicht quälte und weißbluten ließ, durfte sich bereits für einen Wohltäter halten.

Der Größenwahn des russischen Adels hatte schließlich etwas geschaffen, das man eine neue soziale Schicht nennen könnte, nämlich die Schicht der Leibeigenen, die nicht bloße »Domestiken« waren, sondern Arbeiter, Handwerker, Künstler; und dieser vielköpfige Bedienstetenstand war in Anbetracht dessen, daß jede großadelige Familie Hunderte von solchen verschiedenartig »qualifizierten« Leibeigenen besaß, von seinem Herrn noch weit abhängiger, als es die Bauern waren. Ihr Leben war häufig weniger hart: Denn mit einem guten Werkzeug geht man schonend um. Man kann sich sogar attachieren und in ihm eine menschliche Seele entdecken: So verliebte sich der Graf Scheremetjew in die leibeigene Primadonna seines Theaters und heiratete sie: Das Bildnis dieser Frau, deren Antlitz weit edler und feiner geschnitten als das Elisabeths und unmerklich von Leiden gezeichnet ist, hat heute einen gebührenden Platz in dem Saal der Eremitage, der dem russischen Theater gewidmet ist – neben sehr schönen Bühnenbild-Modellen, die (wie auch die Bühnenbilder) von leibeigenen Handwerkern ausgeführt worden sind.

Nur wenige Schauspielerinnen und Sängerinnen hatten das Glück, auf solche Weise Gräfin zu werden; die meisten waren wie Vieh den Launen der Herren ausgeliefert, für einen Tag oder ein Jahr in Gunst, aber stets in Gefahr, zurück »ins Dorf« verbannt zu werden. Jene Scharen von Sängern, Schauspielern und Tänzern – unter den Leibeigenen gab es hochbegabte Männer wie Frauen –, haben sicherlich vom normalen Komödiantendasein wie von einem Paradies geträumt, und sie hätten wohl nicht einmal »ein Stückchen Land durch Bitten erwerben« wollen. Sie brauchten nicht herumzuziehen und auf Erfolg und gute Einnahmen zu hoffen, aber war der Herr unzufrieden mit ihnen, so riskierten sie die Peitsche. (So kann es geschehen, daß ein Herr sich auf eine Sängerin stürzt, die die Dido singt, ihr eine Ohrfeige gibt und ihr versichert, daß sie – nach der Vorstellung – im Stall mit Ruten ausgepeitscht werde. »Dido« bleibt trotz der verletzten Backe nichts anderes übrig, als ihren Part zu Ende zu singen.)

Orchester von mehr als hundert Mitwirkenden; Ballette von Hunderten von Tänzern und manchmal nackten Tänzerinnen; Scharen von Bühnenbildnern, Malern und Bildhauern; ein ganzes

Volk von Künstlern, die oft unter großen Kosten von französischen und italienischen Lehrern ausgebildet wurden – soviel menschliche Begabung, erniedrigt weniger durch schlechte Behandlung als durch die Unwürdigkeit einer Lage, die diese Männer und Frauen, die ihren Herren geistig oft überlegen waren, zu bloßen Objekten machte. Es gab leibeigene Theologen, Ingenieure, Mathematiker, Astronomen, Architekten, die keinerlei Gehalt zu beanspruchen hatten und sich nicht von ihrem Standort entfernen durften, ohne eine Gefängnisstrafe zu riskieren. Einige von ihnen – Musiker und insbesondere Maler – wurden ins Ausland geschickt, um sich dort zu vervollkommnen, und ihr Herr durfte mit Recht stolz auf seine Großzügigkeit ihnen gegenüber sein; allein, wenn sie nach Rußland zurückkehrten, fingen sie meistens zu trinken an, weil sie nach der Freiheit, die sie in Venedig und Rom genossen hatten, sich nicht mehr an die Sklaverei gewöhnen konnten.

Die Sklaverei . . . Nicht alle, nicht täglich erhielten sie Peitschenhiebe. Aber gewisse Musiknarren – wie der Graf Skawronski – verlangen, daß ihr gesamtes Personal in Operntexten spreche. Und die großen – und weniger großen – Herren lassen sich von fünfzig Lakaien bedienen, wobei der eine nur diese, der andere nur jene Tür öffnen darf, ein weiterer sich bereit halten muß, dem Herrn ein Glas Wasser zu bringen, ein zweiter die Pfeife, ein dritter ein Buch, ein vierter das Taschentuch, und eine Vertauschung der Aufgaben oder Arbeitsteilung ist nicht erlaubt. Man stelle sich das Leben eines Menschen vor, dessen einzige Aufgabe darin besteht, bereitzustehen, wenn sein Herr ein Taschentuch verlangt!

Mithin war der Leibeigene, ob Schwerarbeiter, Künstler, Handwerker oder der müßigste der Lakaien, ein ewig Unterdrückter, weil er rechtlos war. Man verheiratete ihn oder hinderte ihn am Heiraten, man trennte ihn von seiner Familie, man zwang ihn, Wohnort oder Beruf zu wechseln, ohne daß er dabei mitreden durfte. Man verkaufte ihn. Unter Katharinas Herrschaft nahm der Sklavenhandel – der Handel mit leibeigenen Dienstboten oder Fachkräften – ein bisher unvorstellbares Ausmaß an, denn gerade in dieser Epoche erlangte der Leibeigene einen ausgesprochenen Handelswert.

So konnte man in den Tageszeitungen Annoncen wie die folgenden lesen: »Zu verkaufen: ein Barbier und vier Bettgestelle; eine Daunendecke und andere Möbelstücke.« »Zu verkaufen: zwei Tafeltücher sowie zwei junge, tüchtige Dienstmädchen und eine

Bäuerin.« »Zu verkaufen: ein sechzehnjähriges Mädchen von gutem Betragen sowie ein gebrauchter, wenig benutzter Wagen.« »Zu verkaufen: ein sechzehnjähriges Mädchen, bewandert im Spitzenklöppeln, Wäschenähen, Bügeln und Stärken, sowie zu Zofendiensten geeignet; noch dazu hübsch und gut gewachsen.«* Bekanntlich spricht Tolstoi in *Krieg und Frieden* von dem Tausch von Leibeigenenfamilien gegen Rassehunde wie von etwas ganz Selbstverständlichem.

Der Preis eines hochspezialisierten Leibeigenen war häufig geringer als der eines Rassehundes. Ein besonders geschickter Arbeiter konnte im Preis auf 1 000 Rubel steigen; der Durchschnittspreis für einen Mann betrug im allgemeinen 300 bis 500 Rubel, für eine Frau zwischen 50 und 200 Rubel. Bei diesen Verkäufen nahm man häufig keine Rücksicht auf die familiäre Situation des Betreffenden (obwohl im Prinzip die Religion die Trennung von Eheleuten verbot). So verloren die Leibeigenen, die theoretisch wie die Leibeigenen des Mittelalters bodenständig waren, auch noch den letzten Schatten von Unabhängigkeit, der darin besteht, auf dem Boden, den man bebaut, für immer leben zu dürfen: Die Bauern konnten dörferweise verkauft werden, um in andere Regionen verschickt zu werden.

Der Wert der Ringe und Halsketten, die Elisabeth der jungen Großfürstin schenkte, bewegte sich zwischen 5 000 und 15 000 Rubel. Das Sèvres-Geschirr, das Katharina später Orlow schenkte, kostete über 250 000 Rubel; der junge Korsakow erhielt von Katharina, als Zeichen ihrer Gunst, Diamanten im Wert von mehr als 150 000 Rubel; die Geschenke wie Tabatieren und Schreibgeräte, die Katharina ihren französischen Freunden schickte, kosteten Tausende von Rubel. Gewiß, von den verkauften Leibeigenen weiß man nicht einmal mehr ihre Namen, während Orlows Tafelgeschirr in seiner Vollständigkeit heute ein erlesenes Stück des Kreml-Museums darstellt. Aber man hat nicht darunter geschrieben: »Dieses Geschirr hat ungefähr so viel wie tausend Bauern oder zweitausend Bäuerinnen gekostet . . .« Was übrigens nicht einmal besonders viel war, da der Mensch das geläufigste und üblichste Zahlungsmittel darstellte und das Vermögen eines Adligen sich ganz natürlicherweise eher in »Seelen« (Leibeigenen) als in Geld ausdrückte.

* Diese Annoncen erschienen in dem *Moskowskie Wedomosti*.

Bei der Thronbesteigung Katharinas gab es in Rußland sehr wenig *freie* Bauern – aber fast eine halbe Million (also mit Frauen und Kindern etwa zwei Millionen), die auf den sogenannten Kronländern arbeiteten, Staatsbesitz, wo die Bauern nicht von einem Herrn, sondern von Regierungsbeamten abhängig waren; ihre Lage war etwa mit der Lage der Bauern in westlichen Ländern vergleichbar; abgesehen von der Steuer und einem begrenzten Frondienst waren sie praktisch unabhängig.

Die Ukraine, seit einem Jahrhundert unter russischer Herrschaft, genoß einen besonderen Status; dort waren die Bauern frei.

Seit den ersten Jahren ihrer Herrschaft (seit 1764) profitierte Katharina von den Unabhängigkeitsgelüsten Kyrill Rasumowskis – der, als Hetman der Ukraine, die Rechte der dortigen Grundbesitzer garantieren und das Hetman-Amt erblich machen wollte: Katharina lehnte seine Forderungen rundweg ab und trieb ihn damit zur Abdankung. Nach der Ausschaltung Rasumowskis führte sie durch ein besonderes Dekret das System der Leibeigenschaft in der Ukraine ein, und so wurden durch einen Federstrich der »aufgeklärten« Kaiserin Tausende von reichen, freien Bauern, die Herr auf ihrem Besitz waren, zu Leibeigenen. Noch dazu verschenkte Katharina im Lauf ihrer vierunddreißigjährigen Herrschaft so viele »Länder der Krone« mit den dazugehörigen »Seelen« an ihre Getreuen und Favoriten, daß in Rußland überhaupt keine freien Bauern übrigblieben.

Ja, das *Volk,* das Katharina beglücken wollte, schrumpfte auf bestenfalls einige hunderttausend Menschen zusammen. Das Volk war der Adel. Er allein durfte Rücksicht beanspruchen, wenn auch nicht immer das Recht auf Mitsprache. Die reiche, gewinnsüchtige Schicht der Kaufleute, die gleich dem Adel bereit waren, die kleinen Leute zu unterdrücken, wurde durch die Adligen wie durch den Staat zu Menschen zweiter Klasse abgestempelt, wegen ihrer Nützlichkeit geduldet, aber dadurch zu der inferioren Lage verurteilt, daß sie kein Recht hatten, Land zu besitzen. Das Volk selbst hatte nur das Recht, zu Gott zu beten und zu gehorchen.

Und Katharina treibt die Harmlosigkeit so weit, sich als Wohltäterin aufzuspielen und bescheiden das Lob abzuwehren, wenn sie verkündet, daß sie M. belohnt, indem sie diesem, unter anderen prächtigen Geschenken, 1 000 bis 2 000 Seelen zuspricht. Und wahrhaftig, man würde nicht anders sprechen, wenn es sich um die gleiche Anzahl Vieh handelte; und Katharina ist nicht die einzige, die sich so ausdrückte, im Gegenteil, so sprechen alle, die um sie sind. Ganz selbstverständlich. Aber weshalb redet sie mit solchem Nachdruck, mit so viel falscher Bescheidenheit und so viel Selbstgefälligkeit, daß es durch ganz Europa hallt, von ihrer Liebe für den Fortschritt, für die Freiheit, von ihrem Haß gegen Unterdrückung usw.? Weshalb wollte ausgerechnet die größte Sklavenhalterin, die Rußland je als Herrscher besaß, sich unbedingt den Ruf einer Freundin der Aufklärung schaffen? »Rühmt Euch, und es bleibt immer etwas davon hängen!« – Katharina war viel zu gescheit, um nicht die Wahrheit dieses Ausspruches zu kennen. Jedoch glaubte sie sicherlich, im Interesse des Volkes zu handeln, erwog aufrichtig Maßnahmen, die die Lage der Arbeitenden verbessern sollten, und setzte sich für den Bau von Krankenhäusern und Schulen ein. Und sie war die erste, die sich über die Auswüchse der Leibeigenschaft entrüstete und die Adligen aufforderte, sich des Wohls ihrer Leibeigenen anzunehmen. Dennoch trieb sie das System der Leibeigenschaft auf die Spitze der Ungerechtigkeit und Absurdität – auf direkte Weise, indem sie die Ukraine unterjochte und »Länder der Krone« verschenkte, und indirekt, indem sie einen unerhörten Aufwand trieb und den Adel veranlaßte, sich an Luxus und Verschwendungssucht zu überbieten.

Indessen findet sie für sich Entschuldigungen: Angeblich liegt es an dem bösen Willen der Adligen, an der Unzulänglichkeit der »Abgeordneten«, die sie zu ihrer Kommission von 1767 einberief, daß ihre Reformpläne gescheitert sind. Es gab diese Pläne – oh, es handelte sich dabei keineswegs um wirksame Maßnahmen für die Befreiung der Leibeigenen, aber dennoch war ihr *Nakas* (Anleitung), der im Hinblick auf die Aufgaben der *Kommission* geschrieben wurde, von einer solchen Liberalität, daß man ihn in Frankreich zunächst nicht veröffentlichen wollte.

Dieser *Nakas* bestand aus mehr oder weniger abstrakten Maximen, angeregt von Montesquieus *Vom Geist der Gesetze*, von Beccarias *Von den Verbrechen und Strafen*, von Bielfelds *Traktat über die Jurisprudenz*, von Turgots *Traktat über die Entstehung und Verteilung des Reichtums*. Werke, die nicht die geringste Lösung für die Wirtschafts- und Verwaltungsprobleme Rußlands anboten. Katharina empfiehlt sämtlichen Abgeordneten, täglich mehrmals ihren *Nakas* zu lesen, um daraus Gedanken für eventuelle Reformen zu schöpfen. Aber solche Grundsatzerklärungen, solche Aphorismen über die Freiheit und ihre Grenzen, über die Notwendigkeit der Toleranz, über die Wohltaten der Bildung usw. vermochten die Abgeordneten, die aus allen Teilen Rußlands herbeigeströmt waren, um präzise Forderungen zu stellen oder Vorschläge zur Verbesserung lokaler Verwaltungen zu machen, nichts zu lehren. Auch wurde Katharinas *Kommission* lediglich von den Vertretern der Mittelschicht ernst genommen – den Kaufleuten und Bürgerlichen – einer noch kleinen Schicht, die aber aktiv und darauf aus war, neue Vorteile zu erlangen.

Die Adligen (die sich für die Angelegenheit entschieden nicht interessierten) schickten nur 61 Vertreter; die *freien* Bauern (deren Vertreter jedoch von den Adligen ihres Landkreises bestimmt wurden) 79; die Verwaltungen 28; die Kosaken 88; und die Städte (die Mittelschicht) 208 . Die *Kommission,* die am 30. Juni feierlich eröffnet wurde, tagte fünf Monate lang in Moskau, dann verlegte Katharina sie nach Petersburg; ihr Umzug dauerte zwei Monate. Ende 1768, nachdem die Debatten und Diskussionen sich endlos hingezogen hatten, ohne zu einem konkreten Ergebnis zu kommen, hatte Katharina genug von dem mangelnden guten Willen ihrer Untertanen und schickte die Abgeordneten wieder nach Hause. Sie mußte sich um dringendere Aufgaben kümmern.

Daß aber dieser Versuch gescheitert war, lag daran, daß weder Katharina noch die Abgeordneten überhaupt eine präzise Vorstellung von den anzustrebenden Reformen hatten: Katharina wollte vor allem ihr Talent als Gesetzgeberin und ihren Liberalismus zur Schau stellen, während die Abgeordneten lediglich lokale und berufliche Verbesserungen im Auge hatten. Übrigens mußte Katharina das Gefühl haben, Perlen vor die Säue zu werfen: Ihre Ideen interessierten und beeindruckten niemand. Die Abgeordneten, die mehr gesunden Menschenverstand besaßen, als sie ahnte, begriffen zweifellos, worum es hauptsächlich ging: Die Kaiserin wollte im Grunde allein und nach ihrem Belieben regieren, alles andere war nur Komödie. Niemand dachte daran, ihr das Recht zu regieren streitig zu machen.

Das zweite Kapitel ihres *Nakas* beginnt sie mit folgender Erklärung: »Der ausgedehnte Besitz [in Rußland] verlangt, daß dem Herrschenden absolute Macht zuerkannt wird . . .« Gleichzeitig fügt sie hinzu, daß die Stunde eines Kaiserreichs geschlagen hat, wenn »der Geist der Gleichheit, auf die Spitze getrieben, dermaßen um sich greift, daß jeder dem gleichen will, der von Gesetzes wegen über ihn gestellt ist ...« Das darf man jedoch nicht allein vom Standpunkt der Verwaltung her auffassen, denn Katharina ist trotz ihrer Proteste (»Der Leibeigene ist ein Mensch«, usw.) eine überzeugte Anhängerin des Kastensystems: Für sie ist der Adlige dem Nichtadligen grundsätzlich überlegen; der Freie ist *wesensbedingt* dem Leibeigenen überlegen; ein Kaufmann darf nie auf den Gedanken kommen, er sei dem Adligen *ebenbürtig!*

Als sie begriffen, daß die Landesmutter vor allem bestrebt war, die Interessen des Adels zu wahren, blieb den Abgeordneten nichts anderes übrig, als sich damit abzufinden und sich auf die lokalen Angelegenheiten zu beschränken. Immerhin hatte sich die Kaiserin, nachdem sie sich tagelang mit der Lektüre von Verbesserungsvorschlägen beschäftigt hatte, von dem Maler Lewizki als »Gesetzgeberin« malen lassen, in antikem Gewand, wobei sie anmutig lächelnd auf die Verbrennung von Papier überholter Bestimmungen deutet. Der Ausdruck ihres roten, etwas verkniffenen Mundes verrät eine unerschütterliche Selbstgefälligkeit. Diesen Ausdruck sollte sie fortan beibehalten.

Das Volk

» ... Die Veranlagung zur Gewalttätigkeit ist dort unten [in Moskau] stärker entwickelt als in irgendeinem anderen Gebiet der bewohnten Erde; sie entsteht schon im zartesten Alter, wenn die Kinder beobachten, wie grausam ihre Eltern mit den Dienstboten umgehen, denn es gibt kein Haus ohne Peitschen oder Halseisen und ähnliche Marterinstrumente, um damit bei geringsten Vergehen diejenigen zu quälen, die das Unglück haben, zu jener Klasse zu gehören, die, ohne sich strafbar zu machen, ihre Ketten nicht sprengen kann. Kaum wagt man, sie als Menschen wie wir zu bezeichnen, und wenn ich sie so bezeichne, so tue ich es auf die Gefahr hin, gesteinigt zu werden; was habe ich nicht unter der Stimme einer wahnwitzigen und grausamen Öffentlichkeit gelitten, als man in der Kommission für Gesetzgebung einige diesbezügliche Fragen zu erörtern begann ...«

Der Verfasser dieser Zeilen ist niemand anderes als Katharina selbst. Sie hatte nicht wirklich zu *leiden* gehabt – die Adligen konnten es sich schließlich nicht erlauben (wie seinerzeit der Erzbischof von Rostow, Arseni Mazjewitsch, es anläßlich der Einziehung der

Kirchengüter tat), die Kaiserin öffentlich zu beschimpfen und den Zorn Gottes auf sie herabzubeschwören. Der Erzbischof, den die Synode auf Befehl Katharinas absetzte, war zu lebenslänglicher Klosterhaft verurteilt worden, unter dem beleidigenden Namen Andreas *Wral* (was Lügner oder Schwätzer bedeutet). Die Kaiserin war durchaus Manns genug, sich zu schützen. Die Adligen haben sie schon allein deshalb nie gesteinigt, weil sie ihnen niemals einen Vorwand dazu bot. Sie wagte nie von einer Befreiung der Leibeigenen zu sprechen – allerhöchstens von einer *Verbesserung der augenblicklichen Lage* der Landarbeiter, die, wie sie selbst einsah, ihre Ketten *nicht ungestraft* sprengen konnten.

Zwar ist sie die erste, die feststellt, daß es sich um ein allgemeines Übel handelt (»denn es gibt kein Haus ...« usw.), aber sie begnügt sich damit, Milde und Menschlichkeit zu predigen, anstatt einen Ukas herauszugeben, der Halseisen, Peitschen und ähnliche Marterinstrumente grundsätzlich verbietet. Allerdings muß man gerecht sein: Sie selbst war durchaus nicht grausam und sogar hinsichtlich ihrer Untergebenen von einer Rücksicht, für die das Milieu, in dem sie lebte, ihr kaum ein Beispiel bot. Die kleine Sophie von Anhalt-Zerbst, die ihre erste Lehrzeit im Gesellschaftsleben beim Spielen mit den Stettiner Bürgerkindern auf der Straße absolvierte, die junge Großfürstin, die jahrelang als halbe Gefangene in ihrem Palast lebte, gehörte nicht zu den Frauen, die ihre Zofe bemühen, um eine Karaffe umzustellen oder ein Taschentuch aufzuheben: Sie achtete den Arbeitenden, und morgens (denn sie war sehr matinal) steckte sie häufig ihren Ofen selber an, um das Personal nicht zu wecken. Eines Abends, als sie einem Minister eine dringende Nachricht zuzustellen hatte und ihre vier Lakaien beim Kartenspiel vorfand, schickte sie einen davon mit der Nachricht fort und nahm seinen Platz am Spieltisch ein, damit die anderen die Partie nicht unterbrechen mußten.

Diese angeborene Gutmütigkeit, diese Vertraulichkeit, mit der sie sich nichts vergab, hatten ihr stets die Liebe und Ergebenheit der kleinen Leute eingebrannt, die die Möglichkeit hatten, sich an sie zu wenden. Wenn alle Leibeigenenbesitzer ihr geglichen hätten, so wäre die Leibeigenschaft vielleicht keine so unmenschliche Einrichtung gewesen. Aber ebenso war sie während ihrer ganzen Herrschaft – sei es aus Feigheit oder Opportunismus, aus Berechnung oder Standesvorurteil, der sie an die absolute Überlegenheit des Adels gegenüber dem Volk glauben ließ – mit Eifer dabei, die

Vorrechte derselben Leute zu verteidigen, denen sie Grausamkeit und Willkür vorwarf.

»... Kaum wagt man, sie als Menschen zu bezeichnen ...« Sie, Katharina, sagt es und hält sich deshalb für eine Heldin – aber wehe den Russen, die es lauter zu sagen wagten als sie! Wehe vor allem denen im Volk, die es wagen sollten, diese Menschenwürde für sie zu fordern, ohne zuvor die edelmütigen Episteln gelesen zu haben, in welchen die Kaiserin ihnen diese Würde zuspricht. (Im übrigen waren diese Grundsatzerklärungen überhaupt nicht für das Volk, sondern für »Aufklärer« wie Voltaire bestimmt, der vorsichtshalber sein Personal entfernte, wenn er über die Übel der Religion diskutierte.)

Das Volk aber zweifelte durchaus nicht an seinen Rechten; denn trotz allem, zu keiner Zeit und in keinem Land, hat es Menschen gegeben, die so unglücklich gewesen wären, daß sie an ihrer Menschenwürde gezweifelt hätten.

Die Lebensbedingungen des russischen Bauern waren furchtbar, in vielen Punkten erinnern sie an jene der schwarzen Sklaven Amerikas vor dem Sezessionskrieg – die gleiche Grausamkeit, die gleiche Willkür, die gleiche Nichtanerkennung der elementarsten Rechte eines Menschenwesens... Aber die russischen Leibeigenen waren ja keine fremde Volksrasse, die man künstlich verpflanzt und gewaltsam ihrer Sprache, ihrer Bräuche, ihrer eigenen Religion beraubt hatte; der Bauer war Herr auf seinem Acker, stolz auf seine Religion und seine Bräuche und neigte dazu, die von der »deutschen« Gottlosigkeit angesteckten Herren zu verachten; der Bauer war, obgleich häufig durch Arbeit überlastet und ausgehungert und durch Angst zur Fügsamkeit gezwungen, ein ewiger Empörer. Für die Person des Zaren, der angeblich gerecht ist, wie Gott gerecht ist, hegte er eine rein theoretische Achtung und sagte gern mit dem Fatalismus der Unterdrückten: »Gott wohnt zu hoch und der Zar zu weit.« Der Grundherr war im allgemeinen verhaßt – sofern er nicht abwesend und unerreichbar wie der Zar war; dann aber verlagerte sich der Haß auf den Stellvertreter des Herrn, den Verwalter, der zugleich gehaßt und verachtet wurde, wie jeder Vertreter der Staatsmacht, wie Finanz- und Justizbeamte und die Armee.

Das Volk lebte sein eigenes Leben, so mißtrauisch und störrisch wie unter einer Besatzungsmacht. Es flüchtete sich in eine Frömmigkeit, die mit Aberglauben und Bräuchen durchsetzt war, die noch aus heidnischen Zeiten stammten; es feierte seine eigenen Feste, sang seine eigenen Lieder, erfand seine eigenen Legenden, ignorierte die Welt der »Herren« in der gleichen Weise, wie jene die ihre ignorierten. Aber sein eigenes Unglück wurde ihm immer heftiger und verzweifelter bewußt. Wer sich über die Gleichgültigkeit der Bauern gegenüber den Rutenschlägen wunderte, erhielt zur Antwort: »Was macht das schon? Mein Rücken gehört nicht mir, er gehört dem Herrn!« Die ungeheure Verachtung für die Herrn hob deren Macht, zu erniedrigen, auf, sie wurde ertragen wie eine anonyme, außermenschliche Gewalt. Alleinstehende junge Leute »desertierten« massenweise und flohen, sei es nach Polen, sei es in Richtung des Kaukasus oder Sibiriens, wer Glück hatte, wurde Kosak; die meisten von ihnen wurden wieder eingefangen und ebenso schwer gemaßregelt wie Deserteure der Armee.

Die Aufstände der Bauern im achtzehnten Jahrhundert waren zahlreich und blutig und wurden stets mit Härte niedergeschlagen. Die Strafmaßnahmen, die sich mit Windeseile in den Provinzen herumsprachen, nährten ein Klima dauernder Erbitterung und dumpfer Opposition. »Und oft werden sie von ihren Bauern erwürgt«, schrieb Katharina unter ein Gedicht, welches das idyllische Leben des Gutsbesitzers verherrlichte. Die »schlechten« Herrn wurden tatsächlich ziemlich häufig ermordet: Das war die einzige Form der Gerechtigkeit, auf welche das Volk hoffen durfte, da der Leibeigene dem Willen seines Herrn erbarmungslos ausgeliefert war.

Im August 1767, im gleichen Augenblick, da sie den Vertretern des Adels empfahl, an ihren Leibeigenen Milde zu üben, im gleichen Augenblick, da sie befürchtete, wegen ihres Liberalismus »gesteinigt zu werden«, unterzeichnete Katharina einen Ukas, der jeden Bauern zu Auspeitschung oder Zwangsarbeit verurteilte, der es wagte, gegen seinen Herrn Klage zu führen oder sich auch nur an einer Bittschrift zu beteiligen, um gegen schlechte Behandlung zu protestieren. Selbst vor diesem Erlaß bekamen die Bauern, die kühn genug waren, sich zu beschweren, nur selten recht; Katharina nahm ihnen nun diese letzte schwache Möglichkeit, und ihr kann man nicht, wie Elisabeth, vorwerfen, daß sie die Dokumente, die sie unterzeichnete, nicht las! Sie las alles und rechnete sich das zur Ehre an. Ihr Glaube an den Fortschritt war groß: Sie träumte von einem Reich, wo sanfte und menschliche Gutsbesitzer mit väterlicher Sorge eine Herde unterwürfiger Leibeigener regierten, die ihren Herrn anbeteten. Man kann diese grausame Maßnahme nicht einmal damit entschuldigen, daß sie durch ein verständliches Entsetzen über einen Aufstand der Bauernmassen diktiert gewesen wäre, denn dieser Aufstand fand erst sieben Jahre später statt.

In Rußland gab es noch andere Menschen, die ihre Stimme erhoben und – außerhalb der literarischen Salons – der Freiheit das Wort redeten. Darin stand Katharina, trotz ihrer Behauptung, nicht allein.

1774 wurde in der Stadt Tscheljabinsk im Ural folgendes Manifest verteilt und gelesen: »Unser Herr Jesus Christus hat den Wunsch und die Gnade, durch seine heilige Vorsehung Rußland von dem Joch des Frondienstes zu befreien, der, sage ich Euch, in der ganzen Welt bekannt ist . . . Wie sehr, und durch wen Rußland ausgesogen ist, wißt Ihr selbst: der Adel besitzt die Bauern, und obwohl Gott befiehlt, daß er sie wie seine Kinder behandele, betrachtet er sie nicht nur als seine Sklaven, sondern wertet sie noch geringer als die Hunde, die er für seine Hasenjagd einsetzt . . . Die Industriellen haben eine Masse von Fabriken geschaffen und lassen dort ihre Leibeigenen auf eine Weise arbeiten, wie sie nicht einmal im Zuchthaus ihresgleichen hat. Und wie viele Tränen haben diese Arbeiter sowie ihre Frauen und kleinen Kinder vergossen! Aber, wie die Juden, sollt auch Ihr aus der Knechtschaft erlöst werden!«

Der Verfasser dieses »Manifestes«, ehemaliger Soldat und Chef einer Rotte von Bauern und rebellischen Kosaken, wiegelte die Garnison und die Bevölkerung der Stadt Tscheljabinsk auf, sich dem »legitimen Kaiser«, Peter III., zu ergeben, der nach zehnjähriger Abwesenheit nach Rußland zurückgekehrt sei, um sein Volk vom Joch der Leibeigenschaft zu befreien. Zu Hunderttausenden verließen die Bauern aus dem Uralgebiet und dem gesamten Südwesten Rußlands ihre Häuser und brachen, mit Heugabeln, Sensen und Hacken bewaffnet, zur Eroberung der Freiheit und eines besseren Lebens auf. Unter der Führung des »zurückgekehrten Kaisers«, der sich schicksalhaft in einem kühnen Abenteurer verkörpert hatte, erhob sich das Volk scharenweise, zwar mehr auf die eigenen Rechte als die seines »Zaren« bedacht, aber von wilder Hoffnung beseelt.

Im Juni 1773, als Katharina noch in ihren langen und schwierigen Krieg gegen die Türkei verwickelt war, erfuhr sie, daß ihr verstorbener Gemahl Peter III. auf wunderbare Weise seinen Mördern entronnen, in Jaïzk im Ural, wieder aufgetaucht sei und an der Spitze einer Kosakenbande das Land durchschweife, aufrührerische Manifeste verfasse und allem Volk die Freiheit verspreche, wenn es ihm den Thron seiner Väter zurückerobere.

Anfangs nahmen die Behörden diese seltsame Nachricht nicht weiter ernst: Die Kosaken erhoben sich regelmäßig, denn Katharinas Politik war darauf bedacht, ihre Freiheiten immer mehr zu beschneiden. Noch vor zwei Jahren war eine Revolte im Uralgebiet blutig niedergeschlagen worden. Man hatte allen Grund, diesen Kosaken zu mißtrauen, die zwar eine Elitetruppe, aber auch einen staatsfremden Körper bildeten, ein kleines Volk, aus Abenteurern aller Rassen zusammengesetzt, das nur seinen eigenen Führern gehorchte, nur seine eigenen Gesetze anerkannte, und um so aufsässiger, weil es vorwiegend *altgläubig* war; die Regierung machte wiederholte und hartnäckige Versuche, die Kosaken in die Armee einzugliedern; aber für die Kosaken hätte es die schlimmste Erniedrigung bedeutet, in »Soldaten« verwandelt zu werden – da der Soldat an sich Sklave war, noch dazu gezwungen wurde, sich den Bart zu scheren und sich auf griechisch-orthodoxe Weise zu bekreuzigen; sich wegen »Kreuz und Bart« zu empören, war zur Redensart geworden.

Deshalb glaubte man anfänglich, es handele sich um einen üblichen Kosakenaufstand – nur waren diese Kosaken auf den kühnen Gedanken verfallen, Peter III. persönlich zu ihrem Anführer zu wählen. Zwischen 1765 und 1773 waren in den südwestlichen Provinzen mindestens fünf falsche Peter III. aufgetaucht, von denen es dem letzten, Bogomolow, gelungen war, die Kosakenprovinz Astrachan aufzuwiegeln. Einer mehr war nicht weiter verwunderlich, denn das Volk, das keinen Ausweg aus seiner Misere sah, schuf sich »Befreier« nach seinem Maßstab. Peter III., sechs Monate nach seinem Antritt verschwunden – an einen natürlichen Tod glaubte niemand –, mußte ein gütiger Herrscher gewesen sein. Bis zur Auferstehung des Toten war es dann nur ein Schritt. Denn das Gerücht, daß der Kaiser wunderbarerweise seinen Mördern entkommen sei, kursierte im Volk mit solcher Hartnäckigkeit, daß sich skrupellose Abenteurer aus reiner Gewinnsucht für Peter III. ausgaben und sofort gläubige Zuhörer fanden.

So entdeckte Katharina, daß ihr Gatte, der in Petersburg und der Armee so unpopulär gewesen war, bereits seine Legende hatte;

man war im Begriff, einen Nationalhelden aus ihm zu machen, einen »Erlöser-Zar«, während sie als Tyrannin und Werkzeug des Adels galt. Peter wurde beseitigt, um ihn daran zu hindern, die Leibeigenen zu befreien. Diese Legende beruhte auf einem wahren Kern: Als Peter den Adel vom obligatorischen Staatsdienst befreit hatte, hatte sich das Gerücht über eine bevorstehende Befreiung der Leibeigenen verbreitet. In der Tat, da das Volk nur deshalb zum Frondienst verpflichtet war, damit der Adel dem Staat besser diente, hätte auf dessen »Befreiung« von Rechts wegen die der Leibeigenen folgen müssen. Eine durchaus logische, wenn auch nicht realistische Folgerung. Diese Hoffnung hatte Katharinas Verhalten zerstört, aber das Volk träumte nach wie vor davon.

Und Peter III., der unfreiwillig zum Märtyrer der Sache des russischen Volks gemacht worden war, fand einen Nachfolger oder »Doppelgänger« in der Person Jemeljan Pugatschews, Donkosak und erfahrener Soldat, ein resoluter, rühriger Geist und ein Phantast. Dieser Kosak, dem man (anscheinend) einmal gesagt hatte, daß er dem Kaiser ähnele und der sich während des Siebenjährigen Kriegs in den Reihen der russischen Armee tapfer geschlagen hatte, war nach manchen Irrfahrten an den Ufern des Jaïk (dem heutigen Ural-Fluß) gestrandet, um dort die unterdrückten Kosaken zur Rebellion aufzuwiegeln. Pugatschew hatte übrigens keinerlei Ähnlichkeit mit Peter III. – das beweisen seine Bilder zur Genüge sowie die Zeugenaussagen, die ihn als mittelgroßen, kräftig gebauten Menschen schildern, während der Zar hochgewachsen und schmalschultrig war. Die ersten Kumpanen Pugatschews nahmen ihn nicht ernst: Er war und blieb Donkosak, seine Stammesbrüder ließen sich darin nichts vorrmachen. Aber sie sagten sich: »Was spielt es für eine Rolle, ob er der Zar ist oder nicht. Wir könnten aus jedem Dreck einen Fürsten machen. Wenn es ihm nicht gelingt, Moskau zu erobern, so errichten wir unser Reich am Jaïk.« Die Sache hatte ursprünglich als reiner Kosakenaufstand begonnen.

Aber die Volksbewegung, die die offizielle Geschichtsschreibung schamhaft als »Aufstand Pugatschews« bezeichnet, war in Wirklichkeit der Ansatz zu einer sozialen Revolution, also eine *Revolution*, der größte Massenaufstand des Volkes gegen die Besitzenden, die Rußland vor 1917 erlebt hat. Für diese Revolution lieferte Pugatschew den Vorwand – und den Führer –, denn das Volk, das selbstverständlich auf Legalität bedacht war, wagte es noch nicht, sich im eigenen Namen zu erheben, sondern konnte nur im Namen eines legitimen Herrschers aufstehen: Der Name Peters III. begeisterte die Massen weit mehr als das persönliche Ansehen Jemelian Pugatschews. So seltsam es scheinen mag, Pugatschew gelang es, sich mit Erfolg als Kaiser auszugeben; wo immer er erschien, mußte er Beweise seiner Identität ablegen, Szenen arrangieren, Soldaten antreten lassen, die angeblich den wahren Kaiser gesehen hatten, auf seine väterliche Liebe für den Großfürsten Paul pochen, und so weiter.

Da er ein geschickter Schauspieler war und sich auf die Handhabung der Massen verstand, überzeugte er mühelos: Die Bevölkerung der südwestlichen Provinzen hatte den Zaren nie im Leben gesehen, und der stämmige Kerl mit dem schwarzen Bart, im goldgestickten Kaftan und der ordensbesäten Pelzmütze, konnte in ihren Augen durchaus als ein Herrscher gelten – wer wußte schon, daß der wirkliche Peter III. ein Deutscher gewesen war, der kaum Russisch konnte, so ängstlich und schwach, daß er nicht einmal seinen Säbel zu gebrauchen verstand? Dieser Peter III., der an der Spitze seiner Armee von Kosaken und Kirgisen durch die Lande zog, umgeben von seinen »Offizieren«, die mit barbarischem Luxus gekleidet waren – halb Herren, halb Strolche, mit erhobenem Säbel und flatternder Fahne –, dieser Peter war ein prachtvoller Soldat, ein Kriegschef, der die regulären Regierungstruppen in die Flucht schlug, Festungen stürmte, mit königlicher Generosität die Plünderung der Herrschaftssitze befahl und »Manifeste« verbreitete, in denen ein Zar ausnahmsweise die Sprache sprach, von der das Volk immer geträumt hatte.

Vielleicht hatte Pugatschew ursprünglich nur daran gedacht, die Leichtgläubigkeit des Volkes für die Bestrebungen der Kosaken auszunützen: Denn diese hatten es satt, sich weiterhin von regierungshörigen Führern unterdrücken zu lassen, und wollten sich befreien, um sich im Ural ein eigenes Reich zu errichten. Dieses Ziel hatte ihnen die Sympathie der Völkerstämme am Kaspischen Meer und an der unteren Wolga erworben – Kirgisen und Baschkiren, mongolische Mohammedaner, die unlängst von den Russen unterworfen worden waren und diesen gegenüber von um so größerer Feindseligkeit waren, als man sie zwingen wollte, sich zum Christentum zu bekennen. Diese Menschen, halbe Nomaden sowie Reiter von unermüdlicher Ausdauer, sowohl für ihre Todesverachtung wie für ihre Lust am Plündern bekannt, waren für die Kosaken, zumindest anfangs, wertvolle Hilfstruppen; aber sie waren unzuverlässige Bundesgenossen, immer bereit, sich mit ihren Freunden von gestern zu überwerfen, und interessierten sich nicht im geringsten für die Sache des »großen Herrschers«, Peters III., und die Befreiung der russischen Leibeigenen.

Mit ihrer Ausbreitung nach Westen nahm die Revolte immer mehr den Charakter eines Volksaufstands an, denn um sich neue Verbündete zu schaffen, versprach Peter III. beziehungsweise Jemeljan Pugatschew dem Volk die Abschaffung der Leibeigenschaft, die Bestrafung der bösen Herrn, die Verteilung des Landes an die Bauern; kurzum, wie alle Rebellenführer, wies er ein Programm vor, das die Träume und Bestrebungen eines jeden befriedigen sollte.

Und es scheint, daß er sehr rasch seine Rolle ernst nahm. Kraft einer blühenden Phantasie identifizierte sich dieser merkwürdige Mensch mit der Person des »Zaren«, die er teils eigenständig, teils mit Hilfe der im Volk wurzelnden Legende geschaffen hatte, und sprach sehr bald mit offensichtlicher Aufrichtigkeit von der Gerechtigkeit, den Rechten des Volkes, von der Freiheit, vor allem von der Freiheit . . . »Euch alle, wieviel Ihr auch sein mögt, befreien Wir und geben Euren Kindern und Kindeskindern die ewige Freiheit . . .« »Ihr werdet nicht mehr für den Fronherrn arbeiten und keine Abgaben mehr bezahlen; falls Wir Euch fürderhin beim Frondienst erwischen, werden Wir Euch alle massakrieren . . .« »Alle, die bisher Bauern und Leibeigene der Gutsbesitzer waren, werden nur noch treue Diener Unserer Krone sein; Wir schenken ihnen das Kreuz und ihre Gebete wieder, ihre Haartracht und den Bart, ihre Unabhängigkeit und ihre Freiheit . . . Wenn Wir Unsere Feinde, die adligen Verbrecher, vernichtet haben, wird jeder ein stilles und geruhsames Leben genießen.«

Das Volk folgte ihm in Scharen. Wo immer Pugatschew oder seine Leute erschienen, traten ganze Dörfer, ja ganze Bezirke, geschlossen an, um sie als Befreier zu begrüßen; die Männer verließen Haus und Hof, um die Truppen des wundersam geretteten Kaisers zu mehren. Die Adligen, von ihrem Gesinde verlassen und auf ihren Gütern überfallen, wurden – wie zu erwarten war – meistens unbarmherzig niedergemetzelt. Nur selten war die Herrschaft bei ihren Leibeigenen so beliebt, daß sie dem Zorn des schrecklichen »Kaisers« und seiner Soldaten entging. Die Grausamkeit des Volkes kannte keine Grenzen, Gutsbesitzer wurden bei lebendigem Leibe geschunden, verstümmelt, verbrannt und von einer heulenden Menge in Stücke gerissen; die Frauen wurden nur so lange verschont, bis man sie vergewaltigt hatte – wenn sie nicht, falls sie schön waren, den siegreichen Anführrern als Beute anheimfielen. Aber selbst Pugatschew konnte die hübsche Witwe Elisabeth Karlow nicht lange bei sich behalten und mußte sie erschießen lassen, so groß war der Haß, der die Aufständischen gegen alles, was *adelig* war, entflammte.

Pugatschew brachte die Kaisermacht zum Wanken und erschütterte das System der Leibeigenschaft bis in seine Grundfesten; mit der Schnelligkeit einer Feuersbrunst griff der Aufstand auf Provinzen über, die weder von Kosaken noch Kirgisen bevölkert waren, sondern von »braven Muschiks«, die man für schicksalsergebene, fromme und treue Diener Gottes und des Zaren gehalten hatte. Dem »Zaren« waren sie noch immer ergeben: Der Zar befahl ihnen, sich ihrer Herren zu entledigen, »verbot« ihnen, Frondienst zu leisten und hielt persönlich Gericht über Verwalter und Beamte, über die Klage geführt worden war. Es war zu schön, um wahr zu sein, der von der Vorsehung gesandte Kaiser war selber nur ein Kind des Volkes und obendrein ein Schwindler.

Katharina, die damals in Sankt Petersburg Diderot empfing und Friedensverhandlungen mit den Türken führte (der Friede war um so dringender, als sie ihre Truppen benötigte, um Pugatschew zu bekämpfen), blieb gelassen und tat, als sehe sie in dem »Marquis de Pugatschew«, wie sie ihn verächtlich in ihren Briefen bezeichnete, nichts als einen gemeinen »Straßenräuber«. Indessen aber griff die Revolution weiter um sich, und im Laufe des Winters 1763 – 64 stand Pugatschew 200 Kilometer vor Moskau, das praktisch von allen Verteidigungskräften entblößt war. Und man war darauf gefaßt, daß die Armee der Rebellen – denn es war bereits eine Armee, fünfzehntausend Mann stark – auf die alte Hauptstadt marschieren werde. Das Entsetzen war groß, in den Städten machte die Polizei Jagd auf die Sendboten Pugatschews, die Träger des »Manifests«, das dem Volk die Freiheit, den Adligen ein Strafgericht und Katharina das Kloster verhieß.

Die adligen Familien, die dem Gemetzel entgangen waren und sich in die beiden Hauptstädte geflüchtet hatten, beschrieben die Schreckensszenen, die sie mitangesehen hatten, und erhöhten damit noch die Panik. Katharina wollte zuerst selber nach Moskau gehen, um die Verteidigung der Stadt zu organisieren, aber man brachte sie davon ab. In der Tat glaubte man, daß Moskau in Gefahr sei. Die Lage schien so ernst, daß man am Hof bereits von Reformen und sogar einem Regierungswechsel sprach: Graf Panin, Fürstin Daschkow und Fürst N. Repnin war es gelungen, den Großfürsten Paul auf ihre Seite zu bringen, und sie beabsichtigten – um die Aufständischen zufriedenzustellen – Katharina zugunsten ihres (damals neunzehnjährigen) Sohnes zu entthronen. Dank der Wachsamkeit Gregor Orlows wurde Katharina von dem Komplott unterrichtet und verzieh, nachdem sie ihren Sohn ins Gebet genommen hatte, großmütig den Schuldigen.

Die Türken, denen die russische Flotte und Armee schwere Niederlagen zugefügt hatten (bei Tschesme 1770 unter der Führung Alexis Orlows, auf der Krim 1771 unter dem Fürsten Dolgoruki), zogen die Friedensverhandlungen in die Länge, da sie in Pugatschew einen unerwarteten und wertvollen Bundesgenossen fanden; und die Boten des Großwesirs wiegelten die muselmanische Bevölkerung im Ural und in der Gegend des Kaspischen Meers auf, Pugatschew zu Hilfe zu kommen, während die türkischen Armeen sich bemühten, verlorene Gebiete zurückzuerobern.

Die russische Armee, die zwar zahlenmäßig geringer, aber disziplinierter und von den beiden großen Generälen Suworow und Rumjanzew geführt wurde, leistete tapferen Widerstand, um dann zum Gegenangriff überzugehen und schließlich die gesamte türkische Armee bei Schumla an der Donau zu schlagen und gefangenzunehmen; im Juli 1774 wurde zu Kütschük-Kainardschi der Friede unterzeichnet: Rußland gewann den Norden des Kaukasus, den Zugang zum Schwarzen Meer und das Protektorat über das Khanat auf der Krim.

Und die Armee, die dem Ottomanischen Reich eine entscheidende Niederlage zugefügt hatte, konnte jetzt ungehindert nach Norden ziehen und über Pugatschews Truppen herfallen: Es war höchste Zeit, denn die Armee der Rebellen war bereit, auf Moskau zu marschieren.

Sobald Pugatschew von dem Friedensvertrag mit den Türken erfuhr, zog er wieder nach Süden, verbrannte Erde hinter sich lassend. Der Aufstand hatte sich bereits zu einer nationalen Katastrophe ausgewachsen; die Bauern hatten ihre Häuser und Felder verlassen und irrten mit Frauen und Kindern als bewaffnete und zerlumpte Banden, plündernd und brandschatzend durch das Land, mit keinem anderen Ziel als – Gott weiß wo – Gerechtigkeit zu finden... Auf einem großen Teil der von den Aufständischen eroberten Gebiete hatte es dieses Jahr weder Landarbeit noch Ernte gegeben; von dem geplünderten Gut war nichts mehr übrig, und die dürren, schlechtbewirtschafteten, seit jeher schwer gefährdeten Gebiete waren von Hungersnot bedroht.

Pugatschew sah seine »Armee« zusehends dahinschmelzen, seine Soldaten sich in Vagabunden und Marodeure verwandeln; die Festungen hatten ihre Verteidigung wieder aufgebaut, Suworows Armee fügte den Kosaken-Banden eine Niederlage nach der anderen zu, und der falsche Peter III. wurde schließlich dem General Peter Panin (Bruder des Ministers) von seinen eigenen Offizieren ausgeliefert, die für diesen Verrat bei Katharina heimlich ihre eigene Begnadigung erkauft hatten.

Am 30. Oktober 1774 schrieb Panin an die Kaiserin, um ihr seine Unterredung mit dem Teufelsgeschöpf mitzuteilen: Pugatschew trachtete nicht danach, seinen Betrug vor Menschen aufrechtzuerhalten, die – wie er allzugut wußte – nicht daran glauben konnten; er warf sich vor Panin auf die Knie und erklärte öffentlich, Pugatschew, Donkosak und Deserteur zu sein, und sagte, daß er mit seiner dreisten Aneignung des Namens Peters III. sich vor Gott und Ihrer Kaiserlichen Majestät schwer versündigt habe. In einem eisernen Käfig, in dem er knapp aufrecht stehen konnte, fuhr man ihn durch die Provinzen, die er einstmals als Sieger durchzogen hatte. Er wurde nicht gefoltert – aber im Lauf der Verhöre blieben ihm Schläge und Ohrfeigen nicht erspart. Der Mann, der zum Prozeß nach Moskau geführt wurde, war seelisch und körperlich gebrochen; er war so geschwächt, daß er häufig in Ohnmacht fiel, und seine Richter befürchteten, er werde das Verfahren nicht überleben. »Der Marquis de Pugatschew, von dem Sie mir immer noch sprechen«, schrieb Katharina an Voltaire, »hat als Schurke gelebt und wird als Feigling sterben.« Als Feigling – gewiß nicht, denn man kann kaum einen Menschen als Feigling betrachten, den Mißhandlungen zu einem menschlichen Wrack gemacht haben; ebensowenig konnte er, der die Massen unter falschem Namen geblendet hatte, nach seinem Schuldbekenntnis den Kopf noch hoch tragen. Jetzt war er nur noch der Kosak Jemeljan Pugatschew.

Er starb nicht wie jener Kosakenführer des siebzehnten Jahrhunderts, Stenka Rasin, den das Volk damals – und heute noch – als

Helden der Freiheit verehrte. Stenka hatte unter der Folter gelacht und gesungen und seinen Henkern bis zum letzten Atemzuge getrotzt; Pugatschew hatte nur noch die Kraft, sich zu bekreuzigen und das Haupt auf den Block zu legen. Er wurde mit seinen wichtigsten Offizieren hingerichtet. Er wurde nicht, wie der berühmte Stenka, öffentlich zu Tode gefoltert; die Sitten hatten sich gewandelt, und Katharina legte keinen Wert darauf, das Volk durch eine zu harte Sühne aufzubringen.

» . . . Er kann weder lesen noch schreiben«, schrieb sie im Oktober 1774 an Voltaire, »aber er ist ein außerordentlich kühner und entschlossener Mensch. Bis jetzt deutet nichts darauf hin, daß er das Werkzeug irgendeiner Macht gewesen wäre. Es ist anzunehmen, daß Pugatschew ein Spitzenbandit ist und keiner Menschenseele untertan. Seit Tamerlan hat niemand so viel Schaden angerichtet. Er hofft wegen seines Muts auf Gnade. Hätte er nur mich beleidigt, so wäre das berechtigt, und ich würde ihn begnadigen; aber dies ist eine Sache des Reiches, das seine Gesetze hat.« Man spürt in diesen Zeilen die unwillkürliche Sympathie Katharinas für den geschlagenen Feind. Von ihrem Standpunkt aus hatte sie recht, in Pugatschew einen Banditen zu sehen. War er nicht zweifelsohne ein dreister Lügner?

Mochte sie auch gelächelt, sich beim Lesen der Berichte entrüstet haben, wonach dieser Kosake sich mit dem Titel ihres »Gatten« schmückte, sich mit Kosaken umgab, die er Orlow, Panin, Tschernyschew taufte; »einen Hof« improvisierte, seine Kosakin mit »Ehrendamen« umgab und schließlich mit gut gespielter Zärtlichkeit von »seinem Sohn Paul« sprach. Ob dreister Lügner und Phantast, er war ein mutiger Mann. »Man kann gar nicht genug bewundern«, schrieb Professor Rytschkow, »mit welcher Schnelligkeit und Sicherheit dieser Spitzbube und Aufrührer seine verbrecherischen Absichten in die Tat umsetzte . . .«

Aber General Bibikow, der 1773 die Aufgabe hatte, die Revolte niederzuschlagen, schrieb: »Worauf es ankommt, ist nicht Pugatschew, sondern *die allgemeine Unzufriedenheit* . . . – Das jedoch wollte Katharina nicht wahrhaben. Sie kannte das Volk nicht. Ihre Ansichten über das wirkliche Elend der Bauern waren rein theoretisch. Und sie wollte lieber glauben, sie seien gar nicht so unglücklich oder fänden sich zumindest mit ihrem Elend ab. Pugatschew war ein Verbrecher gewesen, seine Anhänger hatten sich an einem Verbrechen beteiligt; sie konnten allerhöchstens Unwissenheit vorschützen, aber ihre Rebellion war ein Verbrechen, das über alle Zweifel erhaben war: Sie wollten die Gesetze des Reiches stürzen, vor allem das oberste Gesetz, das die Heiligkeit des Besitzes verbürgt. Katharina ließ durch die Armee, durch die Besitzer die Ordnung wiederherstellen, mit der traditionellen Härte, welche die Starken gegen die Schwachen gebrauchen, die es wagen, sich aufzulehnen. Gewiß empfahl sie Milde, weil sie fürchtete, daß übertriebene Maßnahmen zu neuen Aufständen führen könnten, aber ihre Empfehlungen hatten wenig Gewicht angesichts der Atmosphäre von Haß und Rachsucht, die seit den Massakern von 1773 im Adel herrschte. Die Strafmaßnahmen dauerten bis 1775 an, jedes Dorf hatte sein Schafott auf dem Marktplatz, die Todesstrafe war zwar in den Städten und für den Adel abgeschafft, aber die Leibeigenen wurden ohne Gerichtsverfahren zum Tode verurteilt und wie Vieh hingeschlachtet.

In den Gebieten, die Pugatschews Banden durchzogen hatten, war kein Dorf der Bewegung ferngeblieben, und es gab dort keine Priester mehr, da sie alle ihres Amtes entsetzt worden waren, weil sie freiwillig oder unter Zwang den Schwindler empfangen und für ihn gebetet hatten. Und als sie das Ausmaß des Elends feststellte, tat Katharina nichts, um diesem abzuhelfen, sondern verschärfte nur die bestehenden Strafen für versuchten Aufstand und stärkte die Gewalt der Gutsbesitzer, Polizei und Verwaltung über die Masse der Bauern: Dieses Volk war entschieden nicht reif für den Fortschritt, die Bestie mußte streng an der Kette gehalten werden.

Man löschte den Jaïk-Fluß von der Landkarte aus, taufte ihn um in »Ural« und verbot die Nennung des Namens Pugatschew. Der Name Peters III. überlebte in einer Sekte von Alt-Gläubigen, die ihn zu ihrem Messias erhob. Und die Kluft gegenseitigen Mißtrauens, der Verständnislosigkeit und stummen Hasses vertiefte sich noch zwischen der Macht und dem Volk, den besitzenden Klassen und dem Volk. Katharina spricht weiterhin von der Notwendigkeit, die Lebensbedingungen der Bauern zu verbessern, aber nie mehr von Befreiung (auch wenn sie sie einmal, noch so schüchtern, erwogen hatte).

1774 schreibt sie an Diderot (der sich naiv um das Elend des russischen Bauern sorgt): »Das Brot, das es ernährt, die Religion, die es tröstet, sind die einzigen Ideen, die das Volk kennt. Sie werden stets so einfach sein wie seine Natur. Der Wohlstand des Staats, die Jahrhunderte, die nachfolgende Generation, sind Worte, die über seinen Horizont gehen. Es ist nur durch seine Mühsal an die Gesellschaft gebunden, und von der Weite, die man die Zukunft nennt, sieht es nur den morgigen Tag. Sein Elend verschließt ihm den Blick für ein höheres Interesse.« Und Katharina hütet sich, dieses Elend, von dem sie immerhin eine vage Vorstellung hat, diese Unwissenheit, die sie übertreibt, zu beseitigen: Das Volk darf keinesfalls an etwas anderes denken als an die Religion und das Brot von morgen! Da es ja zu beschränkt ist, um zu begreifen, daß sein Elend für den »Wohlstand des Staats« notwendig ist.

Sechster Teil

Das Privatleben der Kaiserin

Katharina II., Herrscherin aller Reußen, war dreiunddreißig Jahre alt, als sie den Thron bestieg, und nach damaligen Begriffen keine junge Frau mehr. Sie war eine *noch* junge Frau, recht hübsch und reizvoll und galt nicht unbedingt als eine Vestalin.

Ihr Verhältnis mit Gregor Orlow hatte ihrem Ruf, zum großen Teil durch das anmaßende und indiskrete Benehmen ihres Liebhabers, sehr geschadet. Aber Katharina war eine starke Persönlichkeit, die dem Klatsch, der üblen Nachrede zu begegnen verstand, sie organisierte ihr häusliches Leben so, daß Orlow überall mit dem Vorrang, wenn auch nicht mit dem Titel eines Prinzgemahls aufgenommen und geduldet wurde. Offiziell war er lediglich einer der Ratgeber der Kaiserin, aber in ihren Briefen spricht sie immer sehr lobend von ihm, was vielleicht nicht so sehr Liebe wie Stolz verrät; laut ihr ist Gregors einziger Fehler seine *Faulheit*, die ihn daran hindert, seine enormen Talente zu verwirklichen ...

Gregor war nicht eigentlich faul, er war nur ein Mensch ohne große Intelligenz und Kultur, der bitterlich unter der geistigen Überlegenheit der Frau litt, deren Gefährte er war, ohne ihr Mann werden zu dürfen. Trotzdem tut er sein möglichstes, um mehr zu sein als nur der Ritter der Kaiserin: Er verwendet einen Teil seines Vermögens darauf, den Mäzen zu spielen, er protegiert den großen Gelehrten Lomonossow, er läßt auf dem Dach des Sommerpalastes eine Sternwarte bauen (denn er begeistert sich plötzlich für Astronomie); und schließlich führt er einen Briefwechsel mit Jean-Jacques Rousseau, worüber Katharina nicht sehr erbaut ist. 1765 gründet er eine *Patriotische Gesellschaft*, wo er liberale Ideen zu propagieren sucht und einen Bericht vorlegt über die Zweckmäßigkeit, den Bauern das Besitzrecht über ihr Land zu geben.

1771 schließlich, anläßlich der Pest von Moskau, hatte er endlich Gelegenheit, seine Tatkraft zu beweisen, indem er persönlich den Kampf gegen die furchtbare Geißel organisierte, die die Hauptstadt um die Hälfte ihrer Einwohner entvölkerte: Durch seine Dynamik, seinen Mut, die wirksamen Maßnahmen, die er anzuordnen und durchzusetzen verstand, gelang es ihm in der Tat, die Epidemie einzudämmen. Katharina ließ ihm in ihrer leidenschaftlichen Dankbarkeit einen Triumphbogen bauen und eine Medaille münzen, auf der Gregor mit dem Römer Curtius, der sich in die Flammen stürzt, verglichen wird (mit der Inschrift: »Rußland besitzt einen ebensolchen Sohn.« Gregor, der das Lob übertrieben fand, beschwor die Kaiserin, die anderen »Söhne Rußlands« nicht zu kränken, woraufhin Katharina einwilligte, »ebensolchen Sohn« in den Plural zu setzen).

Katharina hatte sich zweifellos damit abgefunden, den Rest ihres Lebens mit Orlow zu verbringen (obwohl sie ihn, wenn er abwesend war, manchmal mit anderen betrog – sie hatte eine kurze Liaison mit dem jungen Wyssozki). Man weiß, daß sie von Orlow drei Kinder hatte: Alexis Bobrinski, das älteste, noch zu Lebzeiten Peters geboren, wuchs im kaiserlichen Palast auf und galt fast offiziell als Sohn der Kaiserin; ohne ihm eine leidenschaftliche Mutter zu sein, kümmerte sich Katharina um den kleinen Alexis, überwachte seine Erziehung, vermochte jedoch nicht, ihn dem schlechten Einfluß von Höflingen zu entziehen, die ihm schmeichelten und schöntaten und ihm – »zumindest in Zukunft« – zu einem großen Einfluß auf seine Mutter verhalfen; der Knabe, der mit fünf Jahren den Grafentitel erhielt, wurde später studienhalber nach Paris geschickt, wo er ein sehr ausschweifendes Leben führte; er lebte lange, und Nachfahren leben noch heute.

Katharina wagte es nicht, sich zu den beiden anderen Mutterschaften zu bekennen, und die zwei weiteren Kinder Orlows, die unter die anderen kleinen »Schützlinge« gesteckt wurden, die die Kaiserin in ihrem Palast erziehen ließ, genossen keinerlei Vorzugsstellung, so daß ihre Zeitgenossen sich nie über ihre Identität einigen konnten. Das eine kam 1763, das andere 1771 zur Welt. Nein, Katharina konnte es sich nicht erlauben, mit ihrem Liebhaber und den Kindern, die sie von ihm hatte, ein normales Familienleben zu führen; in den Augen der Öffentlichkeit besaß sie nur ein einziges Kind, nämlich Paul.

Obwohl die Beziehungen Katharinas zu ihrem Günstling einem jeden bekannt waren, hielt die Kaiserin darauf, den Schein zu wahren, und Graf Orlow (später erhielt er von ihr den Fürstentitel) war offiziell nur einer der ersten Diener des Staats. Seine Dienste aber waren (abgesehen von seinen Leistungen im Kampf gegen die Pest) als solche äußerst geringfügig. Noch dazu benahm er sich bei der Ausübung seines Rechts als Ratgeber, sich in die Politik einzumischen, dermaßen ungeschickt, daß er sich den Zorn Katharinas zuzog: Als die Friedensverhandlungen mit der Türkei liefen, war er der einzige, der nichts von Frieden wissen wollte, und blieb so hartnäckig, daß die Verhandlungen abgebrochen wurden und Katharina nichts anderes übrigblieb, als sich krank zu stellen, wie Soms, der preußische Botschafter, schreibt, »infolge von Ärger, den man als Ärger mit Dienstboten bezeichnen kann«.

Infolgedessen begann Katharina, nach zwölf Jahren eines Scheinehelebens, ihres Günstlings überdrüssig zu werden, der ihr zwar bedingungslos ergeben, aber beschränkt, aufbrausend, empfindlich und als Liebhaber zudem untreu war: Nachdem sie verschiedene kurzlebige Verhältnisse ihres Freundes geflissentlich übersehen hatte, war sie tief verletzt, als sie erfuhr, daß ihr Freund sie mit der Fürstin Golizyn betrog: Sie war über vierzig und wurde argwöhnisch und eifersüchtig. Auf den Rat Nikita Panins hin – seit jeher Orlows Feind – beschloß sie, sich von einer Bindung frei zu machen, die immer belastender wurde: Sie war ja schließlich nicht verheiratet, sie konnte ohne weiteres mit ihm brechen ...

Dennoch scheint es, daß sie sich, wenn auch Kaiserin und Autokratin, nicht leicht zu diesem Bruch entschloß: nicht aus einem Rest von Liebe, sondern aus weiblicher, natürlicher Angst vor einer Änderung. Obwohl sie noch frisch und hübsch anzusehen und, dicker geworden, jünger wirkte, als sie war, obwohl ihr Schmeichler täglich zu verstehen gaben – und sie glauben machten –, daß sie eine Schönheit sei, war sie sich doch klar darüber, daß ihr am Ende mehr aus Berechnung als aus Liebe schöne Augen gemacht wurden. Jedoch beschloß sie, schweren Herzens und zweifellos mit dem Gefühl, sich in ein überaus gewagtes Abenteuer zu stürzen, offiziell eine neue Liaison zu verkünden, um somit jede Versöhnung mit Orlow zu vereiteln.

Gregor war zu Friedensverhandlungen mit der Türkei nach Foktschani geschickt worden, wo er die Verhandlungen in die Länge zog und die türkischen Botschafter durch seine Arroganz aufbrachte, als er erfuhr, daß in seine Petersburger Wohnung der junge Alexander Wassiltschikow eingezogen war, ein hübscher Bursche aus guter Familie, aber herzlich unbedeutend. Wutschnaubend begab sich Orlow nach Petersburg, mit der Absicht, die Treulose und ihren neuen Liebhaber zu züchtigen. Auf Befehl Katharinas wurde er (angeblich aus Quarantäne-Gründen) in dem am Stadtrand gelegenen Schloß Gatschina festgehalten; und obwohl er streng bewacht wurde, hatte Katharina eine solche Angst vor ihm, daß sie sämtliche Türschlösser in ihrem Palast auswechseln und ihre Gemächer von bewaffneten Wachen umstellen ließ... Bei dem geringsten Geräusch, hinter dem sie die Ankunft Orlows vermutete, war sie bereit, aus dem Thronsaal zu flüchten, um sich hinter den Höflingen zu verstecken; kurzum, sie gebärdete sich so verrückt wie eine in flagranti erwischte Ehebrecherin – welche unbegreiflichen Widersprüche im Charakter dieser Frau, die von Natur aus so mutig, so beherrscht, so sehr auf ihr Ansehen bedacht war... Sie sagte jedem, der es hören wollte: »Sie kennen ihn [Orlow] nicht: Er ist imstande, mich umzubringen, und den Großfürsten dazu!«

Gregor unterfing sich nicht, seine Mätresse und seinen Rivalen mit dem Degen zu bedrohen – vielleicht hatte Katharina das im Grunde ihres Herzens erhofft? Sie weigerte sich, ihren ehemaligen Liebhaber zu sehen, sie schrieb ihm und beschwor ihn mit allem Nachdruck, vernünftig zu sein und aus Gesundheitsrücksichten zu verreisen. Gregor behauptete, sich nie wohler gefühlt zu haben; er weigerte sich, das von ihm geforderte Bildnis Katharinas zurückzugeben – er händigte nur die Diamanten des Rahmens aus; schließlich, nachdem er die Million Rubel, die ihm die Kaiserin anbot, abgelehnt hatte, den Drohungen der Amtsenthebung, der Verbannung nach Ropscha standgehalten und mehrere Wochen lang gewütet hatte, ergab er sich in sein Schicksal und erschien ganz gelassen in Petersburg und im kaiserlichen Palast, zum tödlichen Schrecken der Kaiserin. Er zeigte sich als guter Verlierer, lächelte bitter über die Ängste seiner Mätresse, bezeugte eine plötzliche Sympathie für den jungen Wassiltschikow und ließ sich dann mit Geschenken überhäufen (denn Katharina versuchte mit allen Mitteln, seine Verzeihung zu erwirken). Sechstausend Seelen, 150 000 Rubel Jahresrente, das Sèvres-Geschirr im Wert von 250 000 Rubel und schließlich ein Marmor-Palais. Gewiß schenkte er, um nicht als berechnend zu gelten, der Kaiserin einen prachtvollen Solitär, für den er 460 000 Rubel bezahlt hatte und der in der kaiserlichen Schatzkammer als Orlow-Diamant erhalten geblieben ist.

Danach – da er es nicht ertrug, nicht mehr Günstling und erster Mann im Reich zu sein – begab sich Gregor tatsächlich auf Reisen und überwand seinen Liebeskummer (oder Stolz), indem er sich in seine junge und reizende Nichte, Fräulein Katharina Zinowjew, verliebte. Die Kaiserin, obzwar tief verletzt, sich so bald vergessen zu sehen, intervenierte bei der Synode, um die Heirat zu ermöglichen; und 1771 konnte Orlow sich endlich verehelichen. Seine zarte Frau sollte vier Jahre später in Genf sterben.

Gregors Leben als entthronter Favorit fand ein trauriges Ende: Nachdem er seinen Kummer von Land zu Land getragen, sich vergeblich für das junge Wesen aufgeopfert hatte, mit dem er gehofft hatte, ein neues Leben zu beginnen, kehrte er nach Petersburg zurück, wo er seinem ruhelosen und heftigen Temperament freien Lauf ließ und sich durch seine offenherzigen Reden unaufhörlich neue Feinde machte. Jetzt spielte er seine letzte Rolle: die Rolle eines Menschen, der alle Macht gekannt und nichts mehr zu verlieren noch zu fürchten hat; er kritisierte offen die Kaiserin und ihre Politik und betonte ostentativ seine Liebe für den Großfürsten Paul (den er früher nicht ausstehen konnte). Katharina schonte ihn, weil sie wußte, daß er ungefährlich war. Zu Anfang des Jahres 1782 verstärkten sich die Eigentümlichkeiten seines Charakters und wiesen Anzeichen einer schweren Geistesverwirrung auf. Sein Verstand verdüsterte sich zusehends; man erzählte, daß er an Wahnvorstellungen litt und sich vom blutigen Gespenst Peters III. verfolgt glaubte. Er starb, bereits völlig bewußtlos, am 12. April 1782 im Alter von sechsundvierzig Jahren. Seinen gesamten Besitz hatte er Alexis Bobrinski vermacht, dem Sohn, den er mit Katharina gehabt hatte.

Am Tag nach diesem Tod schrieb Katharina an Grimm einen Brief, in dem sie sich tief bekümmert zeigte, aber nicht unterließ, einen ausführlichen Vergleich zwischen den Charakteren Gregor Orlows und des Grafen Panin zu ziehen (der wenige Tage zuvor gestorben war). »Diese beiden Menschen ... werden sehr erstaunt sein, sich im Jenseits wiederzutreffen.« Von ihrer einstigen Liebe zu Gregor ist nicht einmal die Erinnerung geblieben. Für ihren toten Gefährten findet sie auch die folgenden grausamen Worte: »ein Genie, stark, tapfer, entschlossen, aber sanft wie ein Lamm: *Er hatte das Herz eines Hasen*.« Eine seltsame Grabrede für den brillanten Artillerie-Offizier, den Abgott der Soldaten, den kühnen Verschwörer von 1762 – aber Katharina, die ihn besser als alle kannte, hat ihn zweifellos richtig beurteilt.

Diesen Mann »mit dem Herzen eines Hasen«, den Katharina zweifellos deshalb verachtete, weil es ihm nicht gelungen war, sie im Sturm zurückzuerobern, hatte sie aus Trotz oder Verzweiflung durch einen anderen ersetzen wollen, und der Ersatz war sehr schlecht. Alexander Wassiltschikow, den sie, um Orlow zu reizen, mit großem Pomp zu ihrem Günstling erhoben hatte, stellte sich als ein Dummkopf heraus. Jedoch hatte sie seinetwegen mit der relativen Diskretion, die sie sich bisher auferlegt hatte, Schluß gemacht: Ohne daß er in den Akten als »Liebhaber« der Kaiserin figurierte, war Wassiltschikow dem gesamten Hof als solcher vorgestellt worden; man gab ihm die ehemaligen Gemächer Orlows neben denen der Kaiserin, den Rang eines Adjutanten, ein Geschenk von 100 000 Rubel, ohne daß ihn zu solchen Gunsterweisungen etwas anderes berechtigte als sein hübsches Gesicht und das Glück, Katharina zu gefallen.

Nun aber machte der Neuerwählte seine kaiserliche Mätresse schauderhaft unglücklich, nicht etwa, wie man vielleicht glauben könnte, durch schlechten Charakter, Untreue, Kälte oder Eifersucht, sondern durch seine Geistlosigkeit: Mit ihm langweilte Katharina sich tödlich. Seine Gesellschaft wurde für sie bald dermaßen bedrückend, daß sie (die immerhin weit schlimmeres Unglück ertragen hatte) erklärte, sie sei in ihrem ganzen Leben nie so unglücklich gewesen. Sie weinte nächtelang vor Reue über ihren Mißgriff, wie ein junges Mädchen, das man zu einer Vernunftheirat gezwungen hat und das sich nun auf Lebenszeit dazu verurteilt sieht, sich einem Mann zu fügen, den es nicht liebt. Sie, die später einmal als der Inbegriff der Frau gelten sollte, die ihre Liebhaber wie die Hemden wechselt, blieb im Herzen eine ehrbare deutsche Prinzessin. Damals glaubte sie aufrichtig, daß ihre Verbindung mit Alexander Wassiltschikow fast einer legitimen Ehe gleichkam.

Dennoch konnte diese doch offensichtlich so gewitzte Person zuweilen unglaublich naiv sein – sie war nämlich, und das seit beinahe zehn Jahren, in einen anderen verliebt. Es war noch nicht die große Liebe, nur eine sogenannte »Schwäche«, eine ausgesprochene Vorliebe, die aus Pflicht- und Anstandsgefühl unterdrückt wurde.

Auf Gregor Alexandrowitsch Potemkin war Katharina zum ersten Mal 1762 aufmerksam geworden: Als sie kurz nach dem Staatsstreich in Gardeoffiziersuniform ihre getreuen Regimenter Revue passieren ließ und bemerkte, daß ihr die Degenquaste fehlte, löste sich ein junger Offizier aus den Reihen, ritt geradewegs auf die

Kaiserin zu und überreichte ihr seine Quaste; der Überlieferung nach soll sich in diesem Augenblick Potemkin in Katharina verliebt haben. Jedenfalls gehörte er zu den Offizieren, die den Staatsstreich vorbereitet hatten, da er mit den Brüdern Orlow befreundet war. In den Listen derjenigen, die Katharina für ihre Dienste im Juli 1762 belohnte, stand sein Name an günstiger Stelle: Er war befördert worden, hatte 10 000 Rubel erhalten und anläßlich der Krönung 400 Bauern sowie den Titel eines Obersten und Kämmerers – letzterer, äußerst vage, war dazu bestimmt, ihn hoffähig zu machen.

Sicherlich hatte Potemkin seit jener ersten und kurzen Begegnung es verstanden, der Kaiserin zu gefallen: Sie lobt seine Haltung bei dem Staatsstreich und übertreibt sowohl die Verdienste wie die Jugend des galanten Offiziers (sie sagt, er sei siebzehn gewesen, obwohl er dreiundzwanzig war). Sie streicht eigenhändig das Wort »Kornett« aus (den Rang, den der junge Mann bekommen sollte) und schreibt dafür »Leutnant« hin. 1762 war Gregor Potemkin ein brünetter, großer – zu großer – junger Mensch, von geschmeidigem Wuchs, äußerst anziehendem Gesicht, »ein wahrer Alkibiades«. Ein Gesicht, das mehr als nur schön war: ein feuriges, lebendiges, von Intelligenz sprühendes Gesicht, das man nicht leicht vergaß.

Als kleiner Junker aus der Provinz (er stammte aus dem Regierungsbezirk Smolensk) hatte er in Moskau mit glanzvollem, aber uneinheitlichem Ergebnis studiert, war dann in Petersburg zur Kavallerie gegangen, wo er sich vor allem durch sein zügelloses Leben auszeichnete. Er war arm und machte Schulden über Schulden – was damals für einen jungen Offizier eher ruhmvoll als unrühmlich war. Seine Kameraden liebten ihn wegen seines Witzes, seiner schönen Stimme und seiner mimischen Begabung. Und gerade diese Eigenschaften erlaubten es ihm, die Kaiserin im intimen Kreis zu treffen: Die Brüder Orlow, die die Kaiserin unterhalten wollten, führten ihr eines Tages ihren jungen Schützling zu, weil er ein so ausgezeichneter Imitator war. Da Katharina eine Probe seines Talents verlangte, hatte der junge Offizier nichts Besseres zu tun, als die Kaiserin selbst zu imitieren und haargenau ihren häßlichen deutschen Akzent nachzumachen. Vor den ob solcher Respektlosigkeit entsetzten Anwesenden brach Katharina in schallendes Gelächter aus, und seitdem gehörte Gregor zu den Vertrauten der kleinen Eremitage, wo die Kaiserin mehrere Male in der Woche ihre intimen Freunde empfing.

Das Vergnügen am Gespräch – dem Salongespräch, wie man es im achtzehnten Jahrhundert auffaßte, wo Geist und Witz für einen gebildeten Menschen unerläßlich waren – war eine besondere Passion Katharinas. Sie war selbst sehr geistvoll und witzig – und der Kaiserin erkannte der Hof diese Eigenschaften in noch stärkerem Maße zu, als sie tatsächlich vorhanden waren, was bei ihr zu einer Steigerung ihres Witzes und ihrer angeborenen Lebhaftigkeit führte. Ihre kleinen Soireen in der Eremitage waren für sie ein Hochgenuß. Da sie in ihrem Liebesleben wenig glücklich war, wollte sie unter dem Kapitel »Freundschaft« alles nachholen, was sie sonst so schmerzlich vermißte; sie wollte sich unaufhörlich mit *Freunden* umgeben, echten Freunden, die imstande wären, zu vergessen, daß sie die Herrscherin war; Freunden, mit denen sie ausgelassen sein konnte wie einst, als sie mit ihren Kammerfräulein Versteck spielte ...

Sie war nicht mehr ganz jung, die Höflinge vergaßen nie, daß sie jemand war, auf den man Rücksicht nehmen mußte, die Brüder Orlow – die zwangsläufig in den kleinen Kreis aufgenommen waren – stammten nicht gerade aus dem Salon der Madame Geoffrin; aber Katharina, mit ihrer angeborenen Lust am Jux, gelang es dennoch, sich zu amüsieren. Und der junge Potemkin amüsierte sie vom ersten Tage an, denn sie witterte in ihm eine starke Persönlichkeit, eine Persönlichkeit, die der ihren überlegen war. Er wußte das, aber er war verliebt. Sie war zehn Jahre älter als er, sie hatte geistige und charakterliche Eigenschaften, die er bisher noch bei keiner Frau angetroffen hatte, und sie war die Kaiserin. Ohne vielleicht daran zu denken, Orlow zu betrügen – sie hatte auch viel zu große Angst vor ihm –, schenkte Katharina dem charmanten und respektlosen Kavallerie-Offizier so viel Aufmerksamkeit, daß die Brüder Orlow eifersüchtig wurden. Eines Tages, als sie Potemkin zu sich eingeladen hatte, fingen Gregor und Alexis unter einem nichtigen Vorwand Streit mit ihm an und verprügelten ihn dermaßen, daß er halbtot nach Hause getragen werden mußte. Es heißt, daß er bei dieser Gelegenheit sein linkes Auge verlor; eine andere, glaubwürdigere Version führt den Schaden auf einen vernachlässigten Abszeß zurück. Wie dem auch sei, der schöne, aber inzwischen einäugige Alkibiades verlor jede Hoffnung darauf, der Dame seiner Träume zu gefallen, und beschloß, Mönch zu werden.

Potemkin war in der Tat sehr gläubig und interessierte sich leidenschaftlich für Theologie. In seiner frühen Jugend hatte er in einen Orden eintreten wollen. Aber nach anderthalb Jahren der Zurückgezogenheit, als er erkannte, daß er entschieden nicht für ein Klosterleben geschaffen war – um so mehr, als Katharina die Güte hatte, sich häufig nach ihm zu erkundigen –, erschien er wieder bei Hof und bekleidete dank der dauernden und wohlwollenden Protektion der Kaiserin die verschiedensten Ämter. Er wurde reihum Assistent des Vertreters der Heiligen Synode, Mitglied der Kommission für weltliche und religiöse Angelegenheiten, Protektor der Tataren und anderer asiatischer Völker, Kammerherr am Hof; dann verließ er die Hauptstadt und ging zur Armee, in der Hoffnung, sich im Krieg gegen die Türken auszuzeichnen – und das tat er wirklich, sowohl durch seine Tapferkeit wie durch seine Führerbegabung. Als der Krieg zu Ende war, war es Katharina, die ihn durch einen Brief nach Petersburg zurückberief, der alles versprach.

In der Tat hatte Katharina nie aufgehört, mit ihrem Schützling zu korrespondieren, und trotz allem Beschäftigtsein die Möglichkeit gefunden, sich regelmäßig über das Ergehen jenes zwar armen und einflußlosen Offiziers zu unterrichten, zu dem sie sich aber unwiderstehlich hingezogen fühlte. In dem Brief, der Potemkin nach Petersburg zurückberuft, schreibt sie ihm, nachdem sie ihm bereits die größten Elogen gemacht hat: ». . . da ich den Wunsch habe, mir strebsame, tapfere, intelligente und überlegte Männer zu erhalten, bitte ich Sie, sich nicht unnütz zu fragen, warum ich solches schreibe. Darauf kann ich Ihnen nur antworten, es geschieht, um Ihnen zu bestätigen, wie ich über Sie denke, denn ich bin stets Ihre Ihnen wohlgewogene Katharina.«

Das klingt fast wie eine Liebeserklärung. Von Wassiltschikow zutiefst degoutiert, rief Katharina schließlich einen Mann herbei, von dem sie zweifellos seit langem heimlich träumte. Aber der nichtsahnende Potemkin, der immer noch Orlow für den Favoriten hielt, war, als er nach Petersburg geeilt kam und einen neuen Günstling vorfand, bitter enttäuscht: Was half ihm schon Orlows Verabschiedung, wenn er jetzt einen jungen Beau zum Rivalen hatte? Denn allerdings hatte Potemkin sich in den zehn Jahren entsetzlich verändert; weit entfernt davon, noch an Alkibiades zu erinnern, flößte er – nach Aussagen vieler – eher Abscheu ein. Er war einäugig, seine Ausschweifungen hatten seine Züge vergröbert, sein ehemals geschmeidiger Körper war schwer und unförmig geworden, er war trotz seiner vierunddreißig Jahre nur noch ein »Zyklop«. Der englische Botschafter Sir Robert Cunning sagt von ihm: »Er ist ein Riese von Gestalt und sein Gesicht ist alles andere als anziehend«, fügt aber hinzu: »Er scheint eine große Menschenkenntnis zu besitzen und mehr Unterscheidungsvermögen als seine Landsleute im allgemeinen, außerdem ebensoviel Geschick zur Intrige wie in der Handhabung seines Amtes; und trotz seiner notorisch liederlichen Lebensführung ist er der einzige, der Beziehungen zum Klerus angeknüpft hat.«

Aus Eifersucht auf Wassiltschikow und in der Hoffnung, Katharinas Phantasie anzurühren, verkündet Potemkin – der keinerlei Geheimnis aus seiner Passion für die Kaiserin macht – erneut seinen Entschluß, aus hoffnungsloser Liebe ins Kloster zu gehen. Und im Kloster sucht die Gräfin Bruce ihn auf, um ihm im Auftrag ihrer Herrin alle erdenkliche Gunst zu versprechen. Er soll zum Adjutanten ernannt werden und Wassiltschikow den Befehl erhalten, aus Gesundheitsgründen zu verreisen – mit einer Abfindung von 100 000 Rubel plus 7 000 Bauern, Diamanten im Wert von 60 000 Rubel usw. und einer lebenslänglichen Jahresrente von 20 000 Rubel. »Ich war«, sagte später der junge Mann, der die Gunst der Kaiserin keine zwei Jahre genossen hatte, »nichts anderes als eine Kokotte.«

Überglücklich, ihren langweiligen Anbeter losgeworden zu sein, gab sich Katharina zum erstenmal in ihrem Leben einer freien, leidenschaftlichen und unberechnenden Liebe hin; die Briefe, die sie Potemkin schrieb (und sie schrieb ihm täglich, sogar, als er sich nur zwanzig Meter entfernt im Nebenzimmer befand), beweisen die Verzauberung, das Staunen einer Frau angesichts ihrer ersten wahren Liebe. Mit Potemkin ist sie nur noch die verkörperte Zärtlichkeit, Demut, Geduld, selbst bei Vorwürfen, verliebte Angst und unaufhörliche Sorge um das Wohlergehen, das Glück ihres Geliebten. Von Potemkin sind nur wenige Briefe erhalten – Katharina verbrannte sie, während Gregor die Briefe seiner Mätresse aufbewahrte und sie in einer Brusttasche über dem Herzen bei sich trug. War er vielleicht mehr ehrgeizig als verliebt?

Ehrgeizig war er bestimmt sehr, aber beide Passionen gingen Hand in Hand. Und zweifellos mochte die totale Ergebenheit einer Frau, die sich bereits auf dem Abstieg befand, wenn nicht gar schon alterte, zuweilen jenem blasierten Mann auf die Nerven gehen, der es gewohnt war, daß alle Frauen ihm zu Füßen lagen. Denn fest steht, daß er trotz seiner Häßlichkeit bei Frauen niemals

als häßlich galt; Katharina war die erste, seine Schönheit zu bewundern, und seine Erfolge bei Frauen sind ohne Zahl. Vielleicht war Gregor Potemkin enttäuscht darüber, daß die Kaiserin genauso war wie alle früheren Mätressen. Sie ist so typisch weiblich, so genau wie alle anderen, die er gekannt hat – sie liebt ihn, liebt ihn unwandelbar, mit rührend entwaffnender Banalität.

Potemkin aber war eine eigenartige und merkwürdige Natur. Nicht umsonst hatte er Anfälle von Mystizismus und Schwermut, er war nicht der Mensch, sich mit der Liebe einer Frau zu begnügen.

Katharina schrieb, wie sie sprach, wie sie atmete; nachdem sie endlich einen Geliebten gefunden hatte, den sie ohne sich zu belügen als ihresgleichen betrachten durfte, verströmte sie ihre Leidenschaft in langen Liebesergüssen – bestimmt dachte sie bei ihren Briefen an Potemkin nicht an die Nachwelt. Sie scheint zuweilen von der Glut ihrer Liebe erschrocken, zumindest tut sie so, als wehre sie sich dagegen: »Ich habe meinem ganzen Körper, bis in die kleinste Haarspitze hinein, befohlen, Euch nicht den geringsten Liebesbeweis zu geben. Ich habe meine Liebe zehnfach in meinem Herzen verriegelt, sie erstickt dort und quält sich und droht, es zu sprengen . . .« »Ein ganzer Strom absurder Worte entspringt meinem Kopf. Ich verstehe gar nicht, wie Du eine Frau, die so unzusammenhängend denkt, ertragen kannst!«, und sie fügt, ohne Scham, auf Französisch hinzu: »O Monsieur Potemkin, welches vermaledeite Wunder haben Sie vollbracht, einen Kopf derartig zu verwirren, der bisher als einer der besten Europas galt!« So sagt sie auch: »Du wirst ihn mit deiner Maßlosigkeit anwidern.«

Hat sie ihn wirklich »angewidert«? Ihre Liebe war maßlos, überschäumend, hemmungslos; man braucht nur die Namen anzusehen, die sie ihrem Geliebten gab, Namen, die gewiß viele Männer albern gefunden hätten: mein Täuberich, mein Goldfasan, mein goldener Hahn, mein Pfau, Kater, Tiger, Dschungellöwe, Wolf und Vogel zugleich, meine marmorne Schönheit, mein Liebling, an den kein König herankommt, mein kleines Herz, mein Herzblatt, mein geliebtes Püppchen, mein liebes Spielzeug, und noch viele andere Namen, die für einen Koloß mit »alles andere als anziehendem Gesicht« höchst wunderlich scheinen. Nichtsdestoweniger schien dieses stürmische Glück, das von Zeit zu Zeit durch Launenhaftigkeit und retrospektive Eifersuchtsanfälle Potemkins getrübt wurde, dazu angetan, Jahre zu dauern; kein äußeres Hindernis schien ihm ein Ende bereiten zu können; die Liebenden waren sich der tiefen sinnlichen, seelischen und geistigen Übereinstimmung, die zwischen ihnen herrschte, wohl bewußt und von keinerlei Vorurteil belastet.

Mehr noch: Potemkin war, im Gegensatz zu Orlow, kein geachteter, aber untergeordneter Gefährte, darauf beschränkt, die Befehle seiner kaiserlichen Mätresse auszuführen. Er wurde in kurzer Zeit zum eigentlichen Herrscher Rußlands. Katharina traf keine Entscheidung ohne ihn, ließ ihn für sie handeln, da sie begriff, daß sie zum ersten Mal in ihrem Leben einem Menschen ungewöhnlichen Formats begegnet war. Die Größe der Herrschaft Katharinas ist weitgehend das Verdienst Potemkins.

Ging Katharina so weit, den Mann, den sie liebte, zu heiraten? Es existiert kein Dokument, welches das bewiese, aber gewisse Ausdrücke in Katharinas Briefen (»Bin ich nicht seit Jahren durch die heiligsten Bande an dich gebunden?« »Ich gehöre Dir auf jede erdenkliche Weise«) geben zu denken. Nach einer Überlieferung, die auf den Grafen von Ségur zurückgeht, wäre die Ehe Ende 1774 in der Kirche von Sankt Samson geschlossen worden . . . Beweise dafür gibt es keine; es ist zwar durchaus denkbar, aber Potemkin strebte niemals den Titel eines morganatischen Gemahls an. Ob Katharina Madame Potemkin gewesen ist oder nicht, spielt keine Rolle: Die beiden Liebenden waren so bar jedes moralischen Vorurteils, daß das Sakrament der Ehe in ihren Augen nicht mehr gegolten haben dürfte als die leidenschaftlichen Liebesschwüre, die sie täglich austauschten.

Zahllos sind die Briefe, in denen sich Katharina – zärtlich, schüchtern, zuweilen leicht humorvoll – über die Kälte ihres »Grischa« beklagt: »Ich komme zu Dir, um Dir zu sagen, wie sehr ich Dich liebe, und finde Deine Tür verschlossen.« Eines Tages, als er sie nicht empfangen wollte, weil er eine Unterredung mit seinem Freund Fonwisin hatte, schreibt sie ihm: »Ich verstehe durchaus, daß dieser Mann Sie mehr interessiert als ich, Chéri, aber bedenken Sie bitte, daß ich Sie liebe, während er nur sich selbst liebt . . .« Man möchte annehmen, daß Potemkins Stolz unter seiner »Günstlings«-Situation ebenso litt wie Orlows. Auch weiß man, daß er eifersüchtig war: Ging er nicht eines Tages so weit, Katharina zu beschuldigen, vor ihm fünfzehn Liebhaber gehabt zu haben? Bei einem so notorischen und zynischen Lebemann war die Eifersucht an sich schon ein Liebesbeweis.

(Katharina erwiderte, daß die Zahl ihrer Liebhaber nur ein Drittel der von ihm angenommenen betragen habe: »Den ersten nahm ich gezwungenermaßen, den vierten aus Verzweiflung ...; Gott weiß, daß ich die drei anderen nicht aus Lasterhaftigkeit nahm, zu der ich niemals geneigt habe. Hätte ich in meiner Jugend einen Mann gehabt, den ich hätte lieben können, wäre ich ihm bis an mein Lebensende treu geblieben. Mein ganzes Unglück ist, daß mein Herz nicht einmal eine Stunde ohne Liebe leben kann.«)

Potemkin verlangte andere Liebesbeweise als bloße Worte oder Liebkosungen: Er konnte Katharina nicht verzeihen, daß sie die Orlows, Panin, seine erklärten Feinde, schonte – aber die Kaiserin hatte Mitleid mit ihren früheren Geliebten, und sie brauchte Alexis Orlow und Panin. Sie blieb standhaft, und Potemkin war geschickt genug, um sie nicht vor den Kopf zu stoßen: Alter und Krankheit beseitigten Panin, den er 1775 im Außenministerium ersetzte. Gregor Orlow, der zunächst »aus Gesundheitsrücksichten« auf Reisen geschickt worden war und dann wegen der Gesundheit seiner jungen Frau hatte reisen müssen, trotzte ebenso stolz wie machtlos dem bestehenden Regime. Alexis, der begabtere und weniger ehrgeizige, leitete mit Erfolg die Operationen der russischen Flotte. Potemkin herrschte.

Die Macht allein vermochte ihn nicht zu befriedigen, und er verfiel häufig in Depressionen – in einem ihrer Briefe an ihn erklärt und beschreibt Katharina ihn als einen Menschen, der hin- und hergerissen ist zwischen dem Verlangen, sich in Gott zu verlieren, und seinem maßlosen Stolz. Mit seinem furchtbaren Ehrgeiz, seiner Eifersucht, seiner Herrschsucht, seinem verzehrenden Tatendrang verband dieser nicht sehr bequeme Geliebte auch noch das Wesen eines verhinderten Mystikers: sein glühender, suchender Glaube, der ihn hin und wieder in einen Abgrund von Verzweiflung und Selbstekel stürzte, war noch etwas, das zwischen ihm und Katharina stand; auf diesem, wie auf dem Gebiet der Musik, war es ihr nicht gegeben, ihm zu folgen.

Sie begnügte sich damit, zu versuchen, ihn zu verstehen, und zu lieben.

Nach zwei Jahren gegenseitiger, aufrichtiger, wenn auch nicht glücklicher Leidenschaft trat Potemkin seinen Platz im Bett der Kaiserin an einen jungen und charmanten Ukrainer namens Peter Sawadowski ab.

Die Affäre erregte am Hof Aufsehen, man glaubte, der allmächtige Minister sei in Ungnade gefallen, man erwartete furchtbare Wutausbrüche – nichts von alledem geschah, Potemkin wurde weiterhin mit derselben Rücksicht, denselben Freundschaftsbezeugungen von der Kaiserin empfangen, wohnte wie bisher im kaiserlichen Palast und schien sich bestens mit seinem jungen Rivalen zu vertragen . . . In diesem Punkt konnten der Hof, die Feinde Potemkins sowie die ausländischen Diplomaten nur Vermutungen anstellen, wie es die Historiker noch bis auf den heutigen Tag tun. Denn die Wahrheit, die bald alle erfuhren, schien nicht zu fassen: Der Mann, den Katharina glühend geliebt hatte und zweifellos noch immer liebte, verzichtete auf seine Pflichten als Liebhaber und übernahm es, seiner Mätresse, die Glücklichen, die zu seinen Nachfolgern bestimmt waren, selber auszusuchen.

Wollte Potemkin, da er sah, wie Katharinas Sinnlichkeit allmählich erkaltete, sich seine Macht dadurch sichern, daß er einfach ein Freund und Ratgeber blieb? War er selber seiner Mätresse so überdrüssig, daß er sein ihm lästig gewordenes Amt mit anderen besetzte? Wollte er aus einer Perversität, die seinem merkwürdigen und unsteten Geist entsprochen hätte, eine dauerhaftere Macht auf diese Frau erlangen, indem er sie durch schöne Jünglinge, die er selbst aussuchte, beherrschte? Oder war die alternde Katharina eine nach frischem Fleisch lechzende Menschenfresserin geworden, unfähig, einem nicht sehr jungen Mann (er war sechsunddreißig, sie sechsundvierzig) treu zu bleiben? Das mögen alles sehr gute Erklärungen sein, aber keine ist erschöpfend. Jedoch hat es den Anschein, daß Potemkin es war, der Katharina auf den Pfad des Lasters trieb – es gibt kein anderes Wort dafür – und, nachdem er sie einmal verdorben hatte, ihr gegenüber gewissermaßen die Rolle eines Zuhälters spielte . . . Gewiß, die Zahlende war stets Katharina. Aber die Auserwählten zahlten, mit Zustimmung Katharinas, sobald sie antraten, ihren Tribut an Potemkin.

Katharinas ganzes Verhalten Potemkin gegenüber beweist, daß sie ihn weiterhin liebte, daß sie seine Gegenwart nicht entbehren konnte, daß sie ihn allein fürchtete, schätzte und bewunderte. Sie war trotz allem zu sehr Frau, um einen Mann nur deshalb zu schonen, weil sie in ihm einen fähigen und tatkräftigen Minister sah. Sie wäre ihm, wenn er es gewollt hätte, zweifellos treu geblieben, denn mit ihm war sie demütig, süchtig nach Selbstverleugnung, Unterwerfung und Zärtlichkeit – darum ist es wahrscheinlich, daß die

Veränderung ihrer Beziehungen auf Potemkin zurückzuführen ist; vielleicht wußte er, daß sein schwieriger Charakter selbst der geduldigsten Frau zuviel werden würde. Und Katharina war keineswegs immer geduldig.

Gewiß ist, daß er das Privatleben Katharinas so gut regelte, daß sie unter den Kandidaten, die Potemkin ihr mit seiner offiziellen Zustimmung schickte, nur zu wählen brauchte. Sawadowski machte den Anfang einer Serie, die etwa fünfzehn erfolgreiche Anwärter betrug (mit einer einzigen Ausnahme: Subow, der letzte; eine Verirrung, die Potemkin der Kaiserin nicht verzeihen konnte).

Die Amtsdauer der »Erwählten« betrug etwa zwei Jahre – danach wurden sie fristlos und mit einer reichen Abfindung vom Hof entfernt. »Kokotten«, wie Wassiltschikow es gewesen war. Aber wenn Katharina jetzt einen Liebhaber satt hatte, weinte und klagte sie nicht mehr Tag und Nacht, denn alles war viel einfacher geworden. Und doch hatte sie einst an Potemkin geschrieben: »Ich habe mir an diesem Schwachkopf Wassiltschikow die Finger verbrannt. Obendrein fürchte ich, daß die Gewohnheit mich auf Lebenszeit unglücklich machen oder meine Tage verkürzen würde. Wäre dieser Schwachkopf noch ein Jahr lang bei mir geblieben und wärest Du nicht gekommen – oder hätte ich in Dir nicht den Mann meiner Träume gefunden –, ist es sehr wahrscheinlich, daß ich mich an ihn gewöhnt und die Gewohnheit gesiegt hätte.«

Aber bei den Nachfolgern Potemkins entfallen solche Skrupel. Der jeweilige Favorit wurde im allgemeinen geliebt, bewundert, verhätschelt und den zahllosen ausländischen Briefpartnern der Kaiserin als ein Wunder an Vollkommenheit vorgeführt; er prangte auf allen öffentlichen Empfängen an Katharinas Seite, trug nicht den Titel eines Liebhabers, erlaubte sich in der Öffentlichkeit keine unpassende Vertraulichkeit, war aber zu dauerndem Dienst und absoluter Treue verpflichtet, eine männliche Odaliske, eine Luxuspuppe, umschmeichelt, umschwärmt – manchmal gefürchtet, aber nicht allzusehr, der ohne Federlesens entlassen wurde, wenn er nicht mehr gefiel. Und Potemkin übernahm es, der Kaiserin einen neuen Adjutanten zu finden.

Das Spiel vollzog sich zwischen den nunmehr »platonisch« Liebenden mit größter Offenheit: So schickte Potemkin nach der Entlassung Jermolows der Kaiserin den jungen Alexander Mamonow mit dem Auftrag, ihr einige Aquarelle zu überbringen, welche sie mit der Notiz an ihn zurückgehen ließ: »Die Zeichnung ist schön, aber die Wahl der Farben weniger glücklich«, was nichts anderes bedeutete, als daß der junge Mann gut gewachsen sei, aber sein Teint zu wünschen übrig lasse (übrigens blieb er zwei Jahre lang in ihrer Gunst, hatte aber bald das Pech, sich in ein junges Mädchen seines Alters zu verlieben . . . Katharina entrüstete sich, weinte – und verheiratete die beiden Schuldigen umgehend miteinander).

Einer der Favoriten, Mamonows Vorgänger Jermolow, beging die Dummheit, sich gegen Potemkin auflehnen zu wollen und sich unabhängig zu machen. Dadurch war er sehr bald erledigt; Potemkin gebot der Kaiserin im Thronsaal, vor versammeltem Hof, zwischen ihm und dem jungen Mann zu wählen, wobei er hinzufügte: » . . . und in Zukunft hoffe ich glücklicher in der Wahl eines jungen Mannes, der Ihnen gefallen könnte, zu sein.« Katharina gab sofort nach und beauftragte Potemkin, ihrem allzu anmaßenden Liebhaber unverzüglich den Laufpaß zu geben. Ein derartiger Gehorsam beweist, daß Katharina, zumindest in Dingen des Gefühls, jeden Stolz abgelegt hatte; Potemkin beherrschte sie durch das Recht des Stärkeren, vor dem die Kaiserin nur eine ängstliche Frau war, der es darum ging, sich zu rechtfertigen . . .

Was bedeuteten nun für sie jene jungen Liebhaber, die alle schön, charmant, respektvoll, zärtlich und temperamentvoll waren? Katharina alterte, aber das Alter der Favoriten blieb immer das gleiche: zwischen zweiundzwanzig und vierundzwanzig Jahren. Selbstverständlich suchte sie in ihnen eine physische Potenz, die sie bei einem Mann ihres Alters nicht erwarten konnte; aber die Jugend erweckte in ihr auch verschüttete Mutterinstinkte, so daß sie auf ihre Weise eine Lösung für den Ödipus-Komplex beziehungsweise den der Jokaste fand: da sie ihren eigenen Sohn – ihre eigenen Söhne – nicht liebte, wandte sie sich mit mehrdeutiger, aber echter Liebe jenen Jünglingen zu, die so schön, so abhängig von ihr waren, sie wollte sie erziehen, sie bilden, sie zu »guten Dienern des Staates« machen. Sie förderte – ohne das Geringste davon zu verstehen – die musikalische Begabung des jungen Iwan Rimski-Korssakow (der die Undankbarkeit hatte, sie mit der Gräfin Bruce zu betrügen); sie machte sich ein Vergnügen daraus, den jungen Alexander Lanskoi geistig fortzubilden, der übrigens von Jugend auf im kaiserlichen Palast erzogen worden war, und den sie so sehr als Kind behandelte, daß man glauben konnte, ihre Gefühle für ihn seien in Wirklichkeit rein mütterliche. Ihr letzter Favorit, Platon Subow, war ebenfalls ein ehemaliger »Zögling« der Kaiserin.

Der plötzliche Tod Lanskois, der in wenigen Tagen durch Scharlach und eine hinzugetretene Angina dahingerafft wurde, traf sie tief, und sie beweinte sechs Monate lang dieses »Kind«, von dem sie sich »die Stütze ihres Alters« erhofft hatte – war es die Verzweiflung der Liebenden oder der Pflegemutter? In ihrem Briefwechsel mit Grimm unterrichtet Katharina ihn bereitwillig der Reihe nach über Charakter, Vorlieben und Schwächen ihrer Favoriten, ganz ohne Scham, da sie ja lediglich als junge Leute gelten, die sie zu bilden trachtet – von einigen, beispielsweise Dimitrow-Mamonow, spricht sie mit freundlicher Herablassung (» . . . Wir sind verteufelt intelligent . . . wir adorieren die Musik . . . wir verbergen unsere Liebe zur Dichtung, als sei es ein Verbrechen . . .«) Dieses »wir« verwendet sie genauso, wenn sie von ihren ein- bis zweijährigen Enkelkindern spricht, sie beschreibt mit der gleichen Sachlichkeit das Temperament und die Neigungen ihrer Lieblingshunde – die »Familie Anderson«, »Mr. Thomas« . . . Sie ist über die Maßen liebevoll, auf eine echte, etwas oberflächliche Art – ihre Neigung für Lanskoi jedoch ging, wie ihr Schmerz beweist, ziemlich tief. (»Ich schleppe mich wie ein Schatten dahin . . . ich kann keinen Menschen sehen, ohne daß mir vor Schluchzen die Stimme versagt . . .«) Es war nicht Liebe und auch nicht wirkliche Lasterhaftigkeit, sondern nur ein Mittel, um mit ihrer Triebhaftigkeit fertig zu werden.

Bestimmt aber bewegte die Art der sozusagen offiziellen Einrichtung der »Favoriten« die Gemüter und trug Katharina einen Ruf ein, den sie nicht zu verdienen glaubte: Sie mußte ihr Leben lang so sehr auf Ehrbarkeit bedacht sein, daß sie mit der Zeit beinahe glaubte, ihr Treiben bleibe verborgen. Einem unausrottbaren Gerücht zufolge, das an allen Höfen und in allen Schmähschriften, sogar zu Lebzeiten der Kaiserin, kursierte, wurde der Mann, dem Katharina ihre Gunst schenkte, jedesmal nach einem Verfahren gewählt, das sich folgendermaßen abspielte: Der junge Mann wurde zuerst heimlich von dem Interesse unterrichtet, das die Kaiserin für ihn hegte, danach von einem Arzt untersucht, danach von der Gräfin Bruce »examiniert«, die Verstand und Charakter prüfte, dann von derselben Gräfin auf »intimere Weise« ausprobiert – und anschließend von der Kaiserin selbst genehmigt. Möglicherweise hat sich das zwei-, dreimal oder auch öfter so abgespielt, aber so etwas läßt sich selbstverständlich dokumentarisch nicht beweisen. Auf jeden Fall machten sich Katharina und ihre »Probierdamen«

zum Gespött ganz Europas; und es ist schwer zu sagen, ob es sich dabei um reine Verleumdung handelt oder um Mitteilungen, die auf Tatsachen beruhen. Wie dem auch sei, scheinen die Biographen, die behaupten, daß Katharina nach ihrem »Bruch« mit Potemkin das Leben einer Vestalin führte und sich damit begnügte, nette junge Leute zu fördern, denen sie aus reiner Herzensgüte Tausende von »Seelen« und Hunderttausende von Rubeln schenkte, sich ein allzu idyllisches Bild von der Kaiserin zu machen.

Mit sechzig Jahren sollte Katharina – infolge einer Liebesenttäuschung, die sich in Abwesenheit Potemkins begab – einen Liebhaber nehmen, den Potemkin ihr nicht ausgesucht hatte. Das war Platon Subow; und es zeigte sich, daß Potemkin stets wußte, was er tat, denn dies eine Mal, da er die Wahl des Favoriten nicht genehmigt hatte, erwies sich diese als entschiedener Mißgriff: Der schöne Platon war ein harter, intriganter und ehrgeiziger Bursche und erlangte auf die von seniler Sinnlichkeit beherrschte Katharina schließlich einen Einfluß, der in keinerlei Verhältnis zu seinen Fähigkeiten stand.

Potemkin allerdings blieb bis zuletzt in ihrer Gunst. Als er 1791 bei einem Feldzug gegen die Türken starb, war Katharina tagelang völlig verzweifelt, ordnete allgemeine Hoftrauer an und wollte wochenlang niemanden empfangen, nicht einmal ihre Enkelkinder... »Mein Schüler, mein Freund, ich kann sagen: mein Abgott, Fürst Potemkin von Taurien, ist nach einmonatiger Krankheit in der Moldau gestorben...«, schrieb sie an Grimm. Sie war so zerschlagen, daß sie nur unablässig wiederholte: »Auf wen kann ich mich jetzt stützen?«

Ihr Leben als Frau war schon lange vorbei. Was blieb, war nur eine Sinnlichkeit, die Katharina um so mehr versklavte, als sie aus unausrottbarer falscher Scham darauf bestand, sie als Liebe zu deklarieren. So daß Subow sie durch seine Härte und seine klug berechneten Gunstbeweise zeitweise zu einer Karikatur ihrer selbst machte.

So sah das Privatleben Katharinas aus, zumindest ihr Liebesleben. Aber sie war auch eine Mutter. Und sie war auch – und vor allem – eine Herrscherin. Und schließlich war sie die Frau, die noch zu ihren Lebzeiten ihre eigene Legende zu schaffen und zu nähren verstand, und diese Tat ist nicht zu unterschätzen.

Die Mutter und Großmutter

Man wird niemals wissen, ob nun Paul eigentlich der Sohn Peters III. und infolgedessen legitimer Thronfolger Rußlands war oder nicht. Wahrscheinlich war er es nicht. In ihren Memoiren ist Katharina sehr darauf bedacht, anzudeuten, daß ihr Sohn ihrem Liebesverhältnis mit Serge Saltykow entstamme. Daß eine Herrscherin der Nachwelt ein solches Bekenntnis macht, ist ziemlich einmalig – aber Katharina hatte dafür wichtige Gründe. War sie doch für einen großen Teil der öffentlichen Meinung eine Usurpatorin, wenn schon nicht seit ihrer Machtergreifung, so doch zumindest seit der Mündigkeit Pauls. Sie nahm einen Platz ein, der von Rechts wegen ihrem Sohn gebührte.

Sie konnte ein Interesse daran haben, vermuten zu lassen, daß Paul in Wirklichkeit keine Rechte besaß; daß er seine einzigen »Rechte« von ihr beziehe, daß sie ihm nichts stehle.

Aber ob Bastard oder nicht, Paul war ein legitimer Sohn und öffentlich als solcher anerkannt. Das Volk vergaß ihn nicht, und Pugatschew, der bei jeder Gelegenheit seine Liebe für den jungen Mann betont hatte, hatte das gewußt. Anläßlich einer Reise des Großfürsten nach Deutschland weigerten sich die Schauspieler des Theaters in Wien, die Hamlet-Tragödie vor ihm zu spielen – weil Paul darin Ähnlichkeiten mit seiner eigenen Situation hätte erkennen können. Katharina blieb, trotz der Achtung und Bewunderung, die ihre staatsmännischen Eigenschaften erweckten, in den Augen der Öffentlichkeit die skrupellose Frau, die ihren Mann hatte ermorden lassen und den eigenen Sohn nicht auf den Thron ließ.

»Hamlet« wuchs bei einer Mutter auf, die ihn sicherlich liebte, aber mehr noch ihre Liebhaber, und am meisten die Macht. Sie beschäftigte sich mit ihm: Diese geballte Kraft fand inmitten ihrer zahllosen Tätigkeiten und Zerstreuungen die Zeit, einen Teil ihres Tags im Kinderzimmer zu verbringen, manchmal mit dem Kleinen zu spielen und seinen Unterricht zu überwachen. Paul, dem der Graf Panin von 1760 an ein durch Staatsgeschäfte überlasteter, aber gewissenhafter Erzieher war, erhielt einen glänzenden, vielleicht allzu glänzenden Unterricht, denn mit seinem zehnten oder elften Lebensjahr wurde er bereits in die Werke von Leibniz und d'Alembert eingeführt: Nun aber war Paul, obwohl intelligent, durchaus kein Wunderkind.

Er war ein schwieriges, kränkliches, übernervöses Kind; als er älter wurde, verloren seine Züge ihre Anmut und wurden ausgesprochen häßlich. Daß er bis zu seinem achten Lebensjahr bei einer unvernünftigen Großtante aufwuchs, die ihn mit ihrer Fürsorge erstickte, ihn mit einer Schar von Ammen umgab und ihn, aus Angst, er könne sich überanstrengen, keinen selbständigen Schritt tun ließ, war für ihn außerordentlich schlecht gewesen. Als liebevolle Mutter, die Katharina zumindest sein wollte, gab sie sich alle Mühe, den kleinen Knaben zutraulich zu machen, der ihr bisher ein Fremder gewesen war; er liebte sie und wurde alsbald eifersüchtig auf Orlow – der seinerseits auf ihn eifersüchtig war –, und unter jener klassischen Eifersucht litt das Kind weit mehr als der rauhe Soldat, der andere Sorgen im Kopf hatte.

Als er heranwuchs, erfuhr Paul sehr bald, daß seine Mutter seine Rechte verletzte, daß sein Vater unter verdächtigen Umständen gestorben war – er las sogar das Pamphlet Ruhliers, der Katharina offen des Mordes an ihrem Gatten bezichtigte. Er erlebte sehr früh die Qualen Hamlets, und da er noch ein Kind war, wurde er davon auf immer gezeichnet. Bereits durch sein Standesbewußtsein verdorben, das ihn unmäßig stolz, schroff und hochmütig machte, verschloß er sich immer mehr in eine kaum verhüllte Trotzhaltung gegen seine Mutter; er zeigte sich ihr gegenüber kalt und mißtrauisch, was die Liebe, die sie noch immer für ihn hegte, erlahmen ließ. Er begann seinen Vater zu idealisieren – den Vater, den er gewissermaßen nie gekannt hatte – und ihn, wo er nur konnte, zu kopieren: Da er wußte, daß Peter III. sich für militärische Übungen und alles, was mit der Armee zusammenhing, begeistert hatte, wurde auch er ein Anhänger dieser »Marotte für das Militär«, die bald in Manie ausartete. Da er von Natur aus viel heftiger und härter war, als es Peter III. je gewesen, grenzte mit der Zeit seine Manie beinahe an Irrsinn.

Katharina liebte ihren Sohn nicht mehr: In dem Maß, in dem er älter wurde, stießen seine Charakterfehler, seine Häßlichkeit, seine deutliche Feindseligkeit ihr gegenüber sie um so mehr ab, als sie in ihm nicht mehr einen Sohn, sondern einen Rivalen sah: Denn man sagte ja bereits ganz laut, daß sie am Tage des Staatsstreichs Gregor Orlow versprochen hätte, sobald ihr Sohn mündig geworden sei, zu seinen Gunsten abzudanken. Dazu hatte sie nicht die geringste Lust. Um so weniger Lust, als sie sich, nicht ohne Grund, für eine gute Herrscherin hielt und der Meinung war, daß Paul nicht über die Fähigkeiten verfügte, die zum Regieren notwendig sind. Katharinas Feinde behaupteten, sie habe den Rat Teplow eigens dazu beauftragt, dem jungen Fürsten die Lust an Staatsgeschäften zu nehmen: Teplow soll angeblich den Großfürsten gezwungen haben, Stapel von trockenen Akten zu studieren, um ihn auf diese Weise gegen solche Arbeit einzunehmen ... Es gehört wahrlich keine perfide Berechnung dazu, um in einem launischen und unbeherrschten jungen Menschen Widerwillen gegen ernsthafte Arbeit zu säen.

Nein, Paul sollte bei seiner Mündigwerdung nicht regieren, er sollte nicht einmal an der Regierung beteiligt sein, gleichviel in welcher Form. Sein Ehrgeiz war inzwischen so verdrängt – denn er fürchtete, seine Mutter wolle ihn ebenso beseitigen, wie sie seinen Vater beseitigt hatte –, daß er nicht einmal den Wunsch äußerte, seinen Anspruch auf die Macht geltend zu machen, die ihm von Rechts wegen zustand. Er erwies sich als ergebener und respektvoller Sohn. Katharina, die sowohl an das Glück ihres Sohnes wie an die Zukunft der Dynastie dachte, verheiratete ihn ziemlich jung (er war erst neunzehn) mit der Prinzessin Wilhelmine von Hessen-Darmstadt, die unter dem Namen Natalja Alexejewna Großfürstin wurde – die Wahl war, wie sich zeigte, keine sehr glückliche, denn die junge Frau, die Paul leidenschaftlich zu lieben schien, war verschwenderisch, ehrgeizig, frivol und egoistisch; nach dreijähriger Ehe starb sie im Kindbett, nachdem sie ein totes Kind entbunden hatte. Die Verzweiflung des jungen Gatten war entsetzlich – man fürchtete, daß er sich etwas antun oder aus Kummer sterben wolle ... und auf jeden Fall, daß er sich weigern werde, ein zweites Mal zu heiraten. Katharina griff zu einem grausamen Mittel: Sie zeigte ihrem Sohn Briefe, die man in der Kassette der Verstorbenen gefunden hatte, Liebesbriefe an einen anderen. Pauls Verzweiflung wurde womöglich noch größer, denn der Mann, mit dem er betrogen worden war, war ausgerechnet sein bester Freund, Graf Rasumowski.

Aber schließlich verlangte die Jugend ihr Recht: Paul willigte ein, sich ein zweites Mal verheiraten zu lassen, und diesmal war die Ehe ein Erfolg: Die junge Sophie Dorothea von Württemberg (nunmehr Maria Feodorowna) war ein gutes und sanftes Geschöpf, das sehr bereit war, ihren Gatten zu lieben und über seine Häßlichkeit und seinen schwierigen Charakter hinwegzusehen; sie liebte ihn treu und wußte seine Liebe zu gewinnen. Sie hatten viele Kinder.

Es war noch nicht das volle Glück: Die beiden Erstgeborenen – zwei Knaben – wurden den Eltern fast bei der Geburt weggenommen: Die Großmutter wollte sie selber erziehen. Die Sorge für die Erziehung der Mädchen überließ Katharina freundlicherweise der Großfürstin. Aber die Fürsorglichkeit der Kaiserin für die beiden Knaben war nicht der einzige Grund zur Trauer für die Eltern, denen man ungerechterweise die Söhne entrissen hatte: von Anfang an erkannte Paul, daß seine Mutter selbst den künftigen *Kaiser* aufziehen wollte, um ihn, den Vater, zugunsten seines ältesten Sohnes, Alexander, zu enterben.

Katharina war eine passionierte Großmutter. Ihre Briefe an Grimm bestätigen das: Von den ersten Tagen, den ersten Wochen an liebte sie den kleinen Alexander – ihren »Monsieur Alexander« – abgöttisch, und ihrem »*Seelenfreund*« durfte nicht die kleinste Einzelheit seines Werdegangs vorenthalten werden. Laut Katharina ist das Kind außerordentlich begabt, mit drei Jahren hat es schon den Verstand eines Sechsjährigen, es versteht jedes Wort, ist heiter, empfindsam, zärtlich und schön wie Amor. So reden alle Großmütter. Bei der Geburt Alexanders war Katharina neunundvierzig Jahre alt; sie hatte nicht das Glück gehabt, ihre Kinder selber aufzuziehen, jetzt holt sie das nach – was kümmert sie die Mutter, diese törichte Person, die das bezaubernde Wesen des Kindes durch eine falsche Erziehung bestimmt schwer schädigen würde.

Sie wiederholt unaufhörlich: »Ich bin ganz verliebt«, »Ich bin ganz verliebt in das Kind« – was ganz natürlich ist. Alexander liebte seine Großmutter abgöttisch, und Katharina erlebte zum ersten Mal den Zauber, die Unschuld, die Zärtlichkeit eines Kindes, das sich vertrauensvoll denen zuwendet, die es lieben. Alexander spielt stundenlang in ihrem Zimmer, sieht zu, wenn sie arbeitet, und sie erfindet Spiele, gerät über jedes seiner Worte, seine Bewegungen in Entzücken, beobachtet das Erwachen seiner Persönlichkeit, staunt unablässig über die Lebhaftigkeit, die »Tiefe«, die sie an ihm entdeckt, die in Wirklichkeit die Attribute aller Kinder sind, von denen sie sich jedoch einbildet, daß nur Alexander sie besitze . . .

Das aufgeweckte und hübsche Kind schmeichelt ihrer Eitelkeit um so mehr, als sie es als ihr Werk betrachtet. »Papa« und »Mama« wären niemals imstande gewesen, Verstand und

Gefühl des kleinen Knaben so vorzüglich zu entwickeln, das ist übrigens sehr begreiflich: Er liebt nur sie, er ist nur glücklich, wenn er bei ihr ist, er gehorcht nur ihr. »Er liebt mich ohne Überlegung.«

Katharina ist stolz auf ihre erzieherischen Fähigkeiten und wundert sich höchst naiv über die Komplimente, die sie dafür einheimst; anscheinend vergißt sie, daß ihre Umgebung, um nicht in Ungnade zu fallen, gezwungen ist, alles, was sie tut, zu loben. Sie verfaßt für ihren Enkel ein kleines Alphabet; sie entwirft ein von ihr als sehr praktisch bezeichnetes Kinderkleid und schickt das Schnittmuster an den König von Schweden und den Prinzen von Preußen: Beide sind von ihrer »genialen« Idee entzückt; wen sollte das wundern? Außerdem liegt das Resultat ja vor: Alexander ist das fabelhafteste Kind, das je auf Gottes Erdboden wandelte, seine Großmutter verbürgt sich dafür – also würde es ihrem Hof niemals einfallen, ihr zu widersprechen.

Alexander und sein Bruder Konstantin (so genannt, weil Katharina hofft, daß er einmal über die Türkei herrschen werde) werden beide von der Großmutter erzogen, verhätschelt und verwöhnt, und soviel wie möglich dem Einfluß der Eltern entzogen; Alexander bleibt der Liebling. Mit zunehmendem Alter erkennt das außerordentlich intelligente Kind die zweideutige Lage, in der es sich dadurch befindet, daß seine Eltern mehr oder weniger in Ungnade sind, und stellt fest, daß seine Großmutter keineswegs so untadelig ist, wie er in seiner kindlichen Einfalt wähnte. Er wird frühzeitig durch den Anblick der jungen Günstlinge schockiert, die diese Frau umgeben, die ganz besonders alt auf ihn wirkt, weil sie seine Großmutter ist. Unablässig zwischen seinen Eltern, die er achtet, und seiner Großmutter, die er nicht mehr achtet, aber trotzdem liebt und auf die er Rücksicht nehmen muß, hin- und hergezerrt, wird der junge Mann unsicher, scheu und etwas unaufrichtig. Und an dem Tag, an dem Katharina ihm bedeutet, daß sie ihn statt seines Vaters – wegen dessen wunderlichen Charakters – zum Kaiser proklamieren lassen will, lehnt Alexander rundweg ab. Nein, weder mit ihrer blendenden Erziehung noch mit ihrer großen Liebe ist es Katharina gelungen, das Herz ihres Enkels zu erobern, der zwischen ihr und seinem unterdrückten Vater den Vater wählte – allerdings um dann, nachdem der Vater einmal Kaiser geworden ist, an der Verschwörung teilzuhaben, die zum Tode Pauls I. führt.

Die Herrscherin

Es ist schwierig, von der Großen Katharina Abschied zu nehmen. Eine Bilanz ihrer vierunddreißigjährigen Regierung wäre so endlos, daß man geneigt ist, die Form zu kopieren, die Katharina 1779 in einem Brief an Grimm selbst einmal anwandte:

Regierungsbezirke, nach dem neuen Muster gegründet	29
Erbaute Städte	144
Abgeschlossene Abkommen und Verträge	30
Militärische Siege	78
Wichtige Erlasse mit Gesetzescharakter und Gesetze	88
Erlasse zum Wohl des Volkes	123
	492

Von 1779 bis 1796 hat sich die Zahl neuer Städte, geschlossener Verträge usw. noch erheblich vermehrt. Katharina war eine blendende Schöpferin der Größe des russischen Reichs.

Katharina war dem System Peters des Großen treu geblieben und betrieb die Expansion Rußlands nach Süden und Westen: Durch ihre erfolgreichen Kriege gegen die Türkei konnte Rußland sich am Schwarzen Meer festsetzen und auf der Krim und im Kaukasus ein Protektorat errichten, das unter späteren Regierungen dem Reich endgültig einverleibt wurde. Den Traum einer Herrschaft über das Türkische Reich, von dem der russische Imperialismus dann noch über hundert Jahre lang besessen war, verwirklichte sie nicht – aber dieser große Traum verfolgte sie und bestimmte ihre Außenpolitik; denn obwohl sie die Griechen und »Slawen des Westens« verachtete, die dem Ottomanischen Reich unterworfen waren, hoffte sie sie eines Tages unter der Ägide eines russischen Reichs zu vereinen, das von der Arktis bis zur Adria reichen würde.

Wie später die Generale Napoleons, wurden auch die russischen Generale nach ihren Siegen benannt: Alexis Orlow wurde Orlow-Tschesmenski (nach dem Flottensieg bei Tschesme 1770), General Rumjanzew erhielt den Namen Sadunaiski (»Überschreiter der Donau«) in Erinnerung an seine Verdienste im Krieg gegen die Türkei, und Potemkin wurde Fürst von Taurien (Krim) – Tawritscheski ... Und in den Augen des russischen Volkes gereichte Katharina zweifellos die bravouröse Vergeltung an den islamischen und ottomanischen Osten – an den »Tataren« zum größten Ruhm.

Gegen Ende ihrer Regierung besaß Rußland Lettland, Litauen, Weißrußland und Wolhynien, Gebiete, die zum Königreich Polen gehörten (um nach 1815 einen großen Teil des eigentlichen Polens mit der Hauptstadt Warschau zu annektieren). Die Operation hatte sich in drei Zeitabschnitten vollzogen, 1772, 1793 und 1795; zu diesem Zeitpunkt wurde das wenige, das von Polen übrig war, unter Preußen, Österreich und Rußland aufgeteilt; dieses Königreich, gebietsmäßig eines der ersten Europas, war innerhalb von zwanzig Jahren von der Landkarte verschwunden. Seine Anarchie, seine unfähige Politik, die heterogenen Elemente, aus denen sich seine Bevölkerung zusammensetzte, der Mangel an natürlichen Grenzen und der zunehmende Druck von Preußen und Rußland, zwischen denen es sich wie in einer Zange befand, hatten zu einem bis heute in Europa, wo ein stillschweigendes, aber echtes »internationales Recht« herrschte, einmaligen Skandal geführt: eine Nation, ein unabhängiges, zivilisiertes, auf seine Bräuche und Vergangenheit stolzes Land war wie ein »Kuchen« unter seine Nachbarn aufgeteilt worden.

Der polnische Widerstand wurde blutig niedergeschlagen, und in den Augen Europas wurde Rußland (weit mehr als Preußen) zum Inbegriff des Despotismus, zum Symbol unrechtmäßiger Unterdrückung. Über diese schändliche Annexion erregte sich die russische öffentliche Meinung nicht im geringsten: das Volk haßte Polen seit eh und je, und unter der Herrschaft Katharinas erreichte sein Nationalstolz einen noch nie dagewesenen Höhepunkt.

Rußland hatte sich im Westen reiche Provinzen angeeignet, mit einer Bevölkerung, die sich zum Nutzen des Reiches ausbeuten ließ; im Süden hatte es Riesengebiete erobert, aber es waren dünn besiedelte und unfruchtbare Steppen, die es erst zu entwickeln galt.

Katharina machte sich mit Hilfe Potemkins erfolgreich an diese Aufgabe. Man spricht heute noch von den berühmten »Potemkinschen Dörfern« – Attrappen, die der phantasievolle Günstling für die Krim-Reise der Kaiserin in wenigen Wochen dort bauen ließ.

Es waren nicht allein »Potemkinsche Dörfer«, sondern es war der Anfang einer echten Kolonisation. Nicht umsonst rühmt sich Katharina (schon 1779), 144 Städte »gebaut« zu haben. In der Geschichte gibt es wenige, die auf diesem Gebiet so viel geleistet haben: Durch den Bau von öffentlichen Gebäuden und Steinpalästen erweckt sie verfallene Ortschaften zu neuem Leben, sie gründet neue Städte, die binnen kurzem Bedeutung erlangen – viele davon tragen ihren Namen: Jekaterinoslaw (Ruhm Katharinas), Jekaterinburg (Stadt Katharinas), Jekaterinodar (Geschenk Katharinas) . . . Katharina verstand es, durch dauerhafte und konkrete Denkmäler ihren Ruhm durch das ganze Land zu tragen. Sie war keine Träumerin, sondern eine würdige Nachfahrin Peters des Großen, die sein Werk mit Eifer fortsetzte.

Diesem großen Meister, dessen Lehren sie niemals vergaß, ließ sie ein von Falconet ausgeführtes Bronzestandbild errichten, ein Reiterstandbild, dessen Sockel, ein Granit-Monolith, die Form einer aufsteigenden Woge hat. In römischer Tracht, mit Lorbeer gekrönt, weist er mit der ausgestreckten Rechten nach vorn, während die Linke sein sich bäumendes Pferd zügelt, dessen Hufe eine Schlange zertreten. Auf dem Sockel sind die Worte eingegraben: PETRO PRIMO CATHARINA SECUNDA. Die Kaiserin wollte angeblich nicht, daß man glaube, Katharina I. habe das Denkmal errichtet. Mit dieser Unterschrift proklamiert sie sich zur Zweiten, seiner Nachfolgerin, zu der Frau, die den Boden, den der große Erneuerer beackert hat, fruchtbar gemacht hat.

Peter, der bronzene Reiter, überstrahlt noch immer in der Geschichte wie in der Erinnerung des Volkes die Große Katharina; aber zweifellos hätte Peter der Große in vielen Punkten stolz sein können auf seine geistige Tochter, jene kleine deutsche Prinzessin, die mit weniger großer Selbstlosigkeit, aber mit fast ebensoviel Energie dreißig Jahre lang für die Größe Rußlands kämpfte.

Katharina liebte Rußland. Diese Deutsche wurde vor allem deswegen zur russischen Patriotin, weil Rußland das Land war, das sie regierte, weil es ihr Lebensinhalt war. Und da sie vergessen machen mußte, daß sie in diesem Land nur eine Fremde, immerwährend Verdächtige war, die nicht einmal die Sprache dieses Landes wirklich beherrschte und weder seine Religion noch seine Bräuche begriff, wurde sie mit dem Fanatismus der Konvertiten russischer als die Russen.

»Es gibt keine Nation«, schreibt sie 1791 an die Fürstin Daschkow, »die der russischen an Mut, Kraft und Klugheit gleicht und die eine so vernünftige Verwaltung besitzt.« (1791 war diese Verwaltung – zumindest durfte Katharina sich dessen schmeicheln –

ihr eigenes Werk.) »Es gibt auf der Welt kein so männliches, besonnenes, offenes, menschliches, wohltätiges, edelmütiges und gutwilliges Wesen wie den Skythen [den Russen]. Kein anderer besitzt so ebenmäßige Züge, ein so schönes Gesicht, einen so herrlichen Teint, eine so breite und hohe Statur . . .« »Die Geschichte kennt keine größeren Männer als die unsrigen . . .« »Diese Nation besitzt unerhört verdienstvolle Männer, welche alle Eigenschaften haben, die einen Helden ausmachen.« Die Russen selber verlangten gar nicht soviel. Sie wußten gar nicht, daß sie so bewundernswert waren; Katharina brachte es ihnen bei, denn sie hat selber die Lehrbücher der russischen Geschichte verfaßt – und auch damit war sie, wie in vielen anderen Dingen, ein Pionier.

Katharinas Liebe, ja Schwärmerei, für die Russen ist echt: Schließlich waren alle Männer, die sie geliebt hat – mit Ausnahme von Poniatowski – Russen (dabei gab es am russischen Hof zahllose Ausländer). Mithin handelte es sich um eine spontane Vorliebe ohne Berechnung. Aber es bestand bei ihr auch der starke Wunsch, *ihrem* Rußland in den Augen der Ausländer Anerkennung zu verschaffen und Europa zu beweisen, daß sie, Katharina II., keineswegs über ein barbarisches und rückständiges Volk herrsche, sondern über eine ebenbürtige, ja anderen überlegene Nation. Die öffentliche Meinung des Westens war ihr immer viel wichtiger als die öffentliche Meinung Rußlands.

Ihre Ansicht von der Überlegenheit der russischen Nation vermochte sie allerdings nicht durchzusetzen. Dazu hatte Rußland einen zu schlechten Ruf. Es galt zwar als sehr reich (was übertrieben war) und als militärisch sehr stark – und letzteres erklärte man mit der Wüstheit des russischen Soldaten, der Wildheit des Kosaken und der Grausamkeit der Befehlshaber, die vor Menschenopfern nicht zurückschreckten. Europa sah in den Russen nur Parvenüs, Neulinge in der westlichen Kultur, ohne das Verdienst dieser Menschen anzuerkennen, die von ihrer Vergangenheit abgeschnitten waren, die Jahrhunderte einzuholen hatten und denen das im großen und ganzen recht gut gelang. Dreißig Jahre nach dem Tod Katharinas besaß Rußland eine erstklassige Literatur – freilich eine Literatur, die vom Westen inspiriert war.

Rußland durfte weder nach dem Schmutz seiner Dörfer noch nach einem dreist zur Schau getragenen Luxus beurteilt werden: der *Skythe* war vielleicht nicht »männlicher, offener, wohltätiger, menschlicher« usw. als andere, aber er war es gewiß nicht weniger, und dem russischen Volk (in diesem Fall dem russischen Adel, denn von dem Volk war kaum die Rede) fehlte es weder an Intelligenz noch an Tatkraft. Katharina hatte das große Verdienst, ein günstiges Klima für das Aufblühen einer wirklichen russischen Kultur zu bereiten.

Seltsamerweise hat diese russische Patriotin, die Lehrbücher für Grammatik und russische Geschichte schrieb und selbst eine Menge Theaterstücke und Novellen (ziemlich mittelmäßige) in russischer Sprache verfaßte, in Wirklichkeit über eine Gesellschaft geherrscht, wo man französisch sprach, wo Russisch eine Sprache war, die den Dienstboten vorbehalten war (und oft sehr schlecht gesprochen wurde), wo man sich selten anders als auf französisch schrieb; denn im achtzehnten Jahrhundert war die französische Kultur die Kultur, und die Schülerin der Mademoiselle Cardel machte darin keine Ausnahme. Um Rußland zu verwestlichen, mußte man es, nachdem man es »deutsch« gekleidet hatte, »französisch« erziehen. Diese Französisierung von Hof und Gesellschaft hatte bereits Elisabeth verwirklicht, aber Katharina gab dem einen Glanz, ihren »Stempel«, der ihrem Hof erlaubte, mit Versailles zu konkurrieren.

Es war Frankreich, dem Katharina sich zuwandte, um ihrem Land und sich die Anerkennung Europas zu verschaffen.

Semiramis des Nordens

Sie hofierte Voltaire in der unmißverständlichsten Weise: durch Schmeichelei, durch eine konstante, beschwingte, respektvolle und so geschickte Schmeichelei, daß der Patriarch von Ferney nicht umhinkonnte, seiner illustren Schreiberin im gleichen Stil zu antworten. Der Briefwechsel Katharinas mit Voltaire gehört nicht zu den besten Produkten der beiden: Beide waren zweifellos nicht sehr aufrichtig; beide genossen es, von einer bedeutenden Persönlichkeit beweihräuchert zu werden; bei jedem von ihnen lag Berechnung vor: Kränz' ich dich heute, kränzst du mich morgen ...

Voltaire verbreitete die Legende von der »Semiramis des Nordens« durch ganz Europa (nannte sie aber nie so in seinen Briefen, denn mißlicherweise war die Heldin seiner Tragödie *Semiramis* ausgerechnet eine Frau, die durch Gattenmord an die Macht gekommen war: Die Geschichte wiederholt sich unaufhörlich). Katharina überhäufte ihren alten Freund mit Geschenken und propagierte seine Werke in Rußland.

Voltaire gehörte im Westen zu den großen Schöpfern der Legende Katharinas. Sein Lob war sehr dick aufgetragen, aber: » . . . etwas bleibt immer hängen.« Ein Zehntel seiner Loblieder hätten genügt, um der öffentlichen Meinung das Bild einer gerechten, liberalen, edelmütigen Frau, der bewundernswertesten Herrscherin aller Zeiten, einzuprägen – und weder Schmähschriften noch Verleumdungen vermochten dieses Bild zu zerstören. Bei der Nachwelt hatte Katharina ihr Paradies und ihre Hölle; sie bezahlte sogar ziemlich teuer für die unmenschliche Vollkommenheit, die ihre Schmeichler ihr zuschrieben, denn als gerechten Ausgleich dafür haben ihre Feinde sie ebenso übertrieben geschmäht . . . Das Bild, das Voltaire und durch ihn und andere Schmeichler Katharina selbst der Welt vermittelte, hat trotz allem gesiegt: Der Begriff der Größe haftet ihr – im Guten wie im Bösen – an.

»Wißt ihr, wo das Paradies auf Erden liegt? Ich aber weiß es: Es ist überall dort, wo Katharina II. ist. Werft euch mit mir ihr zu Füßen!« (17. September 1771). »Bewundernd und anbetend lege ich mich Ihnen zu Füßen!« (2. Februar 1772). »Sie sind zu meiner dominierenden Leidenschaft geworden . . . ich lege mich Ihnen zu Füßen und küsse sie weit ehrfürchtiger als die Füße des Papstes . . .« Konnte Voltaire diese Bewunderung tatsächlich empfinden? Konnte er tatsächlich glauben, daß Katharina sie ernst nahm? Es fehlte ihr weder an Humor noch an Ironie, und ihre eigenen Schmeicheleien sind wesentlich differenzierter – als Frau kann sie natürlich nicht die Füße des Philosophen küssen, sie »küßt von Herzen die Hand, die so viel Schönes geschrieben hat . . .«

Voltaire ist ihr »Meister im Denken«, sie nennt sich seine Jüngerin, behauptet, von Jugend an nur seine Werke zu lesen; was natürlich gelogen ist, aber gibt es ein anderes Mittel, um einem berühmten Schriftsteller zu gefallen – oder ihm nicht zu mißfallen? Als sie Diderot in Petersburg empfängt, wird Voltaire so eifersüchtig, daß er der Kaiserin einen »Trennungsbrief« schreibt. (» . . . Ich erkenne jetzt, daß jede Leidenschaft einmal zu Ende geht. Bei diesem Gedanken könnte ich vor Kummer sterben, wäre ich nicht bereits durch mein Alter dem Tod so nahe gerückt. Haben Euer Majestät die Gnade, diesen Brief als meinen letzten Willen, mein Testament, zu empfangen. Euer Bewunderer, Euer verlassener alter Russe von

Ferney.«) Katharina schilt ihn lieb und zärtlich, und Voltaire widerruft nur allzugern seinen »letzten Willen«.

Nein, er braucht nicht auf Diderot eifersüchtig zu sein: Niemand kann sich mit ihm in der Kunst, die *Unvergleichliche* zu bewundern, messen, und Diderot hat durch seine taktlosen Fragen, seine noch taktloseren Ratschläge, seine beharrlichen Reden über die Menschenrechte und das Elend des Volkes die Kaiserin sehr bald gegen sich eingenommen. Wer im Eifer des Gesprächs Katharina vertraulich aufs Knie schlägt, sie »meine Beste« nennt und nicht einmal daran *denkt*, »ihr die Füße zu küssen«, wird weder verstanden noch ästimiert von einer Frau, die verlernt hat, zwischen dem Guten und dem für sie Nützlichen zu unterscheiden. Sie kann sich gar nicht vorstellen, daß dieser schlampige, überschwengliche, rechthaberische, glühende Mensch von so hoffnungslos »bourgeoiser« Lebhaftigkeit ihr überlegen sein könnte, ihr, »einem der besten Köpfe Europas«.

Man darf sich nicht unterstehen, sie das Handwerk des Herrschens lehren zu wollen: »Sie, Sie arbeiten nur auf dem Papier, das geduldig ist, während ich arme Kaiserin es mit der menschlichen Haut zu tun habe, die wesentlich reizbarer und kitzliger ist.« Diderot weiß das besser als sie, und gerade im Namen der »menschlichen Haut« verlangt er ein bißchen mehr Gerechtigkeit für die kleinen Leute – aber für Katharina bedeutet die »reizbare und kitzlige Haut« die des Adels, da es die Haut der Leibeigenen nicht mehr ist oder nicht sein darf. Nein, Diderot ist kein Staatsmann, aber wie kommt Katharina dazu, sich als Philosophin zu bezeichnen?

Voltaire allerdings weiß die Gefühle »seiner Cateau« besser zu würdigen. Bei der ersten Teilung Polens schreibt er: »Die Kaiserin will völlig uneigennützig in Polen Gewissensfreiheit einführen. Sie unterstützt die Toleranz mit Waffengewalt. Sie setzt sich für eine edle und nützliche Sache ein: für die Vernichtung der Anarchie in Polen.« Gewiß sind die Polen fanatische Katholiken, und Fanatismus ist Voltaire verhaßt: Veranlaßt ihn dieser Haß zu der Annahme, daß ein Angriff auf ein katholisches Land auf jeden Fall gerecht ist? Oder, prosaischer gesagt, ist es ihm im Grunde seines Herzens recht gleichgültig, was in diesen fernen und barbarischen Ländern geschieht?

1778 dachte er daran, nach Petersburg zu reisen, um der großen Herrscherin persönlich zu huldigen. Katharina wollte nichts davon wissen – mit Recht, denn er war alt und krank; und außerdem brannte sie nicht gerade darauf, ihn zu sehen: ›Um Gottes willen‹, schreibt sie an Grimm, »raten Sie dem Achtzigjährigen dazu, in Paris zu bleiben . . . Sagen Sie ihm, daß ›Cato‹ nur von weitem hübsch anzusehen ist.« Sie besaß genügend Scharfsinn, um zu begreifen, daß ihr alter Anbeter sie nur deshalb mit Elogen überhäufte, weil sie »fern« war; weil Rußland ihn sehr wenig anging und er sich über sie Illusionen machen konnte, die ihn zu nichts verpflichteten. Ungerechtigkeit, Despotismus und Intoleranz bedeuteten in Rußland etwas anderes, Katharinas Untertanen waren nur Russen, ihnen war nicht die menschliche Würde eines Calas oder Chevalier de La Barre gegeben.

Als Voltaire starb, war Katharina aufrichtig betrübt (sie ist übrigens sehr leicht gerührt, wenn man ihr von einem Todesfall berichtet, auch wenn es sich nicht um einen Freund handelt). Aber ihr »Meister« wäre sehr erstaunt über das Bild gewesen, das diese Freundin der Philosophie sich von ihm machte: »Seitdem er tot ist, scheint es mir, daß keine Ehre mehr mit der guten Laune verknüpft ist, denn er war der Gott der Heiterkeit . . .« »Wenn ich Gott der Anmut sage, so ist das für mich gleichbedeutend mit dem Namen Voltaire.« Also nichts weiter als ein Spaßmacher? Sollte dieser Meister des Denkens Katharina nur Heiterkeit beigebracht haben, an der es ihr sowieso nie gefehlt hat? Nein, sie korrigiert sich und schreibt im selben Brief an Grimm: »Außerdem ist er mein Lehrmeister, er, oder vielmehr seine Werke haben meinen Geist und Verstand geformt.« Das stimmte nicht, denn bekanntlich hat Katharinas Verstand nicht auf Voltaire gewartet; Tacitus und Montesquieu, Brantôme und König Heinrich der Gute waren weit wichtigere Lehrmeister; und die eigentlichen waren Friedrich II., Elisabeth, Bestuschew und das Hofleben. Aber der Anstand verlangte diese posthume Huldigung an den großen Greis, der sich immerhin schmeichelte, etwas anderes zu sein als nur der Gott der »guten Laune«.

Katharina hat Frankreich weder geliebt noch verstanden – ihr bedeutete es letzten Endes nur das Land der Heiterkeit, der Frivolität, des »Esprit« – und Heiterkeit war schließlich nicht die Hauptsache in ihrem Leben.

In »liberale« Ideen – rein theoretisch – venarrt, verdankte sie diesen Liberalismus weitgehend dem Einfluß des Engländers Hanbury-Williams. Aber allen Philosophen war sie versucht zu entgegnen: »Sie arbeiten auf dem Papier, das geduldig ist...« Nein, für sie besteht der große Beitrag der Franzosen an dem geistigen Erbe der Menschheit immer noch in der guten Laune.

Katharina ist zu deutsch, um zu begreifen, daß Racine etwas anderes als der Meister des »Anstands«, daß Molière nicht ausschließlich komisch war, daß die Werke von Rousseau, Bayle, Montesquieu, Diderot, sogar Voltaire, angefüllt waren mit geistigem Zündstoff, moralischen Forderungen, die imstande waren, die vernünftige, enge, realistische Welt Katharinas zu sprengen.

Der Ausbruch der Revolution entsetzt und empört Katharina – sie begreift nicht, was vorgeht. Das Majestätsverbrechen, von einem ganzen Volk verübt, gilt ihr als persönliche Beleidigung: Welcher Skandal in einem Jahrhundert, in dem sie, die Große Katharina, vorbildlich bewiesen hat, was die Klugheit, Hochherzigkeit und Größe eines absoluten Monarchen zu sein vermögen. Sie berauscht sich schon so lange an der eigenen Machtvollkommenheit, verwechselt schon so lange Schmeichelei mit Wahrheit, betrachtet sich schon so lange bis in ihre schlimmsten Fehler hinein als einen Ausbund an Tugend, bis in ihre Ungerechtigkeiten hinein als einen Ausbund der Unparteilichkeit, bis in ihre Selbstbeweihräucherung hinein als einen Ausbund der Bescheidenheit, daß die alte Despotin, die sich einmal rühmte, eine »republikanische Seele« zu haben, in dem Sturm auf die Bastille und der Verkündung der Menschenrechte nur eine Untat gefährlicher Träumer, skrupelloser Abenteurer oder Banditen sieht – von der Art Pugatschews: jenes Pugatschew, von dem sie nie begriffen hat, weshalb er die Gunst des Volks gewann...

Sie schreibt an Grimm: »Ich warte darauf, daß Sie mich über die Schuldlosigkeit der Philosophen an der Revolution beruhigen...« Denn wenn jemals Voltaire, jener »Gott der Anmut«, an dieser Greueltat teilhatte, so müßte sie, Katharina, sich vorwerfen, eine Schlange an ihrem Busen genährt zu haben. Dann war sie teilweise für die Exzesse dieser Irren verantwortlich, die die *Ordnung*, das Naturrecht, das Gesetz Gottes, zerstören wollten...

Katharina haßt die Revolution aus ganzer Seele, sie kennt keinen Kompromiß, sie liebäugelt nicht mehr mit republikanischen Ideen, sie ist ausnahmsweise ehrlich. »Ich bin Aristokratin, das ist mein Beruf.« Sie wütet gegen die russischen »Jakobiner«, erklärt den liberalen Radischtschew für noch gefährlicher als Pugatschew (»er lobt Franklin!«), läßt ihm den Prozeß machen, ihn verurteilen und nach Sibirien verbannen; ebenso verfolgt sie mitleidlos die Freimaurer und andere Gruppen, die »ketzerischer« oder liberaler Gesinnung verdächtig sind.

Sie verachtet die Schwäche Ludwigs XVI . . . (ihr wäre so etwas nie passiert); sein Tod versetzt sie in Schrecken. Sie, die den Mord an einem legitimen Monarchen nicht verhindert und die Mörder mit Ehren überhäuft hatte, sie betrachtet die Hinrichtung des Königs als das größte Verbrechen gegen die Menschlichkeit. Alles ist relativ. Es gibt Verbrechen, die dem Monarchen erlaubt sind, nicht aber dem Volk.

Die Kaiserin ist tot

Katharina starb mit siebenundsechzig Jahren an einem Schlaganfall, den sie während der Toilette erlitt. Nichts hatte einen so raschen Tod voraussehen lassen, sie war eine robuste, noch sehr tatkräftige alte Dame. Zwei Monate zuvor hatte sie eine schwere Enttäuschung gehabt: das Scheitern der geplanten Ehe ihrer Enkelin Alexandra mit dem König Gustav IV. von Schweden; der junge Mann hatte im letzten Moment auf Grund einer Diskussion über den Religionswechsel der Braut die Verbindung abgelehnt. Es war ein öffentlicher Affront; Katharina ertrug die Demütigung nur schwer und bekam darauf einen leichten Schlaganfall.

Der zweite, der bald darauf eintrat, war tödlich. Sie kam nicht mehr zu Bewußtsein. Nach dreißigstündiger Agonie – die sie aber zweifellos nicht mehr bewußt erlitt – verschied die Kaiserin inmitten von Verwirrung, Unordnung und fieberhafter Aufregung eines Hofs, der sich nicht ohne Furcht dem neuen Herrn zuwandte. Eine große Herrschaft war zu Ende.

Sie, die so lange die Zügel in Händen hielt, hatte sie abrupt fallen lassen; noch lebend, war der alte Körper, der auf dem Baldachinbett wie ein wehrloses Tier keuchte und röchelte, weniger ein Gegenstand des Mitleids als banger Erwartung; würde sie nicht noch einmal zu sich kommen, sprechen und in einer letzten Gedankenklarheit über das Schicksal des Reiches beschließen? Man wußte wohl, daß Paul kurz vor der Enterbung zugunsten seines Sohnes Alexander stand. Noch konnte die Sterbende ihren letzten Willen kundtun. Nein, Katharinas Lippen öffneten sich nicht mehr zum Sprechen, und sie trug diesen letzten Willen mit ins Grab.

Paul wurde zum Kaiser proklamiert. Er war zweiundvierzig Jahre alt, er war immer von den Staatsgeschäften ferngehalten worden, man hatte ihm nicht erlaubt, sich auf den Herrscherberuf vorzubereiten. Er beweinte seine Mutter nicht. Aber Katharina wurde aufrichtig von allen ihren Mitarbeitern, von der Armee, von der Bevölkerung der Hauptstadt beweint, sie war so lange die Mutter des Landes gewesen. Man bewunderte sie – und man liebte sie. Sie hatte sich, kraft der schon zu ihren Lebzeiten legendären Macht ihrer Persönlichkeit, durchzusetzen vermocht; sie war das Idol der Massen, die instinktiv die Starken lieben. Und schließlich und endlich hatte sie – auch – sehr viel Gutes getan.

Paul ließ den Leichnam seines Vaters, der im Kloster Alexander Newski beigesetzt worden war, ausgraben; und der Sarg Katharinas wurde neben dem Sarg Peters III. in der Kathedrale von Sankt Peter und Paul aufgestellt.

Die Beisetzung der Kaiserin war eine doppelte Beisetzung, und den Ehrenplatz erhielt der Gatte, der vierunddreißig Jahre früher gestorben war. Seite an Seite wurden Kaiser und Kaiserin mit dem Weihrauch der Priester gesegnet und für alle Ewigkeit aufs neue vereint. Bei dieser makabren Vereinigung wurden der noch frische Leichnam einer alten Frau und die verdorrten Überreste eines jungen Mannes mit denselben Kerzen beleuchtet, mit denselben Trauergesängen geehrt.

Unter den Namen Peter Feodorowitsch und Katharina Alexejewna geleitete die russische Kirche ein lutherisches Fürstenpaar zur letzten Ruhe – Karl Peter Ulrich von Holstein und Sophie Auguste Friederike von Anhalt-Zerbst, Vetter und Kusine zweiten Grades –, die als Kinder in das Land gekommen waren, was dem einen Unglück, dem andren Ruhm gebracht hatte. Nun waren beide gleich und vereint durch den Willen eines Sohnes, der öffentlich seine Mutter richtete.

Paul gelang es weder, die Erinnerung an seinen Vater zu rehabilitieren, noch das Werk der verhaßten Mutter zu vernichten. Er war gewalttätig, tyrannisch, auf das Regieren nicht vorbereitet und außerdem ein bißchen verrückt. Vier Jahre später wurde er, wie sein Vater, von Verschwörern ermordet, die seinen Sohn auf den Thron setzen wollten.

Schlußbetrachtung

Die Legende hat sich rasch Katharinas bemächtigt, die alles dazu getan hatte, um diesen »Persönlichkeitskult« aufzubauen, den viele absolute Monarchen wie eine Waffe gebrauchten: Schon vor ihr hatten Ludwig XIV. und Elisabeth von England es verstanden, die Person des Monarchen zum Idol zu erheben.

Sie, die so genau wußte, wieviel die Lobreden von Höflingen wert waren, fiel schließlich doch darauf herein: selbstverständlich adoriert man sie; sie kann sich nur mit Mühe der Lobeshymnen erwehren, die von allen Seiten auf sie einstürzen ... sie, eine so *einfache Frau*! Zwei Männer ihrer Umgebung machten darin eine Ausnahme: Orlow und Potemkin; und überdies verstand es Potemkin sehr intelligent, sich jeder Waffe zu bedienen. »Schmeicheln Sie ihr, und Sie bekommen alles, was Sie wollen.« Sie hatte Auseinandersetzungen mit weniger sanftmütigen Mitarbeitern, wie etwa der Fürstin Daschkow, über deren Hochmut und Prätentionen sie sich in ihren Briefen mokiert. Sie hat Diderot wegen seiner wesensfremden Bürgerlichkeit ertragen. Was sie aber nicht ertrug, war, kein Idol zu sein.

Diderot hat sich allerdings nicht getäuscht. Katharina, sagt er, glaube an Gott. »Sie redet sich gern ein, daß es im Himmel ein Vorbild gibt, das sehr genau über ihr Betragen wacht und sie mit soviel Güte, soviel Größe und Menschlichkeit dahinschreiten sieht, ihr zulächelt und sich an einem Schauspiel erfreut, das die Erde ihm nicht häufig bietet.« Adel verpflichtet: Solche Überzeugungen können einen Herrscher dazu zwingen, echte Anstrengungen zu machen, um seine Weisheit und Menschlichkeit zu beweisen. »Sie redet sich gern ein ...« – und ihr allzu wendiger Verstand redet ihr so viele Dinge ein, daß sie zum Schluß nur noch selten aufrichtig ist: Von Natur aus atheistisch, hat sie nicht den Mut, bis zum äußersten zu gehen; als geborene Zynikerin hat sie dennoch nicht den Mut, sich als solche zu bekennen; Gott? Sie, das »Oberhaupt« der orthodoxen russischen Kirche, sah in dem Ritus dieser Religion niemals etwas anderes als eine notwendige Maskerade für die »Rohheit des Volkes«; ihr eigener Gott war der Gott der Philosophen, ein Gott, der ihrer Bequemlichkeit diente: Sie brauchte ihn für ihren moralischen Komfort und hielt alles, was diesen Komfort stören konnte, für ein Sakrileg.

Sie hielt alle Trümpfe in der Hand, aber die Karten waren unmerklich gezinkt: Sie war intelligent, aber nicht genial; sie war gefühlvoll, aber nicht wirklich gut; sie war einer Leidenschaft fähig, aber nicht der Selbstaufgabe. Sie war weder grausam noch niederträchtig, aber mehr aus Vernunft als aus Edelmut.

Sie behauptete, allein zu regieren, und war in Wirklichkeit von den Interessen der besitzenden Klasse abhängig. Sie behauptete liberal zu sein und war in Wirklichkeit reaktionär. Sie war irrsinnig großzügig, aber das bedeutete niemals ein persönliches Opfer. Sie protegierte Schriftsteller und Künstler, um von Schriftstellern und Künstlern verherrlicht zu werden, aber sie liebte sie nicht wirklich, denn ihr Geschmack und ihr Verständnis waren sehr oberflächlich. Sie hat schwer gearbeitet: aber dafür gebührt ihr nicht mehr Lob als einem Rockefeller oder Ford. Sie besaß große Fähigkeiten; aber dadurch war sie schließlich dahin gekommen, einem Piloten zu gleichen, der sich einbildet, zugleich Schöpfer des Flugzeugs und absoluter Herr über das Leben seiner Passagiere zu sein.

Katharina wollte ihre Lebensgeschichte als einen durchschlagenden Erfolg präsentieren, der allein auf Charakterstärke und Verstandesklarheit beruht. Diese Frau, die von Hochmut und Schmeichelei berauscht und benebelt war, durfte sich sogar den Luxus der Verstandesklarheit leisten, sie kannte sich. Alle Schwächen, alle Kompromisse mit Gott und der Wahrheit, die ihr vorzuwerfen sind, hat sie zweifellos innerlich selber erkannt.

Über die Pamphlete und Schmähschriften, die sie in den Schmutz zogen und in Rußland geheim, in Europa öffentlich kursierten, wußte sie genau Bescheid; seit der Revolte Pugatschews wußte sie, was das Volk (zumindest ein Teil) von ihr dachte; sie wußte, daß die ausländischen Botschafter in Petersburg unter dem Deckmantel der diplomatischen Immunität die vernichtendsten Berichte über sie machten; sie wußte, daß sogar ihr großer Bewunderer Voltaire sie für die Mörderin Peters III. hielt und es für nötig befand, sie dafür zu entschuldigen. Bei aller Selbstbewunderung wußte sie sich zu heftig angegriffen, um nicht fortgesetzt an ihre eigene Verteidigung zu denken.

Wenn man näher hinsieht, entdeckt man hinter der Maske einer fast unerträglichen Selbstzufriedenheit das Gesicht einer Frau, die unaufhörlich besorgt ist, zu gefallen, nicht zu mißfallen, sich zu rechtfertigen: vor wem eigentlich? Sie gibt keinem mehr das Recht, über sie zu urteilen, und dabei setzt sie sich fortwährend freiwillig dem Urteil aller aus: Madame Geoffrin, Voltaire, Grimm, Poniatowski, fast allen ihren Briefpartnern – ihre Zahl war Legion – vertraut sie sich an, beschreibt sich, erzählt von sich, analysiert sich und antwortet mit neuen Selbstbetrachtungen auf die aufrichtigen oder unaufrichtigen Schmeicheleien ihrer Freunde.

Wie alle geschwätzigen Menschen sagt sie eine Menge und läßt das Wesentliche aus. Sie ist überschwenglich, sie kann sich nicht enthalten, von ihren Eintags-Liebhabern zu reden, sie schwärmt von dem Charme ihrer Enkelkinder, von ihren Freunden, von ihren Hunden, ihren Gärten, aber man wird nie etwas über das Geheimnis ihrer Beziehung zu Potemkin erfahren oder über ihre Gefühle für ihren Sohn Paul. Und ebensowenig wird man erfahren, ob die Art, wie sie zur Macht gelangte, ihr Gewissensbisse oder wenigstens inneres Unbehagen bereitete. Man ließ sie nicht vergessen, daß sie trotz allem eine Usurpatorin war: ihr eigener Sohn betrachtete sie als solche und verbarg es vor ihr nur mühsam.

Was mußte in einer Mutter vorgehen, die ihren Sohn im Kult eines ermordeten Vaters aufwachsen sah – und der sie für die Mörderin hielt? Wie man weiß, wurde Paul durch ein Übermaß an Güte, Behutsamkeit und Rücksicht erstickt und gebrochen, war bis zu seinem zweiundvierzigsten Lebensjahr zur Untätigkeit verdammt, was durch die Atmosphäre von Angst und Mißtrauen, in der er zu leben gezwungen war, noch schlimmer wurde. Dieser Erbprinz, der sich für das Militär begeisterte, befehligte niemals eine Armee; er durfte sich nie mit Politik beschäftigen, durfte keinen Schritt ohne die Genehmigung der Regierung tun und wußte, als er unter falschem Namen nach Belgien geschickt wurde, nie, ob er bei seiner Rückkehr nicht seiner Rechte beraubt und in den Kerker geworfen werden würde ... Dieser Hamlet, der unheilbar irrsinnig wurde, war ein Märtyrer der Staatsräson. Aber sein Kerkermeister war die eigene Mutter, eine Mutter, die vorgab, ihn zu lieben; die zumindest in ihren Briefen an ihre Freunde eine ständige Liebe für ihn an den Tag legte, die sich für seine Ehen und sein Familienleben interessierte und an seinen Freuden und Leiden Anteil nahm.

Die Situation, daß eine allzu autoritäre Mutter ihren erwachsenen Sohn als ewiges Kind behandelt, ist zweifellos ziemlich alltäglich; nicht so alltäglich ist die krampfhafte, bittere Resignation des Sohnes, der dreißig Jahre lang von der Erinnerung an einen ermordeten Vater besessen war. Bei der Entdeckung von Orlows Briefen konnte Paul ausrufen: »Gott sei Dank, meine Mutter war unschuldig.« Dabei bewies doch das ganze Verhalten Katharinas (und sogar die Tatsache, daß sie, obwohl sie die Wahrheit wußte, Alexis Orlow belohnte) zumindest ein stillschweigendes Einverständnis; also hatte der Sohn viel Schlimmeres vermutet. Ahnte Katharina das? Hatte sie je den Versuch gemacht, sich mit ihrem Sohn auszusprechen? Das ist wohl nicht anzunehmen; diese Art Mut war ihr nicht gegeben.

Der tragische Zweifel, der ihre Beziehungen zu ihrem Sohn vergiftete und den Thronerben zum Feind statt zum Bundesgenossen der Kaiserin machte, dieser Zweifel belastet noch heute das historische Bild Katharinas.

Die Geschichte richtet nicht nach menschlichen Maßstäben: Durch ein gewissermaßen physisches Gesetz hatte der Starke den Schwachen beseitigt, und das Verschwinden Peters war zweifellos eine Wohltat für Rußland; dieser Fürst hätte einen miserablen Herrscher abgegeben. Katharina gelangte durch Peters Feinde und die öffentliche Meinung an die Macht; ihr Vergehen war *zur Zeit des Staatsstreiches* verzeihlich. Unter den damaligen Umständen hätte eine Ablehnung »der Vorschläge, die man ihr machte«, sinnlosen Heroismus oder Feigheit bedeutet.

Darf man aber, wenn man die Frage vom moralischen Standpunkt aus betrachtet, sagen, daß Katharina an der Ausschaltung ihres Gatten völlig unschuldig war? Zweifellos bedeutete ihr das Leben eines unbedeutenden Menschen wie Peter sehr wenig, und dieselbe Katharina hat noch sehr viele andere vernichtet; wozu also jenes Leben mit den Tausenden und Abertausenden gequälter Bauern vergleichen? – Aber Sophie Auguste Friederike war ein Kind gewesen, das mit einem anderen Kind, ihrem Vetter, verlobt war.

Dieser Peter, den die Historiker im allgemeinen so streng verurteilen, war zunächst ein Kind: und er blieb es zu lange. Aber als Katharina ihn kennenlernte, als sich ihre Ehe als Fehlschlag herausstellte, waren sie alle beide Kinder (Peter weit mehr als Katharina), und es sind die Aussagen eines Kindes über ein anderes Kind, durch die wir insbesondere die eheliche Katastrophe kennen, die zum Tod Peters und der Herrschaft Katharinas führte. Und wir dürfen Katharina aufs Wort glauben, wenn sie uns versichert, daß sie jahrelang eine aufrichtige, ergebene und untadelige Freundin des Großfürsten war. Wir dürfen sogar glauben, daß ihre Absichten gut waren. Liebe, selbst Zuneigung, läßt sich nicht befehlen.

Von Peter, der wie alle Unangepaßten sowohl mitteilungsbedürftig wie verschlossen war, weiß man nichts: nicht einmal, ob er tödlich verletzt war, als er den Abscheu seiner Verlobten beim Anblick seiner Pockennarbigkeit wahrnahm; er hat keine »Erinnerungen« geschrieben. Wenn er seiner Frau »entsetzliche Bosheit« vorwirft, ist Katharina die einzige, die behauptet, daß sie in Wirklichkeit keineswegs böse war. Das wenige, das man von den Gefühlen und Gedanken Peters kennt, weiß man durch Katharina, die zwar parteiisch, aber scharfsichtig war; und so, wie sie ihn schildert, stellt man sich einen komplizierten, hochmütigen, übersensiblen Knaben vor, der sich, sei es aus Schüchternheit, sei es aus Angst vor Verspottung, zum Narren machte – kurzum, ein zwar schon verletztes, aber noch heilungsfähiges Wesen. Ein fünfzehnjähriges Kind war zweifellos nicht der geeignete Mensch, ihn umzuerziehen oder auch nur zu verstehen. Zumindest sollte man wohl in den Beziehungen Katharinas mit ihrem Mann die Schuld nicht nur auf der einen Seite suchen.

Pierre Audiat weist sehr gerecht nach, daß Katharina ihren Gatten nicht ausschließlich verurteilt; daß sie ihn bedauert und, sich mit ihm vergleichend, feststellt, daß zwei Menschen in der gleichen Situation diametral entgegengesetzt darauf reagieren können, falls der eine stark und der andere schwach ist. Darüber hinaus kann man sagen, daß in einem solchen Fall die Reaktionen des einen die Reaktionen des anderen verstärken (je »russischer« Katharina wurde, um so »preußischer« wurde Peter, und umgekehrt). Nicht alles an der Haltung dieses Halbwüchsigen ist zu verurteilen, der ungefragt in ein Milieu verpflanzt wurde, das ihm mit Recht verhaßt war, weil man ihn dort als Gefangenen behandelte – gegen das er sich bis zum letzten wehrte. Man könnte dies sogar als die normale Haltung eines jungen Menschen bezeichnen, der einigen Stolz besitzt. Katharina ist fügsamer, weil sie ein Mädchen ist und von Jugend auf zur Fügsamkeit erzogen wurde. Katharina vergleicht sich mit Peter und vergißt dabei, daß seine Lage wesentlich heikler war als die ihre: Er war der Thronerbe, nicht sie, und deshalb hielt man ihn an einer viel kürzeren Kette.

In ihren Memoiren ist Katharina zu sittsam, um sich über die Impotenz ihres Gatten zu beklagen. Als Unschuld vom Lande, die am Vorabend der Hochzeit von der Mutter aufgeklärt wurde, hat sie anfangs wohl mit Bangen, dann mit Neugier und schließlich mit Ungeduld auf ein Erlebnis gewartet, das sich nicht einstellte. Man weiß nicht, ob Peter, der beschämt platonische Schwärmereien für junge Hofdamen erfand, um seine Unzulänglichkeit zu verschleiern, für den Reiz seiner Frau nicht empfänglicher war, als Katharina annahm. Ein anderes berühmtes Paar, der künftige König Ludwig XVI. und Marie-Antoinette, erlebten in den ersten Jahren ihrer Ehe dieselben Schwierigkeiten, aber Ludwig XVI., der ausgeglichener und gefühlsbetonter als Peter war, vermochte seine Frau zu lieben und – sobald er imstande war, ein normales Eheleben zu führen – ein akzeptabler Gatte zu werden. Jedenfalls weiß man, daß er nicht steril war. Peter war es so gut wie sicher. Heutzutage hätte man einem jungen Menschen in seiner Situation vieles verziehen.

Man hat Peter vorgeworfen, daß er sich keine Sympathien zu schaffen, keine Freunde zu machen verstand; wir haben gesehen, daß es ihm wahrlich nicht leicht gemacht wurde, Freunde zu haben, da man ihm jeden Menschen, für den er die leiseste Zuneigung bekundete, wegnahm; diesen Tantalusqualen setzte man ihn schon in früher Jugend aus – mit Vierundzwanzig, als die Wachsamkeit seiner Schergen etwas nachzulassen schien, war er bereits durch die Einsamkeit manisch geworden – trunksüchtig und trotz aller Bemühungen unfähig, mit seinesgleichen Kontakt zu finden.

Die Aufgabe, um derentwillen Katharina nach Rußland gerufen worden war – nämlich jenen Jungen zu verstehen und zu lieben –, hatte sich als schwierig erwiesen; Katharina war egoistisch und somit nicht für diese Rolle geschaffen, aber welches fünfzehnjährige Mädchen hat denn schon eine Neigung zur Selbstaufopferung? Diese beiden jungen Menschen waren nun einmal beide vor allem das Opfer ihrer Umgebung und dann auch einer das Opfer des anderen. In ihren Memoiren deutet Katharina an, daß sie als erste – physisch – ihren Mann betrog und daß sie bereits einen Liebhaber hatte, als die Ehe endlich vollzogen werden konnte; unter diesen Umständen ist Peters Feindseligkeit ihr gegenüber trotz allem verständlich; besonders wenn man weiß, daß Katharina von Natur fruchtbar war und daß Peter allen Grund hatte, sich nicht für den Vater seiner Kinder zu halten. Noch dazu scheint er die Situation lange klaglos ertragen zu haben (er machte großzügigerweise viel Wesens von seiner Freude über die Geburt der Tochter Poniatowskis). Wenn Katharina Liebhaber hatte, so war sie deswegen gewiß nicht zu tadeln; aber sie hatte kein Recht, sich über die Untreue ihres Gatten zu entrüsten.

Die Freunde Katharinas – und sogar Friedrich II., der nicht unbedingt ihr Freund war – entschuldigten hinterher ihre Auflehnung gegen Peter III., indem sie erklärten, sie habe es aus Selbstschutz getan, weil Peter so Übles gegen sie im Schilde führte, daß die Kaiserin ihre Freiheit, ja sogar ihr Leben habe retten müssen. Ganz bestimmt hatte zur Zeit des Staatsstreichs Peter die Absicht, sich so oder so seiner Frau zu entledigen. Aber es handelte sich um einen Wettlauf: Er wußte, daß Katharina die Macht anstrebte und er, wenn sie siegte, verloren war. Man hat sich über die Hartnäckigkeit gewundert, mit der er einen Menschen, von dem er alles zu fürchten hatte, demütigte und bis zum Äußersten trieb; aber die Ereignisse beweisen, daß sein Haß durchaus gerechtfertigt war, da Katharina ihn ja mehr oder weniger absichtlich umbringen ließ. Der Mensch, der von Kindheit auf in Angst lebte und sagte, er werde in Rußland umkommen, konnte sich keine Illusionen über das Schicksal machen, das ihn erwartete, falls er die Macht verlor. Nun wußte Peter lange, bevor er auf den Thron kam, was seine Frau vorhatte; er kannte sie gut und hatte die größte Hochachtung vor ihren Fähigkeiten. Während der letzten vier Monate seiner Herrschaft erlebt man das seltsame Schauspiel, wie ein Mensch, der von einem gefährlichen und mächtigen Feind bedroht ist, sich darin gefällt, ihn zwar zu beschimpfen und öffentlich zu demütigen, ihm dabei aber volle Handlungsfreiheit zu lassen. Peter dachte allerdings daran, Katharina verhaften zu lassen, wurde aber von seinem Onkel davon abgebracht: Denn Katharina war bereits so stark, daß ihre Verhaftung eine Militärrevolte ausgelöst hätte. Blieb also nur noch die Möglichkeit, Katharina ermorden zu lassen; diese Absicht wurde Peter tatsächlich unterstellt, aber man weiß nicht, ob er sie wirklich ausgeführt hätte; er war von ihr hypnotisiert wie das Kaninchen von der Schlange, und seine Angst war zweifellos noch stärker als sein Haß, aber selbst die Angst vermochte diesen Zauderer nicht zu einer entscheidenden Tat zu treiben.

Seitdem es klargeworden war, daß das Paar niemals gemeinsam regieren konnte, darf man sagen, daß es jedem von ihnen um die nackte Selbsterhaltung ging; für Peter konnte der Verlust des

Throns nur sein Todesurteil bedeuten, für Katharina hätte vielleicht die Möglichkeit bestanden, im Ausland zu leben, von einem der europäischen Höfe zum anderen zu ziehen, als entehrte, zur Abenteurerin abgestempelte Fürstin . . ., einem solchen Schicksal hätte sie gewiß den Tod vorgezogen. Wie man sah, war es zweifellos ihre höchst inopportune Schwangerschaft, die Katharina zwang, Peter auf den Thron kommen zu lassen; für Peter war seine Thronbesteigung eine solche Überraschung, daß er darüber vor Freude fast außer sich geriet – und wahrlich mit gutem Grund, denn von der Macht ausgeschaltet, hätte er bestenfalls lebenslänglichen Kerker erwarten können. Sechs Monate lang wagte er nichts gegen Katharina zu unternehmen, während alle Welt, in erster Linie die Freunde der Kaiserin, erwartete, daß er zuschlagen werde, und Katharina für verloren hielt. Statt dessen benahm er sich so, daß man meinen konnte, er wolle aus schierem Masochismus seinem Gegner die Aufgabe erleichtern; mit einem perversen Geschick, das die Zuschauer verblüffte, tat er alles, um seinen Feinden, und insbesondere Katharina, die besten Gründe zu liefern, um ihn zu beseitigen. Die Wege des Selbstvernichtungstriebs sind unerforschlich.

»Der Königinnen-Titel«, schreibt Katharina, »klang mir, obwohl ich noch ein Kind war, süß in den Ohren.« Das kann man verstehen. Aber der kleine Peter Ulrich von Holstein wurde mit langweiligem schwedischem und russischem Sprachunterricht geplagt, weil er, wie man ihm sagte, entweder König von Schweden oder Kaiser von Rußland werden würde, und für ihn bedeuteten diese Titel nichts als Mühsal. Dieser Rang, den die kleine Sophie in ihrer Unschuld wie ein hübsches Spielzeug begehrte, war durchaus kein Ruheposten. Das hat Katharina sehr früh erkannt, und, obwohl man sie mit allen Mitteln daran hindern wollte, ihr möglichstes getan, um sich seiner »würdig« zu erweisen. Der träge, schwächliche Peter aber, der vor der Verantwortung zurückschreckte, schien alles zu tun, um seine Unwürdigkeit zu beweisen; sicherlich nicht absichtlich; vom »Unterbewußtsein« sprach man damals noch nicht. In den Augen der Geschichte liegt ein Fluch über diesem jungen Fürstenpaar, das Zufall, Geburt und Hofintrigen auf die Stufen eines Throns stellte; hinter dem Bild der Frau, die glorreich und hart *allein* herrschte, zeichnet sich der Schatten des Gatten ab, der nicht herrschen durfte.

Peter ist bei weitem die tragischere Figur. Von den zwei Kindern, die sich nicht nur äußerlich ähnelten, sondern auch derselben Belastung ausgesetzt waren, wollte das eine um jeden Preis am Leben bleiben und sich den Spielregeln fügen, während dem anderen die Kraft dazu fehlte. »Eine starke Seele ist nicht geeignet, eine schwache Seele zu beraten«, sagte Katharina – insbesondere, wenn es sich um die Last einer Kaiserkrone handelt. Peter, der so schlecht für das Schicksal ausgerüstet war, das von Kindheit an über ihm hing, hätte diese Last sicherlich weit mehr erdrückt als Krankheit und Glücklosigkeit. Katharina jedoch war die starke Seele, und aus den Prüfungen, die Herz und Verstand des Gefährten zerstörten, ging sie entpersönlicht, stahlhart und böse hervor; und man darf sagen, daß sie nur dank ihrer starken, fast animalischen Vitalität überleben konnte. Die Geschichte ihrer Herrschaft ist nicht mehr die Geschichte einer Frau, sondern die des »großen, edlen, köstlichen« und furchtbaren Herrscherberufs.

Zeittafel

1689	Peter der Große wird Alleinherrscher.
1703	Gründung von St. Petersburg, das 1709 Residenz wird.
1709	Sieg der Russen über Karl XII. in der Schlacht bei Poltawa.
1725	Tod Peters des Großen.
1725 – 27	Katharina I.
1727 – 30	Peter II.
1729 (2. Mai)	Sophie Auguste Friedrike von Anhalt-Zerbst in Stettin geboren.
1730 – 40	Anna Iwanowna.
1740 – 41	Regentschaft von Anna Leopoldowna für Iwan VI.
1741 (6. Dezember)	Elisabeth wird durch Staatsstreich Zarin.
1742	Elisabeth beruft ihren 14jährigen Neffen Peter Ulrich von Holstein-Gottorp nach Rußland. Zum orthodoxen Glauben übergetreten, wird er als Großfürst Peter Feodorowitsch zum Thronfolger ernannt.
1744 (Januar)	Prinzessin Sophie kommt auf Einladung der Zarin mit ihrer Mutter nach Rußland.
(29. Juni)	Nach dem Übertritt zur orthodoxen Kirche wird Sophie, jetzt Katharina Alexejewna, mit dem Großfürsten Peter verlobt.
(28. August)	Vermählung von Katharina und Peter. Danach Abreise der Fürstin von Anhalt-Zerbst.
1746	Katharinas Vater stirbt. Der Großkanzler Bestuschew-Rjumin läßt das großfürstliche Paar überwachen.

1752	Liebesbeziehung Katharina zu Serge Saltykow.
1754 (20. September)	Geburt des Zarewitsch Paul.
1756	Sir Hanbury-Williams ist als englischer Gesandter in Rußland.
	Beginn des Siebenjährigen Kriegs.
	Liebesbeziehung Katharinas zu Stanislaus Poniatowski, von Peter zu Elisabeth Woronzow.
1756 (30. August)	Die russische Armee schlägt die Preußen bei Groß-Jägersdorf. Rücktritt von Marschall Apraxin.
	Gemeinsame Pläne von Katharina und Bestuschew, den Großfürsten Peter von der Thronfolge auszuschließen.
	Geburt von Katharinas zweitem Kind, der Prinzessin Anna.
1758 (Februar – April)	Katharina gerät halboffiziell in Ungnade, einige ihrer Freunde und Bestuschew werden verhaftet. Katharina gelingt es, sich mit Elisabeth wieder zu versöhnen.
(25. August)	Schlacht bei Zorndorf.
	Prinzessin Anna stirbt.
	Liaison Katharinas mit Gregor Orlow.
1760	Peter Saltykow nimmt Berlin ein.
	Nikita Panin wird Erzieher des Zarewitsch Paul.
	Krankheit Elisabeths; Pläne für eine Thronfolge Pauls entstehen.
	Unruhen und Unzufriedenheit im Heer.
1761 (4. Dezember)	Elisabeth stirbt. Peter III. besteigt den Thron.
1762 (März)	Das »Manifest« Peters III. befreit den Adel vom zwangsweisen Staatsdienst. Die Klostergüter werden eingezogen.
(11. April)	Geburt des Sohnes von Katharina und Orlow, des späteren Grafen Alexis Bobrinski.
(9. Juni)	Auf dem Bankett zur Feier des Friedensvertrags mit Preußen beleidigt Peter Katharina ostentativ.

	Vorbereitungen für einen Krieg gegen Dänemark.
(28. Juni)	Staatsstreich. Katharina wird zur regierenden Kaiserin proklamiert.
(29. Juni)	Abdankung Peters III.
(6. Juli)	Ermordung Peters III.
(7. Juli)	Katharina wendet sich mit einem Manifest an das Volk.
(22. September)	Krönung Katharinas in Moskau.
1763	Einziehung der Kirchengüter und Prozeß des Metropoliten von Rostow, Arseni Mazjewitsch.
	Reformvorschläge von Panin.
1764	Rücktritt von Kyrill Rasumowski und Unterwerfung der ukrainischen Bauern.
	Verschwörung von Mirowitsch und Ermordung Iwans VI.
	Stanislaus Poniatowski wird zum König von Polen gewählt.
1767	Zusammentreten der »Gesetzgebenden Kommission.«
1768	Polen wird russisches Protektorat.
	Russisch-türkischer Krieg.
	Auflösung der »Gesetzgebenden Kommission«.
1769	Russisch-dänisches Bündnis. Russisch-preußischer Beistandsvertrag erneuert.
	Die russischen Truppen besetzen die Moldau. Die russische Flotte im Schwarzen Meer.
1770 (September)	Russischer Seesieg bei Tschesme.
	Unterhandlungen zwischen Friedrich II., Joseph II. und Katharina über eine Teilung Polens.
1771	Pest in Moskau.
1772	I. Teilung Polens in Verträgen zwischen Preußen, Rußland und Österreich vereinbart. Rußland erhält die Gebiete bis zur Düna und zum Dnjepr, fast 110 000 qkm; Preußen Westpreußen ohne Danzig und

	Thorn, das Bistum Ermland und den Netzedistrikt, rund 35 000 qkm; Österreich, Ostgalizien und Lodomirien, rund 70 000 qkm.
	Bruch mit Orlow. Wassiltschikow tritt an seine Stelle.
1773	Ausbruch des Kosakenaufstands unter Pugatschew, der sich als Peter III. ausgibt. Diderot in Rußland.
	Vermählung des Großfürsten Paul mit Prinzessin Wilhelmine von Hessen-Darmstadt.
1774	Pugatschew belagert Orenburg.
	Potemkin wird Katharinas Liebhaber.
(21. Juli)	Beendigung des Türkenkriegs durch den Frieden von Kütschük-Kainardschi. Rußland erhält das Küstenland zwischen Dnjepr und Bug und den vorherrschenden Einfluß auf der Krim.
	Pugatschew schickt sich an, auf Moskau zu marschieren. Die kaiserliche Armee unter Sumorow schlägt die Aufständischen in die Flucht. Pugatschew wird Panin ausgeliefert.
1775 (Januar)	Verurteilung und Hinrichtung Pugatschews. Blutige Maßnahmen in den aufständischen Provinzen.
1776	Zweite Heirat des Großfürsten Paul mit Prinzessin Sophie Dorothea von Württemberg.
	Liaison Katharinas mit Sawadowski.
1777	Geburt von Pauls Sohn Alexander.
1778	Liaison Katharinas mit Rimski-Korssakow. Durch Vermittlung Rußlands Friede von Teschen zwischen Preußen und Österreich.
	Geburt von Pauls zweitem Sohn, Konstantin.
1780	Joseph II. sucht um ein Bündnis mit Rußland gegen die Türkei und Preußen nach.
	Liaison Katharinas mit Lanskoi.

1783	Annexion der Krim. Schutzherrschaft über Georgien.
	Lanskoi stirbt. Jermolow tritt an seine Stelle.
1784	Vertrag mit Konstantinopel: Die Türkei erkennt die russischen Annexionen an und gesteht die freie Durchfahrt durch die Dardanellen sowie den Zugang zum Schwarzen Meer zu. Potemkin schließt die neugewonnenen südrussischen Gebiete, baut den Hafen von Sebastopol aus und gründet Jekaterinoslaw.
1785	Mamonow löst Jermolow in der Gunst Katharinas ab.
1786	Statut über die Volksschulen. Vorbereitungen für die große Reise Katharinas in die südlichen Provinzen.
1787	Katharinas Reise wird zu einer großartigen Demonstration von Macht und Glanz. Joseph II. nimmt an zwei glänzenden Festen teil.
(August)	Bündnis mit Österreich und Kriegserklärung an die Türkei. Oberbefehl über die russische Armee haben Rumjanzew und Suworow.
1788 (Juni)	Gustav II. von Schweden erklärt Rußland den Krieg (Schweden macht Ansprüche auf Finnland geltend).
1789 (August)	Russisch-österreichischer Sieg über die Türkei unter Rumjanzew und Koburg.
(Oktober)	Suworow siegt bei Rymnik. Potemkin nimmt Bender, Akerman und Kilia ein. Liaison Katharinas mit Subow.
1790	Die schwedische Flotte bedroht Kronstadt und St. Petersburg. Feldzüge Suworows auf dem Balkan. Frieden Zwischen Österreich und der Türkei.
(August)	Gustav III. unterzeichnet den Frieden zu Werelä.
1791 (5. Oktober)	Potemkin stirbt in Jassy.

(29. Dezember)	Friede von Jassy mit der Türkei. Die Türkei überläßt Rußland das Küstenland am Schwarzen Meer bis zum Dnjestr und bestätigt den Besitz der Krim.
1793	2. Teilung Polens, über die sich Preußen und Rußland in der Konvention von St. Petersburg einigen: Der Rest von Litauen, die Hälfte von Wolhynien, Podolien u.a., rund 236 000 qkm, kommen an Rußland; an Preußen Danzig, Thorn, Gnesen, Posen und Kalisch u.a., rund 55 000 qkm.
1794	Der letzte Freiheitskampf der polnischen Nation unter Thaddäus Kosciuszko wird von Russen und Preußen niedergeschlagen.
1795	3. Teilung Polens nach einem Teilungsvertrag zwischen Rußland und Österreich, dem Preußen beitritt. Rußland erhält die übrigen ostpolnischen Gebiete und Kurland, 456 000 qkm; Österreich Westgalizien mit Krakau, sowie Sandomir, Lublin, Raom u.a., 115000 qkm; Preußen Warschau, das Gebiet zwischen Weichsel, Bug und Njemen und einen Teil des Gebiets von Krakau, 145 000 qkm.
	Bündnisvertrag mit England.
	Krieg gegen Persien.
1796 (17. November)	Unerwarteter Tod Katharinas in Zarskoje Selo. Paul I. folgt ihr auf dem Thron.

Neue Literatur

Allen R., The Great Legislative Commission of Catherine II of 1767. Diss. Yale 1950. Ann Arbor/Michigan 1971 (Mikrofilm).
Almedingen, E. v., Catherine Empress of Russia. New York 1961.

Blum, J., Lord and Peasant in Russia from the Ninth to the Nineteenth Century. Princeton 1961.

Dmytryshyn, B., The economic content of the 1767 Nakaz of Catherine II. In: American Slavic and East European Review 19 (1960) I, p. 1 – 9.
Dukes, P., Catherine the Great and the Russian Nobility. A Study based on the Materials of the Legislative Commission of 1767. Cambridge 1967 (mit russischer Bibliographie).
Duran, J., Catherine II, Potemkin and colonization policy in southern Russia. In: Russian Revue 28 (1969), 1, p. 23 – 36.

Fleischhacker, H., (Einl. u. Nachwort) Katharina II. in ihren Memoiren. Frankfurt 1972.

Gercen, A., Fürstin Daskova. Deutsch. München 1970.
Gip, B., The Passions and Lechery of Catherine the Great. Text mit Bildern. Genf 1971.
Gooch, G., Catherine the Great and other studies. London 1954.
Goodwin, A. (Hrsg.), The European Nobility in the Eighteenth Century, Studies of Nobilities of the Major European States in the pre-Reform Era. London 1953.
Grasshoff, H., und *Lehmann, U.* (Hrsg.), Studien zur Geschichte der russischen Literatur des 18. Jahrhunderts. (= Deutsche Akademie

der Wissenschaft zu Berlin. Veröffentlichungen des Instituts für Slawistik Bd. I) Berlin 1963.

Grey, I., Katharina die Große. Tübingen 1963.

Hösch, E., Das sogenannte »griechische Projekt« Katharinas II. Ideologie und Wirklichkeit der russischen Orientpolitik in der zweiten Hälfte des 18. Jahrhunderts. In: Jb. für die Geschichte Osteuropas 12 (1964), S. 168 – 206.

Jessen, H., Katharina II. von Rußland. Im Spiegel der Zeitgenossen. Düsseldorf 1970.

Jones, R., Catherine II and the provincial reform of 1775: A question of motivation. In: Canadian slavic studies 4 (1970) 3, p. 497 – 512.

Kochan, M., Life in Russia under Catherine the Great, London 1969.

Lang, D., The First Russian Radical, Alexander Radishchev, 1749 – 1802. London 1959.

Le Donne, J., The provincial and local police under Catherine the Great, 1775 – 1796. In: Canadian Slavic Studies 4 (1970) 3, p. 570 – 593.

Lojek, J., Catherine's II armed intervention in Poland: Origins of the political decisions at the Russian Court in 1791 and 1792. In: Canadian Slavic Studies 4 (1970) 3, p. 570 – 593.

McArthur, G., Catherine II and the Masonic circle of N. I. Novikov. In: Canadian Slavic Studies 3 (1970) 3, p. 529 – 546.

McConnell, A., The empress and her protegé. Catherine II and Radishchev. In: Journal of modern history 36 (1964), 1, p. 14 – 27.

Nicholas, H., François Pierre Pictet, Secretary to Catherine II. In: Slavonic revue 36 (1958), p. 481 – 491.

Olivier, D., Catherine la Grande. (= Présence de l'Histoire) Paris 1965.

Permenter, H., The personality and cultural interests of the Empress Catherine II as revealed in her correspondance with Friedrich Melchior Grimm. Diss. Austin/Texas 1969. Ann Arbor/Michigan 1969 (Mikrofilm).

Petschauer, P., Zur Aufklärung des Geburtsgeheimnisses Katharinas der Großen. In: Genealogie, Deutsche Zeitschrift für Familienkunde 10, Jg. 20 (1971), S. 545 – 558.

Petschauer, P., Catherine the Great's conversion of 1744. In: Jb. für die Geschichte Osteuropas 20 (1972), p. 179 – 193.

Petschauer, P., The education and development of an enlightened absolutist. The Youth of Catherine the Great 1729 – 1762. Diss. New York 1969. Ann Arbor/Michigan 1970 (Mikrofilm)

Protopsaltis, E., Le mouvement insurrectionnel des Grecs sous Catherine II, pendant la deuxième guerre russo-turque (1787 – 1792). Griechisch. Athen 1959.

Raeff, M., Der Stil der russischen Reichspolitik und Fürst G. A. Potemkin. In: Jb. für die Geschichte Osteuropas 16 (1968), S. 161 – 193.

Riising, A., und *Lindberg, C.* (Hrsg.), Correspondance entre Cathérine II, impératrice de Russie et Juliane Marie, reine de Danemark 1780 – 1796. In: Danske Magazin s. 8, t. I (1959), p. 114 – 142.

Rimscha, H. v., Geschichte Rußlands. Wiesbaden 1966.

Sacke, G., Das Problem des Grundbesitzers in der Regierungszeit Katharinas II. In: Jb. für die UdSSR und die volksdemokratischen Länder 5 (1961), S. 201 – 233.

Soutter, U., Diderot counsellor of Catherine II. In: Revue de l'Université d'Ottowa 42 (1972) I, p. 108 – 132.

Thomson, G., Catherine the Great and the Expansion of Russia. London 1955.

Vallotton, H., Catherine II. Paris 1955.

Wormser, O., Catherine II. (= Portraits de l'histoire 7) Paris 1957.

Personenregister

Adodurow (Russischlehrer Katharinas) 66, 83, 109, 175, 188
Adolph Friedrich von Holstein-Gottorp (Onkel Katharinas) 19, 50, 103
Alexander I. 307, 318
Alexandra Pawlowna (Tochter Pauls I.) 318
Alexis (Tochter Katharinas) 179, 189, 326
Alexis Michailowitsch (Zar) 32 f., 232
Anna (Tochter Katharinas) 17 f., 189, 326
Anna Iwanowna (Zarin, Tochter Iwans V.) 22, 40, 48, 121
Anna Leopoldowna (Regentin für Iwan VI.) 22, 41, 46, 48, 75, 90, 247
Anna Petrowna (Tochter Peters des Großen, Mutter Peters III.) 30, 48, 50, 183
Anton Ulrich von Braunschweig-Wolfenbüttel (Vater Iwans VI.) 247, 256
Apraxin, Stepan Graf (General) 139, 170 ff., 175, 184
August II. von Sachsen 163, 243
August III. von Sachsen 91

Barjatinski, Feodor Fürst 220 f.
Baturin (Verschwörer auf seiten Peters) 140
Bestuschew-Rjumin, Alexis Graf (Großkanzler) 26, 44, 47, 55, 68, 101 ff., 121, 133, 139 f., 147 f., 171, 175, 184, 188, 196, 236, 316
Betzki, Iwan Graf 14, 78
Bibikow (General) 283
Biron (= Bühren), Ernst Johann Graf (Günstling Anna Iwanownas) 40, 121, 208
Bobrinksi, Alexis Graf (Sohn von Katharina und Orlow) 287, 290
Bogomolow (vorgeblicher Peter III.) 276
Boris Godunow 32
Bredikin (Verschwörer auf seiten Katharinas) 211
Bressan (Kammerdiener) 146, 220, 222
Breteuil, Graf (französischer Gesandter) 203, 226, 235
Brümmer (Oberhofmarschall am holsteinischen Hof) 24, 50 ff., 73, 82, 104, 126
Buturlin (General) 132

Cardel, Babette (Gouvernante Katharinas) 17, 25 f., 28, 313
Cardel, Madeleine (Gouvernante Katharinas) 16
Castéra, Marquis (französischer Gesandter) 128, 145
Christian August von Anhalt-Zerbst (Vater Katharinas) 13 ff., 26 ff., 61 f., 65, 94, 117
Cunning, Sir Robert (englischer Gesandter) 295
Czartoryski, Adam Fürst 244 f.

Daschkow, Katharina Fürstin 200 f., 213, 221 ff., 229 f., 237, 281
Derschawin, Gawriil (Dichter) 255
Diderot, Denis 7, 200, 258, 280, 284, 315, 317, 320

Dolgoruki, Wassili Fürst (General) 281
Dschingis-Kahn 31

Elisabeth (Zarin) passim
Ewreinow, Timofej (Kammerdiener Katharinas) 106, 126, 142

Fermor, Wilhelm Graf (General) 172, 189
Finch (englischer Gesandter) 109
Finckenstein (preußischer Gesandter) 134, 138
Friedrich von Anhalt-Zerbst (Bruder Katharinas) 15, 118
Friedrich II. 1f., 26ff., 44, 55, 62, 68, 102, 134, 161, 171, 190, 197, 199, 204f., 243, 316
Friedrich Wilhelm I. 16, 26

Geoffrin, Marie Thérèse 163, 259
Georg Ludwig von Holstein-Gottorp (Onkel Katharinas) 23, 25
Golizyn, Wassili Fürst (Günstling der Regentin Sophie) 33, 121
Goltz (preußischer Gesandter) 217
Gordon, Patrick (Marschall) 35
Grimm, Friedrich Melchior Baron 17, 259
Gurjew, Offizier (Verschwörer für Iwan VI.) 246
Gustav IV. von Schweden 318
Gyllenborg, Graf 83, 87

Hanbury-Williams, Sir Charles (englischer Gesandter) 162, 165, 171, 317
Heinrich IV. 135, 316
Helbig (Sekretär der sächischen Gesandtschaft) 209, 222
Herzdorf, Baron (sächsischer Gesandter) 72

Iwan III. 32
Iwan IV. (der Schreckliche) 32, 111
Iwan V. 39f., 47, 246
Iwan VI. Antonowitsch 40f., 90, 246ff.

Jermolow (Günstling Katharinas) 300f.
Johanna Elisabeth von Anhalt-Zerbst (Mutter Katharinas) 14ff., 26ff., 47, 66ff., 79ff., 87ff., 91ff., 96f., 102, 112
Jukow, Maria (Kammerdienerin Katharinas) 99, 127f.

Karl August von Holstein-Gottorp (Verlobter Elisabeths) 21, 48f.
Karl Friedrich von Holstein-Gottorp (Vater Peters) 48ff.
Katharina I. 38f.
Katharina II. passim
Keith (englischer Gesandter) 190, 209
Kitrowo, Offizier (Verschwörer gegen die Orlows) 239ff.
Konstantin Pawlowitsch (zweiter Sohn Pauls) 308
Kruschtschow, Offizier (Verschwörer für Iwan VI.) 246

La Chétardie Marquis (französischer Gesandter) 42, 44, 58, 71f., 101
Lanskoi, Alexander (Günstling Katharinas) 302
Lassunski (Verschwörer auf seiten Katharinas) 212
Lefort, Franz (Vertrauter Peters des Großen) 35
Lestocq, Graf (Leibarzt Elisabeths) 42, 71, 81, 102, 138f., 209
Lewizki, Dimitri (Maler) 271
L'Hôpital, Marquis (französischer Gesandter) 157, 165, 169, 226
Lomonossow, Michael (Gelehrter) 286
Lopuchin, Eudoxia (erste Frau Peters des Großen) 38, 45
Lopuchin (Grafen) 121
Ludwig XIV. 111, 320
Ludwig XVI. 318, 325

Mamonow, Alexander (Günstling Katharinas) 300, 302
Maria Theresia 189

Matwejew, Artamon (Lehrer Peters des Großen) 33
Mazjewitsch, Arseni (Metropolit von Rostow) 271
Menschikow, Alexander Fürst (Minister unter Peter dem Großen) 37, 39f., 121, 213
Michael Feodorowitsch Romanow (Zar) 32
Mirowitsch, Basil (Verschwörer für Iwan VI.) 251ff.
Molière, J.-B. 17, 317
Montesquieu, Charles de 87, 135, 159, 269, 316
Münnich, Burkhardt Christoph Graf (Minister unter Anna Leopoldowna) 217

Naryschkin, Leon (Kammerherr Peters) 114, 120, 143, 149, 152, 163, 173, 176
Naryschkin, Simon 57

Orlow (Brüder) 192, 194, 199, 211, 213, 215, 229, 236, 238, 292f.
Orlow, Alexis Graf (Admiral) 195, 211, 214, 218, 220ff., 229, 281, 309, 323
Orlow, Gregor Fürst (Liebhaber Katharinas) 191ff., 214, 227, 237ff., 254, 259, 267, 281, 286ff., 305, 320
Ostermann, Heinrich J. F. Graf (Minister unter Anna Iwanowna) 41, 46, 121, 209

Panin, Nikita Graf (Minister unter Katharina) 196, 199f., 213, 219, 227ff., 236, 255f., 281, 288
Panin, Peter Iwanowitsch (General) 282
Passek (Verschwörer auf seiten Katharinas) 211f.
Paul I. 154ff., 169, 188, 196, 215f., 257, 290, 304ff., 318
Peter I. (der Große) 9, 21f., 33ff., 47, 95, 111, 116, 191, 207, 232, 311

Peter II. 40, 43
Peter III. passim
Petzold (preußischer Gesandter) 54f.
Poniatowski, Stanislaus 162ff., 168, 175, 188, 192, 230, 237, 242ff.
Potemkin, Gregor Fürst 10, 259, 291ff., 309f., 320
Pugatschew, Jemeljan 277ff., 304, 317
Puschkin, Alexander 264

Radischtschew, Alexander (Schriftsteller) 262, 317
Rasin, Stenka 282f.
Rasumowski, Alexis Graf (Günstling Elisabeths) 43, 48, 100, 116, 118, 122, 136, 229, 306
Rasumowski, Kyrill Graf (ukrainischer Hetman) 131, 211, 215, 238, 241, 268
Repnin, Basil, Fürst (Hofmeister Peters) 104, 120f., 133
Repnin, Nikolaus 281
Rimski-Korsakow, Iwan (Günstling Katharinas) 267, 301
Roslawlew (Verschwörer auf seiten Katharinas) 212
Rousseau, Jean-Jacques 66, 286
Rumjanzew, Peter (General) 121, 309

Saltykow, Serge (Liebhaber Katharinas) 141ff., 159, 162, 192, 194, 230, 304
Saltykow, Peter 141, 196
Sawadowski, Peter (Günstling Katharinas) 298f.
Schuwalow, Alexander Graf (Hofmeister Peters) 139, 153, 173, 175, 178f., 185
Schuwalow, Iwan Graf (Günstling Elisabeths) 113, 137, 182, 198
Schuwalow, Peter Graf 121, 175, 193, 236
Schwerin, Graf 191
Sophie Alexejewna (Halbschwester Peter des Großen) 33, 35, 75
Sophie Dorothea von Württemberg (Gattin Pauls I.) 306

Stehlin (Lehrer Peters) 50, 53, 85
Subow, Platon (Günstling Katharinas) 300f., 303
Suworow, Alexander Fürst (General) 281

Tacitus 159, 316
Talyzin (Admiral) 216f.
Teplow 256, 306
Thodorski, Simon (Hofkaplan) 54, 65ff., 109
Tolstoi, A. K. 267
Trubezkoi, Fürst (Marschall) 121, 176, 217f.
Tschekin (Kerkermeister Iwans VI.) 253, 256
Tschernyschew, André (Jugendfreund Katharinas) 106f., 126, 131, 142
Tschernyschew, Sachar (Kammerherr Katharinas) 99, 126
Tschoglokow (Ehepaar, Hofmeister Peters und Hofmeisterin Katharinas) 104, 107, 115, 119, 129, 137, 143ff., 152f.

Uschakow (Verschwörer für Iwan VI.) 252
Voltaire 7, 17, 135, 159, 200, 259, 273, 283, 313ff.

Wassiltschikow, Alexander (Günstling Katharinas) 288f., 291, 300
Wilhelmine von Hessen-Darmstadt (erste Gattin Pauls I.) 306
Wladislawowa (Hofmeisterin Katharinas) 120, 130, 148, 174, 179
Wlassiew (Kerkermeister Iwans VI.) 253, 256
Woronzow, Elisabeth Gräfin (Maitresse Peters) 167f., 181, 198, 209f., 212, 217ff.
Woronzow, Michael Graf (Kanzler) 102, 175, 185, 198, 208, 217, 236
Woronzow, Roman Graf (Senator) 198, 217

STAMMTAFEL

Holstein

Christian Albrecht
Herzog von Holstein-Gottorp
† 1694

Friedrich IV.
Herzog von Holstein-Gottorp
† 1702

⚭ Hedwig

Christian August
Fürstbischof von Lübeck
† 1726
⚭ Albertina Frederike
von Baden-Durlach

Karl Friedrich
Herzog von Holstein-Gottorp
*1700 † 1739

⚭ Johanna Elisabeth
von Holstein-Gottorp
*1712 † 1760

Christian August
Fürst von Anhalt-
Zerbst-Dornburg
*1690 † 1747

Sophie Friederike
von Anhalt-Zerbst
Katharina II.
Kaiserin von Rußland
*1729 † 1796

Schweden

Karl XI
König von
Schweden

⚭ Ulrike Eleanore von Dänemark

Karl XII.
König von Schweden
*1697 † 1718

Adolf-Friedrich *1710 † 1771
Herzog von Holstein-Gottorp
König von Schweden
⚭ Luise von Preußen *1720 † 1782

Karl Peter Ulrich
von Holstein-Gottorp-Romanow

⚭

Peter III.
Kaiser von Rußland
*1728 † 1762

Rußland

Peter I.
der Große
Kaiser
*1689 † 1725

⚭ Martha Skawronski
Katharina I.
Kaiserin
*1684 † 1727

Anna Petrowna
*1708 † 1728

Elisabeth I.
Kaiserin
*1709 † 1761

Paul *1754 † 1801
⚭ 1. Wilhelmine von Hessen-Darmstadt
⚭ 2. Sophie Dorothea von Württemberg

Alexander I. *1777 † 1825
Kaiser von Rußland
⚭ Luise von Baden

Nikolaus I. *1796 † 1855
Kaiser von Rußland
⚭ Charlotte von Preußen (Alexandra)

Frauenleben

19/350

Außerdem erschienen:

Martha Zamora
Frida Kahlo
Aufschrei der Seele
19/347

Dietrich Gronau
Benoîte Groult
Aufbruch in die Freiheit
19/349

Zoé Oldenbourg
Katharina die Große
Die Deutsche auf dem Zarenthron
19/353

Ruth Rahmeyer
Ottilie von Goethe
*Das Leben einer
ungewöhnlichen Frau*
19/359

Wilhelm Heyne Verlag
München

Faszinierende FrauenLeben

Brigitte Hamann
Elisabeth
Kaiserin wider Willen
Mit 57 Abb. auf Tafeln. Serie Piper 990

Elisabeth, Kaiserin von Österreich, Königin von Ungarn, war eine der gebildetsten und interessantesten Frauen ihrer Zeit; eine Königin, die sich von den Vorurteilen ihres Standes befreien wollte. Brigitte Hamann schildert in dieser bereits zum Standardwerk gewordenen Biographie die Kaiserin, wie sie wirklich war.

Heinz Ohff
Ein Stern in Wetterwolken
Königin Luise von Preußen
Mit 34 Abb. Serie Piper 1548

Ein »Stern in Wetterwolken« – diese Worte Kleists stehen als Motto über dem Leben der schönen und lebenslustigen Königin Luise, der bis heute populärsten Preußin. Heinz Ohff zeichnet in seiner Biographie das Bild dieser Frau zwischen Legende und Historie und vermittelt zugleich einen lebendigen Eindruck der damaligen Zeit.

Friedrich Weissensteiner
Die rote Erzherzogin
Das ungewöhnliche Leben der Tochter des Kronprinzen Rudolf
Mit 27 Abb. Serie Piper 1527

Erzherzogin Elisabeth Marie, die Tochter des unglücklichen Kronprinzen Rudolf, war eine der schillerndsten Persönlichkeiten des Hauses Habsburg: von ihrer Mutter vernachlässigt, wird sie von ihrem Großvater und Vormund Franz Joseph verwöhnt. Doch das extravagante Kind entwickelt sich gar nicht nach höfischen Geschmack, denn Elisabeth hat die rebellischen und liberalen Neigungen des Vaters geerbt.

Thea Leitner
Habsburgs verkaufte Töchter
Serie Piper 1827

Unter den Habsburger Prinzessinnen gab es eine Reihe von Frauen, die als brillante Politikerinnen ihren berühmten männlichen Familienmitgliedern das Wasser reichen konnten. Das vorliegende Buch weist dies anhand von sechs eindrucksvollen Beispielen nach.

SERIE PIPER
TASCHENBÜCHER